실무에 기초한

관광호텔인적자원관리론

원유석 이준재 이창욱 공저

이프레스

Preface

HUMAN RESOURCE MANAGEMENT

머리말

AI, BIG DATA 등 지능정보 기술로 촉발된 새로운 세상 4차 산업혁명 시대!

미래형 산업구조에서 생존할 수 있는 호텔기업의 경영 비법秘法은 무엇일까? 새로운 자원 발굴일까, 기술혁신 활용일까, 시장개척일까?

유무형의 자산 가치를 창출하는 호텔기업의 핵심역량경영核心力量經營, core competence management 비법은 새로운 시대에서 요구되는 인적자산관리에서 그 정답을 찾을 수 있을 것이다.

과거 인적자원에 대한 중요성 인식 부족으로 조직의 물적 자원과 재무적 자원에 대한 투자액보다 인적자원에 대한 투자액이 상대적으로 적었지만, 최근 급속하게 변화되는 호텔기업 환경에서 인적자원은 자산asset과 투자investment관점에서 이해될 수 있으며, 인적자원을 자산으로 보는 관점은 호텔기업의 핵심 상품인 인적서비스인 구성원들을 자산으로 여김으로써 조직의 경제적 성과에 기여하는 정도가 더욱 강조되고 있는 현실이다. 이러한 맥락에서 호텔기업 인적자원은 조직이 변화되는 환경에 적응하고 지속적인 성장을 하는 데에 결정적 역할을 하는 가장 중요한 전략적 자원이 되고 있다는 것을 인식해야 한다.

실제 서비스산업의 대표기업인 호텔기업은 고객응대 서비스 품질과 가치를 구성원들의 능력 중심이라는 측면에서 4, 5차 산업시대에서 요구되는 능력을 갖춘 인재를 발굴육성하기 위해 호텔기업 내에 인적자원개발 혁신프로그램을 도입하여 기존의 교육훈련 패러다임paradigm을 과감히 폐기하고 새로운 시대에 부합하는 교육훈련 시스템으로 혁신하고자 노력하고 있으며, 호텔기업의 경쟁력 강화를 위한 필연적 요소로 수용하고 있다.

호텔 기업 성과의 핵심 전략인 인적자원관리의 학문적 접근은 단순히 우수한 인력을 확보하는 차원이 아니라 조직의 성과로 보면서 동시에 자산 가치를 높이기 위한 우수한 인력을 확보해야 하며, 인적자원을 아끼고 활용하여 항상 높은 호텔기업 자산 가치를 유지하도록 노력하는 것에서 시작되어야 한다.

이러한 관점에서 본 저자는 인적자원을 기업의 투자로 보는 관점에서 그들의 잠재능력을 개발하기 위해 투자함으로써 자산으로서의 그들 가치를 높이는 동시에 호텔기업 조직의 성과인 부富도 증가시킬 수 있다는 측면에서 본서를 재구성하였다.

이 책은 전체 13장으로 구성되어 있다.

호텔인적자원관리의 이해, 조직관리, 직무관리, 채용관리, 인사평가관리, 임금관리, 인사이동관리, 교육훈련관리, 경력관리, 복리후생관리, 노사관계관리, 근무환경관리, 인간관계관리 등을 호텔인적자원관리 실무중심으로 전개하였다.

혁신하면 일반적으로 기술혁신을 가장 큰 이슈로 떠올리지만 본서를 통해 기술혁신보다는 최고의 인적기술을 가진 핵심인재를 선발하여 새로운 미래에 대응하고 경쟁력을 확보하는 자산인 사람에 대한 혁신을 통해 지속가능한 호텔기업이 될 수 있을 것이라 확신한다.

끝으로 학문적 뜻을 같이하는 학계 교수님들과 호텔기업 인적자원의 혁신을 주도하는 산업계 전문가 분들, 사랑하는 제자 및 본서를 탐독하고 미래를 설계하는 예비 호텔리어들 앞날에 건강과 무궁한 발전을 기원합니다.

2020년 5월

저자 일동

Contents

HUMAN RESOURCE MANAGEMENT

차례

Chapter 03 직무관리

Chapter 04 채용관리

Chapter 05 인사평가관리

Chapter 07 인사이동관리

Chapter 09 경력관리

Chapter 10 복지후생관리

Chapter 11 노사관계관리

Chapter 12 근무환경관리

Chapter 13 인간관계관리

CHAPTER 01

호텔인적자원관리의 이해

1. 호텔인적자원관리
2. 인적자원관리의 발전
3. 전략적 인적자원관리의 방향

CHAPTER

01

HUMAN RESOURCE MANAGEMENT

호텔인적자원관리의 이해

1. 호텔인적자원관리

1) 호텔인적자원 관리의 개념

모든 기업은 그들이 설정한 목표를 달성하기 위해 사람, 자금, 물자, 정보 등을 유효하게 조달 · 배분 · 활용하는 경영관리經營管理, management 활동을 하고 있다. 이들 중 사람과 관련된 부분이 인적자원관리이다. 조직의 모든 자원을 운용하는 것은 사람이며, 조직의 경영 성장은 사람에 의해 좌우되는 것이다. 따라서 사람은 조직에서 가장 중요한 요소이고 모든 경영활동의 기반이 된다. 오늘날과 같이 치열한 경쟁 환경 속에서 기업이 지속적으로 성장하기 위해서는 다른 경쟁기업들보다 더 높은 성과를 올리는 것이 무엇보다 중요하며 이를 위해서는 기업이 보유하고 있는 인적자원의 능력을 어떻게 발전하도록 가르쳐 배양시키고 기업목적 달성에 어떻게 구체적인 모습으로 뚜렷이 나타나게 구현시키는가가 중요한 과제일 수밖에 없다.

기업의 성과는 종업원 개개인 성과들의 종합이며 경쟁우위競爭優位, competitive advantage의 원천이 되기 때문이다. 특히 호텔인적자원관리는 사람을 대상으로 하는 관리활동이므로 관리하는 측과 관리받는 측의 가치관과 행동양식에 따라 관리활동이 달라지기도 한다. 호텔기업은 대 고객 서비스가 주 활동이기 때문에 고객과 서비스 제공자 간의 직접적인 접촉이 이루어지므로 서비스 활동에 종사하는 구성원들의 능력 · 자세 · 활동에 따라 효율성이 달라진다.

이런 의미에서 호텔인적자원관리란 기업의 목적을 달성하기 위한 원동력이 되는 인력을 기업의 장기 전망에 맞추어 확보하고, 개인의 개성과 행복을 존중함과 동시에 개인의 능력을 육성 · 개발하고, 조직 구성원 간의 원만한 인간관계를 유지할 수 있는 기업 환경을 조성하여 최대의 공헌을 할 수 있는 동기를 제공하거나 조성해 냄으로써 개인 또는 집단으로서의 최대의 만족을 얻도록 하기 위한 시스템이다. 따라서 인사관리는 기업경영상의 주체적 요소인 인적자원 확보부터 노동력의 육성개발과 유지활용에 이르기까지 모든 기능을 대상으로 하는 관리활동체계이다. 이러한 인사관리는 관리대상의 개인적 지위, 자격 등의 신분이나 기업 경영을 지휘 또는 감독하기 위하여 계획 · 조직 · 명령 · 조정 · 통제로 이어지는 관리직능管理職能의 내용에 따라 인사관리人事管理, personnel administration, 노무관리勞務管理, labour management, 인적자원관리human resource management, 인간관계관리人間關係管理, human relation management 등의 개념이 있으며 구체적 실시방법과 성격의 규정에 있어서도 내용이 다양하다. 인적자원관리는 기업이 인적자원의 중요성을 인지하고 보통의 직원이 아닌 인적자원관리 분야에 전문적인 기술과 지식을 소유하고 있는 인사관리 전문가를 필요로 하기 전까지는 인사관리人事管理, personnel administration라는 용어로 사용되었다.

인적자원관리의 내용을 크게 나누면 채용採用, recruitment, 평가評價, assessment, 보상補償, compensation, 교육훈련敎育訓練, training, 방출放出, discharge, 이직관리移職管理, separation management 등으로 구분한다. 그런데 우리는 경영학을 배울 때 어떤 일을 관리한다는 것은 그 일에 대한 계획을 잘 세워서 그대로 실행을 하고 그 결과를 분석하여 다음 계획의 토대로 삼는 이른바 계획計劃, plan–실행實行, do–통제統制, see의 순환과정이 관리라고 배웠다. 그러므로 예를 들어 인적자원의 채용을 관리한다는 의미는 어떤 종류의 사람을 어디서 어떻게 선발해서 무슨 일을 맡길 것인지에 대한 예측과 계획을 하고 실행에 옮기고 난 후에 '과연 선발과 배치의 기준과 방법이 얼마나 효과적이었나? 더 좋은 방법은 없었을까?' 등을 검토하여 다음에 참고하여 이 일을 반복한다는 뜻이다. 또 다른 측면에서 보면 인적자원관리는 구조적構造的 · 제도적制度的 분야가 있고 기능적機能的 · 인간적人間的 분야가 있다. 전자는 사람관리를 위해 여러 가지 제도를 어떻게 만들 것인지에 초점을 두지만 후자는 관리대상이 인간자체를 관리하는 데에 초점을 둔다.

표 1-1 인적자원관리의 다양한 활동

전략적 인적 지원 관리	여성인력 관리	복지후생 관리	교육 훈련	인사평가	승진 이동
인사정보시스템 관리	인력수요 예측	이직, 해고	경력 개발	직무설계	보상관리
해외인사관리	산업재해 관리	채용, 선발	노사관리	직무분석	퇴직관리

표 1-2 인적자원관리의 활동 내용

	채용	개발	보상	유지	방출
계획	• 몇 명을? • 인력공급추이? • 몇 시간 노동?	• 무슨 교육? • 부족한 점?	• 공정한가? • 적은가? • 임금기준은?	• 욕구와 태도? • 직장만족수준?	• 이직 이유는? • 미래생산량은? • 해고 규모?
실행	• 모집홍보 • 선발면접 • 배치	• 인사평가 • 교육진행 • 경력개발	• 임금책정 • 복지후생	• 사기유발 • 갈등해결 • 노사분규해결	• 이직관리 • 징계 • 권고퇴직
통제	• 모집효과분석 • 선발은 잘됐나?	• 교육효과는? • 경력개발결과? • 투입비용계산	• 적정 배분됐나? • 보상태도는? • 승급체계 문제점은?	• 사기향상 정도는? • 불만감소량은? • 생산에 공헌도는?	• 이직률은? • 징계율 감소?

2) 호텔인사관리의 중요성

인적자원관리의 중요성은 주로 조직 내에 한정하여 인식해 왔다. 그러나 조직이 인적자원관리를 어떻게 수행하는가는 조직의 목표 달성만이 아니라 조직 구성원과 사회 전체에도 큰 영향을 미친다. 조직의 인적자원관리는 조직 활동의 성과成果, performance를 좌우하는 활동이다. 조직이 자산, 기계, 원료, 정보 등의 생산요소를 결합하여 가치를 창조하는 것은 인간의 정신적, 육체적 능력에 의한 것이며 이들 성과는 특정인의 능력이나 노력이 아니라 조직 내에서 서로 다른 활동을 하는 많은 사람들의 협동으로 이루어지는 것이다. 이와 같이 인간이 조직을 통하여 각자의 능력을 발휘하는 과정을 적절히 조직 전체의 역할로 통합하는 것은 경영성과를 높이는 데 없어서는 안 될 불가결하면서도 가장 어려운 기능 중의 하나이다.

이런 관점에서 애플리Lawrence A. Appley는 경영이란 물질의 관리가 아니라 바로 인적자원관리라고 강조하기도 하였다. 조직이 효율적인 인적자원관리를 통해 기업의 성과를 높인다면 이는 바로 기업의 기본적인 기능, 즉 고객에게 좋은 상품이나 서비스를 보다 좋은 조건으로 제공하는 결과를 가져오므로 이는 고객 개인의 삶의 질 향상은 물론이고 전체 사회의 복지를 높이는 결과를 가져온다.

인적자원관리가 다른 분야보다 상대적으로 더 중요한 또 다른 이유는 그것이 사용자나 회사의 이득뿐만이 아니라 사원들의 삶과도 관계가 밀접하기 때문이다. 즉 다른 자원들은 비효율적으로 관리되었을 때 기업이란 조직과 기업주에게만 영향을 주지만 인적자원관리가 잘못되면 기업조직과 기업주는 물론 사원들까지 직접 나쁜 영향이 미친다. 다시 말해 인적자원관리를 잘못하면 회사의 성과가 오르지 않아서 이익을 못내는 것도 문제이지만 그보다 더 중요한 문제는 사원들이 불만스런 직장

생활을 하거나 자신들의 재능을 개발하기는커녕 발휘하지도 못한 채 무료한 직장 생활을 하게 된다. 인적자원관리는 다른 자원들의 관리보다 중요한 이유가 또 하나 있는데 인적자원관리만 유독 그 나라의 노동법규, 문화, 관습, 경제상황, 노동시장 형태 등 그 회사가 속한 사회환경과 긴밀한 관계에 있기 때문에 이해하거나 해석하기가 매우 복잡하고 난해하다는 점이다. 따라서 인적자원관리를 할 때에는 그만큼 많은 변수가 있기 때문에 더 많은 지식과 주의가 필요하다. 그리고 환경의 복잡성뿐만 아니라 변화속도가 너무 빨라졌다. 환경이 빨리 변할 때 자본과 시설 등의 다른 자원은 환경변화에 대처하는 수단이 될 뿐이고 이러한 수단을 최대한 활용하여 변화에 대응하려면 인적자원의 역할에 의존할 수밖에 없다. 환경 변화가 없는 경우라면, 인력은 한번 대처해 놓고 나머지는 다른 자원이 해결할 것이지만 오늘날처럼 세상이 계속 급속하게 변하는 경우에는 인적자원의 주도적 역할이 필요하다.

호텔기업의 경영 또한 본질적으로 인적자원에 의존한다. 모든 기업 경영에 있어서 인적자원이 중요하긴 하지만 호텔서비스의 특성상 인적자원의 중요성은 더욱 강조된다. 인적자원이 호텔기업의 경영성과, 즉 목적달성에 중요한 영향을 미치기 때문이다. 예를 들어 제조 기업에서 직무수행은 노력이나 의지가 부족한 종업원이 생산한 불량품은 검수 과정에서 발견되므로 생산비용만큼의 실패비용failure cost이 발생된다. 그러나 호텔기업의 경우 직무수행 능력이나 의지가 부족한 종업원은 생산비용만큼의 실패비용을 유발하는 것은 물론이고 고객과의 직접적인 접촉에서 고객의 불평불만을 야기해 기업의 경영성과에 부정적인 영향을 미친다.

이렇듯 호텔인적자원관리의 효율성에 따라 호텔기업의 경영성과가 달라진다. 호텔의 인적자원으로부터의 성과는 종사원의 직무에 대한 욕구와 동기유발, 고객에 대한 태도나 행동 그리고 직무활동에 대한 만족감과 안정감에 따라 결정되고 종사원의 동기행동과 만족감은 경영관리에 대한 반응으로 나타나게 된다. 따라서 효율적인 인적자원관리는 호텔조직의 효력이나 효과를 발휘하는 유효성과 경영성과의 긍정적 기능에 매우 중요한 역할을 수행하게 된다.

3) 호텔인적자원관리의 특성

인적자원관리의 과정은 호텔을 경영하는 데 있어서 중요한 기능 중의 하나이다. 이러한 요인은 인사관리란 사람이 가진 특징, 능력, 한계 따위의 인적요소人的要素, human factor를 주요 대상으로 하고 있기 때문에 이에 따른 성격은 인적요소의 개별적 특성과 개인의 차이 및 구조적 특성에 따라 다양성과 복합성을 내포하고 있다. 그러므로 인사관리의 특성은 관점에 따라 여러 가지로 규정할 수 있지만, 가장 일반적이고 보편타당한 특성을 지적하면 다음과 같다.

(1) 인적요소의 관리 대상

일반적으로 인간은 개인의 가치와 존엄성을 지니고 사고하면서 행동하고 있기 때문에 이러한 개개인의 역량과 잠재능력을 조직목표에 일치시키려고 시도하는 관리 행위 면에서는 많은 어려움이 따른다. 물론 양질의 노동력 확보에서부터 시작하여 퇴사 이후 노후복지에 이르기까지 다양한 관리문제도 있겠지만, 이보다도 인간적 만족을 전제로 하는 노동의 인식개발을 통해서 인간의 주체성과 자주성 및 자발성을 기초로 하는 재능과 잠재능력을 조직목표에 일치 또는 공헌할 수 있도록 유인하는 문제가 더욱 중요하다. 이러한 문제들을 해결하기 위한 합리적인 관리로는 인간의 신체적 인지적 특성을 고려하여 인간을 위해 사용되는 물체, 시스템, 환경의 디자인을 과학적인 방법으로 기존보다 사용하기 편하게 만드는 인간공학人間工學을 배경으로 한 과학적 관리와 경영자가 인간을 다루는 기본적인 사고방식으로서의 인사 철학적인 측면에서 인간의 인격적 본성에 대한 정확한 인식방법 등이 인사관리의 주요 관건이라고 할 수 있다. 이는 개별 종사원의 역량과 잠재능력을 효율적으로 발휘할 수 있도록 조장하는 것이고, 동시에 계속적인 능력개발과 진보된 노동인식을 고취시키는 것으로 이해할 수 있다.

(2) 인간의 상호작용과 역학관계의 고려

조직에서 개인의 역할은 목표달성의 원천을 이루고, 동시에 개별적인 역할에 따른 상호작용에 의해서 인사관리의 효율성을 기대하게 된다. 그리고 개인의 역할을 기초로 하는 개별성과와 집단과의 성과가 조직의 부분을 이루는 요소가 서로 의존적으로 제약하는 힘의 역학관계力學關係로 나타나게 되므로 개인 간, 집단 간 및 대내외적 제도와 환경 간의 역학관계를 정밀하게 분석하고 정확하게 이해하는 일은 인사관리에서 매우 중요시되고 있다.

(3) 조직목표와 일치하기 위한 제도 및 운영개발

인사관리는 전체시스템의 한 분야로서 조직목표와 일치하는 제도적 개발과 운영측면으로 지향하는 특성을 지니고 있다. 즉 인사정책과 방침은 회사 전체 차원의 전사적인 측면에서 수립되는 것을 원칙으로 하고, 또 부문기능과 방침을 수립하여야 한다. 그리고 인사관리의 모든 행위는 조직목표와 일치하는 방향으로 모든 제도를 개발하고 운영하는 것으로 지표로 삼아야 한다. 이는 인사관리의 기본적인 사고이면서 동시에 개방사회와 환경 및 문화적 여건 변화에 대응하는 관리적 개발방법을 이루게 된다. 즉 인사부문 전체시스템을 무시한 상태에서 독자적인 목적을 실현하기 위한 관리행위나 정책수립은 존재할 수 없다.

4) 호텔인적자원관리 요소

(1) 인적자원의 관리체계

인사관리란 조직이 필요로 하는 인력을 조달하고 유지 · 개발하여 이를 활용하는 관리활동의 체계이다. 즉 기업의 종사원이나 노사관계를 대상으로 행해지는 여러 가지 경영정책의 시행implement을 의미하며, 종사원을 채용採用, recruitment, 교육敎育, education, 배치配置, placement, 이동移動, transfer, 승진昇進, promote, 퇴직退職, retirement 등 일련의 인사행정의 체계를 의미 할 수 있다. 호텔산업 인사체계의 기본구조는 첫째, 인적자원의 확보(채용관리 및 직급제도), 둘째, 인적자원의 활용(직무제도, 배치전환제도, 지원제도), 셋째, 인적자원의 개발(교육훈련제도, 평가제도, 순환근무제도), 넷째, 인적자원의 보상(승진 및 승급제도, 임금 및 급여제도, 근무시간 및 휴가제도, 복지후생제도)으로 나누어진다.

(2) 인적자원의 확보관리

인사관리의 영역에서 채용이라 하면 지원자 가운데서 조직이 필요로 하는 직무에 가장 적합한 자질을 갖추었다고 판단되는 인력을 고용할 것을 결정하는 과정을 말하며, 이에 수반하는 인력의 계획, 모집, 선발, 직급 및 직무의 할당과 제반 관리 업무를 채용관리라 할 수 있다.

호텔업의 채용관리를 구조적 차원에서 접근하면 인력부문에 따라 직급별로 이루어지고 있다. 따라서 호텔업에서 인적자원의 확보관리란 필요한 인력을 직무에 따라 일의 종류, 난이도, 권한과 역할, 책임 등이 비슷한 직위를 묶어 분류한 직급職級, position별로 채용하는 제반관리 활동이라 할 수 있다.

(3) 인적자원의 활용관리

조직의 직무와 역할에 따라 효율적으로 인력을 적재적소에 배치, 활용하여 호텔 인적자원의 잠재력을 극대화시켜 노동생산성을 높일 수 있는 인력활용 방안으로 직무에 따라 호칭과 급여를 정하는 직무제도職務制度, 각 직무에 종업원을 배속시키는 배치配置, placement, 종업원을 현재 있는 부서에서 다른 부서로 이동시키는 전환轉換

제도 등을 실행하며, 종사원 개개인이 다양한 업무 능력과 기술을 습득케 하고 부문별로 상호 협력하기 위해서 필요한 모든 지원업무의 효율화를 이룰 수 있다.

(4) 인적자원의 개발관리

인력개발 영역으로 직무와 역할에 따라 인력의 능력과 잠재력을 개발하여 인력의 효율성을 증가시키기 위한 관리 부문으로, 교육훈련제도, 평가제도, 순환근무제도 등이 포함된다. 이러한 인적자원의 효과적인 관리는 종사원 자신과 회사가 더불어 발전하게 된다. 지속적인 훈련 및 개발을 위한 기회를 제공함으로써 직무능력을 향상시키고 직무의 비중을 늘려 개인의 능력을 증진시켜야 한다. 그리하여 인적자원의 효율적 활용 · 유지와 근로생활의 질을 높이고 급변하는 기업의 환경변화에 능동적으로 대처할 수 있도록 해야 한다.

(5) 인적자원의 보상 · 유지관리

인력보상 관리는 승진昇進, 승급昇給제도와 임금賃金 · 급여給與제도, 근무시간 및 휴가제도, 복지후생제도의 부문이 해당된다. 이는 성과에 대한 근무조건적 보상과 직급職級 · 직책職責적 보상 그리고 급여給與적 보상을 중심으로 한 직접적인 보상이 중요한 비중을 차지한다. 따라서 유능한 인적자원을 유지 · 확보하기 위해서는 대내 · 외적 공정성을 기초로 하여 보상이 이루어져야 한다.

일반적으로 인적자원 관리의 기능별 관리 비용은 다음과 같다.

- 인력채용人力採用 19%
- 복지관리福祉管理 15%
- 노사관리勞使管理, 고용관계雇用關係 13%
- 교육훈련개발教育訓練開發 11%
- 성과보상관리成果報償管理 9%

- 사원건강社員健康, 산업안전관리産業安全管理 8%
- 법규제 관련 관리法規制關聯管理 6%
- 인사평가人事評價, 성과관리成果管理 5%
- 인력활용 계획人力活用計劃 4%
- 기타 관리활동其他管理活動 10%

2. 인적자원관리의 발전

1) 인적자원관리의 역사적 배경

인적자원관리의 발전과정을 살펴보면 그 내용이나 생각하는 방향이 시대나 나라에 따라 다르다. 그러나 역사적으로 볼 때 4단계의 발전과정을 거쳐 왔다고 볼 수 있다. 첫 단계는 전제적 인적자원관리, 둘째 단계는 친권 주의적 인사관리, 셋째 단계는 근대 인적자원관리, 넷째 단계는 현대 인적자원관리로 앞의 첫째와 둘째 단계가 전 근대적前近代的 관리라고 보며, 그 이후의 셋째와 넷째 단계가 1920년대에서 현대까지의 시기로 구분한다. 따라서 이러한 시대적 배경과 내용 및 특징을 살펴보기로 한다.

(1) 전제적 인적자원관리

유럽에서는 17세기 중반부터 19세기 중반까지 수십 명에서 수백 명의 노동력을 가진 공장과 광산이 발달하게 되었다. 그 당시는 농민이나 도시의 하층민의 노동력이 과잉상태였으며, 노동조합勞動組合, labor union이라는 것도 일부 기능공에 의한 기능공 조합밖에 없었으므로 일부 남자 기능공을 제외하고는 노동조건이 고용주에 의해 일방적으로 결정되었고 다수의 노동자를 고용하고 있는 농업에서는 취업규칙就業規則, the rules of employment이나 임금지불제도 같은 것이 소극적이나마 고용주의 일방적인 안으로 되어 있었다. 그러나 이러한 것은 경험적인 것과 상식적인 것이었으며, 노동조건도 일방적이며 국가의 권력이 개인에게 장악되고 모든 일이 그 개인의 의사에 따라 전제적으로 결정하여 저임금과 14~15시간 이상의 과잉 노동시간 그리고 지주와 소작인 사이에서 일어나는 쟁의행위爭議行爲, strike 관리 방법에 있어서도 때로는 폭력을 쓰는 무지한 관리가 있었다. 따라서 그 당시의 인적자원관리를 비과학적, 비인도적, 비계획적인 인적자원관리 시대라고 보는 것이다.

(2) 친권주의적 인적자원관리

서기 1830년대 유럽 영주와 농노를 기본 계층으로 하여 지배와 지배 받는 관계에 있던 봉건사회에서 농민층의 분해와 더불어 생겨난 중소 상공업자 시민을 가리키는 신흥 부르주아bourgeois주의자가 노동자와 합세해서 귀족과 지주들을 타파하는 운동이 크게 전개된 배경에서 노동자계급의 지위가 약간 향상되었으며 정부에서도 노동자 보호를 위한 공장법을 제정(1883년에 12시간 노동제, 1847년에는 10시간 제)하게 되었다. 그 후 19세기 후반부터 중공업 혁명에 의한 노동자 증가에 따라 숙련공熟練工의 노동조합이 결성되어 종래의 전제적 인적자원관리가 어느 정도 변화를 일으켜 친권 주의적 인적자원관리로 이행하게 되었다. 이러한 현상은 당시 서구사회는 개인주의가 발달하기 시작했으며, 친권적인 가족주의가 잔존하여 대기업이라도 100명 이하의 종업원으로 구성된 것이 일반적이었기 때문에 경영에 친권주의의 기반을 어느 정도 구축하게 되어 노동조합의 구성을 방지하기 위해 종업원과 의사소통을 위한 제도로 공장위원회 등과 종업원 대표제를 만들어 노동조건을 개선하거나 각종의 복리후생 시설을 갖추게 하고 종업원이 경영에 대하여 호의와 충성심을 갖도록 하였다.

(3) 근대적 인적자원관리

근대적 인적자원관리近代的 人的資源管理는 1914년~1918년에 있었던 제1차 세계대전으로 전 세계에 경제적으로나 사회적, 문화적으로 큰 변화가 오게 된 데에서 발전하게 되었다. 전근대적 인적자원관리의 상태에서 발전을 보게 된 3가지 원인 내지 조건을 보면 다음과 같다.

첫째, 제1차 세계대전으로 인한 노동력 부족에서 노동능률의 증진 방법을 과학적으로 연구 · 실시하게 되었다. 둘째, 전쟁은 노동자의 협력 없이는 수행할 수 없다는 것을 인식하고 노동자의 권익을 위한 노동조합이 결성 · 발전하게 되었으며 노동자 계층의 사회적 입지가 향상되고 산업에 민주주의 이념의 도입을 계기로 체제위력을 과시하였다. 셋째, 프레드릭 테일러Frederick W. Taylor에 의해 창설된 과학적 관리는 작업을 구성요소로 세분화하여 단위 노동시간당 생산량을 과학적으로 분석한 뒤 노동량에 따라 성과급을 지급하는 방식이었다. 이것은 노동자나 노동조합을 고용주와 대등한 인격과 상대로 보고 인정해 주는 것으로 산업민주주의産業民主主義의 이념으로 본다.

(4) 현대적 인적자원관리

제1차 세계대전이 근대 인적자원관리를 탄생시켰으며, 제2차 세계대전도 그 후 근대적 인적자원관리를 기반으로 하여 질적 발전을 해왔다. 따라서 이러한 발전에는 3가지 요인을 들 수가 있다.

첫째는 제2차 세계대전 이후 현재까지의 현대적 인사관리 유형으로서, 산업사회의 고도화 및 행동과학의 발달과 산업민주주의의 발달을 배경으로 하여 발전된 오늘날의 인사관리 형태를 말한다. 특히 사용자는 종업원을 복합적 존재임과 동시에 자기실현인의 가설에 입각하여 종업원을 민주적이고 참여적 리더십에 의하여 관리하며, 인재 육성과 노동의 인간화를 실현하는데 중점을 두고 있다.

둘째는 새로운 과학적 합리주의의 이념이라고 할 수 있다. 이것은 인간 부재의 작업인으로서 1930년대의 대량생산방법이 진전되어 이러한 생산방식에서 인간성 상실이라는 큰 피해를 낳게 되었다. 이에 따라 노동의욕이 저하되고 능률이 떨어지게 되었다. 그러나 전후 기술혁신 시대라고 할 수 있는 1950년대부터 인간성과 개성을 인정한 새로운 과학적 합리주의 이념이 고조되면서 인간관계 연구나 60년대 이후부터 행동과학을 도입하게 되었다. 새로운 리더십이나 모럴 혹은 동기부여 등이 노동생산성 향상에 크게 기여하게 되었다.

셋째는 제2차 세계대전 후에 사상변화와 1950년대 이후 급속한 기술혁신과 신제품 개발이라고 하는 일련의 새로운 변화에 대비한 부문 방침이 수립되어 새로운 변화에 대응해 나갔다.

이상과 같이 인적자원관리는 공장제도의 성립과 함께 필요에 의해 발생되었으나 이것이 선진제국의 각기 다른 사회적 · 기술적 · 경제적 변화에 적응하여 오늘날 새로이 특징되는 인적자원관리로 정착되었다고 할 수 있다.

2) 인적자원관리 변천과정 체계론

(1) 직능적 체계(functional structure)

인적자원관리 측면에서 조직에 필요한 인적 요소를 고용 · 배치 및 활용하며, 평가 · 보상 · 개발 · 유지하는 다양한 활동을 구성요소로 간주하고 있는 상태를 의미한다. 이러한 체계에서 우선 고려해야 할 직능은 고용관리기능employment function or procurement function이고, 이 기능은 모집과 채용의 활동을 포함하고 있다. 결국 여기에는 조직에서 필요로 하는 인적자원을 조달하는 공급 기능적 활동을 위주로 하게 된다. 다음에 계속되는 활동으로는 직무연구와 직무평가 및 인적자원관리와 개발, 임금, 보상, 관리를 비롯한 인간관계와 노사관계관리의 내용 등에 관리를 포함 시키고 있다. 따라서 이러한 체계는 조직의 필요불가결한 활동이면서 목표와 원리를 중요시하고 있기 때문에 전체적인 측면에서 합리적으로 구성되는 것을 전제조건으로 하고 있다.

(2) 관리과정적 체계(structure of managerial process)

전반적 인적자원관리의 계획과 조직 및 통제 등의 활동 과정을 포함하고 있으며, 이러한 내용의 활동 과정은 관리과정적 활동원리에 따라 실시되어야 한다는 기본적인 전제조건에 따라 관리과정적 체계가 형성된다고 본다. 따라서 인적자원관리의 전반적인 활동의 계획計劃–조직組織–통제統制 등으로 구성되는 통합조정적 관리과정은 인적자원관리의 기본적인 체계로 보는 것보다 일반관리론의 체계를 인적자원관리에 원용援用 및 활용하고 있는 체계로 이해하는 것이 옳을 것이다.

(3) 체계론적 체계(structure of system)

직능적 체계와 관리과정적 체계를 인적자원관리 업무가 수행되는 기업의 환경조건과 연관시켜 효율적으로 적용 및 활용하려고 시도하는 기본적인 사고에서 연유되었다. 원래 체계 자체는 전체 인적자원관리의 사고방식을 뜻하며, 기업의 직능적 활동체계와 관리과정적 활동의 체계를 결합하고 있음을 의미한다. 따라서 이런 체계의 상황에서는 상황적 조건의 변화를 차이를 고려할 수 있는 체계론적 사고방식의 도입이 합리적이고 편리하다. 체계론적 체계는 인적자원관리를 각 부분 활동의 독자성을 가지면서 상호 영향관계를 가지고 상호 조정되어 인적자원관리 전체의 목표를 추구하는 전체적인 체계로 보는 것이다. 또한 인적자원관리가 기업 내외의 상호영향을 주고받으면서 기업을 수행하고 환경에 적응해 간다고 보는 것이다.

(4) 전략적 인적자원관리

전략적 인적자원관리戰略的人的資源管理, strategic HRD란 조직을 미리 전략에 적합하도록 현재 및 미래의 인적 자원을 선발 · 개발 · 확보하는 체계적이고 합리적인 관리이다. 인적자원관리의 전통적 역할은 종사원 개인의 조직목표 달성을 용이하게 하기 위해서 종사원 관리에 관련된 여러 가지 인사능력, 인사활동, 인사프로그램을 망라한다. 주먹구구식 행정체제가 특징을 이루던 인사행정시대를 벗어나 관리적 역할이 인사에 투입 되면서 인적자원관리는 다양한 기능적 역할을 갖추게 되었다. 최근 들어 호텔 내외의 상황이 복잡해지고 급격히 변화됨에 따라 인적자원관리도 전략적 차원에서 사전적이고 의도적으로 하지 않을 수가 없는 입장에 놓여 있다. 호텔의 국제화와 다각화 추세, 여성인력 및 중 고령층의 증가, 사회가치관의 변화와 다각화, 급격한 기술혁신과 조직구조의 변화 등과 같은 상황변화가 과거와 다른 향상으로 전개되고 있다.

3. 전략적 인적자원관리의 방향

1) 인사담담자의 새로운 역할

과거의 인사전문가들이라면 보상관리자, 노동조합과 사용자 사이의 관계를 담당하는 노사관계勞使關係 협상자, 특별 보너스, 휴가 기간에 지급되는 급료, 퇴직금, 자녀 학자금 지원 등을 담당하는 부가급附加給상담자, 채용면접採用面接 전문가 등이었으나, 이제 인사기능의 변화와 함께 인사담당자도 새로운 역할을 필요로 하고 있다. 과거에는 인사담당자가 인사업무만 잘 수행할 수 있으면 되었다. 그러나 오늘날에는 인적자원관리 활동 역시 다른 부문과의 상호작용이 밀접하기 때문에 인사업무만 알고서는 아무 일도 못하게 되었다. 그러므로 이제는 인사담당자도 변화에 적응하는 능력과 항상 새롭게 도전하여 개선하려는 의지와 역량이 필요하다. 최근에 관심을 끌고 있는 전략적 인적자원관리 관점에서 보면 인사업무만 독단적으로 잘 관리한다고 되는 것이 아니라, 회사의 사업전략과 전반적 경영문제와 맞물려 돌아가기 때문에 이에 대한 능력도 함께 갖추어야 한다. 인사담당자들은 다음과 같은 새로운 역량이 필요하다.

(1) 변화와 혁신의 주도자

기존의 인사제도와 관행을 변화시키고 혁신성, 창의성을 가지고 새로운 방식을 모색하며 외부 변화에 항상 관심을 두고 환경변화를 인식하고 대처할 수 있는 능력을 필요로 한다.

(2) 일상적 인사업무의 수행자

인적자원관리 고유의 기능인 채용, 교육, 보상, 방출과 이직, 노사관계 업무 등을 적절하게 수행하고 이와 관련된 문제를 해결하는 능력을 필요로 한다.

(3) 경영자로서의 마인드

재무, 마케팅, 회계, 전략, 기술적인 회사의 전반적인 문제를 해결하는 인력을 개발하고 유도하여 회사의 이익을 실현할 수 있는 능력을 필요로 한다.

2) 인사정책의 변화

4차 산업혁명으로 인한 기술의 빠른 도입과 호텔 내에서 업무 자동화가 지속해서 이루어지고, 한편 고객의 맞춤형 서비스 및 높은 감성 터치에의 요구가 높아지므로 인사 관행에도 변화가 요구된다. 직원 채용 시 중요시하던 역량이었던 태도의 비중만큼 새로운 시스템에 대한 수용과 변화를 수용하고 다룰 수 있는 지식 요소도 중요하게 되었다. 또한 업무 수행에 대한 평가 요소에도 기술과 인간적 요소를 가장 잘 혼합하여 서비스 상품 개발 및 전달할 수 있는 능력이 포함될 것이다.

이를 위해서는 기존의 채용 방식 및 업무 수행평가 방식에도 변화가 예상된다. 또한, 개인별 맞춤화 서비스를 위해 공감능력을 향상시키는 대화기법이나 창조적인 사고방식으로 변화와 혁신에 도전하고 관련 프로젝트 기획, 운영하는 능력 향상과 같은 학습×개발 프로그램도 요구된다. 이미 글로벌 체인호텔global chain hotels들은 이미 몇 년 전부터 이를 시행해 오고 있다.

호텔이 경쟁구도에서 살아남기 위해서는 고객 유치를 위한 전략 수립과 마케팅

활동도 중요하지만, 호텔 산업의 근간이 되는 인재들을 매력적인 조건으로 유인, 유치하여 즐겁게 근무하도록 유지하는 것이 더욱 중요하다.

이를 위해서는 호텔리어hotelier의 처우 개선에 대한 장·단기적인 정책으로 경쟁력 있는 연봉체계 및 복지 프로그램 개발, 다양한 경력계발 프로그램 개발 및 제공이 필요하고, 한편으로는 호텔리어들이 보다 긍정적이고 적극적인 서비스 마인드, 자부심과 열정으로 고객에 응대할 수 있고 업무에 대해 누구보다도 자긍심을 가질 수 있도록 호텔 경영학교계의 교육뿐만 아니라 호텔 내에서도 그러한 조직문화를 형성해야 할 것이다.

신규 호텔이 연이어 개관하고 있어서 경력 있는 중간 관리자들이 이직하고 있으니 이에 대해서도 준비를 해야 한다. 유지를 위한 매력적인 성장·개발 프로그램 수행과 동시에 부지런한 승계 계획 수립이 가장 중요하다.

인력난으로 인한 노동력 부족으로 멀티태스킹multi tasking할 수 있는 직무설계가 이루어지면서 기존 업무에 대한 직무기술서職務記述書, job descriptions에 변화가 생기고 있다. 멀티태스킹을 위해 교차교육cross training의 활성화는 불가피하며, 이미 진행하고 있는 호텔들이 많다.

사회적으로 여성에 대한 지위 향상 및 호텔 산업의 특성상 여성의 활약이 더욱 부각되는 가운데, 여성 매니저급에 대한 관리를 차별화 하는 호텔그룹 차원의 프로그램도 활발하다. 힐튼그룹사는 총 지배인의 여성 비율을 적극적으로 높이려 하고 있고, 이를 위해 매년 여성 리더십컨퍼런스women leadership conference를 개최하고 다양한 방식으로 여성 관리자들의 역량 향상에 힘을 기울이고 있다.

이와 같이 최근 들어서 기업과 경영환경의 변화로 인하여 그동안의 인적자원관리 원칙 중 많은 것들이 현실적이지 못하고 과거에는 합리적이었던 것들이 오히려 비생산적인 제도로 여겨지는 경우가 흔한데, 앞서가는 기업들은 이에 대한 발 빠른 대처를 다음과 같이 하고 있다.

(1) 스태프 중심에서 라인(line) 중심

과거의 인적자원관리에 대한 관리는 인사팀이나 인사전문 스태프의 일로만 치부되었다. 따라서 모든 인사 관련 제도와 업무는 스태프 부서에서 관할하고 지시를 내리면 일부 부서에서는 그대로 시행만 하는 허수아비에 불과하였다. 그러나 이제는 각 부문의 인사는 그 부서원과 부서장의 주도하에서 이루어지고 다만 인사스태프는 그들의 지원자, 조언자, 심부름꾼 역할을 담당한다.

(2) 비용 중심에 수익 중심

과거의 인적자원관리는 인력을 최소로 하여 인건비나 인사비용을 줄이려고만 노력했는데, 그 이유는 인적자원관리를 하는 데 드는 비용(채용, 훈련, 임금 등)이 필요하지만 회사의 성과에는 별로 기여하지 못한다는 생각이 많았다. 그러므로 복리후생 제도를 만들고 교육훈련에 투자를 하더라도 최소의 비용만 지출하려고 하였다. 비용은 절약할수록 좋다고 느끼기 때문이다. 그러나 이제는 인적자원관리 부서에서 쓰는 돈이나 인적자원관리에 드는 돈은 비용이 아니라 수익이라는 관점이 대두되고 있다. 인적자원이야말로 기업경영의 핵심역량이고 성장의 원동력이 될 수 있다는 인식이 높아지고 있으며, 인적자원을 보호하고 복리후생을 지원하는 비용이 다른 기업에 비하여 절대적 우위를 차지하고 있다면 곧바로 성과로 직결된다는 사실을 깨닫게 되었다.

(3) 반응적 관리에서 선행적 관리

종사원들에게 문제가 발생하면 이를 해결하기 위한 특정의 조치를 내리거나 단편적 처방을 시행하는 것이 반응적 관리라고 한다면 문제가 발생하지 않도록 미리 예방하고 혹시 문제가 발생하면 어떻게 처리하겠다는 대응책을 미리 세워놓고 지속적이고 장기적인 관점에서 인사문제를 풀어 나가는 것을 선행적proactive 관리라고 할 수 있다. 과거에는 선진 기업에서도 주로 무계획적인 반응적 관리로 일관하였으나 점차 선행적 관리로 전환하고 있다.

(4) 일원관리에서 다원관리

앞으로의 인적자원관리는 사원을 채용할 때부터 관리직, 전문직, 기술직을 다르게 하고, 채용기준, 보상기준 등을 달리하여 사내에서의 이동도 어려워질 것이다. 같은 과장급이라도 관리직 과장의 연봉보다 전문직 과장의 연봉이 더 클 수 있다. 하지만 관리직 과장은 보직 수당을 더 받지만 전문직은 자신의 능력과 업무실적에 따라 수당이 좌우된다. 이들에 대한 교육, 개발정책도 다르고 평가시스템도 다르다. 이처럼 전체 종사원을 여러 차원으로 분류한 다음에 각각의 분류에 따라 부문별로 인적자원관리의 형태를 달리 적용하게 되었다.

(5) 연공 중심에서 능력 중심

우리나라에서는 오랫동안 연공주의年功主義, seniority principle 인적자원관리가 지속되어 왔다. 인사평가, 승진결정, 보상결정시에 연공자는 후임자보다 유리한 위치에 있었고 모든 분야에서 연공우대 정책은 불변하였다. 그러나 경쟁의 심화로 업적을 못 내면 회사가 망한다는 위기의식이 팽배하면서 업적중시 경영의 필연성을 실감하게 되고, 인사제도와 승진기준의 변화를 가져오게 되었다. 즉, 연공기준 보상제도가 능력급, 성과급, 연봉제로 바뀌게 되었고 한 회사 안에서도 임원들의 연봉이 크게 차이 나는 경우도 생기게 되었다. 이러한 분위기 속에서 회사의 인사평가 기준은 연공보다는 능력을 중시하는 풍토로 바뀌었고 자격증 시대, 능력개발 시대로 변모하게 되었다.

(6) 표준형 인재관리에서 이질적 인재관리

합리성과 생산성이 중시되던 제조업 중심 시대에는 인간은 기계의 도구나 부속품에 불과 하였다. 회사의 채용전략도 회사 분위기에 가장 유사한, 소위 회사만을 구별해 내는 데에만 전력을 다하다보니, 획일적인 조직이 되어 순응적, 안정적 분위기만 연출하였다. 그러나 오늘날 창조성, 유연성, 특이성을 추구하는 고객의 욕구충족을 위해서는 자율적이고 개성이 뚜렷한 이색적 인재가 필요하게 되었다. 일시에 다수의 인재를 확보하여 균질하게 양성하고 활용해 왔던 대량 채용만으로는 이와 같은 인재의 다양성을 확보할 수 없다. 이제는 서로 다른 경력과 주특기를 가진 인재를 찾아야 하는 시대가 되었다.

(7) 개인에서 팀(team)

채용과 보상 등 인적자원관리가 개인 중심에서 팀이나 집단 중심으로 옮겨지고 있다. 제조업 중심 시대에는 각 개인이 독립적으로 기계 앞에서 상급자가 부여한 규정과 할당량에 따라서 자신이 맡은 일만 하면 제품이 조립되고 업무가 진행되었다. 그러나 첨단 정보사회에서의 생산 방식은 전혀 다르다. 제품조립과 생산은 기계가 주로 하고 사원들의 업무는 새로운 혁신과 연구, 개발, 창조, 업무인데 이러한 일들은 혼자보다는 팀워크를 이뤄야 한다. 정보의 수집활동과 아이디어의 개발도 개인보다 집단이 우월하며, 따라서 회사는 개인 간의 네트워크와 정보소통을 중시하게 되고 개인은 팀의 일원으로 업무에 응하는 것이 개인이나 조직에게 더 효율적이 되었다.

CHAPTER 02

조직관리

1. 호텔경영조직의 개념
2. 호텔경영조직의 분류기준
3. 호텔조직의 기본 구성
4. 호텔부서의 분류

CHAPTER

02

HUMAN RESOURCE MANAGEMENT

조직관리

1. 호텔경영조직의 개념

호텔경영조직이란 경영목적을 달성하기 위하여 필요한 각종 의무를 2인 이상의 협동을 통하여 능률적으로 집행하고 질서 있게 통일되도록 직무를 배분配分, allocation, 종합綜合, integrate하는 체계를 말한다. 이러한 경영활동을 합리적으로 수행하기 위해서는 여러 활동을 그 성질에 따라 정리하고, 일정한 기준으로 분류함으로써 각 담당자가 분담할 직무를 명확하게 하고, 직무 간의 관계를 뚜렷이 하지 않으면 안 된다. 호텔의 운영에도 경영자는 물론 여러 가지의 기능을 수행하는 종사원들이 참가하고 있고, 또한 그들의 협동에 의해 사업 활동이 수행됨으로써 존속 · 유지될 수 있다. 그러므로 호텔의 구성요소로 인간은 마땅히 사업목적의 합리적인 달성을 위해 구체적으로 기업 내에서 수행되는 일 또는 직무를 체계적으로 분담하지 않으면 안 된다. 오늘날의 새로운 경영조직은 민주적 인간관계하에서 형성되는 합리적이고 기능적인 직무 본위의 질서를 의미한다. 이와 같은 조직의 형성에 의하여 현대 호텔은 비로소 그 질서가 확립된다고 할 수 있다. 그렇다면 이러한 조직은 어떻게 하면 보다 더 능률적으로 조직에 참가한 사람들의 욕구를 충족하여 줄 수 있는 것일까? 그 해답은 분업에서 찾을 수 있다. 즉, 호텔 운영을 수행하는 과정에서 자기 스스로 혼자 어떤 목표를 달성하기 위해 노력하기 보다는 여러 종사원들이 각자 하나의 전문적인 일을 나누어 수행하게 된다면 비용이 훨씬 더 적게 들고 그들이 추구하는 사업목표가 효율적으로 달성될 수 있기 때문이다.

2. 호텔 경영조직의 분류기준

조직구조組織構造, organizational structure란 조직 구성원들의 상호관계, 즉 조직 내에서의 권력관계, 지위 · 계층 관계, 조직 구성원들의 역할 배분 · 조정의 형태, 조직 구성원들의 활동에 관한 관리체계 등을 통틀어 일컫는 말이다. 이러한 호텔의 조직 구조는 다음과 같은 특징에 의해 분류된다.

1) 수직적 조직

현재 많은 호텔기업들은 수직적 조직(vertical differentiation)의 모습을 갖추고 있다. 수직적 조직은 업무처리의 권한을 수직으로 세분화하고 유사한 과업 범위나 스킬skill을 기준으로 그룹화한 조직구조를 일컫는 말이다. 즉, 기능에 의한 세분화와 업무보고 및 의사결정의 다계층화多階層化가 주요 특징이다. 따라서 구성원은 자신의 업무 범위 내에서 성과를 창출하는 책임을 있으며, 관리자의 역할은 "thinking", 구성원의 역할은 "doing"으로 나뉘게 된다. 이러한 수직적 조직은 안정적이고 예측 가능한 경영환경하에서 기능별로 세분화된 업무를 구성원이 반복 수행함으로써 숙련에 의한 업무처리 효율성을 높일 수 있다. 그러나 정보기술의 급속한 발전 및 경영환경의 불확실성 증대로 인해 수직적 조직은 그 한계를 드러내고 있는 것이 사실이다. 우선 수직적 구조가 지향하는 내부지향 중심의 체제로 인해 고객에게 가치를 제공하기보다는 내부관리자 만족 등 내부 운영에 초점을 두고 업무를 진행하는 불합리한 모습을 보이게 되었다. 또한 고객과 관련된 정보가 조직 내 여러 계층 및 부문을 거치면서 왜곡 손실되는 사태가 발생 하였고, 기능별로 분할된 목표로 인해 부문 최적화 및 부서 이기주의가 조직 내 만연되면서 내부 기능 간 조정에 막대한 비용이 투입되게 된 것이다. 또한 구성원 개인의 입장에서 상사의 지시명령에 따라 주어진 일만 성실히 수행하면 자신의 역할을 다하는 것이기 때문에 창의성을 발휘할 기회를 잃어버리게 된다.

2) 기능조직

기증조직functional organization이란 각 분야마다 전문화된 관리자를 두어 근무자를 전문적으로 지휘, 감독하게 하는 조직을 말한다. 이것은 테일러F. W. Taylor가 의사명령이 최고경영자로부터 말단 종업원에 이르기까지 하나의 명령계통으로 전달되는 라인조직인 직계조직直系組織, line organization의 결함을 시정하기 위해 창안한 조직이므로 테일러식 조직이라고도 한다. 호텔의 기능별 조직은 객실, 식음료, 조리, 회계, 판촉, 기술 등 기능별로 구분하는 것으로 각 부서의 기능적 특성에 맞는 고유 업무의 수행능력에 그 초점을 맞춘 형태이다. 오늘날 많은 호텔들이 이러한 조직의 구성체계로 이루어져 있다. 이러한 조직의 장점은 유사업무의 결합으로 업무의 전문화와 각 기능 활동의 표준화가 가능하며 조직의 효율성을 강화할 수 있다는 점이다. 반면 단점으로는 조직을 세분화함에 있어서 부서간 기능과 업무가 중복되는 경우가 생길 수 있다는 점과 조직 부문部門간 의사결정과 지휘 · 명령의 통일을 기하기 어려운 점을 들 수 있다.

3) 고객접촉 여부에 따른 조직

호텔용어 중 프런트오브더하우스front of the house와 백오브더하우스back of the house가 있다. front of the house는 영업상 고객을 직접 접촉하는 부서로 고객이 호텔에 투숙하는 기간 동안에 고객과 직접적인 접촉을 하는 프런트오피스, 레스토랑서비스 및 부대시설 등을 말한다. back of the house는 호텔의 지원부서로서 고객을 특별히 접촉할 기회가 낮은 부서로 인사, 총무, 회계, 조리 등 대부분의 관리 부문이 이에 속한다.

4) 수익발생부문과 지출발생부문에 따른 조직

수익발생부문은 실제적인 호텔운영에 참여하여 수입을 발생시킬 수 있는 부서들이다. 모든 수입을 발생시키는 부서들의 공통적인 특징은 이들이 고객에 대한 서비스를 담당하는 역할을 하고 있다는 점이다. 이와 반대로 지출발생부문은 호텔의 조직 내에서 수입을 올릴 수 있는 부서가 아니라 최소한도의 고객접촉을 담당하면서 주로 지출만 발생시키는 부서를 말한다. 호텔은 수익창출 여부와 관련하여 영업부문(수입부문)과 관리 및 보조 작업부문(비수익부문)에 의해서 구분할 수가 있는데, 영업 부문으로서 객실부문과 식음료부문, 부대시설부문이 있으며, 관리 및 보조 작업부문은 시설과 경영관리부문으로 구분하고자 한다.

5) 영업책임에 의한 조직

업무 중심으로 종업원의 능력에 적합한 업무부서로 할당하는 조직 구성이다. 많은 호텔에서 사용하는 조직 구성은 아니지만, 일단 종업원이 어떤 부서에 속하게 되면 쉽게 적응할 수 있다는 것과 종업원의 관리가 용이하고 업무성과에 대한 평가를 용이하게 할 수 있다는 장점을 가지고 있다.

3. 호텔조직의 기본 구성

일반적으로 호텔기업의 조직은 목적을 달성하기 위해서 가장 효과적으로 협력할 수 있도록 직무의 성격을 명확히 해서 편성하고 책임과 권한의 부여와 이에 따른 이양 등 여러 가지 관계를 정하고 있다. 호텔의 경영계층은 최고경영자(대표이사, 총지배인), 상급관리자(각 부서장), 중간관리자(영업장 매니저), 하급관리자(캡틴)로 분류된다.

1) 총지배인

총지배인general manager은 호텔 경영상 최고의 책임자로서 주주株主, shareholder나 소유주에게 경영의 책임과 권한을 위임받아 호텔의 경영이념 및 인사정책의 기본 방침에 따라 유능한 인재를 확보하고 능력을 개발하며, 기업 내 경영 질서를 유지·활용시켜나가는 인사관리 활동의 최고책임자라 할 수 있다. 대외적으로는 영업 면에서 호텔을 대표하며 대내적으로는 사업계획의 수립, 정보의 수집, 경영방침 및 목표설정 그리고 호텔의 영업전반에 대한 지휘, 감독, 통제 및 조정을 통하여 목표달성을 유도하는 직무를 담당한다. 더 나아가 호텔 총지배인은 고객에게는 최상의 서비스를 제공하고 종사원에게는 적절한 권한과 동기부여를 통한 조직 관리를 담당하며, 주주에게는 투자에 대한 이익을 확보해야 하는 책임이 있다. 호텔의 경영형태가 주식회사일 경우, 총지배인은 전무이사나 상무이사의 직위에 놓인다. 체인호텔의 총지배인은 다른 도시에 있는 2~3개 체인호텔의 지배인을 겸하기도 한다. 이런 경우 총지배인과 주재駐在 지배인으로 구분된다.

2) 부총지배인, 운영이사

부총지배인resident manager 또는 운영이사는 총지배인을 보좌하며 영업을 위한 지원업무 부서인 인사, 총무, 경리, 시설 등의 부서의 책임을 담당한다. 구체적인 업무는 다음과 같다.

- 총지배인 부재 시에 그 직무를 대리하여 수행한다.
- 총지배인과 부서장 및 팀 리더들을 연결하는 역할을 수행한다.
- 하위부서 및 부서장에 대한 인사평가를 수행하고, 승진 및 경력개발經歷開發,

career development계획을 수립한다.

- 필요시 종사원들의 잘못된 것들에 대해 교정矯正 및 징계懲戒, discipline조치를 결정한다.
- 예산의 수립, 조정, 통제 그리고 운영에 대한 책임을 갖는다.
- 호텔 서비스품질표준을 안정적으로 개선하고 업무절차process를 최적화한다.
- 모든 운영부서의 업무 상태를 매일 확인한다.
- 총지배인 및 프런트 관리자front manager와 협력하여 객실판매예측forecast by room sales 및 수율관리yield management를 수행한다.

3) 당직지배인

당직지배인duty manager은 호텔 전체 영업장에 대한 사항과 고객요구에 의한 업무처리, 고객 불편처리, 영업부문 당직업무를 수행하며 총지배인 직속으로 총지배인 부재 시 총지배인을 대리하여 업무처리를 할 수 있는 권한을 가진다. 주로 호텔과 관련한 고객의 모든 불만 사항을 처리하고 비상사태에 대한 적절한 대비와 유사시 이를 해결하며, 총지배인 부재 시 모든 의사결정을 하는 책임이 주어진다. 최근 소형 중저가호텔budget hotel에서는 당직 지배인이라는 직무를 따로 두기보다는 프런트 오피스 내의 상위 직급이 수행한다.

4. 호텔부서의 분류

호텔은 업무에 따라 부서가 세부적으로 나누어져 있고 각 부서가 해야 할일이 명확하게 표준화되어 있다. 각 부서가 각자의 목적을 효율적으로 달성해서 호텔 전체의 목표를 달성하도록 잘 짜여 일하고 있다. 그리고 각 업무는 직무기술서job description에 의해 표준화되어 있고, 보고 체계가 잘 확립되어 있으며, 업무별 · 직급별 책임이 명확히 기술되어 있다. 그래서 전체적으로 효과적이고 능률적으로 업무를 할 수 있도록 조직화되어 있다.

호텔의 조직 관리적 측면에서는 관리부문management division, 객실부문room division, 식음료부문food & beverage division, 부대사업부문entertainment & banquet division의 4가지 부문으로 구분이 된다. 이를 다시 세분화하면 관리부분(인사, 재무, 판촉, 마케팅), 현관부분, 객실관리부분, 식당부분, 주방부분, 부대사업부분, 시설부분 등으로 분류할 수 있으며, 대규모호텔은 인사부분personnel department, 재무financial department, 마케팅marketing and sales department의 부서가 조직화되어 있다. 또한 고객응대 여부에 따라 크게 고객접점에 있는 부서와 지원부로 나누어 볼 수 있다.

1) 고객접점 부서(front of the house)

- 객실 예약부reservations
- 벨 데스크bell desk
- 프런트 오피스front office
- 컨시어지concierge

- EFL / vip 라운지executive floor lounge / vip lounge
- 콜 센터/고객서비스 센터call center / guest services center
- 비즈니스 센터business center
- 레스토랑restaurants
- 룸서비스room service
- 바bar
- 델리숍deli shop
- 연회/이벤트 서비스banquet / event service
- 판촉sales
- 헬스클럽health club
- 스파spa

2) 지원부서(back of the house)

- 마케팅 · 홍보marketing & communication
- 회원제 판촉 및 관리membership sales
- 주방culinary
- 오디오 · 비주얼audio & visual
- 기물관리steward
- 위생hygiene
- 하우스키핑housekeeping
- 플라워 숍flower shop
- 인사 · 교육human resources & training

- 수익관리 revenue management
- 재경 finance
- 구매 purchasing
- 시설 engineering
- 보안 security
- 전산 IT

3) 부서의 세부업무

(1) 객실부문

객실부문 room division은 일반적으로 접객 front office과 객실관리 housekeeping(객실정비, 린넨, 세탁물관리)로 구성되며, 호텔의 숙박기능을 수행하는 곳이다. 객실부문은 경영관리적인 측면에서 차별화가 가능한 영역으로 고객에게 제공되는 서비스는 숙박서비스(핵심서비스), 영접서비스(촉진서비스), 지원서비스(레스토랑, 행사 안내)라고 할 수가 있다. 이러한 차별화의 필요성은 기업 간의 경쟁과 고객유치 경쟁이 치열해지고 있기 때문에 서비스향상을 위한 품질향상 노력은 계속되어야 하며, 고객의 만족, 즉 품질의 우위를 확보하는 것이 호텔의 전략적 차원에서 중요하게 인식되고 있다.

① 프런트 오피스

프런트 오피스 front office는 고객의 체크인 · 아웃 등을 돕는 부서다. 예약부를 통해 검토된 예약사항을 확인하여 고객을 원하는 객실로 배정하며, 고객이 최대한 편안하게 머물도록 다양한 정보를 제공하고 투숙 후 고객의 체크아웃을 돕는다. 예약

상황을 파악하여 재방문 고객인지, 특별한 요청사항이 있는지, 예를 들어 휠체어나 유모차가 필요한지, 특정 침구에 알레르기가 있는 고객인지, 특정 식음료 및 객실 용품을 선호하는지 등을 파악해 사전에 객실을 배정하고 준비한다. 일정 정도의 경력이 쌓이면 당직업무를 하게 되는데, 보통 당직 지배인duty manager이라고 부른다.

- 투숙객의 체크인과 체크아웃 업무를 한다.
- 객실 예약 및 고객 정보 사항을 파악하여 고객이 선호하는 객실을 배정한다.
- 객실 키room key 발행과 관리 업무를 한다.
- 등록카드registration card를 관리한다.
- 고객의 도착과 출발에 대한 정보 확인하여 고객 수하물 및 교통 서비스를 제공한다.
- 환전換錢업무를 한다.
- 호텔 상품과 서비스에 대해 잘 알고 이를 고객에게 잘 전달한다.
- 고객의 방문 기록과 정보를 정확하게 기록하고 관리한다.
- 고객의 요청 사항과 불만 사항을 처리한다.
- 로열티loyalty · 리워드reward 프로그램을 홍보하고 가입을 권유하고 관리한다.
- GROguest relations officer는 위의 모든 업무 외에 추가로 VIP 고객이나 특정 언어권의 고객들을 맞춤 관리한다.
- 나이트 오디터night auditor는 당일 예약 고객의 노쇼no show 확인 그리고 야간회계 등을 포함한 당일의 매출을 마감하고 보고서를 작성한다.

② 컨시어지

컨시어지concierge의 어원은 불어인 르꽁떼데 씨에르쥬le comte des cierges이다. 영어로는 “keeper of candles”이라는 뜻으로, 중세시대에 많은 성城, castle의 방room들을 밝힌 초candle를 관리하는 사람을 말한다. 이들은 궁宮의 일정한 구역에서 사법권을 행사하고 관리자 역할도 하였으며 또한 왕王, king이 타지로 여행할 경우 먼저 현지에 도착하여 미리 모든 것을 준비하였는데 여기서 유래하여 유럽의 럭셔리호텔luxury hotel의 서비스로 자리 잡게 되었다. 이러한 컨시어지는 현재 호텔 로비에서 고객의 편의를 위해 고객의 크고 작은 모두 서비스를 총괄적으로 담당하는 집사執事와 같은 역할을 한다. 유니폼 상의 옷깃 양쪽에 달린 골든 키golden key 모양의 배지는 컨시어지를 뜻하는 것으로, 고객이 원하는 것은 무엇이든지 열어준다는 의미가 있는데, 이는 다시 말해 컨시어지는 고객이 어려운 부탁을 해도 절대로 "노no"라고 해서는 안 된다는 것이다. 프런트오피스의 일과 구분되는 점이 있다면 컨시어지는 호텔 내부 서비스정보뿐 아니라 필요한 외부 정보를 꿰뚫고 있어야 한다는 것이다. 컨시어지는 고객의 요청이 무엇이든지간에 신속 정확하게 해결책을 제시할 수 있어야 하므로, 다양한 정보에 항시 접근할 수 있고, 그 정보들을 고객의 편의를 위해 가공된 상태로 준비한다. 컨시어지가 다루는 업무는 날씨정보 안내, VIP 에스코트 및 관광 안내, 인근 주변의 레스토랑 소개, 연극, 영화 안내 및 예약, 쇼핑센터 안내, 항공편 및 각종 교통편 안내 및 예약 등 분야를 초월한다. 한 리조트 호텔의 경우, 예약을 한다면 3시간 정도 쇼핑호스트shopping host가 동행하여 쇼핑을 돕는 프로그램도 있다.

호텔의 특성에 따라 따로 공항에 상주하는 공항컨시어지 서비스를 제공하는 호텔도 있고, 기술적인 요구 사항을 만족시키기 위해 테크놀로지컨시어지 데스크technology concierge desk를 마련하기도 한다.

- 호텔 상품과 서비스에 대해 잘 인지하고 고객에게 제공한다.
- 호텔 주변 지역과 관광 정보를 잘 인지하고 지속적으로 업데이트한다.
- 고객의 복잡하고 다양한 요청 사항을 신속하게 효율적으로 처리한다.
- 고객 도착 · 출발 시 필요한 차량서비스를 예약하고, 고객을 픽업pick-up하고 드롭 오프drop off한다.

③ 벨 데스크

벨 데스크bell desk는 크게 도어어텐던트door attendant, 발레파킹valet parking, 벨 어텐던트bell attendant 이렇게 3개의 직무로 이루어진다. 고객이 본인의 차, 택시, 셔틀버스 등 여러 가지 교통수단을 이용해서 호텔에 도착하면 제일 먼저 만나게 되는 곳이다. 도어 어텐던트는 여타 교통수단이 호텔에 도착하면, 환대의 인사와 더불어 차 문을 열어 주면서 고객이 하차하도록 돕고, 고객의 수하물을 내려주고 호텔 입구로 향할 수 있도록 돕는다. 고객이 직접 주차를 하지 않고 발레파킹서비스valet parking service를 원하면 주차 및 출차를 돕는다. 이어서 벨 어텐던트는 호텔 현관에서 도어맨이 처리한 고객의 수하물을 고객의 객실로 전달한다. 고객을 에스코트하며, 고객의 수하물과 각종 메시지, 소포 등을 각 객실로 안전하게 전달한다.

- 호텔 상품과 서비스를 잘 숙지하며 그 내용을 고객에게 제공한다.
- 호텔 주변 지역 및 관광 정보에 대해 항상 업데이트하여 제공한다.
- 고객 요청 사항 및 불만 사항을 잘 처리해야 한다.
- 고객 메시지, 우편물, 팩스, 소포 등을 요청된 장소로 전달한다.
- 고객 수하물을 차량에 싣거나 내리며, 체크인 및 체크아웃 고객의 수하물을 객실로 전달하거나 보관한다.
- 체크인 고객을 에스코트하며 호텔 시설과 상품, 서비스에 대해 설명하고, 객실 내의 시설 및 서비스 사용에 관해 설명하며, 투숙시 불편함이 없도록 한다.

④ 서비스 익스프레스 센터

서비스 익스프레스 센터service express center는 호텔의 신경망과 같은 곳으로 호텔을 이용하려는 고객들의 문의를 처리하는 업무뿐만 아니라, 투숙 중인 고객의 요청사항을 처리하는 곳이다. 객실 내의 고객은 각 서비스부서의 전화번호를 한두 자리 숫자로 줄여서 전화를 걸 수 있는 단축번호로 다양한 요청을 하고, 이러한 요청들을 고객서비스 센터는 해당 부서와 협력하여 최대한 빠른 시간 안에 해결한다. 고객 불만도 고객서비스 센터를 통해서 접수되는 경우가 많아, 이에 대한 신속한 후속 처리 및 연관 부서로의 연결 역할을 한다. 24시간 서비스를 제공하므로 3교대 근무로 운영된다. 최근 추세는 고객서비스 센터가 원스 톱 서비스one stop service로서 객실 예약, 하우스키핑 요청사항, 레스토랑 예약, 스파 예약, 각종 이벤트 예약, 심지어 룸서비스 주문까지 다 소화해 내고 있다.

- 호텔을 이용하려는 고객, 투숙 고객, 호텔 내의 시설에 업무 차 방문하려는 외부인의 모든 문의사항들을 처리한다.
- 호텔 상품과 서비스 및 주변 지역에 대한 정보와 행사에 대해 잘 알고 있어야 하며 이를 고객에게 제공한다.
- 투숙객의 요청이나 불만 사항을 처리하고 관련 부서에 전달한다.
- 외부로부터 전달되어야 하는 고객 메시지 및 팩스를 처리한다.
- 국제 전화를 연결한다.
- 고객의 요청에 따라 웨이크업 콜wake-up call 서비스를 한다.
- 하우스키핑 오더테이크housekeeping order taking 업무를 대행한다.
- 호텔 내 비상 상황 시 비상연락망을 가동한다.

⑤ 비즈니스 센터

비즈니스 센터business center는 고객의 비즈니스 업무 수행을 돕는 곳으로 회의실 관리부터 비서업무 대행, 비즈니스 업무에 필요한 기기equipment 대여 및 관리 등을 한다.

- 간단한 문서를 작성한다.
- 각종 우편물, 팩스를 처리한다.
- 통 · 번역 서비스를 대행한다.
- 회의실을 관리하고 관련 요청을 처리한다.
- 각종 대여기기를 관리하고 대여 업무를 수행한다.

- 해외 택배서비스를 대행한다.

⑥ EFL · VIP라운지

EFL · VIP라운지executive floor lounge/vip lounge는 VIP 고객들을 위한 라운지 서비스를 제공하는 곳으로 프런트오피스 업무, 컨시어지 업무 그리고 식음료서비스 업무가 총괄적으로 수행되는 부서이다.

- VIP 고객의 체크인과 체크아웃을 수행한다.
- VIP 고객의 정보 및 방문 기록을 정확하게 업데이트하고, 그들의 선호도를 파악하여 서비스를 제공한다.
- VIP 고객용 어메니티amenity를 준비한다.
- 라운지에서 제공되는 식음료에 대해 서비스, 즉 조식breakfast, 애프터눈티afternoon tea, 칵테일cocktail 등을 제공한다.
- VIP 고객이 요청하는 사항을 처리한다.

⑦ 객실 예약부

객실 예약부room reservations는 체크인 전에 호텔에 관한 정보를 제일 처음 제공하고 호텔의 이미지를 결정하게 하는 부서이다. 전에는 전화와 팩스를 통한 예약이 주를 이루었지만, 이제는 이메일 예약과 웹 사이트를 통한 예약이 주를 이룬다. 객실 예약부는 또한 MICEmeeting, incentive, convention, exhibition를 통해 판매한 객실에 대한 예약 업무도 다룬다. 객실예약부의 직무는 다음과 같다.

- 전화, 팩스, 이메일을 통한 개인, 그룹, 여행사의 객실 예약을 수행한다.
- 예약 내용 관련하여 해당 부서와 커뮤니케이션한다.
- 예약시스템으로 객실 수에 대한 인벤토리inventory를 관리한다.
- 호텔서비스 및 상품에 대한 완벽한 숙지와 업장 및 주변 지역에 대한 정보나 행사에 대해 업데이트하고 필요 시 제공한다.

⑧ 객실관리

객실관리housekeeping부서는 객실뿐만 아니라, 호텔 내의 공공장소와 호텔주변 공간의 청결함을 책임지는 부서이다. 효율적인 인건비 관리를 위해 도급업체로 운영되는 경우가 대부분이며 도급업체는 전문성을 토대로 정비부터 점검까지 책임진다. 관리자급은 보통 호텔 소속직원이다. 객실 정비의 경우 객실의 사이즈에 따라 하루 보통 12~14개의 객실을 정비하며, 호텔 고객군의 성격에 따라 2교대 또는 3교대 근무를 하는 경우도 있다. 공공장소 정비는 3교대 근무로 호텔 내의 객실을 제외한 모든 장소에 대한 청결을 책임지며, 야간 근무자는 업장 및 고객의 왕래가 없을 때 집중해서 대청소deep cleaning를 한다. 또한, 호텔 내의 린넨linen과 유니폼uniform도 관리하며 고객 세탁물 서비스laundry service도 제공한다. 호텔 운영방식에 따라 모든 세탁물은 호텔 내에서 취급하기도 하지만 대부분 도급업체가 담당한다.

- 객실을 정비한다.
- 호텔 내 공공장소public area를 정비한다.
- 객실 및 호텔 내에서 나온 분실물lost & found item을 보관 · 관리한다.
- 호텔 전체의 린넨, 타올, 유니폼을 관리한다.
- 객실에 필요한 소모품amenities을 관리한다.
- 객실 및 공공장소의 보수 · 유지 필요사항을 점검하여 관련부서에 알린다.
- 세탁 서비스laundry service를 한다.
- 미니바mini bar의 상품 입고 및 재고를 관리한다.

(2) 식음료부문

식음료부문Food and beverage division의 조직 원칙은 음식 및 음료를 가장 효율적으로 관리하고 종사원들의 서비스를 고객에게 유효하게 제공되어야 하며, 음식과 음료 및 서비스의 3가지를 판매하는데, 음식물을 조달한다는 의미에서 케이터링catering

이라고도 하고 있다.

식음료부문의 중요한 기능은 손님들에게 식사와 음료를 제공하는 것이다. 따라서 오늘날 호텔에서의 식음료는 식사와 음료의 다양성 및 품질이 주요한 판매 요인의 역할을 하고 있다. 식음료부문의 일반적인 조직은 식당부문, 음료부문, 연회부문으로 조직을 편성하고 있는데, 식음료 영업에 관한 업무는 식음료 상품관리, 고객관리, 영업운영관리, 종사원관리, 마케팅관리를 주요업무로 하고 있다.

① 레스토랑

호텔에서 레스토랑은 고객의 다양한 식사 경험을 제공하는 부서이다. 이전에는 동양식 식당과 서양식 식당에서 동 · 서양 메뉴들을 따로 제공했지만, 요즘은 한 자리에서 여러 음식을 제공하기도 한다. 또 주방을 오픈하는 쇼 키친show kitchen이 최근 추세이다. 레스토랑에는 예약업무와 고객을 맞이하는 리셉션니스트receptionist가 있고 서비스를 하는 종사원이 있다. 또한, 와인 소믈리에sommelier가 상시 대기하거나 서비스종사원이 와인 및 술liquor에 대한 지식을 겸비하여 주문 요리와 어울리는 와인이나 식전주aperitif, 식후주digestif 등을 적절하게 제안하여 고객의 식사 경험을 풍부하게 한다.

- 레스토랑 예약을 받는다.
- 레스토랑 이용고객을 마련된 테이블로 안내하고 주문받는다.
- 식음료 메뉴에 대한 정보와 지식을 충분히 이해해서 고객의 질문과 요구사항에 잘 응대한다.
- 계산서 제시 후 정산한다.
- 식음료 서비스 과정에 발생한 고객 불만을 처리한다.
- 업장 프로모션을 기획하고 수행한다.

② 룸서비스

룸서비스room service는 인-룸 다이닝 서비스in-room dining라고도 부른다. 시간상의 이유나 객실 안에서 특별한 식사 경험을 하기 원하는 고객에게 서비스를 제공하며 어느 시간에나 고객에게 음식과 음료를 제공하기 위해 24시간 운영하며 3교대 근무제로 이루어진다.

- 주문을 받는다.
- 고객이 주문한 식사를 객실로 정해진 시간 안에 배달한다.
- 고객에게 주문한 음식에 관해 설명하고, 식사를 위해 세팅한다.
- 계산서를 제시하고 고객의 정산을 돕는다.
- 식사 완료 후 객실이나 복도의 룸서비스 트레이tray를 수거한다.
- 메뉴에 대한 지식과 정보를 정확하게 업데이트하고 고객의 질문이나 요청에 응한다.

③ 바

바bar는 칵테일 및 다양한 종류의 알코올 · 무알코올 음료를 제공하며 라이브밴드live-band의 공연이나 다양한 이벤트로 즐거움을 선사한다. 영업시간은 늦은 오후부터 시작해 새벽 1~2시까지인 경우가 많다. 서비스하는 상품이 칵테일 등의 주류라는 것과 영업시간이 좀 더 늦다는 것을 제외하면 업무 내용은 레스토랑 직원과 같다.

- 조주造酒에 관한 기본적인 기술을 숙지하고 고객 요청에 따라 조주한다.
- 바 메뉴에 대한 정확한 정보를 숙지하고 고객을 응대한다.
- 트렌드에 맞는 메뉴를 개발한다.

④ 델리숍

델리숍deli shop이란 델리카트슨delicatessen의 줄임말로 호텔에서 만든 빵, 육류를 가공하여 만든 햄이나 소시지, 초콜릿, 와인, 치즈, 기타 수입 물품 등을 판매하는 업장을 말한다.

- 호텔의 델리 · 와인숍, 기념품 판매점, 잡화 판매점, 테이크아웃take-out 매장 등의 상품판매, 관리 업무를 한다.
- 판매 상품에 대해 기획하고 효과적으로 디스플레이display한다.
- 판매 상품들의 입고와 재고를 관리하고 구매를 요청한다.

⑤ 연회, 이벤트 서비스

연회, 이벤트 서비스banquet, event service 부서는 개인, 가족의 행사(백일, 돌, 결혼식, 각종 기념일)뿐 아니라, MICE 행사를 세팅하고 호텔의 크고 작은 연회장을 종횡무진하며 행사 전반에 걸쳐 식음료 서비스를 제공하는 부서이다.

- 고객의 요청에 따라 행사장을 세팅하고 행사 후 분리 · 철수한다.
- 각종 데커레이션, 무대장치, 현수막, 플라워 장식 등 각종 행사 관련 항목들을 준비한다.
- 행사 전 조명, 오디오, 비디오 장비들을 잘 살피어 행사 진행에 무리가 없도록 한다.
- 행사명에 맞는 표지판을 준비하여 게시한다.
- 행사의 성격에 맞는 식 · 음료 서비스를 제공한다.
- 행사 후 계산서 발행과 정산을 돕는다.

⑥ 주방

고객들에게 다양한 다이닝 경험을 제공하기 위한 퀴진cuisine을 창조해 내는 곳이며 이를 위해 서양, 동양 메뉴뿐만 아니라 페이스트리pastry 등을 준비한다. 크게 레스토랑restaurant, 페이스트리pastry, 룸서비스room service, 연회서비스banquet service 등으로 나눌 수 있다.

- 필요한 원재료들을 구매부로 주문한다.
- 주문한 원재료를 지정된 장소에 저장한다.
- 원재료들을 메뉴에 맞도록 사전 준비한다.
- 조리에 필요한 기구 및 집기 등을 관리한다.
- 메뉴 및 고객의 요청에 맞도록 조리한다.
- 위생과 안전에 항상 유의한다.

⑦ 기물관리

고객 서비스에 필요한 모든 기물器物, utensil의 재고관리 및 세척, 주방 내의 청결함을 담당하는 부서이다. 완성된 화려함을 위해 뒤에서 수고와 노고를 아끼지 않는 부서 중 하나이다.

- 주방에 필요한 모든 기물의 재고를 관리하고 유지 · 보수 업무를 한다.
- 기물들의 파손 및 분실에 대해 기록하고 관련 부서에 보고한다.
- 주방과 기물들의 청결 상태를 유지한다.
- 각종 식기를 세척한다.

(3) 부대시설 부문

부대시설이란 호텔에서 객실과 식당 등을 제외한 시설이라고 할 수 있다. 호텔의 부대시설은 위치와 종류, 경영형태에 따라서 다르다. 도심지역의 호텔은 실내수영장, 헬스클럽, 이 · 미용실 등과 같은 시설과 휴양지의 리조트호텔은 승마장, 골프장, 수상스키, 보트장, 야외수영장 등을 설치하고 있는 호텔들도 있다. 이러한 부대시설들은 호텔의 역할을 변화시켰으며, 고객에 대한 판매욕구는 외형의 인상에서 판단과 평가가 이루어질 수 있기 때문에 호텔의 규모, 외관, 출입구, 로비, 복도, 식음료업장, 회의실과 공간, 색채, 구조, 편의성, 디자인, 조명, 비품, 장식 등과 같은 상황도 고객유치에 있어서 매우 중요하다.

① 헬스클럽

헬스클럽health club은 각종 운동기구를 갖추고, 고객 스스로 운동을 하거나 개인 트레이너가 고객 맞춤형 트레이닝 서비스를 제공한다. 실내/외 수영장을 갖춘 경우가 많으며, 사우나sauna실이 마련되어 운동 후 피로를 풀 수 있도록 도와준다.

- 안내 데스크를 통해 사용 고객을 등록하고 락커locker 및 필요 물품을 고객에게 안내한다.
- 트레이너와 함께 헬스 관련 프로그램을 개발하고 홍보한다.
- 짐gym과 GXgroup exercise 공간, 실내 · 외 수영장 공간 내의 기구와 장비들을 정기적으로 점검한다.
- 고객에게 적절한 맞춤형 트레이닝 프로그램을 제공한다.
- 회원 가입을 유치하고 관리한다.

② 스파

스파spa는 5~15개의 프라이빗트한 스파룸private spa room에서 다양한 컨셉의 스파 트리트먼트spa treatment부터 네일서비스nail service 등의 살롱서비스salon service까지 제공하는 웰빙wellbeing의 대표적인 부서이다. 최근 웰빙에 대한 관심이 커짐에 따라 호텔 내의 스파 서비스를 적극적으로 도입하는 호텔이 많다. 전문회사가 호텔 내에 입점하여 서비스를 제공하기도 하고 도급업체outsourcing 형태로 이루어지기도 한다.

- 스파 예약을 돕는다.
- 상담 후 고객에게 맞는 상품이나 서비스를 제안하고 제공한다.
- 스파 메뉴를 개발하고 다양한 프로모션으로 수익을 창출한다.
- 회원가입 유치 및 관리 업무를 한다.

③ 플라워 숍(flower shop)

호텔 내부 공간과 각종 행사 시 필요한 플라워 데커레이션flower decoration을 책임지는 부서이다. 또한, 고객이 필요한 꽃을 구매하도록 상품을 개발하기도 한다. 대부분 호텔 직원으로 채용하기보다는 외부업체를 이용하는 경우가 많다.

- 호텔 공간 및 업장에 필요한 플라워데커레이션을 하고 관리한다.
- 각종 행사에 필요한 데커레이션 컨셉decoration concept을 파악해서 행사의 분위기를 창조해낸다.
- 고객의 요구에 맞는 상품을 판매한다.

(4) 관리부문

호텔기업의 관리부문은 최고경영층의 의사결정에 필요한 경영정보나 경영 자료를 제공하는 참모參謀, general staff적 역할을 수행하며 호텔경영을 효율적으로 집행하기 위한 경영합리화와 경영성과의 극대화를 추구하는 부서이다. 경영정책 및 계획의 수립과 예산편성 및 통제, 조직 및 정원관리, 경영분석 및 평가, 원가관리, 인사 · 노무 · 급여 및 서무업무, 광고 · 선전 · 홍보계획의 수립, 전산운영관리, 각종 물자구매 및 확보관리, 시설 · 청소 및 경비 · 소방 · 안전 활동의 관리, 복리후생 및 직원식당관리, 편의 및 위락시설의 관리, 재무관리 등의 기능별 관리로 구분할 수가 있다. 또한 현금출납, 세무회계, 급여 및 보험, 영업회계, 즉 호텔의 객실과 식음료 부대시설 등과 같은 영업현장에서 발생한 요금을 수납하는 업무 등을 수행하는 기능이 있다.

이 부서들은 백오브더하우스back of the house라고도 하며 호텔에는 보이지 않는 곳에서 원활한 고객 접점부서들의 운영을 위하여 지원업무를 하는 부서들이다. 마케팅 · 홍보 부서, 회원제 판촉 및 관리, 주방, 오디오 · 비주얼, 기물관리, 위생, 플라워 샵, 하우스키핑, 인사 · 교육, 수익관리, 재경, 구매, 시설, 보안, 전산 등이 있다. 이 부서들은 고객 접점 부서들이 최상의 서비스를 제공할 수 있도록 안팎으로 다양한 지원을 한다.

① 마케팅 · 홍보

호텔의 수익을 위해 전략적인 마케팅 계획을 수립하고 홍보활동을 하는 부서이다. 체인 호텔의 경우 브랜드 이미지의 통일성을 위해 본사와의 긴밀한 협력 속에서 마케팅, 홍보활동을 펼친다.

- 외부환경, 경쟁사 시장 상황을 분석하고 상품을 개발한다.
- 카드사, 은행, 백화점, 항공사 등 홍보와 영업 캠페인을 활성화할 수 있는 제휴관계를 개발한다.
- 각종 호텔패키지hotel package, 프로모션 프로그램promotion program을 기획하고 수행한다.
- 수익발생 부서가 목표치를 달성하거나 초과할 수 있도록 홍보 전략을 수립하고 수행한다.
- 위기관리를 위한 외부언론 대응책을 수립한다.
- 각종 매체에 가장 효율적인 노출이 되도록 인쇄, 영상, SNS 등의 매스미디어 플랜mass media plan을 수립한다.
- 지역 · 국제 매체에 노출된 자사 관련 기사 및 자료를 모니터한다.
- 본사가 책정한 브랜드 기준에 맞는 홍보 · 광고 자료 및 각종 인쇄물을 제작한다.
- 호텔 웹페이지의 웹 마스터web master로 역할을 하며 온라인에서의 홍보 활동을 주관한다.

② 판촉(sales)

판촉에는 객실판촉, 연회 판촉, MICE 판촉 등이 있고, 새로운 거래처를 개발하고 관리하며 호텔의 모든 부서와 긴밀하게 일하는 부서이다.

가. 객실 판촉(room sales)

객실 투숙이 필요한 고객들을 위한 판촉이다. 보통 회사거래처corporate account가 주이며, 여행사를 통한 단체 예약도 이에 속한다. 항공사 승무원, 외국기업 직원의 장기투숙, 바이어buyer 등을 위한 객실 판촉도 이에 해당한다.

나. 연회 판촉(banquet sales)

개인, 기업들의 각종 행사를 유치하는 판촉을 한다. 개인, 가족들의 각종 행사는 약혼, 결혼, 돌잔치, 회갑, 칠순 행사, 출판기념회 등이 될 수 있고, 기업들의 각종 행사들은 워크숍, 신상품 발표회, 각종 미팅, 내부 행사 등을 예로 들 수 있다. 이를 위해 항상 개인 · 기업 고객들의 재방문을 유도하는 것이 가장 중요하며, 새로운 거래처 개발을 위해서는 기존과 차별화된 경험 제공이 필요하고 이를 위해 관련 부서와 끊임없이 협의하는 것이 필요하다.

다. MICE 판촉

MICEmeeting, incentive, convention and exhibition는 중 · 대형 연회장이 있는 호텔들이 가장 초점을 맞추고 있는 시장이다. 다른 용어로 비즈니스 이벤트business event라고도 부르는데, 국외 고객을 국내로 유치해서 수출산업과 같은 효과를 내는 신성장 전략산업으로 주목받고 있다. 일반 개인 관광객이 아닌 대규모 인원의 방문으로 지출액 규모가 큰 고부가가치 산업이라 할 수 있다. 대규모의 국제 행사는 보통 2~3년 전부터 기획되므로 MICE 세일즈매니저mice sale manager는 업계 동향을 항상 주의 깊게 살펴보고 판촉의 기회를 찾도록 해야 한다.

- 기존의 거래처를 관리하거나 새로운 거래처를 개발한다.
- 고객 유치를 위해 호텔투어hotel tour, room show를 실시한다.

- 관련 부서와 긴밀하게 작업하며 고객들의 요청사항에 적절하고 신속하게 응대할 수 있도록 한다.
- 호텔의 연간 사업계획에 따라 개인별 목표를 설정하고 월별, 연간 목표를 달성한다.
- 목표 달성 계획에 따른 세일즈 콜sale call을 하고, 경쟁사 분석을 한다.

라. 회원제 판촉 및 관리(membership sales)

각종 숙박관련 리워드reward 프로그램의 회원 관리는, 체인호텔이나 그룹사의 호텔의 경우 본사 차원에서 진행된다. 여기에서 언급하려는 회원제는 호텔이 독립적으로 운영, 관리하는 프로그램을 말한다. 다이닝 클럽dinning club 회원제를 성공적으로 운영한다면 식음료부서뿐만 아니라 호텔 전체 수익에 미치는 영향이 적지 않다. 그래서 호텔마다 적극적인 회원유치를 위해 활발하게 활동하고 있다. 헬스클럽, 스파와 같이 패키지로 구성해서 시너지 효과를 높이는 곳도 있다.

- 회원모집 및 관리를 위한 판촉활동–전화, DM 발송 등을 한다.
- 회원 정보 데이터베이스data-base를 관리한다.
- 행사를 기획하고 실행한다.
- 회원들의 불만을 접수, 처리한다.

③ 오디오 & 비주얼(audio & visual)

연회의 구성 요소 중의 하나가 잘 계획된 음향과 영상물, 조명인데, 오디오 & 비주얼 부서는 이 모든 것을 관장한다.

- 오디오 · 비디오 장비와 시스템에 대한 지식을 숙지한다.
- 미팅 · 행사시 필요한 오디오 · 비디오 장비를 관리하고, 필요에 따른 제품의 구매를 논의한다.
- 행사에 적절한 오디오 · 비디오 장비를 선정해서 세팅하고 작동시킨다.

④ **위생**(hygiene)

호텔의 식음료 운영상 가장 중요한 부분 중의 하나는 식음료가 구매되는 시점부터 고객 앞으로 제공되기까지의 모든 과정에서의 위생 관리이다. 위생 전반에 걸쳐 세세한 부분을 점검, 관리한다. 식재료들의 유통기한, 원산지 확인, 식품위생 상태와 환경위생 등을 점검하고 관리하는 일을 한다. 종사원들의 위생뿐만 아니라 업장 전체 그리고 기기들의 위생 상태도 점검하는 역할을 한다.

- 위생 법규를 숙지하고 관련 부서에 공지 및 자료를 제공한다.
- 위생 법규에 따라 호텔 내 정책을 수립하고 실행한다.
- 정기적인 위생 검사를 한다.
- 정기적인 위생 교육을 한다.

⑤ **인사 · 교육**(human resources & training)

인사부서의 업무는 크게 인사와 교육으로 나뉜다. 호텔 수익활동의 비즈니스 파트너로서 직원채용부터 경력개발, 직원 복지 · 혜택 프로그램을 운영한다. 또한, 오리엔테이션, 직무별 교육, 직급별 교육 등을 통해 호텔 경영의 근간이며 출발점이 되는 인재 양성 및 유지관리 업무를 한다. 그 외 노무관련 업무, 도급업체 관리 업무, 대관업무 등을 하며 호텔의 규모에 따라 사내 간호사가 이 부서에 속하기도 한다.

- 채용 업무를 한다.
- 오리엔테이션, 직무 교육 및 리더십 교육을 한다.
- 직원 복지 프로그램을 수집하고 운영한다.
- 정기적인 업무 수행력 평가 및 경력 계획을 수립한다.
- 직원 간 소통 활성화 활동 및 직원 행사를 기획하고 시행한다.
- 상벌 제도 및 인정 프로그램을 실시한다.
- 직원 근태관리 및 직원시설(락커, 기숙사, 식당, 휴게실)을 관리한다.

- 생산적이고 효율적인 인력 관리 전략을 수립하고 실행한다.
- 직원 몰입도와 만족도 향상 방안을 마련한다.
- 생산적인 노사관계 수립한다.
- 원활한 대관 관계 수립 및 관련 업무를 한다.
- 외국인 임직원의 비자 및 재배치relocation 업무를 한다.

⑥ 수익관리(revenue management)

날로 경쟁이 심화하는 호텔 산업에서 경쟁력을 갖고 지속적인 수익 창출을 위해 연구하는 부서이다. 여러 기법의 분석을 통해 시즌 별로 객실가격을 다르게 책정하고 최대 숙박기간 · 최소 숙박기간을 책정하는 등 객실 매출에서 최대의 수익을 창출하고자 연구하며 여타 수익 창출 부서에 각종 자료를 제공하여 영업 활동을 돕는다.

- 호텔 내 수익향상의 기회를 파악하기 위해 수익 결과를 분석한다.
- 분석 결과에 따라 수익창출 부서와 긴밀히 협력해 전략을 수립한다.
- 주간, 월간, 연간 수익에 대해 예측하고 공유한다.
- 수익 트렌드 파악 및 제안을 위한 분석 프로그램에 대해 정확히 숙지하고 활용한다.

⑦ 재경(finance)

기업 경영의 효율적인 운영을 위해 호텔 내의 매출과 비용, 수익을 관리하며 자금흐름에 관한 업무, 세무업무 등을 수행하는 부서다. 자금 사용의 계획을 수립하고 자금의 지출, 수입 등을 담당하고 여기에 따라 재무제표표財務諸表, financial statements를 작성하여 보고하는 역할을 한다.

- 제너럴 캐시general cashier: 호텔 운영상 필요한 하우스 펀드house fond와 잔돈을 준비하고, 당일 영업 종료 이후 제출된 현금, 수표 및 신용카드 전표를 통한 매

출과 실제 활동을 확인한다. 당일의 환율 정보는 관련 부서와 공유한다.

- 코스트 오디터cost auditor: 구매부를 통해 구매되어 관리되는 항목들을 시스템에 입력하고, 각 부서의 영업에 사용된 물품, 재료에 대한 비용을 확인하며 월말마다 모든 재고 물품에 대해 감사auditing를 실시하여 실제 소비보고서 대비 차이가 있는지 확인한다.
- 페이마스터paymaster: 기본적으로 직원들의 임금을 지급한다. 이를 위해 인사부로부터 직원들의 근태와 연장, 휴일, 야간근무수당 관련 자료를 전달 받아 지급될 각 임금항목에 적용한다.
- 어카운트 페이어블account payable: 지급계정 관련한 업무를 수행한다.
- 어카운트 리시버블account receivable: 수취계정 관련 업무를 수행한다.
- 인컴오디터income auditor: 객실, 식음료, 그 외 영업 부서에서의 매출 자료와 나이트 오디팅night auditing 과정을 통해 생성된 리포트를 감사한다.
- 크레디트 매니저credit manager: 신용카드 및 체납 계좌 관련 업무를 수행한다.

⑧ 구매(purchasing)

서비스에 필요한 물품들에 대한 구매 요청에 따라 업체를 선정하고 구매하는 부서다. 구매물품은 객실에 필요한 비품부터 식자재, 청소용품, 사무용품 등 호텔 영업활동에 필요한 모든 물품에 해당된다.

- 각 부서에서 필요한 물품에 대한 구매 요청을 접수한다.
- 구매 요청 물품을 구매하고 검수한 후, 접수하고 보관한다.
- 호텔 내의 물품에 대한 관리 및 분배, 재고 관리 업무를 한다.
- 정기적인 시장조사와 경쟁적인 가격 정보를 통해 구매력을 높인다.

⑨ 시설(engineering)

호텔 빌딩과 각종 시설의 관리, 유지 보수를 담당하는 부서이다. 호텔 운영에 가장 기본적으로 필요한 전기, 수도, 가스 등의 공급이 원활하도록 한다. 최근에는 에너지 절약이 중요해져서 여러 방면으로 이에 대한 연구를 많이 하는 부서이기도 하다. 중저가 소규모 호텔의 경우에는 대체로 전문성을 가진 도급 업체가 운영을 맡고, 관리자급만 호텔 직원이다. 호텔 빌딩과 시설을 관리할 책임을 지고 있으므로 24시간 운영되고 3교대 근무를 한다.

- 호텔 빌딩, 객실, 공공장소 및 각종 서비스 지역의 보수 · 유지업무를 한다.
- 호텔 내부와 외부의 안전 관리를 위해 시설을 정기적으로 점검한다.
- 에너지, 수도, 가스의 효율적인 운영을 위해 세부적인 계획을 세운다.
- 화재 및 안전사고 방지 시스템을 가동한다.

⑩ 보안(security)

고객과 직원의 안전을 위해 24시간 순찰하며, 직원 출입구에 사무실을 두고 외부 방문객을 통제한다. 24시간 운영하고 3교대로 근무한다. 대체로 전문성을 가진 도급업체가 운영한다. 관리자급은 호텔에서 직접 채용한다. 호텔 자산과 고객, 직원들의 안전을 위해 호텔 내부와 외부를 지속적으로 순찰하며 모니터링한다.

- 필요에 따라 지역 경찰과 협조하여 호텔과 고객 그리고 직원들을 보호한다.
- 긴급 상황(화재, 테러 등)에 대비한 대응 매뉴얼을 수립하고 직원들을 교육한다.
- 정기적으로 인사부와 같이 직원 락커locker를 점검한다.
- 호텔의 모든 키를 분출, 통제하고 관리한다.

⑪ 전산(IT)

영업을 위한 전사적인 전산시스템을 구축하고, 각종 대 고객 서비스에 필요한 전산시스템을 유지하고 관리한다.

- 호텔 내의 모든 자산관리시스템property management system, 판매시점 정보관리 시

스템point of sales system, 예약시스템reservation system, 인사 · 급여 관리 시스템HR/payroll system 등의 운영시스템을 구축하고 관리한다.

- 네트워크, 하드웨어, 소프트웨어를 관리한다.
- 업무상 필요한 컴퓨터를 설치하고 관리, 지원한다.
- 전산 정보관리 및 보안 업무를 한다.

(5) 기타부서 업무

① 컨벤션 서비스 · 이벤트 플래닝

기존에는 판촉팀이 계약 성사부터 행사 종료까지의 업무를 하다 보니, 업무의 효율성 및 고객 서비스에 무리가 많았다. 그래서 계약 성사 이후부터 행사 전후 관련 업무를 도맡아 원스톱 서비스one stop service를 하는 부서가 생기기 시작했다. 컨벤션 서비스 또는 이벤트 플래닝convention service & event planing이라고 부르는데, 식음료 및 연회에 대한 기본적인 지식이 있다면 다른 지원자보다 유리할 것이 다. 이 업무는 호텔 내의 모든 부서와의 협력을 리드해 나가야 하는 역할을 해야 하므로 친화력 및 적극적인 소통능력이 필요한 업무이다. 최근에 연회 서비스/이벤트 서비스에서 경력을 쌓고 이 업무를 하려고 하는 지원자들이 급격하게 늘고 있다.

② 교육(training)

글로벌 체인호텔global chain hotel에 속하는 호텔은 기본적으로 본사 교육매뉴얼training manual이 있다. 그 매뉴얼을 기본으로 기업 문화, 가치, 서비스 철학 등을 교육하며 관리자 교육도 한다. 그 밖의 각종 기술과 지식 교육을 위한 기본적인 매뉴얼이 제공된다. 현지 문화에 맞는 서비스 교육은 호텔의 등급hotel level에 맞는 교재를 제작한다. 교육부는 인사부와 함께 호텔에 갓 입사한 신입직원들에게 오리엔테이션을 제공하면서 기본 방향을 설정하는 역할을 한다. 호텔은 1년 365일 24시간 운영되므로 일정한 장소에 사원 전부가 모두 모여 교육을 받는 것이 불가능하다. 따라서 교육 방식이 다른 산업과 다르다. 야간근무조night shift를 위해서는 밤늦은 시간 또는 아침 일찍 교육 시간을 마련한다. 호텔산업 내 교육부에서의 경력 발전의 기회들은 여러 가지가 있지만 가장 공통적인 부분은 부서 내의 트레이너trainers에서 시작해서 특정 호텔 전사 교육을 책임지는 트레이닝 매니저training manager, 그리고 더욱 발전되어서 글로벌 체인 차원의 교육을 책임지는 직무도 있다.

가. 부서 내 코치(department level trainers)

부서 내의 기본 지식/기술 교육을 담당한다. 업무에 필요한 교육뿐만 아니라 부서 내에서 잘 적응하여 팀워크를 통해 업무를 수행할 수 있도록 돕는다. 따라서 부서 코치라고 부르기도 한다.

나. 호텔교육 담당자(Property level trainers)

호텔 내 전사적인 교육을 책임진다.

다. 글로벌, 지역교육 담당자(Regional and corporate trainers)

규모가 큰 체인호텔의 경우, 글로벌체인corporate 차원에서의 트레이너가 있고, 지역 체인 차원의 트레이너가 있다. 이들의 역할은 좀 더 넓고 다양하며 복잡하다. 왜냐하면, 한 호텔이나 특정 지역만의 직원들에 대한 교육이 아니기 때문이다. 글로벌 체인 차원에서의 트레이너corporate trainer는 전 세계에 있는 호텔에서 사용할 교육 프로그램의 표준화와 일관성 유지를 위해 일하며 여타 교육 전문기관과 함께 교육 프로그램의 개발 및 평가에 대해 책임을 진다. 보통 부회장급의 직급이 부여된다.

③ 룸시스템 스페셜리스트 · 프로퍼티솔루션스페셜리스트

룸시스템 스페셜리스트rooms system specialist와 프로퍼티솔루션스페셜리스트property solution specialist는 PMS시스템, 예약시스템 등 객실예약 운영에 사용되는 프로그램들의 신규 도입 및 업그레이드 시 전반적인 프로젝트스케줄을 관리하고 교육하고 시스템의 변화로 인해 변경되는 실무수행에 대한 가이드라인을 제시하는 업무를 한다. 전 세계에 있는 호텔들을 지역별로 담당하여 업무를 하므로 다른 문화 및 실무에 대한 높은 이해도가 필요하며 출장이 많으므로 본인 관리가 철저하게 필요하다.

④ 프로젝트 매니저(project manager)

신규 호텔의 개관을 위해 건축부터 영업에 필요한 모든 물품 구매까지 도맡아 하는 역할을 한다. 무에서 유를 창조하고 정해진 개관 타임 라인time line에 따라 호텔 소유주, 호텔과 긴밀한 의사소통을 하며 업무를 진행한다.

⑤ 월드와이드 예약센터와 월드와이드 세일즈 오피스

지역별 판촉을 강화하기 위해 호텔 내의 판촉과 예약부서 별도로 조직이 구성되어 지역별 판촉과 예약에 대한 전반적인 업무를 한다. 유럽의 경우, 호텔 내 판촉과 예약부서는 별도로 두지 않고, 지역별 예약센터worldwide reservation center와 세일즈 오피스를 통해 타이트한 인력 관리와 더불어 중앙집권적으로 운영하여 효율성을 높이기도 한다.

4) 호텔 조직도

조직도組織圖, organization chart란 조직의 부분편성部分編成, 직위職位, position의 상호관계,

책임과 권한의 분담, 명령계통 등을 한눈에 볼 수 있도록 그림의 모양이나 형태로 도형화하여 나타낸 표表로서 조직이 요하는 여러 직무의 흐름과 지휘, 조정의 질서를 그림으로 명료하게 나타낸 것이다. 또한 호텔내부 조직의 공식적 네트워크로서 문자 그대로 눈에 보이는 공표된 연결망이다. 별도의 지시가 없는 한 이를 통해서 모든 교류활동이 진행된다. 회사에서는 주로 위계질서位階秩序, the order of rank에 따라 보고와 지시, 자료가 오가는데 이를 공식네트워크라 한다. 그러한 네트워크는 조직도에 나타나 있다. 그러므로 이 조직도를 보면 회사의 사장이 누구이며 몇 개의 부서로 구성되어 있으며 결재와 지시전달 체계는 어떤 단계로 진행되는가를 알 수 있다. 기업은 주어진 업무환경에 따라 조직을 여러 가지 형태로 구성할 수 있는데, 이를 조직 구조의 분화分化, specialization라고 하며 이는 회사의 규모에 따라 조직의 크기와 형태가 달라진다.

최근에는 조직구조가 전문화되고 기능별로 세분화됨에 따라 각 기능(직능)별로 전문가를 두어 그 업무를 전문적으로 지휘하고 감독하게 하는 팀제 등과 같은 수평적 기능조직機能組織, functional organization으로 변하고 있으며 이에 따라 조직도가 점차적으로 다양화되고 슬림화minimization 및 네트워크화network化되고 있다.

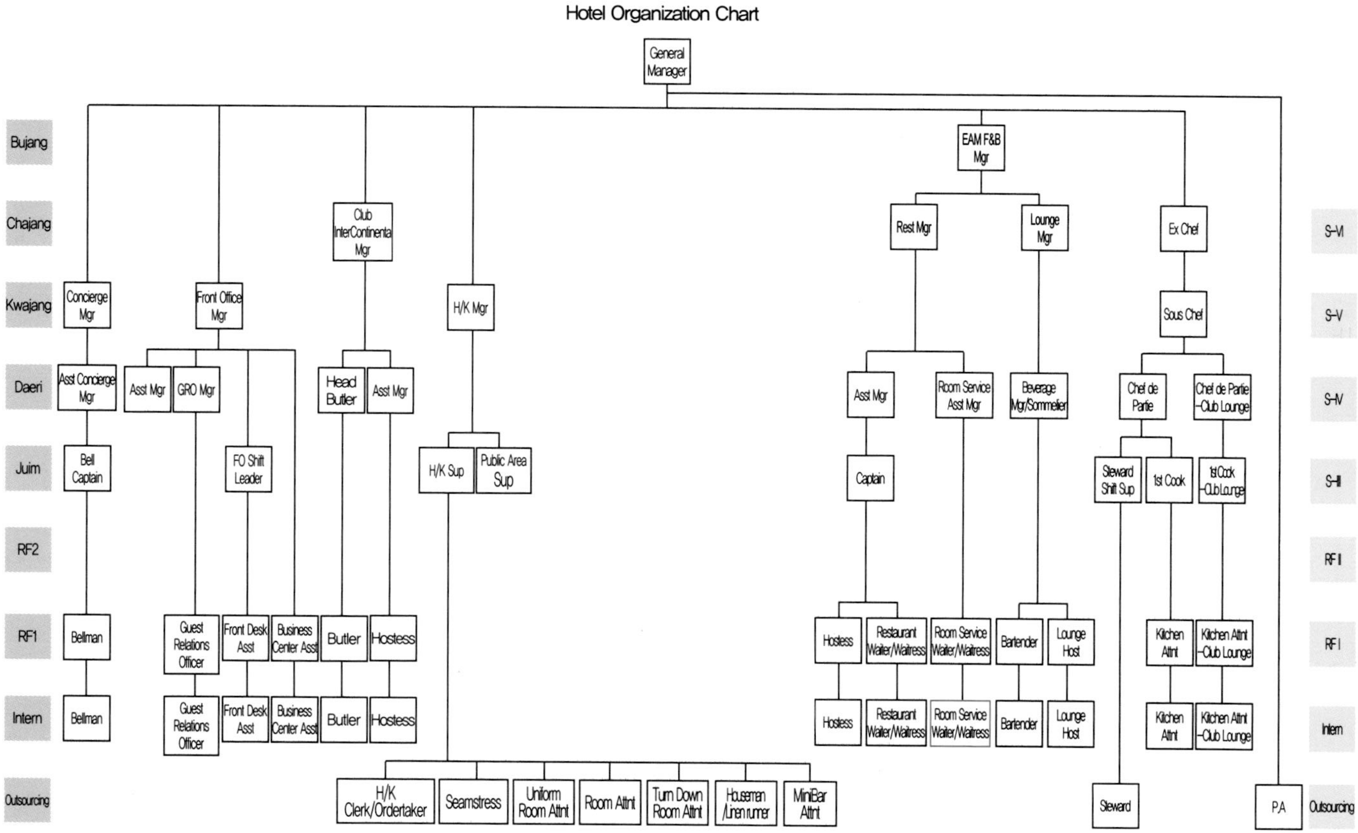

그림 2-1 ➔ ABC Hotel의 조직도

CHAPTER 03

직무관리

1. 직무관리의 개념
2. 직무분석
3. 직무설계
4. 직무평가

CHAPTER

HUMAN RESOURCE MANAGEMENT

03 직무관리

1. 직무관리의 개념

1) 직무관리의 정의

직무관리職務管理, job management란 효율적인 인사 활동을 위하여 구성원의 직무에 대하여 분석分析, analysis, 설계設計, design, 평가評價, assessment하는 활동을 말한다. 종업원들의 회사에서 맡아 하는 일들을 우리는 여러 가지 용어로 부른다. 대강 작업work, 과업task, 직무job, 직위Position, 직군job family 등이다. 회사에서 행해지는 일들은 수십 가지 일이 모여서 하나의 일을 완성하는 경우가 많기 때문에 한 사람이 여러 가지 일을 맡아서 하기도 하고 각 사람이 서로 다른 일을 한 가지씩 나누어 수행한 다음에 합해서 완수하기도 한다. 또 비슷한 일을 하는 사람끼리 모여서 하나의 부서 직무를 담당하며 비슷한 부서 직무끼리 합하여 그보다 상위 직무를 완수하여 모든 상위 직무를 통합하면 회사의 직무가 된다. 그러므로 기업의 직무는 사실상 개인단위의 직무, 부서단위의 직무, 조직단위의 직무로 나누어 생각할 수 있다. 가장 작게는 개인의 동작들도 하나의 작업(나사 조이기)을 이루고 여러 작업을 수행하여 과업(타이어 장착)을 완수한다.

호텔의 직무관리란 종사원이 담당하여야 할 제반 직무職務, work의 성격을 분석하고 그 직무가치를 평가하여 시간, 동작연구와 재설계 등 직무를 중심으로 한 일련의 관리를 말한다. 오늘날 호텔의 규모가 커지고 조직이 복잡해지면서 보다 많은 직무가 생기게 되었다. 특히 분업화와 전문화를 특징으로 하는 현대 호텔에 있어서는 직무의 수는 계속하여 늘어날 것이다. 그런데 수많은 제 직무란 모두가 기업의 목표를 달성하기 위하여 필수 불가결한 것이며, 이러한 직무를 중심으로 해서 그 직무의 수행에 가장 적합한 여러 가지 요건들을 구비한 사람들을 필요로 하고 있다. 원래 인적자원 관리란 "인간과 직무를 유기적으로 결합시키는 조직적 관리 활동"이기 때문에 조직의 구성원인 종사원의 능력을 발전시키고 또한 이들을 보다 효과적으로 이용하기 위해서는 무엇보다도 먼저 이들 개개인의 종사원에 대하여 그들의 직무가 어떠한 내용과 성격을 가지고 있으며 과연 그 종사원이 자기가 맡은 직무를 훌륭하게 수행 할 능력과 자질의 소유자인지의 여부를 알아야 한다. 또 직무가 다른 직무와 비교하여 어떠한 가치가 있는지를 평가하며 직무환경이 변화될 때 어떻게 재설계하거나 재편성하여야 하는가 등의 연구가 필요하게 된다. 따라서 이러한 직무분석職務分析, job analysis, 직무기술서職務記述書, job descriptions, 직무명세서職務明細書, job specification, 직무평가職務評價, job evaluation나 시간연구, 동작연구 등과 같이 직무를 중심으로 하는 일련의 연구를 가리켜 직무관리職務管理, job management라 한다.

2) 직무관리의 내용

직무관리는 크게 나누어서 다음과 같이 살펴볼 수 있다.

첫째, 직무분석職務分析, job analysis이다. 직무분석은 직무에 대한 정보를 수집하여 직무 수행에 필요한 능력과 지식, 숙련도, 작업 조건, 책임 범위 등의 직무수행 요건을 분석하는 것을 말한다. 이는 인사관리의 출발점으로서, 종업원의 채용 · 배치 · 이동 · 승진 · 승급 등 인사관리 활동의 효율적 수행에 필요한 직무의 정보자료를 수집하는 과정이라 할 수 있다. 따라서 직무분석은 기업 내 종업원이 담당하고 있는 각 직무의 성질 및 내용과 직무 수행상의 필요 요건에 관한 직무정보 자료를 수집하고 분석하는 과정으로서, 그 결과를 일정한 문서로 작성하는 일련의 절차 내지 과정이라고 할 수 있다. 말하자면 직무가 가지고 있는 내용과 성격을 설명하는 것이다. 직무분석 결과는 직무기술서와 직무명세서 등의 자료로 만들어지며 이는 직원의 모집과 선발, 교육과 훈련, 인사고과 등 인사활동 전반에 걸쳐 활용된다.

둘째, 직무평가職務評價, job evaluation이다. 직무평가란 직무의 분석결과에 나타난 정보자료(직무기술서 · 직무명세서)를 중심으로 각 직무의 중요성 · 복잡성 · 난이도 · 위험성 · 책임성 등을 종합적으로 평가하여 각 직무의 상대적 가치를 결정하고 등급을 분류하는 과정이다. 이와 같은 직무평가는 ① 기업 내 각 직무의 정확한 가치 평가를 통하여 공정한 직무의 등급결정과 서열의 분류가 가능하며, ② 직무급의 도입실시를 통한 임금의 공정성 확보가 용이하다. ③ 직무평가는 직무의 가치등급별로 우수한 인력확보 및 적정배치를 통한 인사처우의 공정성을 높이며, ④ 직무중심의 교육훈련과 능력개발의 촉진을 이룩할 수 있는 이점이 있다. 결론적으로 직무평가란 일정한 직무 기준을 정해 놓고 서로 비교하여 상대적인 가치를 평가하는 것을 말한다. 일반적으로 기업의 목표 달성에 공헌하는 직무를 그렇지 않은 직무보다 더 가치 있는 것으로 평가한다. 직무 평가의 목적은 임금 수준의 결정, 인력의 배치와 확보, 구성원의 능력 개발 등에 있으며, 직무 평가의 방법에는 서열법, 분류법, 점수법 등이 있다.

셋째, 시간연구와 동작연구時間動作硏究, time-and-motion study이다. 이 연구는 20세기 초 미국의 사무실과 여러 공장에서 처음 시작되었다. 이러한 연구는 한 작업의 여러 활동을 측정 가능한 요소로 세분하여 직무수행 방법을 개선시키는 수단으로 광범하게 채택되었다. 이러한 분석은 다시 작업의 표준화를 돕는 수단으로, 그리고 사람과 장비의 능률 및 이 양자의 결합 방법을 점검하는 데 이용되었다.

넷째, 직무설계職務設計, job design이다. 직무설계는 기업 내 각 직무의 분석 · 평가를 통한 직무의 합리적 편성 과정으로서, 산업의 고도화 및 직무의 다양화와 노동형태의 변화에 따른 종업원의 직무 불만족 해소 및 소외감의 극복을 위해 제기된 직무수행의 변화과정으로 작업과 단위 직무내용 및 작업방법을 변경하는 것이다. 다시 정리하면, 직무설계는 직무 수행의 효율성을 높이고 담당자의 직무 만족도를 높이기 위하여 다양한 직무들을 서로 연결시키고 조직화하는 과정을 말한다. 직무분석이 인사활동에 정보를 제공하는 데 초점이 있는 반면, 직무설계는 직무내용을 개선하고 직무의 효율성을 높이는 데 있다.

2. 직무분석

1) 직무분석의 의의

일반적으로 조직의 규모가 비교적 작을 때에는 조직 구성원 각자가 수행해야 할 활동과 그러한 활동과 관련된 특성들을 어느 정도 손쉽게 파악할 수 있다. 그러나 조직의 규모가 일정한 수준, 예컨대 100명 이상으로 확대되면 조직 내에서 이루어지는 활동의 내용과 특성 그리고 활동 수행자의 인적요건 등을 직관에만 의존하여 파악하기가 힘들어진다. 따라서 좀 더 체계적이고 과학적인 방법이 요청되는데 그러한 체계적이고 과학적인 방법을 제공해 주는 것이 바로 직무분석職務分析, job analysis이다.

직무분석이란 인적자원관리나 관리기능에 사용하기 위해서 직무의 내용 및 성격과 관련된 정보를 수집하고 분석하며 종합하는 과정이라 할 수 있다. 즉 조직 구성원들이 수행해야 할 직무의 내용과 직무를 수행하는 데 필요한 직무 수행자의 개인적 특성, 직무요건 등에 관련된 정보를 수집, 분석, 종합하는 과정인 것이다. 따라서 직무분석은 다음 질문에 답을 구해가는 과정이라고도 할 수 있다.

① 중요한 과업課業, task들을 수행하는 데 어느 정도의 시간이 소요 되는가.
② 어떠한 과업들이 통합되어 하나의 직무를 이루는가.
③ 구성원들이 작업성과를 향상시킬 수 있도록 직무를 설계하고 구조화시키는 방법은 무엇인가.
④ 특정한 직무를 수행하기 위해 필요한 행동은 무엇인가.
⑤ 어떠한 특성을 지닌 사람들이 특정한 직무를 수행하는데 가장 적합한가.
⑥ 직무분석을 통하여 얻어진 정보가 활용될 수 있는 분야는 어디인가.

이러한 분석과정을 통해 직무기술서職務記述書, job descriptions와 직무명세서職務明細書, job specification가 작성된다. 직무명세서는 직무 수행자의 능력, 기능, 지식 등의 자격요건을 명시하고 있으며 직무기술서는 직무의 내용 즉 직무를 수행하는 목적과 그 직무에 포함되어 있는 과업, 행동, 의무관계, 책임 등을 기술하고 있다.

이들은 효율적인 인적자원관리의 핵심적인 도구로서 선발, 인사고과人事考課, performance rating 등에 다양하게 활용되므로 체계적으로 작성되어야 한다. 따라서 관광기업이 합리적인 인적자원관리를 위해서는 먼저 직무분석을 하여 직무를 정의하고 이를 기준으로 필요한 인적자원을 계획하고 선발, 배치, 평가, 이동, 훈련, 보상하는 원칙을 준수할 필요가 있다. 즉 사람 중심의 관리가 아닌 일work 중심의 인적자원관리를 위해서는 기본적으로 직무분석이 선행되지 않으면 안 된다.

그러나 조직은 시간이 흐름에 따라 상황이 변하기 때문에 직무가 겹치거나 공백 없이 효율적인 배열이 되도록 정기적으로 분석될 필요가 있다. 최근 호텔기업이 구조조정을 통해 직무 및 인적자원을 재배치하는 과정에서 많은 혼란이 발생하고 있는데 이는 근본적으로 직무분석을 소홀히 한 결과라고 생각된다.

2) 직무분석의 목적

직무분석은 인사관리의 출발점으로서, 종업원의 채용, 배치, 이동, 승진, 승급 등 인사관리활동의 효율적 수행에 필요한 직무의 정보자료를 수집하는 과정이라고 할 수 있다. 따라서 직무분석은 기업 내 종업원이 담당하고 있는 각 직무의 성질 및 내용과 직무수행상의 필요 요건에 관한 직무정보 자료를 수집하고 분석하는 과정으로서, 그 결과를 일정한 문서, 즉 직무기술서 및 직무명세서로 작성하는 일련의 절차 내지 과정이라고 할 수 있다.

(1) 종업원의 채용, 배치, 이동, 승진 등 고용관리의 합리화

직무분석의 결과로 작성된 자료는 조직 내 각 직무의 특성 및 내용과 직무수행 요건에 적합한 자질과 능력을 갖춘 인재를 채용, 배치, 이동, 승진시키는 데 있어서 주요 기준을 제시해 준다.

(2) 종업원의 교육훈련 및 능력개발의 촉진

종업원 교육훈련의 계획을 수립하고, 능력개발能力開發을 촉진하는 데 기여할 수 있다.

(3) 직무평가의 기초자료

각 직무의 상대적 가치를 평가하고, 가치의 등급을 분류하는 직무평가의 기초자료로 활용된다.

(4) 직무급의 도입 등 임금관리의 합리화

직무평가의 결과는 각 직무의 가치 등급별 임금체계인 직무급의 결정 자료로 활용 되고, 성과급과 상여금 산정 등 임금관리의 합리화를 위한 자료로 활용된다.

(5) 직무 중심의 조직설계 및 업무개선

직무분석 자료를 중심으로 분류되고 평가된 직무정보 자료는 직무확대 및 직무재설계와 조직설계에 활용할 수 있으며, 조직 내의 업무개선에 기여할 수 있다.

(6) 업무분담의 적정화 및 산업안전관리의 확립

각 종업원의 담당직무에 대한 분석 자료는 업무분담의 적정화를 위한 산출기초로 활용할 수 있으며, 업무의 적정배분을 통한 산업재해의 미연방지 등 산업안전관리의 확립에 기여할 수 있다.

3) 직무분석의 방법

직무분석방법에 있어서 학자들과 실제 기업에서 사용되어지고 있는 형태는 각양각색이다. 그 중에서 대표적인 분석방법에는 면접방식, 질문지방식, 종합적 방식 등으로 분류하고 있다. 이 외에도 여러 가지 다양한 형태의 질문방법을 예로들 수 있겠다. 그러나 일반적으로 적용될 수 있도록 이들을 종합하면 다음과 같다. 즉 직무분석 방법은 질문법, 업무일지분석법, 관찰법, 현장조사법, 면접법 등으로 일반화하여 분류하는 것이 바람직하다고 본다.

(1) 면접법

면접법面接法, interviewing은 직무분석 방법으로서 직무분석원이 분석대상 직무의 담당자를 상대로 개별적 또는 집단적으로 면접을 실시하여 직무의 내용 및 수행요건에 관한 정보자료를 획득하는 방법이다. 이 방법은 분석대상 직무의 수행 과정과 관련된 업무의 흐름이나 업무의 분담체계에 대한 사전의 정보 수집을 기초로 수집하는 방법이다.

면접법은 응답자가 자신에게 유리한 방향으로 거짓으로 진술한다면 그만이다. 담당자에게 접근하기가 어렵다면 감독자나 상급자에게 설문지나 인터뷰를 통해 알아내기도 하고 그 상급관리자들에게 물어서 파악해도 그 부하들의 직무를 대강 알아낼 수가 있다. 이는 특히 직무수행 기간이 긴 경우 직무담당자는 그의 작업 수행 과정을 요약하여 간단하게 설명할 수 있는 장점이 있고 단점으로는 직무분석원의 주관이 개입되기 쉽다는 것이다.

(2) 관찰법

관찰법觀察法, observation method은 직무분석원이 분석대상의 직무수행자를 직접 관찰하고, 그 결과를 정확히 기록하여 직무정보 자료를 수집하는 방법이다. 이 방법은 조사 대상에게 질문하지 않고 면접원의 관찰에 따라 필요한 정보를 얻는 조사 기법으로 해당 직무를 수행하는 사람 옆에 직접 가서 관찰해 보면 무슨 일이며, 시간은 얼마나 걸리며, 얼마나 힘이 드는 일인지 알 수 있다.

관찰법은 작업의 내용과 절차가 비교적 표준화되어 있거나 작업의 순화과정에 변화가 적은 직무의 분석에 적합하며, 특히 고도의 전문지식을 요구하는 직무보다는 일반생산직이나 기능직의 직무담당자에 대한 분석방법으로 적절하다. 그러나 작업에 방해가 되지 않도록 조심을 해야 하고 작업자의 동의가 필요하다. 그렇더라도 정신적인 직무라면 관찰로도 불가능하고 관찰 시간도 많이 걸리며 옆에서 관찰하고 있으면 작업자가 가식적으로 행동할 수 있다는 단점이 있다. 작업의 내용과 절차가 비교적 표준화되어 있는 일반 생산직이나 기능직의 직무담당자에 대한 분석 방법으로 적절하다. 단점은 같은 작업장 내의 다른 직무수행자에게 방해를 주기 쉽고, 관찰을 위해 많은 분석원이 필요하다.

(3) 질문지법

질문지법質問紙法, questionnaire은 직무분석원이 분석대상 직무 수행자에게 질문지를 배부하고, 그의 직무수행 관련 항목에 대하여 체크를 하거나 서술하는 방법으로 응답하게 함으로써 직무정보 자료를 획득하는 방법이다. 이 방법의 질문지 구성은 직무분석 대상자에 대하여 일정의 질문 항목에 체크를 하게 하는 체크리스트 방식과 자유롭게 서술하여 응답하는 서술방식의 두 가지가 사용되고 있다. 대개 회사에는 수많은 직무가 있고 조사원은 많지 않기 때문에 한꺼번에 질문지를 배포하여 자기가 많은 직무에 관하여 응답하도록 하는 것이 일반적으로 흔히 사용되고 있는 직무분석 방법이다. 직무분석원이 분석대상 직무의 수행자에게 설문지에 직무의 내용, 목적, 작업조건, 사용 장비, 직무 요건(지식, 능력, 경험, 학력 등)에 관한 질문지를 배부하고 직무 담당자로 하여금 그의 직무수행 관련 항목에 체크를 하거나 서술하게 하는 방법으로서 다른 직무분석 방법에 비하여 시간과 비용이 절감되며, 폭넓은 정보를 한꺼번에 얻을 수 있다. 단점은 질문의 항목 개발에 많은 시간과 노력이 요구되는 점, 분석원의 직접적인 대면이 요구되는 직무내용이거나 일정한 질문 항목으로 표현하기 어려운 직무에는 적합하지 못한 분석방법이라는 한계가 있다.

(4) 경험법

경험법經驗法, empirical method은 실제 직무수행법이라고도 하는데, 직무분석원이 분석대상 직무에 대하여 직접적인 체험적 수행을 통하여 직무의 내용과 직무가 요구하는 특성 등을 자신의 경험을 통하여 분석하는 방법이다. 어느 정도 체력이 있어야 하는지, 다리가 아픈 일인지, 팔이 아픈 일인지는 직접 해 보는 것이 가장 효과적인 분석 방법일 것이다. 그러나 많은 시간도 없고 조사요원도 많지 않은 상황이라면 그 만큼의 비용과 노력을 들일 정도의 직무분석이 필요한 경우는 드물 것이다. 단점은 역시 많은 시간과 노력이 요구되며, 주관主觀 개입의 여지가 크다.

(5) 기록법

어떤 회사에서는 직무수행자가 자신의 직무를 마치고나면 작업일지作業日誌, work daily를 쓰는 경우가 있다. 이렇게 장기간 쓰인 메모지나 작업일지를 기초로 분석하는 것도 한 방법이지만 필요한 정보를 빼 놓을 수 있다는 단점이 있다. 그러나 미리 계획을 세우고 성과와 직결되는 행동들을 명시해 주고 그러한 행동 사례를 수집하여 직무성과와의 관계를 직접 파악할 수도 있다.

(6) 종합분석법

종합분석법綜合分析法은 여러 가지의 직무분석 방법 중에서 2개 이상의 분석방법을 종합적으로 병행하여 실시함으로써 보다 정확한 직무의 정보자료를 획득하는 방법이다. 이를테면 질문지법과 면접법 또는 관찰법이나 체험법을 병행하여 실시함으로써 분석대상 직무에 관한 정확한 직무 정보자료를 수집하는 방법이다.

4) 직무분석기법

직무분석기법職務分析技法, techniques of job analysis은 그 직무자체가 어떤 일이며 그 직무를 맡은 사람은 어떤 자격과 기술을 가져야 하는 것인지를 밝혀내는 것이므로 어떤 관점에서 분석하는지에 따라 조금씩 조사내용과 결과가 달라질 수 있는데 지금까지 자주 사용하는 기법들은 다음의 세 가지로 분류해 볼 수 있다.

(1) 기능 중심의 분석

분석 대상이 되는 직무를 수행하기 위해 요구되는 기능機能, skill, function과 작업이 무엇 인지에 초점을 두고 그 활동기능 등을 밝혀내는 것이다. 예를 들면 비서 직무란 전화 응대활동, 복사활동, 접대활동, 사장 스케줄관리 활동 등이 있을 텐데 그러한 각각의 기능들을 수행하기 위해서는 어떠한 행동과 작업을 하는가, 어떤 상황과 조건하에서 그 행동을 수행하는가, 소요되는 시간은 어느 정도인가 등에 관한 자료들을 수집해 보면 그 직무에 관한 정보를 잘 알 수가 있게 된다. 그런데 그 여러 가지 기능들 중에서 어느 기능 담당이 더 많은지, 어디에 시간을 더 소요하는지, 등을 분석해 본다면 담당자에게 소요되는 자격이 대인관계가 더 필요한지, 손재주가 더 많이 요구되는지도 알 수 있을 것이다. 또 어떤 교육과 훈련이 요구되는지도 알 수 있다.

(2) 직위 중심의 분석

기능 중심 분석이 비서가 하는 활동, 작업 등과 같은 일을 중심으로 분석하는 것이라면 직위職位, position 중심 분석은 비서직이라는 직책position을 담당하고 있는 사람을 중심으로 그 사람의 입장에서 무슨 일들을 완수해야 하는지, 맡은 역할과 일들이 무엇인지를 밝히는 것이라고 할 수 있다. 예를 들면 그 직무를 수행하기 위해 필요한 정보는 어디에서 얻는가, 필요한 활동은 무엇이며, 사용하는 도구들은 무엇인가, 다른 사람과는 어떤 상호작용이 필요한가, 필요한 정신적 · 육체적 활동은 무엇인가 등에 대해서뿐만 아니라 그 직위의 중요성, 작업 활동의 빈도, 응용가능성, 소요시간 등에 대해서도 알아보는 것이므로, 기능 중심의 분석보다 스스로 깨닫는 자각적自覺的, awareness이고 포괄적인 정보를 얻을 수 있다.

(3) 관리직 분석

관리직管理職, an administrator 직무는 그 속성이 매우 미묘하고 복잡하다. 원래 관리직의 주된 직무는 전통적으로 계획計劃, planning, 조직組織, organizing, 지휘指揮, directing, 조정調整, coordinating, 통제統制, controlling활동이라고 알려지지만 관리자들은 그러한 전통적 직무를 수행하는 것이 아니라 종일 전화 받고, 이동하고, 회의 참석하고, 사람 만나는 일들만 하고 있다는 것이다. 뿐만 아니라 관리자의 직무는 각 관리자들과 직급과 직종, 지역과 조직에 따라 다르기 때문에 획일적으로 직무를 분석한다는 일은 별 효과가 없다. 따라서 해당 관리자와 그 주변 관리자들에게 가깝게 접근하여 설문과 면접으로 자세히 관찰하고 그 직무를 분석하여 거기에 필요한 자격과 그 직무의 가치를 측정해야 한다.

5) 직무분석 자료 사용

직무 자체의 내용과 그 직무수행에 요구되는 자격요건에 관한 분석을 완료하고 이제 체계적으로 정리해 놓아야 쓸모가 있다. 즉 직무분석을 통하여 확인한 내용으로 직무기술서job description와 직무명세서job specification를 작성한다.

(1) 직무기술서

직무기술서職務記述書, job descriptions는 직무분석을 통하여 얻은 직무에 관한 자료와 정보를 직무의 특성에 중점을 두고 정리 · 기록한 문서이며, 직무표식job identification(직무명, 직무번호, 소속부서명 등), 직무개요(다른 직무와 구별될 수 있는 직무수행의 목적이나 내용의 약술), 직무내용, 직무요건(직무의 수행에 필요한 책임, 전문지식, 정신적. 신체적 조건 등)을 기술한다. 직무기술서는 직무 자체에 대한 정보를 기록하는 것이다. 직무의 성격은 어떤지, 직무에 요구되는 지식과 기술은 무엇인지, 직무의 전체적인 방향은 어떠한지 등을 기록하는 것이다. 이는 직무에 적합한 인재를 채용하기 위한 기초자료가 되기도 하며, 인재를 채용한 후 해당 직무를 충분히 설명하기 위한 자료로 사용하기도 한다. 직무를 있는 그대로 기술해 놓은 것인데 예를 들어, 직무 명칭, 위치, 수행 임무와 책임, 조직에서의 해당 직무의 위치, 직무환경 등에 관하여 일목요연하게 볼 수 있도록 체계화해 놓은 것이다.

(2) 직무명세서

직무명세서職務明細書, job specification는 직무분석의 결과를 직무요건 중심으로 정리한 직무기술서를 근거로 인적人的 요건 중심으로 일정한 양식에 정리한 서식이다. 이러한 직무명세서는 인적 요건에 중점을 둔 것이므로 직무기술서의 직무기술에서 인적요인을 이끌어내는 것이 보다 중요하다. 해당직무를 효율적으로 잘 수행하기 위해서라면 담당자가 이러이러한 자격과 능력을 갖춰야 한다는 상세한 조건을 나열해 놓은 것으로 담당자의 경력, 지식, 교육 정도, 신체적 요건, 기술, 자격증 더 나아가서 특수한 직무라면 성별, 나이, 거주지, 그리고 회사가 갖추어야 할 직무 환경적 조건까지 명시해 놓는다.

직무분석의 결과로 얻어진 직무기술서와 직무명세서는 채용, 배치, 교육훈련, 보상, 평가, 승진, 이동 등 인적자원관리의 모든 과정에 유용하게 사용될 수 있다. 우선 사원채용 시 모 채널을 통해 직무 정보를 제공함으로써, 응시자들이 올바르게 지원할 수 있게 하며, 회사의 채용 결정자들도 이를 참조하면 꼭 필요한 사람을 선발 하여 배치할 수 있다. 그리고 교육훈련과 교육 프로그램을 구상할 때에도 직무에 도움이 되는 교육내용을 선정할 수 있을 것이다.

사원에 대한 평가보상도 막연한 기준으로 하지 않고 맡은 직무에 해당되는 직무요건을 어느 정도나 갖추었는지 평가하여 직무명세표와 비교해 보면 되고 그가 맡은 일의 직무기술서만 보아도 누가 더 어렵고 위험한 일을 하는지 알 수 있기 때문에 임금을 결정할 때에나 직무급, 직능급 등의 임금률賃金率, a wage rate을 정할 때 기준이 될 수 있다.

JOB Responsibilities

DEPARTMENT : Human Resources
TITLE : **HR Coordinator**
REPORTS TO : Human Resources Manager
SUMMARY : Assists Human Resources Manager in the smooth and efficient running of Human Resources Department, ensuring that all the policies and procedures outlined in the Operational Procedure Manual are strictly adhered to.

1. Sales & Customer Service

◈ Staff service oriented
◈ Friendly
◈ Courteous
◈ People Oriented

2. Human Resources Operations

◈ Experience in Human Resources
◈ Knowledge of personnel, training or related areas

Duties:

- Types, takes minutes and dictation, drafts letters, handles telephone calls, files and traces correspondence.
- Responsible for the security and upkeep of Personnel Files.
- Maintains and updates Personnel Records for each team member.
- Keeps official seals of Human Resources Department.
- Issues Employment Certificate on request.
- Serves as an operator of the computer situated in HR Office.
- Handles and directs team member inquiries.
- Maintains good working relationships with his/her own colleagues and all other departments.
- Maintains good communication with colleagues of all departments.
- Has a complete understanding of and adheres to the hotel's policy relating to Fire, Hygiene, Health and Safety.

- Has a complete understanding of the Hotel's Employee Rules & Regulations.
- Carries out all duties and responsibilities as assigned by management.
- Is trained and aware of all emergency procedures in his/her areas of responsibility.
- Ensures that all telephone calls must be answered with the team member name and department.

3. Team Member Development

◈ Approachable

◈ Build confidence in others

4. Core Competencies

◈ Positive & pleasant manner

◈ Attentions to details

5. Others

◈ Patience

◈ Energetic

◈ Courteous

◈ Motivated individual

◈ Ability to maintain positive relationship and communication style with all associates and other departments

6. Education / Professional Attainments

◈ 2 years' experience as a similar role

그림 3-1 ➔ 직무기술서 양식

표 3-1 직무명세서 양식

				Qualifications		
Dept.	Position	Band	Brief explanation	Required Skills	Background	Experience
Banquets	Banquet Porter	10	–supports the banqueting operation by preparing and dismantling room set ups including the placement of furniture and setting up the room to fit the theme of specialevents in accordance with the client's requests	–demonstrated abilitiy to interact with customers, employees and third parties that reflects highly on the hotel, brand and company –Ability to read and write in English	–High school or vocational certification	–1 year related experience or an equivalent combination of education and experience
Banquets	Banquet Coordinator	7	–provide administrative and service support to the Banqueting Manager by responding to inquiries for banquet space in a timely and efficient manner –provide follow up in an effort to convert inquiries to confirmed business –attend to the delivery of client's requests of their banquet event	–demonstrated abilitiy to interact withcustomers, employees and third parties thatreflects highly on the hotel, brand and company –Proficient in the use of MS Office –ability to type at least 45 words per minute –Ability to read and write in English –Ability to handle Sales & Catering Software –Ability to handle MS Office software	–Diploma in Business Study, Sales & Marketing or related field	–1 year related experience or an equivalent combination of education and experience
F&B	Director of Food & Beverage	3	–responsible for the management and achievement of profit for all food and beverage operations in the hotel including restaurants, bars, kitchen operations, catering and banquet operations	–demonstrated abilitiy to interact withcustomers, employees and third parties that reflects highly on the hotel, brand and company	–Bachelor's degree in Hotel Management, culinary arts, or related field	–5 years related experience or an equivalent combination of education and experience

			–adheres to the local regulations concerning health, safetyor other compliance requirements, as well as brand standards and local policies and procedures	–Problem solving, reasoning, motivating,organizational and training abilities –Leadership skills –Ability to read and write in English –Ability to handle Sales & Catering Software –Ability to handle MS Office software		
F&B	Assistant Food & Beverage Manager	5	–assists with managing the food and beverage operations of the hotel to ensure the achievement of established food and beverage quality and guest service quality standards and departmental revenue and profit goals –adheres to local regulations concerning health, safety or other compliance requirements, as well as brand standards and local policies and procedures	–demonstrated abilitiy to interact withcustomers, employees and third parties that reflects highly on the hotel, brand andcompany –Problem solving, reasoning, motivating,organizational and training abilities –Leadership skills –Ability to read and write in English –Ability to handle Sales & Catering Software –Ability to handle MS Office software	–Bachelor's degree in Hotel Management, culinary arts, or related field	–3 years related experience or an equivalent combination of education and experience
F&B	Food & Beverage Attendant	9	–provide fast and courteous service of food and beverages to guests and ensure quality of food and beverage presentation per established standards	–demonstrated abilitiy to interact with customers, employees and third parties thatreflects highly on the hotel, brand and company	–High School	–food service experience with general knowledge of restaurant operations preferred

			-adheres to local regulations concerning health, safety or other compliance requirements, as well as brand standards and local policies and procedures	-Alcohol awareness certification and/or food service permit or valid health/food handlercard as required by local government agency -Ability to read and write in English		
F&B	Bar Attendant	9	-manage the complete wine program needs of the Food and Beverage division -assist in managing one or more full -service food and beverage outlets on a daily basis -adheres to local regulations concerning health, safety or other compliance requirements, as well as brand standards and local policies and procedures	-demonstrated abilitiy to interact withcustomers, employees and third parties that reflects highly on the hotel, brand and company -Alcohol awareness certification and/or food service permit or valid health/food handler card as required by local government agency -Ability to read and write in English	-High School	-1 year related experience or an equivalent combination of education and experience -knowledge of liquor brands, beer, wine, champagne, non-alcoholic beverages, designated glassware, preparation methods and garnishes preferred
F&B	Food & Beverage Supervisor	7	-supervise the service and delivery of menu items inassigned restaurants ensuring a high level of quality and consistency -adheres to local regulations concerning health, safety or other compliance requirements, as well as brand standards and local policies and procedures	-demonstrated abilitiy to interact withcustomers, employees and third parties thatreflects highly on the hotel, brand and company -Alcohol awareness certification and/or food service permit or valid health/food handler card as required by local government agency -Ability to read and write in English	-Diploma in Hotel Management, Food & Beverage or related field	-2 years related experience or an equivalent combination of education and experience

F&B	Room Service Manager	6	–manages all aspects of the hotel's room service function –ensures compliance with standards of service and operating procedures –adheres to local regulations concerning health, safety or other compliance requirements, as well as brand standards and local policies and procedures	–demonstrated abilitiy to interact with customers, employees and third parties that reflects highly on the hotel, brand and company –Alcohol awareness certification and/or food service permit or valid health/food handler card as required by local governmenta gency –Problem solving, reasoning, motivating, organisational and training abilities –Leadership skills –Ability to read and write in English	–Diploma in Hotel Management, Food & Beverage or related field	–4 years related experience or an equivalent combination of education and experience
F&B	Restaurant Manager	6	–manages all aspects of one or more full–service food and beverage outlets on a daily basis and coordinates special events –ensures compliance with standards of service and operating procedures –adheres to local regulations concerning health, safety or other compliance requirements, as well as brand standards and local policies and procedures	–demonstrated abilitiy to interact withcustomers, employees and third parties that reflects highly on the hotel, brand and company –Alcohol awareness certification and/or food service permit or valid health/food handler card as required by local government agency –Problem solving, reasoning, motivating,organisational and training abilities	–Diploma in Hotel Management, Food & Beverage or related field	–4 years related experience or an equivalent combination of education and experience
				–Leadership skills –Ability to read and write in English		

F&B	Bar/Lounge Manager	6	–manages the bar/lounge operations of the hotel to ensure the achievement of established beverage quality and guest service quality standards and departmental revenue and profit goals –ensures compliance with standards of service and operating procedures –adheres to local regulations concerning health, safety or other compliance requirements, as well as brand standards and local policies and procedures	–demonstrated abilitiy to interact with customers, employees and third parties that reflects highly on the hotel, brand and company –Alcohol awareness certification and/or food service permit or valid health/food handler card as required by local government agency –Problem solving, reasoning, motivating, organisational and training abilities –Leadership skills –Ability to read and write in English	–Diploma in Hotel Management, Food & Beverage or related field	–4 years related experience or an equivalen tcombination of education and experience
Kitchen	Kitchen Attendant	10	–responsible for the cleanliness and hygiene of all food and beverage outlest and the carrying out of set food handling duties when required –adheres to local regulations concerning health, safety or other compliance requirements, as well as brand standards and local policies and procedures	–demonstrated abilitiy to interact withcustomers, employees and third parties that reflects highly on the hotel, brand and company –Food service permit or valid health/food handler card as required by local government agency –Ability to read and write basic English	–primary education	N/A

Kitchen	Cook	10	−prepares mise en place and food preparation and assists with food presentation as part of the kitchen brigade −adheres to local regulations concerning health, safety or other compliance requirements, as well as brand standards and local policies and procedures	−demonstrated abilitiy to interact with customers, employees and third parties that reflects highly on the hotel, brand and company −Food service permit or valid health/food handler card as required by local government agency −Ability to read and write basic English	−primary education	N/A
Kitchen	Canteen Attendant	10	−responsible for the effective presentation of staff meals and maintaining the staff dining room in a clean and hygienic manner −adheres to local regulations concerning health, safety or other compliance requirements, as well as brand standards and local policies and procedures	−demonstrated abilitiy to interact with customers, employees and third parties that reflects highly on the hotel, brand and company −Food service permit or valid health/food handler card as required by local government agency −Ability to read and write basic English	−primary education	N/A

3. 직무설계

1) 직무설계의 개념

직무설계職務設計, job design는 작업의 진행 방법이나 작업상의 여러 가지 조건을 과학적으로 조사하여 최선의 작업 방법을 찾아 이를 작업 표준으로 설정하는 과정이다. 즉, 직무분석에서 나온 여러 개의 하부단위 과업들을 서로 연결시키고 짜 맞추는 작업을 말한다. 물론 직무담당자를 직무와 연결시키는 배치와 상호연결을 포함한다. 직무설계는 조직의 목표와 개인의 욕구가 만족되도록 직무 내용과 작업 방법을 설계하는 체계적인 과정이다. 이 과업들을 어떻게 연결시키는지에 따라서 직무수행의 효율성과 담당 작업자들의 직무만족도가 좌우되는 것이다. 따라서 작업(과업)의 능률과 작업자의 만족이 동시에 고려되어야 한다.

직무설계 방법은 계속 발견되고 있는데, 이는 더 이상적으로 설계해 보려는 노력의 일환이기도 하지만, 직무의 내용 자체가 계속 새롭게 변화고 있기 때문이기도 하다. 그런 의미에서 한번 설계했던 직무를 분석하고 평가하여 조직의 최종 목표를 수행하는 효율을 높이기 위하여 기존 직무를 다시 새롭게 설계한다는 직무재설계 job redesign란 말을 쓰기도 한다. 직무분석이 기존직무를 있는 그대로 분석함으로써 호텔인적자원관리를 위한 정보 수집을 목적으로 하는 반면, 직무설계는 기계적 · 구조적 관점에서 뿐 아니라 동기부여적 관점에서 직무의 내용과 수행방법을 개선하고 직무효율성을 높이기 위한 목적으로 실시되므로 직무재설계의 의미를 지닌다.

직무를 계획적으로 설계할 때의 목적은 사원의 관심과 도전을 불러일으키고, 나아가 작업성과를 높이려는 것이 궁극적인 목표인 것이다. 따라서 직무설계는 직무를 수행하는 직원에게 의미와 만족을 제공할 수 있도록 기업 조직을 일련의 작업군과 단위 직무의 내용 및 작업 방법을 설계하는 활동들을 말한다. 따라서 직무설계란 직무를 수행하는 사람에게 의미와 만족을 부여하고자 하는 의도에서 조직이 그 목표를 보다 효율적으로 달성할 수 있도록 일련의 직무 내용과 작업 방법을 과학적으로 설계하는 활동들을 말한다.

직무 재설계란 기존에 이미 짜인 직무를 계획적으로 다시 설계한다는 의미 이상의 것이 아니므로 처음부터 계획적으로 설계한다면 재설계란 말과 다를 바가 없다. 직무설계는 사실 모든 변수를 복합적으로 고려해야 한다. 조직구조, 월급, 노조, 경영진, 기술, 작업조건, 인사정책 등은 물론 어떤 가능한 재설계 방법이 새로 나왔는지까지 고려해야 한다.

2) 직무설계의 방법

(1) 과학적 관리법

과학적 관리법의 중심 과제인 과업관리의 도입 과정에서 채택된 작업분석 및 시간 연구와 동작 연구에 의한 일정의 과업량 설정 및 과업의 수행 과정에서 적용된 직무의 단순화, 표준화, 전문화 등의 원리는 전통적 직무설계의 기본원칙이다.

(2) 직무순환

직무순환job ratation은 직무의 지나친 세분화, 단순화, 표준화, 전문화에 따라 제기되는 직무 수행상의 권태감이나 실증감, 소외감 등을 극복하고 종업원의 능력 개발을 촉진하기 위하여 도입된 직무설계의 기법이다.

여러 직무를 여러 작업자가 순환하여 수행하는 것을 말하며 반드시 사전에 계획에 의하여야 한다는 것을 전제로 한다. 직무순환은 오래 수행하기에 많은 스트레스를 가져다주는 특정업무를 여러 사람이 직무순환을 통해 수행함으로써 스트레스를 분담할 수 있을 경우에 행하며, 작업자가 비교적 장기간에 걸쳐 여러 직무를 수행하고 직무수행자의 빈번한 교체에 의하여 오히려 작업 생산성의 저하 및 작업 집단의 협동심 감소를 초래할 가능성이 있는 등의 문제점이 있다.

(3) 직무확대

직무확대職務擴大, job enlargement는 개인이 분담하는 직무의 범위를 확대하여 단순작업의 되풀이에 의한 권태감을 없애고 보다 흥미를 가질 수 있는 것으로 재편성하려는 방식을 말하며, 이는 관련 있는 몇 개의 일을 묶어서 각자에게 분담시키는 것이 아니라 공동 담당시키는 형태를 취할 때가 많으며 다기능공多技能工 제도를 그 예로 들 수 있다. 직무확대는 직무설계 전략의 한 영역으로 직원으로 하여금 중심 과업의 수행은 물론, 기타 관련 과업을 동시에 수행하도록 하여 개인의 직무를 중심 과업으로부터 보다 넓게 확대시켜 줌으로써 직무의 만족감 및 작업능률 증진을 도모하여 과학적 관리법의 문제점을 극복하고자 하는 기법이다. 다시 말해서 몇 사람의 직원에 의하여 수행되었던 과업이 일련의 과업으로 통합되어 한 사람에 의해 수행될 수 있도록 하는 것이다. 그러므로 직무확대는 직무수행에 소요되는 시간 주기의 연장임과 동시에 전문화의 축소를 초래할 수 있다. 직무확대는 지나치게 효율성에 집착하고 분업의 원리에 의한 전문화를 지나치게 과도하게 시행한 결과 단 하나의 과업만을 수행하게 되거나 한 작업의 일정 부분만을 수행하던 직원으로 하여금 기타의 관련 업무를 동시에 수행할 수 있도록 함으로써 일련의 완성감을 갖도록 하고 직무몰입과 만족을 기하도록 하는 데 그 목적이 있다. 과업의 수 및 다양성의 관점에서 광범위한 직무를 수행한 종업원은 권태감이 감소되고 오히려 과업 완성에 대한 도전감이 증대되어 동기유발 수준이 향상될 수 있다. 이것은 오히려 직무 확대로 인해 종업원의 작업량의 과 부담을 가져오게 된다는 비판이 있다.

(4) 직무교차

직무교차職務交叉, overlapped workplace는 개인수준의 직무확대와 크게 다르지 않지만, 중요한 차이는 직무확대가 한 명의 작업자를 대상으로 개별적으로 설계할 수 있는 데 반해서 직무교차는 반드시 직무의 일부를 다른 작업자와 공동으로 수행해야 한다는 것이다. 직무교차의 목적은 작업자들 간의 상호협동을 제고시켜 능률향상을 추구하고 직무수행에 있어서의 단조로움을 해소시키며 직무의 범위를 확대하여 작업자의 기능의 폭을 넓히는 데 있다.

(5) 직무충실화

직무충실화職務忠實化, job enrichment는 작업자 스스로가 작업 계획과 시간을 짜도록 하고 제3자의 감독과 통제를 줄이고, 담당자 자신에게 자율권을 주어 직무 결과에 대한 상급자를 통하지 않고 스스로가 직접 알 수 있도록 함으로써, 피드백 욕구까지 충족시켜 주는 직무설계방법이다. 이로써 직무 담당자들은 사기증진뿐만 아니라 자동적으로 개발과 훈련의 기회를 갖게 되며, 책임과 자율성 확대로 성취감과 긍지를 맛볼 수 있었다고 볼 수 있다. 이렇게 직무를 설계하면 상급자 또는 관리자가 독점했던 작업의 계획, 조직, 통제 기능이 직무 담당자에게 주어지고 작업의 계획, 작업방법의 개선, 문제해결 모두를 실무 담당자 수준에서 하기 때문에 일반 사원들은 단조로움과 인격적, 기술적 소외에서 벗어날 수가 있다. 또한 위임된 권한을 가지고 자기 책임 하에서 작업을 진행하다가 기준에 못 미치면 상급자의 간섭보다는 다음 계획을 세울 때 참조하여 스스로 개선책을 강구하여 정상궤도를 찾도록 하는 것도 장점이라고 할 수 있다.

그러나 충실화에 의한 설계가 심한 경우에는 소극적이고 피동적인 X이론형 작업자에게 자율과 책임을 마구 부여하는 부작용이 있을 수 있다. 그래서 두 번째의 직무 충실화라고도 볼 수 있는 직무특성 이론이 대두되었는데, 이는 담당자인 사람보다는 직무 자체의 변화를 시도한 것이다. 즉, 직무충실화는 담당 작업자에게 자율권도 주고 복잡하고 다양한 일을 주어 직무의 지휘, 통제, 감시 권까지 위임한 것인데, 제2의 직무충실화인 직무특성 이론은 직무 자체 내에 자율성을 부여하고 의미와 정체성을 부여한 것이 차이점이며 특징이라고 할 수 있다.

(6) 준작업적 작업집단

준작업적 작업집단作業集團, team building은 몇 개의 직무들이 하나의 작업 집단을 형성하게 하여 이를 수행하는 작업자들에게 어느 정도의 자율성을 허용해 주는 것이다. 이렇게 함으로써 집단 구성원들은 자신이 수립한 집단 규범에 따라 직무를 스스로 통제하고 조정할 수 있게 된다.

팀 접근법은 이상에서 살펴본 개인 수준의 직무설계와 구분되는 집단 수준의 직무 설계방법이라 할 수 있다. 팀 접근법의 직무설계 목적과 원리는 개인수준의 그것과 유사하지만, 단지 직무수행과 관련된 책임이 개인이 아닌 팀 전체의 집단에 있다는 점에서 커다란 차이가 있다. 이러한 준자율적 작업집단은 작업집단 내 직무들 간의 상호 의존성이 높을 때 그리고 수행하는 직무들이 직원들의 심리적 스트레스를 많이 야기시킬 때 효과가 더 크게 나타난다.

(7) 사회 · 기술시스템 접근법

사회 · 기술시스템 접근법Socio-Technical System은 1950년대 사회학자들에 의해 제시된 직무 설계기법으로서, 조직을 단순한 인간관계적 시스템이나 기술시스템으로 보지 않고 거시적 관점에서 하나로 통합된 사회 · 기술시스템으로 파악하여 직무설계에 접근하고 있다. 정보시스템은 사회 기술적 시스템이다. 이는 기술적 관점만으로는 충분치 않으며 정보시스템의 설계 및 구현에 있어 사회적(행태적) 접근법과 기술적 접근법을 조화시킴으로서 최적의 성과 달성이 가능하다고 보는 것이다.

(8) QC서클

QC서클Quality Control circle은 품질관리서클 또는 품질관리 분임조 등으로 불리는 일종의 소집단 활동이라 할 수 있다.

인사고과 용지를 상급자들에게 배포 회수하여 평가결과를 보관하는 등의 인적자원 관리방식을 지칭하는 말이다. 10명 이내로 구성되는 작업집단을 중심으로 종업원들이 적극 참여하여 제품이 품질향상 방안을 협의 문제점을 분석하여 개선함으로서, 품질 및 생산성 향상을 도모하는 소집단 활동을 의미한다.

3) 직무설계 개념의 변화

직무설계 방법은 거의 무한하기 때문에 앞으로도 얼마든지 변할 수 있다. 작업자들의 개별적 욕구수준이 다르고 작업 환경도 서로 다르기 때문에 어떤 하나의 특정 설계 방법이 모든 경우에 다 통하는 것이 아니다. 그러나 작업 진행의 추세가 점점 개인수준에서 집단수준으로 설계 방향이 점점 변해가고 있음을 알 수 있다. 즉, 개인과 개인의 연결, 직무와 직무의 상호작용과 네트워크의 필요성이 과거보다 훨씬 증대되었기 때문이다. 따라서 직무설계 과정에서 분업화, 전문화, 수직·수평적 직무 확대, 직무 충실화의 중요성도 개인수준의 작업이 점점 사라지면서 함께 감소될 것이다.

직무의 속성이 과거와는 매우 다르게 변하는 이유는 무엇보다 기술발전 때문이다. 자동화나 전산화로 전통적인 직무는 점점 사라지고 새로운 직무가 나타날 것이며, 직무수행도 담당자 개인이 집에서도 할 수 있고 물리적 이동 없이도 여러 지역의 직무가 연결되므로 직무설계 방식은 바뀔 수밖에 없다. 그러나 모든 변화가 경영자의 직무관리 관점에서 볼 때 바람직한 것인지는 별개의 문제이다. 직무처리가 자동화 될수록 인간적 상호작용의 중요성이 감소되고 물리적 거리가 멀어진 상황에서 작업이 이루어진다면 직무 결과의 피드백도 문제가 생긴다. 그리고 인간관계가 소원해지고 계층의 지위는 줄어드는 대신 각자의 자율성이 높아질 수 있다.

4) 근무시간의 설계

(1) 직무시간 관리의 중요성

근로자들은 회사에 일정한 노동을 제공하면서 더 많은 보상을 받든지, 정해진 보상이라면 가능하면 노동을 적게 제공하려고 하는 태도를 보여 왔다. 그러므로 회사에서 몇 명을 채용했으며, 전체 근무인원이 몇 명인지가 문제가 아니라 그들의 근무 시간이 얼마인지가 더 중요하다. 최근 들어 근로시간이 회사나 근로자들에게 중요한 문제로 대두되는 이유는 다음과 같다.

① 개인의 입장

과거에는 개인의 노동시간이 많아서 여가 생활이나 개인 생활을 영위할 수 없었으나 경제생활이 풍요해짐에 따라 여가의 활용 등 시간의 중요성이 대두되었으며, 개인 소득 중 소비 · 저축을 자유롭게 할 수 있는 가처분 소득可處分所得, disposable income에 비해 가처분 시간可處分時間, disposable time의 중요성이 상대적으로 높아졌다. 그러므로 근로자 입장에서도 일을 하지 않고 월급이 많은 회사보다 월급은 적더라도 근로시간이 짧은 회사를 선호하는 경향이 많아졌다. 또한 근로시간이 길면 근로자의 육체적 · 정신적 에너지의 소진으로 건강을 해칠 수 있다. 소진된 에너지를 재충전하기 위해서는 적절한 휴식시간과 여유시간을 고려해야 한다. 그런데 근로시간이 길면 근로자들의 자유시간이 줄어들기 때문에 자유 시간에 대한 욕구충족 문제를 놓고 회사 측과 항상 갈등상태에 놓이게 된다.

② 회사의 입장

과거에는 채용 형태가 주로 정규직正規職, permanent position 형태였으나 요즘 들어서 기간제, 일용직, 아르바이트, 임시직 등 비정규직非正規職, atypical Job 노동이 많아지고 아울러 일시적으로 아웃소싱할 기회가 많아졌다. 이러한 현실에서 이처럼 다양한 노동력을 어떻게 유연하게 효과적으로 관리하는지가 중요한 이슈가 될 것이다. 그리고 경쟁의 심화로 기업조직도 여유가 줄어들고 자원의 합리적 관리가 더욱 요청된다. 사원의 근로시간은 말할 것도 없이 성과와 직결된다. 또한 총 근무시간 이외에도 휴식시간, 휴식시간의 간격, 휴가시간, 교대시간 등을 어떻게 짜는지에 따라서 작업의 성과와 사원 만족도가 오르내리기 때문에 인적자원의 효율적 관리를 위해서도 시간개념을 무시하고 무조건 근무만 시킨다고 되는 것은 아니다.

(2) 근무시간의 단축

근무시간은 1일 근로시간, 주당근로시간, 연간근로일 수 등 여러 가지 형태로 표현할 수 있으며, 좀 더 나아가 1일 근로 시간 중에도 휴게시간이 얼마인지, 어느 빈도로 배정할 것인지를 놓고도 노사勞使, labor and management 간 의견이 대립될 수 있다. 분명한 것은 동일한 임금 조건하에서라면 사용자 측에서는 실제 근로시간을 늘리려고 하고 근로자 측에서는 줄이려고 하는데 그동안 노동시간은 계속 줄어들고 있는 실정이다. 이는 기술과 생산성의 증대와 인간의 욕구변화 때문이다. 우리나라의 경우 1960년대 이후 10년간 세계 최고의 수준인 주당 70시간 이상도 행해졌었다. 그 이후 차츰 줄어들게 되어 최근에는 주당 44시간에서 40시간(주 5일)으로 줄어들었다. 근로시간 단축을 놓고 노사 양측에서 서로 다른 주장을 펼 수가 있다.

(3) 유연적 근로시간(선택적 근로시간제)

일하는 시간이나 기간을 근로자가 선택할 수 있는 제도를 말한다. 예로는 비슷한 일을 하는 두 사람이 월요일과 화요일 번갈아 나온다거나 업무시간을 오전과 오후로 나누어 일하는 경우가 있다. 그동안 노동시간은 주당 44시간이든지 35시간이든지 직무분량이 많고 적음에 관계없이 정해진 시간에 근무하고 그 외의 근무는 추가근무로 간주하여 시간외 수당이 제공되기도 하였다. 뿐만 아니라, 근로자의 사정과 의사와는 무관하게 오전 9시부터 오후 6시까지 등으로 근무 시간대가 고정되어 있기 때문에 노사 양측에 불합리한 상황을 만들어 놓았던 것이다. 그러나 오늘날에는 기술의 발전으로 과업의 양상이 많이 바뀌었고 근로자들의 사정과 기호도 개인마다 다양하게 되어 경직된 근로시간이 비효율적이 된 것이다. 따라서 근로시간이 노사 간의 합의에 의해 여러 형태로 변하고 있는데 그 유형은 다음과 같다.

① 탄력적 근로시간제

유연근무제의 일종으로 업무가 많을 때는 특정 근로일의 근무시간을 연장하는 대신, 업무가 적을 때는 다른 근로일의 근무시간을 단축해 일정 기간의 주당 평균 근로시간을 40시간으로 맞추는 제도다. 일이 많고 적음에 맞추어 총 근로시간을 노사 양측 합의하에 수시로 바꿀 수 있는 제도이다. 예를 들어 주 40시간 범위 내에서라면 총 근무시간을 줄여서 약정해도 되고 늘려서 약정해도 된다. 즉, 일이 많아서 연장근무延長勤務, overtime를 해도 시간 외 수당이 없을 수 있는데, 왜냐하면 이 제도에서는 일이 적을 때 더 적은 시간을 근무했기 때문이다. 그런 의미에서 일 년간 계약한 근로 시간은 변함이 없는 것이다.

② 선택적 근로시간제(flexible time system)

근로시간 출퇴근 시각을 근로자가 자유롭게 선택할 수 있는 제도이다. 탄력적 근로시간제가 총 근로시간을 늘이고 줄이고 할 수 있도록 하는 것이라면, 선택적 근로시간제는 근로자가 언제 회사에 나와서 근무할 것인지를 자유롭게 선택할 수 있게 만든 것이다.

하루의 총 근로시간은 규칙적으로 정해져 있으나 그 안에서 자유롭게 근무시간대를 조정할 수 있는 제도이다. 사람마다 자신이 일하기 좋은 때가 있기 때문에 근무 시간을 자유로이 선택할 수 있게 해주면 생산성도 오르고 만족 수준도 오를 수 있다.

근로자들은 정해진 출근시간에 매이지 않고 자신이 편리한 시간대에 출근하여 근로시간만 채우면 되기 때문에 좋지만, 회사 입장에서 보아도 생산성 증대 효과뿐만 아니라 사무실, 주차장, 책상, 생산설비 등과 같은 자원을 최대로 활용할 수 있다는 장점이 있다. 물론 근무시간을 선택해도 되고 근무 날짜를 선택할 수도 있는데 총 근무시간을 넘기면 할증 임금을 받는다. 다만 근로자들이 모두 함께 있어야 되는 직무가 있다면 핵심 시간대를 정해 놓고 그때를 포함하여 자기 시간을 선택하면 문제가 없을 것이다.

③ 교대근무제(shift work system)

근로자를 2개조 이상으로 편성하여 1일의 근무시간대를 일정한 시간대 계열로 구분하고, 각 조가 교대로 작업하는 근로시간제를 말한다. 따라서 종사원 개인 입장에서는 초과 근무를 안 해도 회사 입장에서는 24시간 계속 작업할 수도 있기 때문에 시간 외 수당이 필요 없게 된다. 또한 2교대, 3교대, 4교대로 늘려서 작업자의 하루 근로 시간을 단축할 수도 있으며, 주 · 야간 혹은 오전 · 오후조로 나누어서 근로자로 하여금 자신에게 맞는 시간대를 선택하여 나머지 시간을 자유롭게 이용할 수 있도록 하는 제도이다. 그러나 3교대 24시간 연속 조업을 하는 경우는 근로자의 건강과 생활에 나쁜 영향을 미치게 되므로, 근무 조를 편성할 때 직무특성, 야근횟수, 휴일, 근로자의 건강상태 등 여러 가지를 참고하여 무리가 없도록 해야 한다.

④ 간주 근로제(regard of work hour)

영업이나 출장 등으로 근로가 사업장 밖에서 이루어져 근로시간 계산이 어려울 경우 일정시간을 근로시간으로 간주하는 근로제이다. 어떤 경우에는 직무 수행자의 행동을 근로 시간에 넣어야 할지 판단이 어려울 때가 있다. 예를 들어 광고 디자이너가 집에서 잠을 안 자고 고민해서 하나의 작품을 만들어 가지고 출근한 경우 이를 근무시간으로 간주해야 하는데 여기에는 인정 근로제와 재량근로제가 있다.

인정 근로제란 세일즈맨이나 신문기자가 사업장 밖에서 온종일 일할 때 소정의 근로시간을 인정해 주는 것을 말하는데, 네트워크 기술의 발달로 인해 사업장 이외의 근무형태가 늘고 있는 상황에서 만들어진 제도이다. 한편 재량 근무제란 직무특성상 업무 모두를 근로자의 재량에 위임하는 경우 그가 언제 무슨 일을 하든지 관계없이 그 직무만 완성되면 일정 근로 시간으로 인정해 주는 제도로 연구개발 업무, 설계업무, 정보처리시스템 업무, 편집업무 등에 적용된다.

4. 직무평가

1) 직무평가의 의의

직무평가職務評價, job evaluation란 직무분석을 통해 작성된 직무명세서에 의해 기업 내의 각종 직무의 숙련 · 노력 · 책임의 정도 · 직무수행의 난이도 등을 비교 · 평가함으로써 각종 직무 간의 상대적인 가치를 결정하는 일로서, 임금을 일의 양만이 아니라 질에 따라 지급해야 된다는 입장에서 직무평가는 직제의 확립이나 직무급의 기초가 된다. 직무평가에 대한 정의는 학자에 따라 다양하게 제시되고 있다. 프렌치w. french는 기업이나 일반 조직에 있어서 각 직무가 가진 상대적인 가치를 결정하는 과정이라고 정의하고 있다. 요더daleyoder는 직무와 임금 수준이라는 관점을 중시하여 "조직 내의 직무에 상대적 가치를 부여하여 직무간의 임금 격차를 조정하는 인사관리의 한 가지 기법"이라고 정의하고 있다. 따라서 직무평가란 각 직무가 가지는 난이도와 기업에 대한 기여도 또는 중요도를 비교 평가해서 상대적인 가치를 결정하는 체계적 절차라고 할 수 있다. 이러한 직무평가는 직무간의 노동의 질과 양에 따라 합리적인 임금격차를 확립하여 동일 노동에 대해서는 동일임금을 적용하고 높은 가치가 인정되는 직무에 대해서는 보다 높은 임금을 책정할 수 있는 원칙을 실현할 수 있게 함으로서 직무급 제를 실시하는 기초가 된다. 따라서 직무평가는 직무자체의 성질, 내용 등을 조사 분석하는 직무 분석과는 구별된다. 직무평가란 어디까지나 직무 그 자체의 가치를 결정하기 위한 것이며 결코 직무상의 인간을 평가하는 것은 아니다.

조직이 직무평가를 실시하는 목적은 첫째, 직무급체계의 확립, 둘째, 임금관리에 활용, 셋째, 협조적인 노사관계의 설정, 넷째, 적절한 인사이동 등에 있다. 직무급 체계를 확립함으로서 동일노동, 동일임금의 원칙을 실현할 수 있다. 또한 직무평가의 결과는 결국 합리적인 임금의 책정 및 임금격차의 정당성을 제공하고 전체적인 인건비의 평가와 통제에 활용될 수 있다. 특히 노동조합과의 임금교섭의 기초자료를 제공하여 노사협력체계의 발전에 기여하게 한다. 또한 종업원의 교육, 승진, 전환 등을 용이하게 하고 작업상의 위험도 제거에 활용될 수 있다.

2) 직무평가의 목적

직무평가 제도는 호텔 내의 임금체계와 형태를 확립하고 나아가 인적자원관리 전반의 합리화를 기하는 데 그 목적이 있다. 그러나 직무평가의 일차적인 목적은 직무의 상대적 가치에 따라 기업 내부의 임금 격차를 결정하는 데 있다. 직무평가는 동일한 노동시장에서 유사한 기업과 비교하여 사내 임금체계를 합리화하고 임금조건의 불공평성, 불규칙성을 제거함으로써 종사원의 불평을 최소화하며 임금관리를 단순화하고 각 직무에 적합한 종사원을 배치하며 조직 내의 인사이동과 승진 등을 결정 하는 기준으로 사용된다.

좀 더 구체적인 직무평가 목적은 다음과 같다.

(1) 임금지급 기준

호텔의 경우 객실판촉을 통해 주문을 받는 판촉부의 업무는 호텔 청소관리 업무보다 회사공헌도가 크기 때문에 임금도 더 주어야 한다. 그러므로 프런트클록의 고객 체크인 업무와 컨시어지의 고객 객실안내 업무의 중요도, 난이도, 노력도, 위험도 등을 평가하여 임금 책정 시에 차이를 두어야 공정한 임금 책정이 되는 것이다. 오로지 직무의 가치에 따라 임금이 책정된다면 이를 직무급 임금체계라고 한다.

(2) 인력의 개발

사원의 능력개발能力開發을 계속하기 위해서 직무이동 경로를 선택할 때 중요성과 난이도 등이 쉬운 곳에서 어려운 곳으로 승진해 가도록 짜야 할 것이다. 괜히 능력에 넘치는 업무를 먼저하고 쉬운 직무를 나중에 하면 직무수행에도 문제가 있고 담당자의 능력개발이 늦어지기도 한다. 그러므로 사원들의 승진, 이동, 배치를 결정할 때도 직무의 가치 수준에 따라서 보다 합리적인 이동 경로를 설계해야 한다.

(3) 인력의 확보와 배치

기업 내 수많은 직무들 간에는 중요도, 난이도 등이 다른데 사원들 간에도 기술적, 정신적, 육체적 능력 수준이 다를 것이다. 그러므로 인력을 채용할 때나 배치할 때나 직무수준과 사람수준을 맞추어야 하는데 이때 직무평가 결과를 참조해야 한다.

3) 직무평가 요소

직무의 가치를 매겨서 서열을 구분하기 위한 것이 직무평가라면 직무의 어떤 요소를 평가하는지에 따라서 결과가 달라지기 때문에 평가요소의 선정이 중요하다. 그런데 회사마다, 직무마다 내용과 성격이 다르기 때문에 공통적으로 사용되는 직무평가 요소를 찾는 일은 쉽지 않다. 설령 공통요소가 있다 해도 직무마다 그 중요성이 다를 수 있다. 예를 들어 육체적 노력도가 레스토랑 서비스 업무에는 매우 중요하지만 회계업무에서는 덜 중요하다. 그렇다면 직무마다 독특한 평가요소를 개별적으로 선정하여 평가하게 되면 서로 다른 직무 간의 서열을 비교할 수 없다. 그러므로 직무 평가요소를 선정할 때는 가능한 한 모든 직무에 공통적인 것, 그리고 객관적 측정이 쉬운 것을 선택할 필요가 있다. 이러한 점을 고려하여 다음과 같은 직무요소를 직무 평가의 기준으로 사용한다.

- 숙련정도: 교육, 경험, 지식, 기술이 어느 정도 필요한가?
- 노력정도: 육체적, 정신적 노력이 어느 정도 필요한가?
- 책임정도: 일이 잘못될 경우 그 여파와 책임은 어느 정도인가?

● 작업환경: 작업 장소, 여건, 분위기 등은 어느 정도 좋은가?

위의 요소들과 관련하여 더 많은 숙련이 필요하고 노력도 더 들고, 책임량도 더 크며, 작업환경이 악조건 일수록 직무의 가치는 높게 매겨질 것이다. 그러나 위 네 가지 요소 간의 평가점수에 미치는 영향력을 똑같이 할 필요는 없다. 예를 들어 기술과 지식은 많이 필요치 않으나 일이 잘못될 경우 옆 사람에게나 전체공정에 미치는 영향이 큰 직무라면 책임정도의 가중치를 높게 주어야 하며, 단순 업무라도 환경이 열약하면 높은 점수를 주어야 한다.

4) 직무평가의 방법

평가요소를 선정했으면 각 직무에 대하여 이들을 기준으로 점수를 매긴다. 직무평가의 방법은 우선 종합적 방법인 비계량적 방법과 분석적 방법인 양적 방법으로 크게 구분한다. 종합적인 방법은 직무수행의 난이도를 기준으로 포괄적 판단에 의하여 직무의 가치를 상대적으로 평가하는 방법으로서 서열법序列法, ranking method과 분류법分類法, job-classification method이 있다. 분석적 방법은 직무분석에 따라 직무를 기초적인 요소 또는 조건으로 분석하고 이를 계량적으로 평가하는 방법으로서 점수법點數法, point rating method과 요소비교법要素比較法, factor-comparison method이 있다.

(1) 비계량적 평가방법

① 서열법(序列法, ranking method)

평가자가 직원의 업무수행에 있어서 요구되는 지식, 숙련, 노력, 책임 등에 비추어서 상대적으로 가장 단순한 직무를 최하위에 배정하고 가장 중요한 가치 있는 직무를 최상위에 배치함으로써 순위를 결정하게 된다.

서열법은 직무평가 요소들을 전체적으로 고려하여 직무 간에 서열을 메기는 방법이다. 직무평가자가 평가대상 직무의 직무기술서 및 직무명세서를 기초로 각 직무의 중요도 및 난이도, 복잡성 등을 중심으로 직무의 상대적 가치를 포괄적으로 결정하여 서열별로 등급화하는 평가방법이다.

좀 정확하게 서열을 메기려면 여러 사람 각자가 매긴 서열을 평균 내는 방식이 있고 각 직무평가 요소별로 서열을 매겨서 가중치를 고려한 후 합산하기도 한다. 또는 두 개의 직무를 짝을 만들어 우열優劣로 나누고 우수 집단에서 다시 우열로 나누며, 열등집단에서 다시 우열로 나누면서 우열 나누기를 반복하는 쌍대서열법도 있다. 이러한 서열법은 과학적인 방법이 아니며 직무 간의 차이가 명확한 경우이거나 평가자가 모든 직무를 알고 있을 경우에만 적용이 용이하다. 또한 직무등급을 신속하고 간편하게 매길 수 있지만 직무의 수가 많고 그 내용이 복잡하고 다양한 경우에는 이 방법이 부적합하다.

② **분류법**(分類法, job-classification method)

분류법은 직무평가자가 각 직무의 중요도 및 난이도, 복잡성 등을 중심으로 각 직무를 몇 개의 등급으로 분류하는 평가방법으로서, 등급법이라고도 한다. 등급분류는 직무의 수와 복잡도 등에 따라서 달라진다. 미리 등급표를 1~5등급 혹은 상중하 등으로 만들어 놓고 각 등급에 해당하는 직무요소들의 기준을 설명해 놓은 다음에 직무를 살펴본 후, 각 기준에 부합되는 등급에 분류 배치하는 방식이다. 예들 들면 5등급이란 매우 단순하고 반복적 직무이며, 경험도 별로 필요 없는 경우라고 미리 정해 놓고 어떤 직무가 이에 해당된다면 그 직무는 5등급으로 분류하면 된다.

분류법은 간편하기 때문에 그 응용도가 높으나 분류 그 자체에 객관성이 결여된 경우에는 직무배정을 합리적으로 할 수 없게 된다.

(2) 양적 평가방법

① 점수법(點數法, point rating method)

점수법은 모든 직무에 공통적으로 적용될 수 있는 평가 요소들을 미리 선정하고 각 평가 요소별로 등급을 매긴다. 예를 들면, 숙련, 노력, 책임, 작업 조건 등 네 개의 평가요소를 선정했으면, 각 요소에 대하여 1~5점씩 점수를 정하고 평가대상 직무가 내포하고 있는 숙련도의 점수, 노력도의 점수를 매긴 다음에 그 점수를 모두 종합하는 방식이다. 물론 평가요소별 가중치를 달리할 수 있다. 즉, 숙련의 1점을 노력의 경우 2점, 혹은 3점으로 환산하여 사용해도 된다.

점수 법은 평가 대상의 각 직무 가치를 평가 요소별로 중요도에 따라 점수화하여 이 점수들을 종합적으로 합하여 각 직무의 가치를 평가하는 방법이다. 이러한 점수법은 계량적, 분석적인 가치 표현을 하게 되므로 직무의 상대적 가치를 명확히 할 수 있으며 직원으로부터 평가 결과에 대하여 이해와 신뢰를 얻을 수 있는 장점이 있다. 그러나 각 직무에 공통되는 적합한 평가요소의 선정이 어려우며 더욱 평가요소에 대하여 등급을 정하고 그 등급에 따라 점수를 배정하는 과정이 대단히 어렵다. 점수법의 실시에 있어서는 평가자의 전문적 기술과 아울러 많은 준비 시간과 경비가 소요 된다.

② 요소비교법(要素比較法, factor-comparison method)

요소비교법은 회사의 핵심이 되는 기준직무基準職務, key jobs 몇 개를 우선 선정하여 그 기준 직무를 대상으로 숙련, 노력, 책임, 직무조건 등과 같은 평가요소별로 서열을 매긴다. 그렇게 되면 어떤 기준 직무는 다른 기준 직무들과 비교하여 숙련에서는 5위, 노력에서는 2위, 책임에서는 2위, 직무 조건에서는 6위, 이런 식으로 나온다. 다음 기준 직무에 해당되는 기준의 임금액을 평가요소별 서열에 따라 분류해 놓고 나서 여타의 다른 직무를 기준직무와 비교하면서 직무가치와 임금액을 결정해 나가는 방식이다. 이는 직무평가 결과를 바로 임금수준 책정에 적용하게 된다는 장점이 있어서 좋다. 이 방법은 직무급을 실시할 경우에 가장 많이 사용된다. 평가기준이 구체적이고 명백하며 평가의 결과가 미리 금전 단위로 나타나 있어 그 만큼 노력이 절약된다는 장점이 있으나 기준 직무의 선정이 어려우며 기준 직무가 선정되었다 하더라도 임금률賃金率의 요소별 배분이 용이하지 않고 기준 직무의 내용이나 임금률이 불편의 것이 아니라는 단점이 있다.

(3) 노동생산성 및 직무평가

직무분석의 결과로 파악된 직무내용과 요건을 중심으로 직무기술서가 작성되고 직무 요건 중에서 인적 요건을 중시하는 직무명세서가 작성이 되면 이는 직무의 상대적 가치를 결정하는 직무평가의 기초 자료로 이용된다. 직무평가의 제반자료는 호텔기업 내에서 임금구조와 체계를 확립하고 인적자원관리 전반의 합리화를 기하는 데 그 목적이 있으며 그의 구체적인 내용은 다음과 같다.

① 직무의 질적 측면에서 직무의 상대적 가치와 그 유용성의 결정 자료를 제공한다.

② 노사 간에 타당성을 인정할 수 있는 임금의 차등으로 종업원의 근로의욕을 고취시켜 노사협력 체제를 확립한다.

③ 조직의 직계제도 확립과 직무 또는 직급제도 정립을 위한 자료를 제공한다.

④ 노동시장에서 노동자를 유입할 수 있는 우월한 임금체계를 수립하는 자료를 제 공한다.

⑤ 단체교섭을 위한 자료를 제공하는 등의 다양한 효과를 얻는다.

⑥ 오늘날의 경쟁적인 시장에서 호텔업 경영자들은 생산성에 큰 관심을 둘 필요가 있다.

그러나 임금과 복지후생 오르는 데 비하여 그들 직원의 부가적인 생산성은 그리 높은 편은 아니다. 따라서 인적자원관리 부서에서는 생산성 증가를 고무시킬 분위기를 만드는 데 관여해야 하며, 결국 호텔산업의 미래는 종사원의 업무수행 평가나 검토로 모든 종사원들 내부에 있는 많은 잠재능력을 이끌어 냄으로써 생산성을 증가시켜야 한다.

CHAPTER 04

채용관리

1. 인적자원계획
2. 모집관리
3. 선발관리
4. 호텔의 채용방식
5. 부서별 기본적인 필요 역량

CHAPTER

04

HUMAN RESOURCE MANAGEMENT

채용관리

조직의 목표를 효율적으로 수행을 달성하기 위해 생산 활동에 종사하는 개별 종사자들에 의하여 정규적으로 수행되는 일련의 직무職務, 즉 일work, 업무業務, 과업課業 등이 있는데, 그 일을 담당할 사람을 선발해서 배치하는 것이 인적관리 분야에서는 채용hiring 또는 충원staffing이라고 한다. 구체적으로 인력을 모집recruitment한 후에 여러 가지 방식을 가지고 각 지원자를 평가하여 적합한 자를 선발selection하고, 그들을 필요한 직무에 배치하기까지 채용시스템을 말한다. 어느 호텔이든지 기업 활동의 중요한 요소로서 사람의 관리를 들고 있는데, 사람도 하나의 생산요소로서 필요한 기계나 원료와 함께 일정한 노동을 생성하게 된다. 이때에 사용자는 생산에 가장 적당한 노동력을 선택하여 채용하는 것이 합리적인 채용관리라고 말한다.

호텔경영에 있어서도 필요한 자질을 갖춘 노동력을 필요한 시기에 조달할 것을 목적으로 하기 때문에 우선 어떤 자질을 갖춘 노동력이 필요한가를 명확히 분석해야 한다. 그러므로 종사원이 맡을 직무와 물적 · 기술적 환경을 검토 · 파악하여 효율적으로 업무를 수행할 수 있는 노동력勞動力, manpower을 선발해서 채용해야 한다. 이와 같은 현대적 채용관리의 기본업무를 수행하기 위해서는 직무의 특성과 그에 요구되는 능력을 파악하고 필요한 인력을 정원으로 산정한다.

이상과 같은 범위를 중심으로 한 현대적 채용관리는 경영상 필요로 하는 인력을 확정하는 것과 채용기준을 합리적으로 설정하고 지원자 중에 그 기준에 적합한 자를 선발하는 절차를 채용관리採用管理, recruitment management라고 한다. 그러므로 채용은 노동력 관리 · 고용 관리의 출발점이기 때문에 능력주의 인적자원 관리를 추진해 나가기 위해서 채용단계에서부터 합리적 원칙에 적합한 노동력을 선정해야 한다.

1. 인적자원계획

1) 인적자원계획의 개념

호텔조직을 잘 관리하기 위해서는 잠재성을 가진 지원자를 발견하고 그들이 그 직무에 지원할 수 있도록 독려하며, 그 직무에 적합한 사람을 선발할 수 있는 인적자원계획에 대한 절차를 잘 인지하고 있어야 한다. 인적자원계획human resource planning은 인력계획manning planning이라고도 한다. 이것은 재무계획, 생산계획, 마케팅계획, 구매계획, 투자계획 등 경영의 주요 계획과 맥을 같이하는 방안의 하나로서 좁게는 인적자원의 채용, 배치, 승진, 이동, 해고, 교육훈련 계획으로부터 넓게는 그들에게 영향을 주는 조직의 모든 환경, 정책 등을 긍정적으로 구성하는 측면까지 고려하는 것을 말한다.

채용계획은 직무와 종사원을 연계한 계획, 즉 어떠한 직무에, 어떤 사람이, 몇 명이, 필요한가에 대해서 명확하게 설정하기 위한 계획이라 할 수 있다. 그래서 모집, 채용, 충원, 능력개발 등은 전반적으로 이러한 인력계획에 의해서 추진되는 것이다.

따라서 인력계획은 다음과 같은 조건이 고려되면서 수립되고 있다.

첫째, 경영방침이나 경영계획하에서 채용계획이 수립된다. 예를 들면, 직무에 기초한 적재적소 배치여부, 매출계획, 설비계획 그리고 그 사업이 현재 확장 혹은 현상 유지를 위한 영업 활동을 전개하고 있는지의 여부에 따라 그 규모는 가감될 수 있는 것이다.

둘째, 영업 관리상 생산성에 의해 채용 계획이 결정된다. 영업비율, 즉 기업의 영업수입에 대한 영업활동 비용 중에서 인건비율labor costs을 무시하고 채용계획을 수립할 수는 없다.

셋째, 시설규모와 생산량 및 생산 내용의 질에 따라 채용 계획이 결정된다. 즉 생산시설의 규모와 작업의 양量과 질質에 대한 인적 수요량을 결정하는 기준이 없으면 안 된다.

2) 인적자원 수요계획 수립

기업이 각 부서에서 필요로 하는 성향, 기능을 소유한 인력을 미리 예측하고, 이에 대한 인력 공급을 계획해서 이를 토대로 사내외 인력수급을 조정하는 것이 인력수요계획이다. 일반적으로 인적자원 수요계획은 수요예측과 공급분석을 통한 수요 · 공급의 균형을 이루는 작업으로 이루어진다. 인적자원에 대한 수요예측이란 기업의 경영여건이나 기술 수준 그리고 재정 상태 등을 고려하여 향후 일정 기간 동안 기업이 필요로 하는 인적자원의 규모를 예측하는 것을 말한다. 이러한 수요예측은 추세분석 또는 비율분석, 즉 재무제표財務諸表, financial statements와 같은 수치화된 자료를 이용하여 항목 사이의 비율을 산출하고 기준이 되는 비율과 과거의 실적이나 다른 기업과의 비교 등을 통하여 그 비교 결과의 의미와 특징, 추세 등을 평가하는 방법 그리고 전문가 예측을 통한 방법을 사용함으로써 이루어진다. 공급분석供給分析이란 수요 예측에서 파악된 인적자원의 수요 규모를 조직 내부와 외부에서 어떻게 확보할 수 있는가에 대한 분석을 말한다. 이때 조직 내에서 구축해 놓은 인사 정보시스템이나 외부 노동시장으로부터 확보한 인력수급 동향이나 실업률 등에 관한 정보를 활용한다.

궁극적으로 인적자원 계획의 목표는 기업의 인력수요 예측과 공급 분석을 통해서 수요와 공급의 균형을 유지하는 것이다. 그러나 만일 수요가 공급을 초과하게 되거나 수요 · 공급의 균형 유지가 현실적으로 어려울 경우, 기존의 인력을 최대한 활용할 수 있도록 사내 직원들에 대한 다기능multi skill 교육훈련을 강화하는 방안도 고려할 수 있다. 그리고 공급이 수요를 초과할 경우에는 인력 구조조정을 통해 불필요한 인력에 대한 정리 작업이 필요한 것이다.

(1) 수요예측

특정 시점에 해당 기업이 필요로 하는 인력 수요를 예측하는 것으로 총 수요인력, 순수요인력, 인건비 지불능력, 인력의 질質 등을 고려한다. 수요예측需要豫測, demand forecast 기법은 다음과 같다.

① 추세분석(trend analysis)

추세분석 방법은 주로 인력 수요와 밀접한 관계를 가진 어떤 정세나 상황의 가변적 요인을 분석하여 과거의 상호 관련된 것들을 중심으로 미래의 인력수요를 예측하는 방법이다. 이 방법은 과거의 추세가 앞으로 계속된다는 것을 전제로 한다.

② 비율분석(ratio analysis)

비율분석 방법은 기업의 어느 핵심부서에 대한 소요 인력을 통계적 기법, 즉 해당기업의 역사적 자료를 가지고 분석하는 것으로 과거 자료에 근거하기 때문에 예측의 정확성에 한계가 있는데, 이를 이용하여 먼저 소요인력을 예측한 다음 하위 단위조직이나 관련부서의 소요인력을 전체적인 배분 비율 또는 고용 비율에 따라 인적 수요를 예측하는 방법이다.

③ 델파이기법(delphi technique)

델파이기법은 전문가 예측의 가장 보편적인 기법으로 주관적이고 비계량적인 특성을 갖고 있다. 델파이기법의 핵심은 질문서questionnaire에 있다. 서로 여러 사람의 전문가들에게 예측에 관한 질문서를 보내어 각자의 독립된 의견을 진술해서 제시하도록 요구한다. 이 과정을 통해 발송된 질문서에 대한 자료와 가정에 대한 정보를 분석하고 요약하여 다시금 전문가들에게 돌려서 각자 자신들의 예측을 수정하도록 한다. 이 방법은 전문가 집단을 대상으로 미래의 인력수요를 예측하게 하는 하향적 접근기법으로, 예측활동에 참여하는 전문가들이 서로 대면접촉하지 않는 것이 특징이다. 해당 기업의 미래 환경이 복잡하고 정형화시키기 어려울 때 도입의 필요성이 강조된다. 상대적으로 정확하다는 장점이 있으나, 결과가 신속하게 요구되는 상황에서는 도입이 곤란하다.

(2) 공급분석(supply analysis)

미래의 특정 시점에 해당 기업이 보유하게 될 인력의 양적 · 질적 측면에 대한 예측 활동을 말하며, 미래의 특정 시점의 외부 노동시장의 여건에 대한 예측 활동이 포함된다.

① 내부 공급분석

내부적으로 활용 가능한 인력을 파악할 때 현재 조직 구성원들이 보유하고 있는 역량을 질적인 측면에서 파악해야 한다. 이러한 분석 작업에 유용하게 활용할 수 있는 방법은 다음과 같다.

가. 관리자목록(管理子目錄, management inventory)

유능한 관리자의 발굴 및 확보는 조직 운영의 성패를 결정짓는 중요한 요인이다. 관리자 목록은 관리자들을 대상으로 관리능력capacity of management과 운영능력capacity of operation을 포함한 그들에 관한 모든 개인능력 정보를 입력시켜 승진 · 이동 등에 활용하는 정보자료를 가리킨다. 관리자 목록에 포함되는 자료로는 업무경력과 경험, 교육적 배경, 장단점의 평가, 개발 필요성, 현 직위에서의 승진 가능성, 현재의 직무 성과, 직무상의 전문영역, 직무선호도, 근무지 역선호도, 경력목표 및 희망, 정년퇴직 예정일자, 기타 개인 신상정보 등이 있다.

나. 기능목록(機能目錄, skill inventory)

기능목록은 기술목록技術目錄이라고도 하며 직원의 경험, 교육수준, 연수경력, 특별한 능력 따위의 직무와 관련된 정보들을 분석하고 검토하여 요약한 자료를 말 하는데, 비관리직, 즉 하위직 종사원들을 대상으로 그들의 기능을 포함하여 그들에 관한 모든 인사정보를 기록, 입력시켜 승진, 이동 등에 사용하는 정보를 의미한다. 기록목록에 포함되는 일반적인 내용으로는 개인적 신상자료, 업무경험, 전문적 기술 및 지식, 면허 및 자격, 사내 교육훈련 프로그램 이수현황, 인사고과 평점결과, 경력목표career goal 등이 있다.

② 외부공급의 예측

외부에서 공급되는 인력은 외부 노동시장의 영향을 받기 때문에 외부의 인력수급 상황을 고려하여 공급량을 예측해야 한다. 인력의 외부공급 예측에는 전공 관련 대학, 경쟁업체, 자발적 지원자 등 조직 외부로부터 공급받을 수 있는 인력을 예측하는 것을 말한다.

3) 정원계획

인적자원계획은 정원계획正員計劃, staffing guide과도 관련된다. 정원이란 현재의 설비와 작업방식으로 소정의 업무를 완수하기 위해 필요한 인원을 말한다. 즉 업무의 양, 조직구성, 설비, 작업방법, 종사원 능력, 기타의 조건을 필요한 인원수로 좁혀 종합한 것이라고 말할 수 있다. 따라서 기업의 정원은 생산량은 물론이고 조직이나 작업방법, 나아가서는 종업원의 능력 등의 조건이 변함에 따라 바뀌는 것이다. 정원은 조직을 표준화된 정태적 상태를 보고 정원을 산정한 표준정원과 주어진 조건 그 자체를 기준으로 하여 동태적 상태, 즉 환경이 변화하거나 새로운 과제가 발생할 경우에 대처할 수 있는 기동성과 신축성을 갖춘 조직인지를 보고 산정한 잠정적 정원으로 나눌 수 있다. 정원관리의 입장에서 바람직한 것은 표준정원으로서 이를 통해 잠정적 정원을 산정할 수 있는 관리기반도 함께 확립하는 것이다. 표준정원 산정을 위해서는 조직구성의 수립, 작업방법의 표준화, 취업기준의 설정 등을 전제 조건으로 한다.

표 4-1 ABC호텔 Manning Plan 2008

F+B General 2008-01-08

Dept. Outlet	2007 Budget (TO)	2008 Budget (TO)	Present Manpower	To be hired	Part Timer				Remarks
					TO	Present	Intern-ship	To be hired	
Office	5	5	5	0				0	
Artist	2	2	1	-1	1	0	1	0	김** 사직
Total	7	7	6	-1	1	0	1	0	

F+B Outlet

Dept. Outlet	2007 Budget (TO)	2008 Budget (TO)	Present Manpower	To be hired	Part Timer & Internship				Remarks
					TO	P/Timer	Intern-ship	To be hired	
Banquet	23	24	23	−1				0	채용예정(최** transfer)
Atrium Café (+Deli)	14	13	12	−1	6	3	0	−3	채용예정(박** 사직)
Room Service	9	6	5	−1	2	1	2	1	채용예정(이**)
Mitsumomo	5	6	6	0	3	1	0	−2	
Yeohyang	7	7	7	0	2	0	1	−1	
Buffet	19	19	19	0	6	3	1	−2	
T/L, M/Club	8	8	8	0	3	3	1	1	
Club Bar	5	5	5	0	0	0	0	0	
Total	90	88	85	−3	22	11	5	−6	

F+B Stewarding

Dept. Outlet	2007 Budget (TO)	2008 Budget (TO)	Present Manpower	To be hired	Part Timer				Remarks
					TO	P/Timer	Intern-ship	To be hired	
Office	3	3	3	0				0	윤** 3/17일 채용
Steward+ Dishwasher	7	4	4	0				0	정년퇴직 (허**)
Total	10	7	7	0	0	0	0	0	

F+B Kitchen

Dept. Outlet	2007 Budget (TO)	2008 Budget (TO)	Present Man-power	To be hired	Part Timer				Remarks
					TO	P/Timer	Intern-ship	To be hired	
Office	3	3	3	0				0	
Banquet	18	19	19	0	5	5	1	1	
Cold	10	10	10	0	0	0	0	0	
Butchery	4	4	4	0	0	0	0	0	
Cafe	18	18	17	−1	2	1	1	0	(양** transfer)
Buffet	12	12	12	0	2	0	1	−1	
Chinese	9	8	7	−1	3	1	0	−2	
Japanese	9	8	7	−1	2	0	3	1	
Bakery	12	13	13	0	1	0	1	0	
Total	95	95	92	−3	15	7	7	−1	

Front Office

Dept. Outlet	2007 Budget (TO)	2008 Budget (TO)	Present Man-power	To be hired	Part Timer				Remarks
					TO	P/Timer	Intern–ship	To be hired	
Office	1	1	0	–1				0	(장** 부장 사직예정)
Receptionist (GRO)	13	14	13	–1				0	(김** 사직)
Duty Manager	3	4	4	0				0	
EFL	2	2	3	1				0	(박** transfer)
Residence Concierge	5	5	5	0	2	2	1	0	
Uniform SVC	11	11	9	–2				1	채용예정 (이**)
Transportation	6	6	6	0				0	김** transfer)
Telephone	8	8	8	0	1	0	1	0	
Business Center	2	2	1	–1				0	
Airport Rep.	1	1	0	–1				0	
Total	51	54	49	–4	3	2	2	1	

Housekeeping

Dept. Outlet	2007 Budget (TO)	2008 Budget (TO)	Present Man-power	To be hired	Part Timer				Remarks
					TO	P/Timer	Intern–ship	To be hired	
Office	1	1	1	0				0	
Ordertaker	3	4	3	–1				0	김**사직
Roommaid(Main)	8	1	1	0				0	
Roommaid(Residence)	2	7	7	0	2	2	0	0	정년퇴직 (조**)
Houseman(Main)								0	
Houseman(residence)								0	
Shampooman								0	
Linen	2	2	2	0				0	
Seamstress	1	1	1	0				0	
Cleaner								0	
Total	17	16	15	–1	2	2	0	0	

Laundry

Dept. Outlet	2007 Budget (TO)	2008 Budget (TO)	Present Man-power	To be hired	Part Timer				Remarks
					TO	P/ Timer	Intern-ship	To be hired	
Office	1	1	1	0				0	
Presser &	4	3	3	0				0	정년퇴직 (장**)–
Ironer	0	0	0	0				0	양** transfer
Drycleaner	3	3	3	0				0	
Valet Washer	1	2	2	0				0	
Attendant	6	1	1	0				0	
Total	15	10	10	0	0	0	0	0	

Fitness Club

Dept. Outlet	2007 Budget (TO)	2008 Budget (TO)	Present Man-power	To be hired	Part Timer				Remarks
					TO	P/ Timer	Intern-ship	To be hired	
Office	2	2	2	0				0	
Reception	3	3	3	0				0	
Male Sauna	3	3	3	0	2	2	0	0	
Female Sauna	4	4	4	0				0	
Instructor	5	5	5	0				0	
Cleaner	0	0	0	0				0	
Total	17	17	17	0	2	2	0	0	

Admin. & General

Dept. Outlet	2007 Budget (TO)	2008 Budget (TO)	Present Man-power	To be hired	Part Timer				Remarks
					TO	P/ Timer	Intern-ship	To be hired	
Executive Office	3	3	3	0				0	
Accounting Office	12	11	11	0				0	
Cost Control	3	3	3	0				0	Transfer to Pur.
Purchasing	5	6	6	0				0	(김**차장)
Printing	1	1	1	0				0	
Security	10	10	10	0				0	
System	3	4	4	0				0	
Total	37	38	38	0	0	0	0	0	

Sales & Marketing

Dept. Outlet	2007 Budget (TO)	2008 Budget (TO)	Present Man-power	To be hired	Part Timer				Remarks
					TO	P/ Timer	Intern-ship	To be hired	
Marketing	4	5	6	1	0		1	1	PR&MKT 통합건
Room Sales	7	8	7	-1	0		1	1	(정** 사직)
C&C Ssales	11	11	10	-1	1	0	1	0	(신** 계약종료)
Reservation	4	4	4	0	1	0	1	0	
Total	26	28	27	-1	2	0	4	2	

Engineering

Dept. Outlet	2007 Budget (TO)	2008 Budget (TO)	Present Man-power	To be hired	Part Timer				Remarks
					TO	P/ Timer	Intern-ship	To be hired	
Office	4	3	3	0				0	정년퇴직 (김**이사)
Engineer+ Technician	27	26	26	0				0	정년퇴직 (이**)
Sound	4	4	4	0				0	
Tel-Com	2	3	3	0				0	
Fire Fighting	5	5	5	0				0	
Total	42	41	41	0	0	0	0	0	

HR & G/A

Dept. Outlet	2007 Budget (TO)	2008 Budget (TO)	Present Man-power	To be hired	Part Timer				Remarks
					TO	P/ Timer	Intern-ship	To be hired	
Personnel+Training	6	8	8	0	1	0	1	0	강**계장 /
Dispensary	1	1	1	0				0	정**주임
General Affairs	1	1	1	0				0	
Labor Union	2	2	2	0				0	
Total	10	12	12	0	1	0	1	0	

Owing Company

Dept. Outlet	2007 Budget (TO)	2008 Budget (TO)	Present Man-power	To be hired	Part Timer				Remarks
					TO	P/ Timer	Intern-ship	To be hired	
Owing Company	8	8	8	0				0	
Total	8	8	8	0	0	0	0	0	

Manning Guide for 2008

Dept. Outlet	2007 Budget (TO)	2008 Budget (TO)	Present Man-power	To be hired	Part Timer				Remarks
					TO	P/ Timer	Intern-ship	To be hired	
F+B GENERAL	7	7	6	–1	1	0	1	0	
F+B OUTLET	90	88	85	–3	22	11	5	–6	
F+B	10	7	7	0	0	0	0	0	
STEWARDING	95	95	92	–3	15	7	7	–1	
F+B KITCHEN	51	54	49	–4	3	2	2	1	
FRONT OFFICE	17	16	15	–1	2	2	0	0	
HOUSEKEEPING	15	10	10	0	0	0	0	0	
LAUNDRY	17	17	17	0	2	2	0	0	
FITNESS CLUB	37	38	38	0	0	0	0	0	
ADMIN & GENERAL	26	28	27	–1	2	0	4	2	
SALES &	42	41	41	0	0	0	0	0	
MARKETIN	10	12	12	0	1	0	1	0	
ENGINEERING	8	8	8	0	0	0	0	0	
H/R & G/A									
Owing Company									
TOTAL	425	421	407	–13	48	24	20	–4	

4) 채용전략 영향요인

회사의 모든 전략수립과 그 실행은 상황에 알맞게 선택되고 변화해 나가듯이 인적자원관리의 전략도 그렇고 인력충원 전략도 마찬가지이다. 호텔기업이 종사원을 충원할 때에는 어떠한 요인들을 고려해야 하는지는 다음과 같다.

(1) 노동시장 여건

노동시장의 인력수급 상황을 분석한 결과, 인력공급 여건이 좋을 경우에는 우수 노동력 확보가 쉽기는 하지만 해당 직무가 전문화 · 고도화되어 있을 때에는 그 분야 관련 자격과 경력을 가진 숙련가들을 채용하는 것이 더 좋을 것이다. 최근 젊은 노동력은 노력과 육체노동을 많이 요구하는 직무를 싫어하고 정신노동이나 서비스 산업에 종사하기를 원한다. 심지어는 이공계 기피현상까지 있기 때문에 앞으로 우수한 이공계 기술자의 부족이 예상된다. 한편 여성 취업지원자가 증대하고 있으며, 맞벌이 부부 증가현상이 나타나고 있다. 또한 노동력의 공급이 풍부할 때에는 광고의 추천에 의한 외부모집이 쉽고 효율적이지만, 그 반대의 상황이라면 회사끼리의 경쟁이 심화될 것이다. 이때는 대학 채용설명회 순회와 모집홍보를 더 해야 한다.

(2) 법규와 사회제도

모집공고에서 여성의 키나 나이 제한을 두지 못하게 법규화 한다면 회사는 이 규정을 따라야 한다. 외국인 채용 차별금지법이 생기면 그들에 대한 임금도 올려야 하므로 선뜻 채용하기도 어려울 것이다. 선진국에서는 무슨 일을 할 것인지, 근로자가 근무하는데 영향을 주는 물리적 · 심리적 환경 등과 같은 구체적인 근무조건을 미리 정확히 알리지 않고 무조건 선발 배치한 후 사원이 불만을 표시할 경우 회사 측이 불리하게 되어 있다. 그렇다고 채용된 사람이 맞지 않는다고 함부로 해고할 수도 없다.

(3) 조직상황

내부 모집인지 외부 모집인지를 결정하는 가장 큰 영향요인은 최고 경영진의 운영방침에 있다. 조직의 문화도 채용선발에 영향을 미친다. 회사의 그러한 신념과 가치관을 공유하는 사람들이 최종 선발을 결정하기 때문이다. 또한 회사의 조직구조가 어떠한지에 따라서 모든 경영활동이 달라지는데, 인적자원관리 활동에 가장 큰 영향을 미친다. 조직이 권위적인 위계질서를 바탕으로 운영하는 전통적 관료제官僚制 구조를 지녔는지, 유연한 팀 구조를 가졌는지에 따라서 채용형태가 달라질 수 있다. 전통적인 관료제 조직이라면 조직의 관행과 문화, 관리자의 지시와 직무규정에 착실 하게 따라주는 지원자를 원하지만, 유연한 팀 구조에서는 이미 만들어진 직무기술서職務記述書, job descriptions에 반드시 일치하는 사람일 필요는 없다. 개인의 직무 기능뿐만 아니라 창의력, 커뮤니케이션 능력 등이 더 고려될 것이다.

(4) 기존 사원

기존 사원들의 연령층, 성비, 기술 수준이 현재 어느 정도이고, 언제 얼마나 은퇴할 것이며, 언제 얼마나 승진할 것인지를 보고 사람을 채용해야 할 것이다. 기존 사원들의 노후화된 기술수준을 새롭게 훈련시켜 활용할 것인지, 아니면 정리 해고를 실시하고 다시 신입사원으로 충원할 것인지도 결정해야 한다. 기존 종사원들의 새로운 사업에 대한 참여 열기가 대단히 높다라면 외부 충원보다는 이들을 훈련시켜 재배치시키는 것도 한 가지 방법이 될 수 있다.

2. 모집관리

1) 모집계획

인력의 모집募集이란 회사가 필요로 하는 인력선발 계획을 외부에 알려서 입사 희망자들에게 지원토록 하는 것이다. 즉, 어느 부서에서 어떤 사람을, 언제 몇 명 정도 채용하겠으니 희망자는 지원하라고 내 · 외부에 알리는 것이 모집이고, 다수의 지원자 중에서 회사가 가장 접합하다고 생각하는 사람을 채용하기로 결정하는 것은 선발selection이다.

호텔의 업무량과 종사원의 수요 인원은 영업장별 판매량과 매출액에 따라 결정된다. 또 호텔이 생산량을 증대시키고 새로운 신규 고객을 확보하기 위해서 호텔에서는 적합한 인력모집 계획을 수립해야 한다. 물론 모집계획을 수립하기 전에 호텔은 판매촉진을 위해서 목표시장 내 고객의 욕구를 조사 · 분석하게 되고, 그 자료를 기초로 하여 상품설계와 상품개발을 하게 된다. 동시에 시장계획과 판매계획을 수행하게 되고, 이에 수반되는 생산 개발계획과 생산계획 및 재무관리 계획이 수립되면, 이 계획에 의해서 호텔 전체의 인력수급 계획을 확정하게 된다.

그러나 이러한 호텔인력 수급의 기본이 되는 판매계획은 계절적 요인이나 또는 불규칙적인 변동요인의 영향을 받기 때문에 장 · 단기 종사원 계획수립은 결코 용이한 일이 아니다. 특히 예측할 수 없는 판매 부진 상태에서는 호텔이 종사원의 적정 규모를 예측하는 데 더욱 어려움을 주고 있다. 그리하여 호텔에서는 변동적인 내 · 외부 영향요인 상태 속에서도 미래의 변화를 예측 가능하게 할 수 있는 기술이 요구되고 있다.

호텔은 시장변화 예측과 미래계획 수립의 기본이 되는 경제적 추세를 찾아야 한다. 호텔의 생산량은 고객의 수요에 의해 결정되므로 전반적인 계획을 수립하고 종사원의 수급계획supply and demand program을 확정하기 위해서는 고객의 변동 추세를 파악해야 한다. 이를 위하여 주별, 월별 및 연간의 변동요인 분석 기술을 개발해야 할 것이며, 타당성 검증을 한 후에 이를 기초로 장단기 모집을 예측하는 종사원 계획을 수립해야 한다.

2) 모집 절차

회사가 원하는 바람직한 지원자를 모집하기 위해 노동시장을 세분화하여 필요한 시장에만 집중적으로 모집 활동을 펴야 한다. 일반적인 모집 절차募集節次, recruiting planning는 다음과 같은 기준에 의해 진행되어야 한다.

(1) 모집 방침의 수립

모집 활동은 해당 부서로 부터의 인원채용 신청staffing requestion에서 시작된다. 합리적인 모집 활동을 진행하기 위해서 우선 모집 방침을 수립해야 하며 이를 위해 다음과 같은 전제 조건들이 고려되어야 한다. 첫째, 현재 어떠한 직종의 노동력을 얼마만큼 필요로 하고 있는지 분명히 파악해야 한다. 둘째, 직무분석을 통해 얻어진 직무명세서job specification를 기초로 하여 채용할 직무를 잘 수행할 수 있는 자격조건을 모집 방침에 명확하게 설정해야 한다. 셋째, 모집 방법은 직종별로 합당하도록 분류하여 실시하도록 한다.

표 4-2 ABC호텔 채용 의뢰서 양식

Employee Requisition Form

Division/Department: ____________________ Position: ______________
Date Required: ____________________ Salary: ____________________

☐ Permanent Full-time
☐ Contract for fixed time period Duration: __________ Years/Months
☐ Casual
☐ Other: __________

Temporary Schedule: ____

☐ Addition ☐ Replacement for (name) ______________________________

Within Payroll Budget ☐ Yes ☐ No

Remarks: ____

APPROVAL

Department Head: ______________ Date: ______________

Division Head: ____________________ Date: ________________

Director of HR: ____________________ Date: ________________

General Manager: __________________ Date: ________________

HUMAN RESOURCES ONLY

Position Filled Date: ______________________________

☐ New Employee: ______________________________

☐ Transfer: ____________________________________

(2) 고용조건의 결정

근로계약서에 규정되어 있는 직무의 내용, 고용형태, 보수 그리고 당사자들의 권리나 의무 따위에 관한 여러 가지 조건을 의미하는데, 모집방침에서 모집직종과 직종별 인원이 결정되면 임금, 수당, 근무시간 및 기타의 근무조건 등을 미리 결정하여야 한다. 고용조건이 결정됨에 따라 모집방법이나 고용형태가 결정된다. 또한 모집대상의 자격요건을 직무와 관련하여 학력이나 능력, 때로는 성별까지도 제한을 두어야 한다. 또는 일정기간 이상의 경력자만을 대상으로 할 수도 있으며, 만약 퇴직자 재고용정책을 펴기로 결정 한다면 일정 재고용 자격요건을 법적인 한도에서 제한할 수 있다.

(3) 모집방법의 결정

인력모집에 대한 공급원을 어디에 둘 것인가에 대한 결정으로 내부모집과 외부모집 중 어떤 형태가 현재의 채용계획에 적절한지 결정한다.

(4) 모집안내서 작성

인력모집을 하는데 있어 먼저 사람을 채용하기 위하여 외부에 알리는 모집요강을 결정해야 하며 다수의 응모자를 대상으로 채용 공고할 경우 또한 입사지원入社志願 안내서 등을 작성해야 한다.

(5) 제출서류 안내

지원자의 자격 요건을 확인하거나 능력을 평정evaluation하는 자료로서 필요한 입사서류를 결정하여 안내한다.

표 4-3 채용공고사례

직무	신입 경력	자격요건	기간
Event Sales Coordinator	신입/경력	• 1~2년 호텔 근무 경력 • Event Sales 업무 경험자 우대 • 긍정적인 자세 및 우수한 커뮤니케이션 능력 • 높은 사무 능력 • 한국어와 영어에 능숙 • 워드, 엑셀, 아웃룩 등 컴퓨터 활용능력 우수자 • 용모 단정한 자 • 개인 스스로뿐만 아니라 팀의 일원으로서 일할 수 있는 자	채용시까지
Commis-Western	신입/경력	• 1~2년 근무 경력 우대 • 긍정적인 자세 및 우수한 커뮤니케이션 능력 • 우수한 언어능력(한국어/영어) 보유자 • 높은 수준의 고객서비스 제공 가능자 • 용모 단정한 자 • 개인 스스로뿐만 아니라 팀의 일원으로서 일할 수 있는 자	채용시까지
Gym&Pool Attendant	신입/경력	• 고객서비스 분야 경험자 우대 • 긍정적인 자세 및 우수한 커뮤니케이션 능력 • 우수한 언어능력(한국어/영어) 보유자 • 높은 수준의 고객서비스 제공 가능자 • 용모 단정한 자 • 개인 스스로뿐만 아니라 팀의 일원으로서 일할 수 있는 자	채용시까지
Spa Team Leader Therapist	경력	• 최소 3~5년의 Spa Therapist로서의 근무 경력 • 긍정적인 자세 및 우수한 커뮤니케이션 능력 • 능숙한 영어 사용자 우대 • 용모단정 • 뛰어난 대인관계 능력 및 팀워크 • 관련 전공 또는 자격 보유	채용시까지
Spa Therapist	신입/경력	• Spa 근무 경력 우대 • 긍정적인 자세 및 우수한 커뮤니케이션 능력 • 우수한 언어능력(한국어/영어) 보유자 • 용모단정 • 뛰어난 대인관계 능력 및 팀워크 • 관련 전공 또는 자격 보유	채용시까지

Waiter & Waitress	신입/경력	• 고객서비스 분야 경력 우대 • 긍정적인 자세 및 우수한 커뮤니케이션 능력 • 우수한 언어능력(한국어/영어) 보유자 • 높은 수준의 고객서비스 제공 가능자 • 용모 단정한 자 • 개인 스스로뿐만 아니라 팀의 일원으로서 일할 수 있는 자	채용시까지
Bartender	경력	• 최소 2년 이상의 Bartender 근무 경력 • 주류 및 음료에 대한 폭 넓은 지식 • 호텔 근무 경험 우대 • 긍정적인 자세 및 우수한 커뮤니케이션 능력 • 우수한 언어능력(한국어/영어) 보유자 • 높은 수준의 고객서비스 제공 가능자 • 용모 단정한 자 • 개인 스스로뿐만 아니라 팀의 일원으로서 일할 수 있는 자	채용시까지
Receptionist-F&B Services	신입/경력	• F&B Services 근무 경력 우대 • 긍정적인 자세 및 우수한 커뮤니케이션 능력 • 우수한 언어능력(한국어/영어) 보유자 • 높은 수준의 고객서비스 제공 가능자 • 용모 단정한 자 • 개인 스스로뿐만 아니라 팀의 일원으로서 일할 수 있는 자	채용시까지
Guest Service Agent-Concierge Conrad Service Agent	신입/경력	• 고객서비스 분야 경력 우대 • 긍정적인 자세 및 우수한 커뮤니케이션 능력 • 한국어와 영어에 능숙(기타 외국어 능력 보유 우대) • 높은 수준의 고객서비스 제공 가능자 • 용모 단정한 자 • 개인 스스로뿐만 아니라 팀의 일원으로서 일할 수 있는 자	채용시까지

3) 모집방법

모집방법募集方法, method of recruitment은 다양한데 여러 가지 방법 중에서 모집대상을 회사 내부인력에 한정할 것인지, 외부로 할 것인지로 나누어 설명할 수 있다. 어느 방법을 선택하여 사용할 것인지는 채용기준과 모집 예정인원, 노동력의 질과 회사의 예산 등을 것을 고려하여 결정해야 한다. 구체적인 모집방법은 다음과 같다.

(1) 내부모집(internal recruiting)

회사 내부조직에서 지원자를 모집하는 가장 흔한 방법으로는 회사내부 정보망을 이용해 사내에 지원자 공고job posting system를 내고, 기존 사원들이 응모를 해 오면 선발, 이동, 승진, 배치를 하는 것을 말한다.

먼저 각 현장 부서로부터 직원 충원을 상부에 의뢰하기 위해 작성하는 충원인력 청구서recruitment referral를 통하여 채용 의뢰가 있게 되면, 인사부는 그에 필요한 자격 요건을 갖춘 유능한 인력을 확보하기 위하여 모집 활동을 하게 된다. 내부모집을 위해서 사용될 수 있는 유용한 도구로는 관리목록管理目錄이나 기능목록技能目錄 그리고 직무게시職務揭示 또는 직무공고職務公告 제도 등을 들 수 있다.

직무게시는 회사의 직원들에게 직무기회가 개방되어 있다는 사실을 알리는 절차를 말하고 직무공고 제도는 필요자격 요건을 갖추고 있다고 믿는 조직 구성원들에게 게시된 직무에 응모토록 허가해 주는 제도를 말한다.

내부모집은 현재 근무 중에 있는 종사원이 그 대상이 되며, 외부 모집보다 그 절차가 간소하다. 내부모집에는 다음과 같은 종류를 들 수 있다.

① 승진(昇進, promotion)

회사 내부승진을 통하여 적임자를 확보할 수 있다. 내부 직원들은 회사의 규정 절차, 방침, 특성들에 대해 보다 잘 알 수 있다. 내부승진은 직장의 안정감을 가져오며, 장기근속長期勤續, long-term seniority에 대한 의욕을 고취시킨다. 또한 내부승진은 직원의 동기유발에 크게 기여하며 시간과 비용 면에서도 경제적일 수 있다는 장점을 가지고 있으나 내부에 반드시 최고의 적임자가 있다는 보장이 없으며 또한 내부 승진 자는 회사를 객관적으로 볼 수 없다는 단점을 지니고 있다.

② 전환(轉換, transfer)

배치전환의 일종으로, 직무내용의 변경을 의미한다. 즉 동일 기업 내에서 직종職種, job category, 직급職級, class, 근무 장소勤務場所, duty place, 보직補職, assignment to a position 중의 어느 것을 변경하는 것을 말한다. 다시 말해서, 현재의 직무에서 다른 직무로 바꾸어 재배치하는 것을 전환transfer이라고 한다. 전환은 직원들로 하여금 미래의 승진을 예고하기도 한다. 이러한 전환은 새로운 일자리로 옮김으로서 더 큰 직무만족을 줄 수도 있지만, 반면 전환에 따른 불평, 불만이 발생할 수도 있다. 따라서 신중을 기해서 진행되어야 하며 일정한 원칙과 절차에 따라 종사원이 납득할 수 있는 수준에서 충분히 공개되고 공정하게 이루어져야 한다.

③ 직무순환(職務循環, job rotation)

직무순환은 조직 구성원이 종전과는 다른 기능과 책무를 수행하는 직위와 직무로 수평적인 이동을 하는 것을 말한다. 단순하게 배치를 바꾸는 것이 아니라 필요한 시기에 필요한 직무를 계획적으로 체험시키는 인사관리상의 구조를 가리킨다. 업무의 내용을 변화시키는 것보다 관리직, 전문직, 사무직, 기술직 등과 같이 직군職群, job family이 다른 업무로의 로테이션, 동종의 직군 중에서 다른 직무로의 로테이션, 혹은 같은 직군에서도 장소적으로 다른 곳으로의 로테이션을 말한다. 직무순환은 생산능률을 향상시키기 위해 작업 과정에서 시간연구와 동작연구를 행하여 과업의 표준량을 정하고, 그 작업량에 따라 임금을 지급함으로써 조직적인 태업怠業을 방지하며 생산성을 향상시키려는 과학적 관리법科學的管理法, scientific management method에 의한 직무설계의 문제점을 해결하고, 기업 내의 모든 직무에 대한 순환을 통하여 적정배치(적재적소의 인사원칙)의 실현과 다양한 능력개발의 촉진, 조직전체에 대한 시야를 넓힘으로서 권태감과 단조로움을 감소시켜 주며 조직의 활성화에 기여할 수 있는 등의 이점이 있다. 그러나 직무순환은 직무수행자의 빈번한 교체에 의해 오히려 작업생산성의 저하 및 작업집단의 협동심 감소를 초래할 가능성이 있

표 4-4 전보신청서 양식(Transfer Request Form)

TRANSFER REQUEST

SECTION A (To be completed by the employee requesting the transfer)

Name: ____________ I.D. No.: ____________ Current Position: ____________

Hire Date: ____________ Date in current position: ____________

I would like to transfer to: Position: ____________
Department: ____________
Division: ____________

The reason I would like to transfer is:
____
____

I have informed my direct supervisor. ☐ Yes ☐ No

____________ ____________
Signature Employee Date

SECTION B (To be completed by the Director of Human Resources)

Interview Assessment:
____
____

Do the Division Head and Department Head approve the transfe? ☐ Yes ☐ No
If not, why?
____
____

SECTION C (To be completed by the receiving Department Head)

The employee is found suitable for the transfer? ☐ Yes ☐ No
If not, why?
____
____

Is there currently a vacancy? ☐ Yes ☐ No
Action recommended:
____
____

____________ ____________
Signature Date

는 등의 문제점이 있다.

④ 재고용(再雇傭, rehiring)

재고용은 퇴사한 직원을 다시 고용하는 것을 말하며 상대적으로 모집 비용이 적게 들기 때문에 효율적인 내부모집의 한 방법으로 사용되고 있다. 당해 사업에서 퇴직한 고연령자를 2년 이내에 재고용한 사업주 또는 임신, 출산, 육아를 이유로 퇴직한 여성을 5년 이내에 재고용한 사업주에게 재고용된 근로자 1인당 일정액을 1회 지원하는 장려금이 있다.

⑤ 사내 공개모집제도(job posting & job bidding system)

사내 공개모집제도는 사내 게시판에 공개적으로 모집공고를 내고 자격을 갖춘 관심 있는 직원으로 하여금 응모하게 하는 방법이다. 조직 내 사보社報나 사내게시판을 통해 공개적으로 모집광고를 내고 자격이 있고 관심이 있는 사종업원이면 누구나 응모할 수 있게 하는 제도를 의미한다. 이 제도는 균등한 고용기회의 부여를 비롯하여 조직에 여러 혜택을 줄 수 있는 긍정적인 측면이 있다.

⑥ 관리자 목록(管理子目錄, management inventory)

각종 관리목록을 참조하여 적임자를 찾는 방법이다. 전산 자료에 입력된 목록을 활용하여 자격을 갖춘 내부 인력을 빠짐없이 확인하고 모집에 응하도록 한다. 조직 내의 모든 관리자들의 관리능력을 포함하여 그들에 관한 모든 인사정보人事情報, personnel information data(직무경력, 교육경력, 장점 및 약점, 경력목표, 승진가능성, 전공분야, 인적사항 등)를 기록 또 입력시켜 승진, 전환 등에 사용하는 정보 목록을 말한다.

(2) 외부모집

기업은 새로운 직무가 늘어나고, 현재의 직원들이 갖추고 있지 못한 숙련된 기술을 소유한 인재를 충원할 필요가 있을 때, 새로운 아이디어를 얻기 위하여 다양한 학력, 직업, 배경을 가지고 있는 종업원을 확보하여야만 할 경우 외부모집外部募集, external recruiting을 하게 된다. 외부모집을 위한 주요 방안으로는 광고, 관련대학, 모집대행기관, 인턴십, 각종 전문가 협회, 종업원의 추천 등을 들 수 있다.

외부모집을 하는 경우 비용이 내부모집에 비해 더 많이 소요된다는 단점이 있으나 보다 폭넓은 인력공급 집단을 통해 선발하게 됨으로 우수한 인력을 고용할 수 있다는 장점이 있다. 외부모집에 대한 절차는 다음과 같다.

① 광고(advertisement)

광고는 신문, 인터넷, 잡지, 라디오, TV 등의 매체를 통하는 것으로서 짧은 시간 내에 많은 사람들에게 채용 계획을 알려 적시에 모집, 선발할 수 있는 방법이다. 이 방법은 단순히 모집에 관한 정보를 제공할 뿐만 아니라 기업에 대한 명성과 긍정적인 이미지를 전달하는 광고 효과도 얻을 수 있다. 그러나 출판이나 방송까지 시간이 걸리며 비용도 많이 든다.

② 모집대행기관(employment agencies)

필요로 하는 인력을 고용 대행기관을 통해서 모집하기도 한다. 모집 대행기관에는 정부나 공공기관이 운영하는 대행기관과 헤드헌터head hunter 등과 같은 영리를 목적으로 하는 사설업체들도 있다.

③ 전문모집 요원(recruiter)

기업에서 전문모집 요원을 두어 대학 등을 대상으로 모집활동을 할 수 있다. 대학의 취업정보실의 도움을 얻어 회사 홍보자료를 배부하고 캠퍼스에서 직접 모집 · 면접을 하여 적격자를 모집한다. 다양한 교육수준과 기술능력을 갖춘 인력을 기업이 원하는 대로 모집할 수 있는 장점이 있다.

④ 취업설명회 및 채용박람회(job fair)

최근 들어 기업들은 채용설명회 등을 통하여 일방적인 기업설명과 홍보에 그치지 않고 지원자를 면접하고 필요하다고 판단되면 채용으로까지 연결되고 있다. 이러한 취업설명회나 박람회를 이용할 경우 모집 광고비와 회사홍보 책자 제작비 및 설명회비 등의 비용을 줄일 수 있으며 지원자가 회사를 좀 더 파악한 상태에서 입사하게 되어 이직률을 낮출 수 있다.

⑤ 인턴사원제도(internship) 및 실습제도

현장 경험은 없으나 잠재능력을 지닌 학생들에게 방학기간 또는 정규 수업시간 이외의 시간을 이용하여 실무수행 기회를 주어 경험을 쌓은 다음 자격이 되면 정식으로 고용하는 방법이다. 이러한 인턴십 제도는 산학협동제도에 기반을 둔 것으로 이러한 실습제도를 법적으로 규정하여 관광분야 전문대학 및 대학교의 관광학과 학생들에게 이론과 실기를 겸비한 관광실무 교육을 실시하여 장차 관광요원이 될 학생들의 자질을 향상시키는 것을 목적으로 하고 있다.

⑥ 종업원 소개(employee referrals)

종업원 소개는 사내 직원들로 하여금 친구나 소속집단 가운데 직무에 적합한 사람을 추천하도록 하는 방법이다. 회사 내부직원들은 회사사정이나 해당 직무에 대해 이미 잘 알고 있기 때문에 그들의 친지와 선 · 후배들을 추천하는 데 수월하다. 그렇게 되면 별도의 모집광고 활동이 필요 없어서 비용을 줄일 수 있을 뿐만 아니라, 전혀 모르는 사람을 선발했을 때보다 신뢰성에 대한 위험 부담을 좀 더 해소시킬 수 있다.

⑦ 회사 인터넷 홈페이지(company internet home page)

최근 호텔은 인터넷 홈페이지를 직접 운영함으로써 마케팅 및 홍보의 효과를 노리는 것 이외에도 호텔의 채용 정보를 제공하고 지원서를 접수받는 수단으로 이용하기도 한다.

(3) 내부모집과 외부모집의 장 · 단점

종업원을 회사 내부에서 모집할 경우, 이는 내부승진內部昇進 대상자의 사기앙양과 동기를 유발하는 장점을 갖는다. 뿐만 아니라, 모집 비용을 절감하고 평소 조직 구성원들의 능력개발을 촉진시킬 수도 있다. 그러나 모집 범위가 제한되어 유능한 인재를 확보하기 곤란하다든지 승진을 위한 과다경쟁으로 인하여 조직의 화해 분위기를 깨는 등 승진에서 제외된 자들의 사기저하 문제를 야기시킬 수 있는 단점이 있다. 반면, 외부모집은 광범위한 노동시장에서 인력을 확보할 수 있으므로 능력있는 사람을 선발할 수 있다든지 새로운 인물을 확보함으로써 조직의 분위기를 쇄신시키고 새로운 지식이나 기능을 접할 수 있다는 장점이 있다. 그러나 신뢰성이 낮은 지원자가 채용될 가능성과 내부인사의 사기저하 그리고 조직에 적응될 때까지의 시간과 노력 및 비용의 낭비를 가져온다는 단점도 있다. 따라서 그 채용방법은 그때그때의 상황과 필요성에 따라서 현명하게 채택되어야 한다.

4) 채용기별 분류

기업의 인력채용 시기는 정기공채와 수시채용으로 구분할 수 있다. 새롭게 개관하는 호텔의 경우나 대기업 계열사에 속한 호텔들의 경우를 제외하고는 대부분 수시채용의 형태를 취하고 있다.

(1) 정기공채

정기공채定期公採는 정해진 기간 동안에 공개적인 방법으로 채용하는 것으로 다음해 2월 대학졸업 예정자들을 대상으로 사전에 일괄 채용하는 가을 하반기 공채가 가장 일반적인 정기공채이며 같은 해 가을학기 졸업예정자를 대상으로 하는 상반기 공채가 있다.

(2) 수시채용

수시채용隨時採用은 상시채용常時採用이라고도 하며 필요한 인력을 적기에 보충하는 것이 경제적이며 효율적이라고 판단하는 기업들이 늘어나면서 수시채용의 사례가 증가하고 있다. 시기에 관계없이 우수인력이 눈에 뜨기만 하면 언제든지 채용하는 제도이다. 보통 정기공채와 병행해 실시한다. 상시채용제는 단발적이고 한시적인 채용형태에서 탈피, 인력채용의 전문성과 탄력성을 확보할 수 있다는 점에서 기업들의 주목을 끌고 있다. 특히 조기졸업자, 특수경력직 및 해외인력, 대학의 지도교수가 추천한 우수인력에 대해 서류심사를 거쳐 면접을 실시한다.

3. 선발관리

1) 선발의 개념

선발選拔은 지원자들 중 직무요건에 가장 적합한 인재를 선택하는 의사결정 과정이다. 이 선발과정은 인사관리뿐만 아니라 경영전반에 장기적 영향을 미치므로 매우 중요하다.

우수한 인재를 확보한 기업은 막대한 자산으로 활용하여 발전할 수 있으나, 반대인 경우에는 무거운 부채를 안고 있는 것과 같아 도산할 위험이 크다. 이와 같이 인적자원의 선발은 인사관리에서 중요한 기능의 하나이다. 따라서 선발관리는 인재를 과학적, 효과적으로 선정하고, 그 과정의 타당성 · 신뢰성까지 검토, 연구하는 총체적 과정과 활동이다. 선발관리의 미숙으로 경쟁력 약화, 조직파괴, 미래경영자 자질악화, 조직의 유동성 약화, 인력채용 및 교육훈련에 투입되는 비용 등 많은 손실이 우려된다. 그러므로 선발은 모집과 달리 부적격 요인의 배제 과정을 거치고, 직무특성에 따른 차별적 선발을 하여야 한다. 결국, 모집은 널리 많은 사람이 지원을 하도록 하는 적극적 과정인데 반해, 선발은 지원자 가운데 상당수를 배제하는 소극적 과정이다. 즉 선택은 또 다른 의미에서 배제 과정이다. 부적격 요인의 배제는 지원자의 과거 실적과 경력, 지적능력, 성격, 배경, 신체적 기능 등에 따라 종합평가를 하여 이루어진다.

모집활동이 끝나서 응모자가 접수되고 지원 서류 작성이 완료되면, 종업원 선발을 위한 구체적인 방안을 강구해야 한다. 응모자에 대한 배경조사, 면접, 그리고 테스트를 통해서 종업원을 선발할 경우, 그 구체적인 방법으로서는 다음을 들 수 있다.

2) 고용형태

일반적으로 비정규직과 정규직 근로자의 구분은 고용계약 형태, 고용계약 기간, 근로시간 등에 의해서 구분된다. 최근에는 노동시장 환경의 변화에 따라 호텔산업에서도 계약직契約職, 파견직派遣職, 도급직都給職 등과 같은 비정규직 형태의 채용이 늘어나고 있다. 구체적인 분류는 다음과 같다.

(1) 정규직

정규직正規職, regular, permanent worker이라는 용어는 일반적으로 직접고용 관계에 있고, 근로계약 기한이 정함이 없으며, 전일제 근로를 수행하는 자를 말한다. 즉, 정규직 근로자는 특정한 사용자와 기간을 정하지 않은 고용계약을 맺고 풀타임full-time 근무를 하고 있으며, 특정 기업의 범위 내에서 경력 개발과 승진, 교육훈련, 사내복지제도 등을 적용받는 근로자들이다. 따라서 정규직은 입사 후 근로계약을 맺은 후 노동법규나 근로기준법상 해고解雇, dismissal 또는 일자리나 직위에서 물러나게 하는 면직免職, discharge사유에 해당하는 경우를 제외하고는 고용해지를 할 수 없는 고용형태를 말한다.

(2) 비정규직

비정규직非正規職, atypical Job이란 일정한 기간의 노무 급부payment를 목적으로 사용자와 근로자가 한시적으로 근로관계를 맺는 모든 비조직화된 고용형태로 기간제 근로, 단시간근로(파트타임), 파견근로 등이 해당된다. 비정규직 근로자는 정규직 근로자와 비교하여 고용계약기간, 근무방법, 근로시간, 고용계약 주체와 사용자의 일치여부, 계약유형, 기업내부에서의 신분 등 여러 가지 기준 가운데 어느 한 가지라도 전형적인 형태에서 벗어난 경우를 말한다. 비정규직 근로는 고용형태의 정규성, 근로계약기간의 한시성 등을 기준으로 볼 때 상용근로常用勤勞에 대비된다. 정규직이 고용주에 의해 직접 고용되고 계약기간을 따로 정하지 않으며 전일제 노동을 한다면, 이런 전형적 형태를 벗어나는 것이 비정규직이다. 이를 정리하면, 비정규 근로자는 단기간의 고용계약을 맺고, 고용계약의 종료에 따라 다수의 사용자와 고용계약을 하며, 경력개발이나 인적자원 투자를 개인적으로 해결하며, 비교적 단시간 근무를 적용받는 근로자를 말한다. 그 종류는 다음과 같다.

① 기간제(期間制) 근로자: 계약직

기간제는 임시직을 고용할 때, 일정기간 이상 계약을 체결할 수 없도록 하는 제도를 말하는데, 여기서 계약직contract이란 특정한 직무에 대하여 최대 2년까지의 기간 내에서 일정한 근로 계약기간을 정해 계약을 맺고 고용하는 것으로 계약기간이 종료되었을 경우 어느 한쪽이 재계약을 하지 않으면 계약이 자동으로 해지되는 고용형태의 근로자이다. 그 종류는 계약기간의 장 · 단기, 계약의 반복갱신 여부등과 상관없이 계약직, 촉탁직, 임시직, 계절근로자, 계약사원 등이 있다. 일반적으로 국내 호텔들에서는 신입사원을 채용할 경우 일단 계약직으로 채용하여 일정 기간 동안의 업무평가를 통해 정규직으로 전환하는 형태의 고용제도를 채택하고 있는 추세이다.

② 임시직(臨時職) 근로자

임시직 근로자는 사용자와 일정한 기간에 한해 고용계약관계를 맺고 있는 근로자를 말한다. 통계청 분류에 따르면, 임시직 근로자는 1개월 이상 1년 미만의 고용계약을 맺은 근로자로 분류되어 있으나, 1년 이상의 고용계약을 맺었더라도 그것이 기간을 정한 고용계약일 경우에는 정규 고용과는 다르다는 점에서 비정규직 근로의 형태로 보아야 할 것이다.

③ 단시간 근로자: 파트타임, 알바

시간제 근로자는 임시직 노동자의 대표적인 형태로, 기간을 정한 고용계약을 맺고 정규직 근로자의 통상적 노동시간보다 짧게 일하는 근로자이다. 현행 근로기준법 제21조에서는 단시간 근로자의 정의를 "1주간의 소정 근로시간이 당해 사업장의 동종 업무에 종사하는 통상 근로자의 1주간의 소정 근로시간에 비해 짧은 근로자"라고 정의하고 있다. 흔히들 불리는 파트타이머 근로자, 아르바이트 근로자들이 여기에 속한다.

④ 촉탁직(囑託職) 근로자

촉탁직의 본래적인 의미는 "어느 기관이나 기업체에서 임시로 어떤 일을 맡아본다"는 뜻이지만, 실무적으로는 보통 현재 근로계약을 맺고 있는 사람을 다른 종류의 근로계약으로 위촉하여 임시적으로 업무를 맡겨 사용하는 경우가 있고, 대부분의 경우는 정년에 달한 근로자를 임시적으로 재고용할 때 촉탁직이라는 명칭으로 바꿔서 다시 고용하는 경우가 있다. 일반적으로 촉탁직이란 경륜과 식견이 많은 정년퇴임 자를 정년 후에 재고용하는 것의 명칭이기도 하며, 또한 정년 이전의 능력이 특출한 근로자를 채용하면서 붙이는 명칭 중의 하나이다.

(3) 기타 특수한 고용형태의 근로자

사내하청, 용역, 재택근로, 가내하청 근로자 등의 고용상의 특징은 고용한 사업주의 감독 관할범위 밖에서 일하는 근로형태라는 데 있다. 이들 근로자는 근로관계의 사용 종속관계가 다양하고 복잡한 이유로 근로기준법상의 근로자성 인정에 항상 다툼의 소지를 안고 있다.

물론 위의 여러 가지 고용형태는 상호 중복되는 특징을 가지고 있다. 즉, 시간제 근로자는 계약직이며 파견근로자일 수도 있다. 동시에 한 명의 근로자가 여러 회사에 고용계약을 맺고 있을 수도 있다.

① 파견직(派遣職, dispatch)

파견직은 일정한 업무를 받아 파견되는 사람의 직위나 직무를 말하는데, 파견사업주에게 고용되어 있으나 사용사업주의 사업체에 파견되어 근로하는 자로서, 임금이나 신분상의 고용관계는 파견사업주의 관리를 받지만, 업무상 지휘 · 명령은 사용업체로부터 받는다. 즉, 파견근로자는 사용자가 자신과 고용계약을 맺은 노동자를 다른 회사에 파견하고, 그 회사 사용자의 지휘 · 감독 하에 일하는 근로자를 말한다. 따라서 파견사업주가 근로자를 고용한 후 그 고용관계를 유지하면서 근로자 파견계약의 내용에 따라 사용사업주의 지휘 · 명령을 받아 사용사업주를 위한 근로에 종사하게 하는 것을 의미한다.

좀 더 구체적으로 설명하자면, 사용 사업주는 파견근로자에 대한 업무지시, 명령 등을 할 수는 있지만 직원의 소속은 파견회사이므로 직접 고용계약을 맺지 않을 뿐만 아니라 호텔은 파견회사에 파견비용에 대해서만 파견회사에 지불하고 파견직 근로자에게 급여지급은 파견회사에서 하게 된다. 사회적으로 고용불안을 야기할 수 있고 업무성과가 정규직보다 못하다는 평가를 받을 수 있다는 단점이 있지만 인건비 절감, 파견회사의 전문기술 활용의 용이, 신속한 인력조달이 가능하다는 장점이 있다.

② 도급(용역)직(用役職, outsourcing)

용역근로자는 용역업체가 고용하고 다른 사업주의 사업체에서 근로하는 자로서, 임금, 신분상의 고용관계 및 업무상 지휘 · 명령 등 모든 지휘 · 감독을 용역업체에서 받는다. 사용사업주는 해당 도급직원에 대한 급여지급이나 직원 신분 보장에 대한 부담이 없다는 면은 파견직과 같다. 그러나 파견직과는 다르게 사용사업주는 도급 회사와 직무에 대한 일체의 도급계약都給契約을 하므로 근무의 지시, 명령 또한 도급회사의 몫이다. 아웃소싱이 여기에 해당되는데 부가가치가 낮은 사업이나 직무를 외부업체로 전환하여 비용이나 책임부담을 줄여 가는 것으로 회사에서는 특정 직무에 대하여 수행의 완성 상태만 점검 확인되면 된다는 장점이 있다. 최근 호텔 업계에서는 경비분야, 직원 식당, 객실청소, 공공장소 청소 등에 있어 이러한 도급직을 점점 확대하여 활용하고 있다.

4. 호텔의 채용방식

호텔은 수시 채용을 주로 한다. 호텔 개관을 위한 대규모 채용을 제외하면 거의 결원이나 보충 인원이 필요한 경우 수시로 채용한다. 대기업 그룹에 속한 호텔들의 경우 그룹 공채로 채용해서 호텔로 발령을 내는 경우도 많다.

1) 채용채널

주로 구인 · 구직 포털 사이트이나 호텔의 홈페이지에 채용공고를 내며 여타 다른 인적 채널도 이용된다. 글로벌 체인호텔의 공식채용 사이트는 매니지먼트트레이닝 프로그램management training programme과 해당 지역 및 전 세계에 있는 체인호텔의 채용 정보를 구할 수 있는 가장 좋은 곳이다. 시설관련 직이나 간호사 등 특수직인 경우 관련 동호회 카페에도 채용 공고를 올려 모집하기도 한다. 사내 직원들의 추천에 의한 모집도 이루어지는데 이는 호텔에 대한 직원들의 충성도를 활용하여 지인들을 추천하게 하는 것이며, 추천된 후보자들이 1년 이상 근무할 경우 추천자에게 보상해 주는 방식을 쓴다.

신입사원의 경우 호텔/관광 관련학과 교수에 의한 추천도 많다. 또한, 학과 사무실이나 취업 사무실로 연락하여 취업 게시판에 채용공고를 게시한다. 호텔 인사부에서는 호텔/관광 관련 학과를 방문하여 채용설명회를 하고 현장인터뷰를 통해서 직접 인재를 채용하기도 한다. 호텔리어가 되고자 하는 적극적인 지원자들은 인사부로 이력서를 보내거나 직접 방문하여 지원의지를 보인다면, 수시채용시 면접 대상자가 될 수도 있다.

채용 박람회를 이용하는 방법도 최근 많이 사용하는 방법이다. 호텔 채용박람회나 수도권Micemeeting, incentives, convention, exhibition 채용박람회 등 호텔인력을 채용하기 위한 여러 가지 박람회가 있다.

체인호텔의 경우, 호텔 자체적인 채용 박람회를 개최하여 인재채용과 더불어 체인호텔 기업 및 브랜드인지도와 선호도를 높이고자 노력하고 있다.

2) 채용절차

호텔마다 채용절차가 다르지만, 대부분 다음과 같은 채용 순서를 따른다.

이력서와 자기소개서로 서류전형 단계를 거친 후 정해진 면접 단계를 거친다. 면접은 직무職務 및 직급職級에 따라 총지배인general manager까지 진행되는 경우가 있고 보통 1차는 인사부, 2차는 부서면접으로 이루어진다. 또한, 호텔 내부규정에 따라 일정 직급이상은 호텔 소유주가 최종 면접을 보기도 한다.

또한 보고 체계 및 직무의 중요도에 따라 글로벌 호텔의 경우 본사의 임원진과 화상 및 스카이프skype 면접, 본사 방문면접을 보기도 한다.

(1) 서류전형

서류전형書類銓衡, review the application은 채용할 사람을 가려내는 첫 단계로, 접수된 지원서의 정보자료에 대한 사실 확인 및 검토과정, 즉 지원자의 학업성적 및 경력, 신원 등에 관한 서류 확인 및 심사를 하는 과정이다. 일반적으로 서류전형은 선발 시험의 전 단계로 이루어지고 있으며, 지원자에 대한 1차 심사과정으로서 중요한 선발 절차라 할 수 있다. 기업에 따라서는 서류 전형만으로 지원자의 채용 여부를 최종 결정하는 경우도 있다.

제출할 서류는 호텔별로 다르나, 주로 이력서, 자기소개서, 졸업증명서, 졸업자의 경우 경력증명서와 같은 것이다. 또한 지원자에 관한 다양한 정보를 얻기 위해 교육적 배경 및 경력, 자격, 가족상황 등을 지원서에 기록하도록 하고 있다. 지원서 작성은 어디까지나 채용에 직접적으로 관련된 사항을 중심으로 구성되어야 한다. 각 회사별로 특정하게 규정된 입사지원서 양식들이 있다.

서류 전형에는 이력서 및 자기소개서 등이 기본적으로 필요하며 호텔의 성격이나 직무에 따라 포트폴리오portfolio를 추가로 요청하기도 한다. 경력자인 경우 경력기술서經歷記述書, description form of career를 제출하는 것이 좋다.

① 이력서(resume)

가. 형식(form)

보통 자유형식의 이력서를 제출하도록 하거나, 호텔에서 권장하는 지원양식을 이용해서 제출하기도 한다. 기본적인 정보는 사진, 주소, 전화번호, 이메일 주소, 생년월일(개인정보보호법에 의해 주민등록번호를 기입하지 않음), 군필 여부(남성의 경우) 등의 인적사항부터 본인의 학력과 경력에 대한 정보를 가장 최근 사항이 제일 위에 오도록 기입한다. 학력은 해당 기간과 학교명, 전공, 나라 등을 기입한다.

자유형식의 이력서인 경우, 경력 기입 시 기간과 회사명, 직무 그리고 성취한 사항 등을 능동적인 단어로 기술한다. 실습이나 인턴의 경력도 꼭 기입하여 업무에 대해 관심을 가지고 취업준비를 해 왔다는 것을 피력하는 것이 중요하다.

연도와 날짜가 잘못된 이력서는 제출 서류 전반에 대한 신뢰성을 잃게 되므로, 최종 점검을 통해 정확성을 확인한다.

경력자는 경력을 이력서의 경력란에 쓰거나 따로 요청하는 경우에는 경력기술서를 제출하기도 한다. 경력을 쓸 때에는 성취한 업무 및 경험 중심으로 쓰되, 능동적이고 진취적인 행동 위주의 단어들을 선택한다.

나. 사진(picture)

이력서 중 제일 먼저 시선이 가는 부분은 사진이다. 정장차림으로 이마를 가리지 않은 정면의 얼굴이 보이도록 찍힌 컬러사진을 부착 또는 첨부한다. 시간이 없어서 셀카self-camera로 찍어서 부착한다면 성의가 없는 지원자임을 단번에 알려준다. 반면에 사진에 추가적인 작업을 과도하게 한다면, 이 또한 면접관들에게 신뢰성을 잃는다.

다. 국가 보훈대상자

대상자인 경우 꼭 기입하여 가점을 받도록 한다.

라. 상벌 활동과 자격증 사항

본인의 노력의 결과와 능력을 피력할 수 있는 것은 최대한 모두 기입한다.

마. 대내외 활동 및 연수 경험

교내, 외의 동아리 활동이나 프로젝트, 관련 단체나 기관의 도우미, 써포터즈 supporters 활동 그리고 어학연수나 교환학생의 경험 등도 꼭 기재하도록 한다.

바. 지원부서

기입하도록 요청된다면, 명확하게 기입하도록 한다. 지원부서가 명확하지 않다면, 서류 전형을 통과하는 데 어려움이 많다.

사. 희망연봉

입사 지원서의 대부분 희망 연봉 기입란이 있는데, 보통 신입사원 지원자의 경우에는 회사 내규內規에 따른다고 기입하는 것을 권유한다.

아. 영문이력서

체인호텔은 국 · 영문이력서를 요구하므로 국문이력서와 동일한 내용으로 영문이력서를 준비한다. 영문이력서 작성 시에는 정확한 영어 단어 및 표현 그리고 철자 오류가 없는지 확인한다.

서류 전형에 통과하여 그 다음 단계인 면접 시 이력서에 기재된 정보에 기초하여 질문을 하므로 기재된 정보에 대해 잘 준비하고 있어야 한다.

② 자기소개서(letter of self-introduction)

이력서가 사실을 형식에 맞추어 기술하는 것이라면 자기소개서는 본인만의 독특한 방식으로 지원하는 회사의 특정업무에 대해 본인이 적임자라는 것을 간단하게 피력하는 글이다. 너무 상투적이거나 식상하다는 느낌을 주는 내용의 소개서는 다 읽기도 전에 버려진다. 서류 전형에 수많은 지원자의 이력서와 자기소개서가 쌓인다는 것을 생각해보자. 천편일률적인 자기소개서보다는 본인만의 창의성과 독특함, 그리고 진정성을 나타내는 형식 및 내용을 담아 본인의 역량과 경험을 풀어내야 성공적인 자기소개서가 될 수 있을 것이다.

본인의 지원 동기, 장 · 단점, 직업관, 세계관, 그리고 지원호텔 입사 후의 장 · 단기 목표를 잘 드러내고, 지원한 직무에 맞는 적성이면 이를 위해 어떤 경험 및 학습을 해 왔는지를 피력하는 프리젠테이션이라고 생각하고 준비해야 한다. 따라서 장황한 소설이 아닌 간결한 문장으로 A4 용지에 1~2장 정도로 기술하는 것이 제일 읽기 편하다. 또한 설득력 있는 스토리텔링이 되도록 인생의 전환점turning point이 된 이야기 삽입挿入을 통해서 흥미를 일으키는 것도 좋다. 단, 부정적인 표현은 사용하지 않도록 한다. 면접 시 자기소개서의 내용에 기초하여 질문을 하므로 이력서와 마찬가지로 자기소개서도 사실에 입각해서 기술해야 한다. 체인호텔의 경우 자기소개서도 영문을 요구하므로 준비하는 것이 좋다.

서류작성시 사실에 입각해서 기입하여 서류의 신빙성에 대해 의문을 가지지 않도록 한다. 또한 지원하는 호텔과 부서명은 꼭 한번 확인하고 제출하도록 한다. 왜냐하면, 다른 기업명이나 호텔 이름이 명기된 이력서와 자기소개서는 아무리 내용이 훌륭해도 전형에서 즉시 탈락된다. 가장 중요한 것은 지원동기가 명확하고 진정성 있는 지원자임을 서류상으로 보여주는 것이 서류 전형 통과의 팁tip이다.

③ 인 · 적성검사

채용과정 중 서류 전형 통과자들을 대상으로 인 · 적성 검사를 하는 호텔이 많아지고 있다. 이는 검사를 통해 지원자의 업무적 성향이나 기본적인 자질이 지원한 업무에 맞는지를 판단하기 위한 것이다. 그렇지만 이 검사가 최종적인 결정에 영향을 미치지는 않고, 단지 참고용인 경우가 많다. 대기업 소유의 호텔이나 글로벌 체인호텔은 자체적으로 개발한 고유 검사 도구를 사용하여 직급별, 직무별 적성 검사를 하거나, 그 외의 여타 널리 알려진 인 · 적성 프로그램을 사용한다. 인 · 적성 검사 시, 주위 환경은 조용하고 방해를 받지 않는 환경과 시간을 택해서 해야 본인의 인 · 적성의 최대 근사치에 가까운 결과가 나온다.

본인의 평소 성향이 타인을 배려하고 도움이 되고자 하는지 살펴보도록 한다. 그리고 육체적으로 타 산업에 비해 힘든 일들이 많은데, 이를 극복할 수 있을 만큼 호텔업에 대한 열정이 있는지 생각해보라. 또한, 연봉 수준에 대한 고려보다는 본인의 업무에 충실하고 융통성이 있으며 언제나 즐겁게 일할 수 있는 태도를 견지할 수 있는지 살펴보자. 제일 바람직한 것은 아르바이트나 인턴십을 통한 경험으로 적성을 스스로 평가해 보는 것이다. 한국 직업능력개발원의 커리어넷career net을 통한 진로 심리검사를 통해서 본인의 적성과 흥미도를 알아보는 것도 좋은 방법이 아닐까 한다.

(2) 면접

면접面接, interview의 목적은 서류전형書類銓衡, selection candidate by examining their career papers에 합격한 지원자들과 자유로운 대화를 통해 그들의 인성과 역량을 파악하여 가장 우수한 인재를 선발하기 위함이다. 우수한 인재라 함은 각 호텔마다의 인재상人材像에 따라 상이하다.

면접 시에는 우수한 인재에 필요한 역량들을 질문을 통해서 평가하는데, 기본적인 평가요소는 다음과 같다. 각 호텔마다 다른 용어로 표현되기도 하고, 가감이 되기도 한다.

① 면접종류

면접의 종류에는 그룹면접 또는 개인별 면접 등이 있고, 직무에 따라 질의응답식의 면접 외의 다른 방식으로 필요한 역량과 기술을 테스트하기도 한다. 이에는 영어 작문시험, 통 · 번역 실력, 부서운영안 프레젠테이션, 영업기획안 프레젠테이션 등이 있다. 최근의 면접 동향으로는 술자리를 같이하거나, 산행하거나, 노래방을 가거나 해서 인성을 파악하기도 한다.

대규모 채용 시 사용되는 방법으로 서류 전형 후 수백 명의 지원자가 한자리에 모여 팀별로 구성되어 맡겨진 미션mission을 수행하게 하여 인성 및 적성을 파악한 후, 최종면접 시 해당 부서장과 인사부가 같이 최종 면대면面對面, face to face 면접을 하는 것이 있다.

② 첫인상(first impression)

면접관들이 가장 중요하게 보는 것은 바로 첫인상이다. 첫인상은 면접실로 들어오는 자세, 의자에 앉는 자세, 표정, 보디랭귀지body language 등으로 첫 1분 안에 결정된다. 그러한 부분은 고객들도 중요하게 생각하는 부분이다. 또한, 처음부터 끝까지 예의바른 자세를 유지하는가이다. 면접장에 들어와서 한 첫 인사만큼, 마지막 인사, 그리고 의자 정돈, 나가는 자세까지 유심히 살핀다.

③ 임기응변(순발력)

원하는 직무를 정확히 알고 있는지도 중요하다. 실제로 면접을 진행해 보면 10명 중 2~3명이 무작정 '호텔리어가 되고 싶다'고 한다. 직무에 대해서는 여러 자료를 통해 충분히 준비해야 한다.

임기응변, 순발력, 융통성이 있는지 파악하기 위해 면접관들이 여러 질문을 한다. 교과서나 학교에서 배울 수 없는 상황들이 많으므로 그에 대해 순간적인 임기응변력을 활용하여 상황들을 슬기롭게 응대할 수 있는 순발력이 필요하다. 이는 타고난 천성도 있지만, 상황에 노출되어 겪은 경험을 통해 얻을 수 있다.

④ 열정과 서비스 마인드(passion & service mind)

열정과 서비스 마인드가 있는지도 중요하게 본다. 고객은 더 많은 것, 세세한 것을 요구하고 일일이 맞춰주기를 원한다. 이런 상황에 잘 적응하려면 기본적인 성품이나 인성을 갖추어야 하고, 면접관들은 면접 중에 그것을 파악하려고 한다. 온종일 서서 일해야 하는 업무가 많고 끈기와 인내가 필요하므로 자부심과 열정이 없으면 힘든 상황과 고된 업무를 극복할 수 없다.

업무를 통해서 얻고자 하는 부분과 장 · 단기적인 계획이 없다면 중간에 포기하는 경우가 많으므로 얼마나 해당 직무를 하고 싶어 하는지, 입사 이후의 계획이 어떤지에 대해서 묻는다.

⑤ 압박면접(pressure interview)

지원자에게 심리적으로 압박을 주는 질문을 하여, 스트레스 상황에서의 대처능력을 본다. 예를 들어서 "학점도 낮고 경험도 쌓지 않으셨는데, 여기에 지원하시기 위해 어떤 노력을 하셨는지요?", "지금 하신 답변은 저의 질문에 대한 충분한 답변이 되지 않습니다. 좀 더 다른 예를 들어주시겠어요?" 등의 질문을 하기도 하고, 불쾌한 기분을 유도하기도 한다. 이는 업무 및 고객 응대 중 받는 스트레스로 인해 자괴감을 느끼기 쉽기 때문에 어떻게 스트레스를 해결하는지도 중요한 요소가 된다. 이런 경우, 가끔 압박 면접이라는 형식을 통해 예상치 못한 스트레스 상황을 어떻게 대처하는지도 파악하므로, 압박면접의 분위기에 휩쓸리지 말고 평정平靜, calm을 유지해야 한다.

그 외로 입사하려는 호텔에 대해 충분한 정보(역사, 호텔 규모, 컨셉, 주요 고객층 등)에 대한 사전 준비가 잘 되었는지, 지원한 호텔에 대한 애정과 관심이 어느 정도인지 보려고 한다.

⑥ 팀워크(team-work)

팀워크를 촉진하는 성향을 가졌는지 아니면 개인적인 성향이 강한지 등을 본다. 이는 시나리오를 설정해서 알려준 뒤 어떻게 행동할 것인지 답변하도록 하거나 롤플레이를 하도록 해서 관찰한다. 달변가 같은 답을 하는 면접 기술에 의존한 답변보다는 자신만의 솔직한 답변을 하고 있는지도 중요한 관건이다.

마지막으로 가장 중요한 부분은 현재 가지고 있는 역량에 머물지 않고, 노력하여 향상하려 하는 의지가 있는 지이다.

⑦ 지원동기(support motivation)

지원 동기에 관한 질문은 답변을 통해 충분히 본인의 적성을 살펴보고 지원하게 되었는지, 아니면 "한번 지원해볼까"해서 지원하게 되었는지를 알게 된다.

서비스업계에서의 인턴 및 여타 업무경험이 있는지에 대한 질문을 할 것이다. 이력서에 있는 내용에 기초하여 어떤 업무 경험들이 있는지, 그리고 어떤 부분을 배웠는지 물어본다.

서비스 업계에서의 경험 중 성공담과 실패담을 질문한다. 어떤 특정 상황에서 본인이 어떻게 문제를 해결하였는지, 잘 해결되었다면 어떤 부분이 성공적으로 이루어졌는지, 실패하였다면 어떤 부분이었고 앞으로 같은 상황이 생긴다면 어떻게 극복할 것인지 등을 물어볼 것이다.

⑧ 외국어 능력(foreign language examination: FLEX)

외국어 능력에 대한 평가는 영어나 제2외국어로 자기소개를 하도록 하는 것은 기본이고, 업무에 따라 면접 전체를 외국어로 평가하기도 한다. 모국어로 면접을 진행하는 것도 긴장되는데, 외국어는 더욱 더 긴장이 될 것이다. 따라서 유창하게 표현하는 능력도 중요하지만, 단어 하나라도 정확하게 의사소통하려는 적극적인 자세, 본인의 생각을 제대로 전달하려고 노력하는 모습이 좋은 평가 점을 받는다. 단, 절대로 모범 답안을 외워서 이야기하려고 하지 말아야 한다. 외워서 이야기하다 중간에 생각이 안 나면, 머리가 하얗게 되어서 그 이후는 전혀 생각이 안 난다.

⑨ 본인성격 장 · 단점(personality)

본인 성격의 장 · 단점을 묻기도 한다. 이는 본인의 장점과 향상시켜야 할 부분이 무엇인지 질문을 하여 얼마나 본인에 대해 잘 알고 있고 개선을 위해 노력을 하고 있는지를 평가할 수 있다. "본인이 가장 잘하는 점과 향상시켜야 하는 부분이 무엇인지 이야기해 보시요."라고도 질문을 할 것이다.

본인이 스스로 적성을 잘 파악해서, 성격의 어떤 부분이나 성향이 호텔 업계에 맞는다고 생각하는지도 중요한 질문 중의 하나이다. 호텔업계에서 요구되는 성향을 잘 파악해서 답하는 것이 중요하다.

⑩ 지원한 부서의 기본적인 업무지식(job-knowledge)

본인이 지원한 부서의 기본적인 업무에 대한 지식이 있는지 묻는다. 이는 업무에 대해 어느 정도의 관심을 가지고 준비를 했는지를 가늠해 보는 질문이다.

최근 기억에 남는 호텔, 관광 산업에 대한 동향, 이슈 등을 묻는다. 이 또한 호텔 산업과 업무에 대해 어느 정도 관심이 있는가를 알아볼 수 있는 질문이다.

많은 지원자 중에서 본인이 왜 선발되어야 하는지에 대해 답을 하도록 묻는다. 이때 본인이 가지고 있는 능력을 최대한의 성공에 어떻게 공헌할 수 있는지 등을 설명하는 것이 좋다.

⑪ 외국어 면접(foreign language interview)

면접 시 외국어 능력에 대한 평가도 같이 이루어지는데, 영어에 대한 평가가 주를 이룬다. 기본적으로 영어 자기소개는 준비해야 하며, 가장 기억에 남는 서비스 경험, 여행 경험, 지원 동기 및 계획 등은 준비를 하는 것이 좋다.

어떤 부서에서 근무하느냐에 따라 다르지만, 고객접점에 있는 부서의 직원들은 토익 700~800점 이상의 성적과 더불어 회화 실력이 '상上' 정도여야 한다. 고객 접점 부서에 있지 않다 하더라도 해외에 본사를 두고 있는 체인 호텔뿐만 아니라 국내 굴지 기업들이 운영하는 호텔들도 해외에 지사를 설립하는 경우가 있으므로 기본적인 영어 문서작성과 회화 실력이 필요하다.

전반적으로 영어는 세계 공용어로서 기본이며 일본어, 중국어를 구사할 수 있다면 더 없이 환영받는 호텔리어가 될 것이다. 특히 중국의 관광시장이 폭발적으로 커지고 있으므로, 중국어를 추가로 구사하게 된다면 금상첨화일 것이다. 요즈음

중국에서 중 · 고등학교부터 유학하고 호텔에 지원하는 학생들이 눈에 띄게 늘고 있는 것을 보면, 발 빠르게 준비하는 구직자들이 많다는 것을 알 수 있다. 또, 호텔에 따라 특정 외국어 능력 소지자에 대해서 수당을 주는 곳도 있다.

영어 구사력은 하루아침에 늘지 않는다. 평소에 차근차근 영어 구사력을 쌓도록 하며 현장에서 의사소통을 위해서는 문법보다는 회화실력이 더 필요하므로, 평소 실무 영어/일어/중국어에 중점을 두고 연습하는 것이 필요하다. 서류 전형을 위해서는 공인된 어학시험 점수를 보유하는 것이 중요하므로 적어도 토익/토플 점수는 2년마다 업데이트하도록 한다.

앞의 질문들은 가장 기본적인 질문들이다. 이런 면접 질문에 "미처 준비하지 못했습니다."라고 답하는 것은 면접에 응할 기본적인 준비가 되지 않았음을 단적으로 보여주는 것이다. 대신, "미리 준비는 못했지만 제가 가지고 있는 평소의 생각을 말씀드리면…."이라고 하면서 소신과 생각을 적어도 피력하는 것이 중요하다. 그것은 상황에 얼마나 적응하면서 순발력 있게 어려움 을 극복할 수 있는지를 평가하게 하는 중요한 부분이다.

왜 본인이 호텔업에 지원했는지에 대한 질문에 "사람들을 좋아하고, 사귀는 것을 좋아해서요."라고 대부분 답을 한다. 이러한 답변은 그리 환영받는 것은 아니다. 사람들을 좋아하지 않고서는 이 세상 어떤 직업도 해낼 수 없으며, 혼자 살지 않고서는 살아나갈 수 없지 않을까?

지원동기에 대한 답변으로 가장 많이 하는 것은 가족과 여행 갔을 때 호텔 서비스에 대한 기억이 좋아서, 사람 만나는 것을 좋아해서, 남을 돕는 것을 좋아해서 등으로 요약된다. 천편일률적인 남들이 하는 답보다 자신만의 답변을 준비하는 것이 가장 중요하다. 멋있어 보여서나 봉사정신으로 호텔에서 일하는 것이 아니라는 것, 우리를 찾는 고객에게 독특하고 잊지 못할 경험을 제공해야 한다는 것을 우선 잘 인지하고 지원했다는 것을 알려주는 것이 중요하다.

⑫ 그룹면접(group interview)

그룹면접이라 함은 동시에 2명 이상에서 5명까지의 다수의 지원자들이 면접을 보는 것을 이야기한다. 길지 않은 시간 동안에 본인을 피력해야 하며, 면접관들이 한 눈에 지원자들을 비교 평가하는 자리이므로, 1대 1 면접과는 분위기가 사뭇 다르다. 집단역동group dynamic이 작용하여 순발력과 융통성이 1대 1 면접보다 더 요구된다.

본인에게 질문이 끝난 후, 다른 지원자 차례가 되어도, 면접이 끝난 것이 아니다. 타 지원자가 답변을 하는 동안 본인도 기존의 얼굴 표정, 자세를 유지하고, 경청을 한다. 집중하지 못하고 자신만의 세계에 빠져 있거나 산만한 모습을 보여주는 것은 점수를 잃는 지름길이다.

면접관이 다수에게 동일한 질문을 한다면, 최대한 처음에 답을 하도록 하라. 그룹 면접 시 시간이 많지 않기 때문에 제일 처음 답을 한 지원자에 대한 기억이 오래 남는다. 그리고 마지막으로, 그룹 내 지원자들 가운데서 너무 튀지 않도록 주의하기 바란다.

⑬ 대규모 채용을 위한 행사를 통한 면접

호텔 개관을 위해 300~500명을 대규모로 채용을 하는데, 이를 위해서 특별한 방식을 사용한다. 서류 전형을 통과한 1차 지원자들이 야외 공원이나 행사장에 모여, 각종 게임과 미션 수행을 하면서 의사소통, 친화력, 팀워크, 문제해결, 리더십, 창의성 등을 평가한다. 이때, 그룹별 활동 속에서 팀 플레이어로서, 적극적이면서도 진중하게 본인의 의견을 충분히 피력하는 모습, 문제 해결을 위해 노력하는 모습 등을 보여주는 것이 중요하다. 자발적으로 그룹의 리더가 되는 것도 한 방법이다.

⑭ 호텔리어(Hotelier)가 되기 위한 관문

자신감 있는 모습이 중요하다. 웃는 얼굴과 아이컨택eye contact하여 면접관을 바라

보고, 면접관의 질문을 정확하게 이해하고 답변하는 모습이다. 너무 긴장하여 떨고 있는 모습이나 불안해하는 모습, 면접관의 질문을 정확하게 이해하지 못해 동문서답을 하는 경우는 신뢰성을 잃게 된다.

평상시 쓰는 단어보다는 좀 더 전문가다운 적절한 단어를 사용하여 장황하지 않고 간결하게 본인의 생각과 사실을 표현해야 한다. 다른 사람들의 생각을 외운대도 이야기한다면 보디랭귀지body language로 금방 파악이 된다.

마지막으로 면접관이 "질문 있습니까?"라고 묻는다. 면접 중 궁금한 점들이 많을 경우는, 이 기회를 이용하여 질문을 하도록 한다. 그러나 면접 중 궁금한 점들이 설명되어 질문이 필요 없다면, "인터뷰 중에 궁금한 점을 다 설명해 주셔서 현재 다른 질문은 없습니다."라고 답변하도록 한다. 면접관은 지원자의 질문을 통해 지원의 적극성과 관심 정도를 파악하므로, 몇 가지 질문을 준비하는 것이 가점을 받을 수 있는 기회이다.

답변 시 부정적인 단어나 어휘, 표현은 반드시 피하도록 한다. 호텔산업의 특성상 서비스 마인드service mind와 태도가 가장 중요한 역량으로 여겨지는데, 언어나 태도에서 전반적으로 부정적인 면이 보여진다면, 성공적인 면접 결과를 가질 수 없다. 어려운 환경을 극복했던 이야기나 힘든 고객, 상사와의 관계를 묘사해야 하는 경우에도 감정적인 표현보다는 객관적인 상황을 묘사한 후 어떻게 그 상황을 극복해서 긍정적인 결과를 만들었는지를 설명하는 것을 추천한다.

⑮ 면접 유의사항

면접에 임할 때 전반적으로 가장 유의해야 할 점은 면접 후 보통 통과 여부를 전화로 알려주거나, 이메일로 통지한다. 이에 대해 결과에 상관없이 정중하고 예의바르게 응대하고, 통과하지 못한 경우 다음의 기회에 도전하고자 하는 의지를 보여주는 것도 차후의 도전에 많은 도움이 된다.

(3) 선발

호텔마다 인재상이 조금씩 다르지만, 공통으로 업무 지식, 경력, 인성, 어학 능력 등이 선발選拔,selection 자격 조건으로 분류된다.

채용에 대한 최종 결정은 해당 부서 부서장의 의견을 상당 부분 반영하여 인사부와 상의해서 이루어진다. 이는 호텔 업무의 특성상 부서장과 부서의 직속상관들이 가장 직원들과 가깝게 업무를 하고 그들의 업무 수행력 평가, 개발계획, 경력개발 코칭 등이 해당 부서에서 이루어지기 때문이다. 직원들의 몰입도에 대한 여러 연구를 보면 직원들이 퇴사하는 이유는 그 직업을 좋아하지 않거나, 동료와 서로 잘 지내지 못하거나, 직속상관이나 부서장에게 인정을 받지 못하기 때문이라고 한다. 따라서 채용에 대한 의사 결정 시 직속상관이나 부서장들의 의견이 중요시되어야 한다.

(4) 경력 및 신원조회

일단 가능성이 있다고 보이는 지원자들을 대상으로 하여 지원서에 나타난 교육 성과의 검증, 추천인 또는 참고인을 통한 확인조사, 경력에 관한 배경조사, 기타 신원조회身元調査, reference check를 한다.

표 4-5 ABC호텔 Reference Check Form

TELEPHONE REFERENCE CHECK FORM

Employee

Name: Lee Jung Ho Job Applied For: Executive Housekeeper

Reference Contacted

Company: Telephone No.:

Email Address/Fax No.: ____________________ Person Contacted:

Basic Reference Data

Applicant Employment Period: From To year

Position: President/Lisa

Working Relationship

1. When and where did you work with (A) and what was your working relationship? What was his/her reason for leaving?

Responsibilities/Accountabilities

2. What were his/her responsibilities and accountabilities in that position?

Overal Performance Rating

3. On a scale of excellent, good, fair or poor, how would you rate his/her overall performance?

Why?

Is he/she eligible for re–hire?

ASSESSMENT	Excellent	Good	Fair	Poor
Attendance				
Work Habits				
Interpersonal Relations				
Self Control/Emotional Stability				
Trustworthiness				
Initiative				
Flexibility				
Leadership				

Additional Comments:

Mr. Lee has a enough capability for that like large property.

Reference Checked by: Date:

(5) 신체검사

신체검사physical examination는 선발에 대한 최종결정을 내리기 전에 전체적으 로 직무의 요구조건에 맞지 않는 개인을 추려내는 과정이다. 특히 호텔업계는 고객 을 직접 상대하는 직원을 선발해야 하기 때문에 신체검사를 통해 신체적, 정신적 질병 소유자나 직무수행에 있어서 무리를 느낄 질병을 소유하고 있는 지원자를 가려낸다.

(6) 선발결정

선발결정selection decision은 지금까지의 선발자료를 종합평가하여 긍정적인 결과가 나온 사람들을 최종적으로 결정하는 과정이다.

① 입사예정자 관리

채용전형결과 합격, 불합격을 결정했을 경우에는 빠르게 본인에게 통지한다. 합격을 어떤 방법으로 알리는지에 대한 특별한 규정은 따로 없으나 문서로 알리는 것이 일반적인 예의다. 이때 불합격자에 대해서도 통보를 해주는 것이 좋다. 불합격자가 앞으로의 고객이 된다는 것을 잊어서는 안 되며, 상처를 입히지 않는 문구를 사용해야 한다.

표 4-6 합격통보서(Welcome Letter)

March 9, 2000

Dear Anton,

Welcome to the ABC Resort!

It's our pleasure to have you working with us to open one of Korea's most ambitious construction projects. We are excited to have joining us and hope that you will feel comfortable working with the ABC opening team.

To learn more about ABC, the team and the progress, please take some time to visit our "Welcome Website" at http://web.mre.com/ABC.seoul; the access data is as follows – Username: ABC, password: Welcome. This site will constantly be growing and we encourage you to contribute as well – it's a great, tool to share with everybody – the few people who are already at the site and the many who will join us.

Opening a hotel is one of the most exciting things that can happen to anybody who is associated with hotels. We have the unique opportunity to open a property exactly how we think is right – and that's a chance a hotelier does not get too often in his life.

Joining a pre-opening can at the same time also be a bit unsettling. Life can at times be a bit uncoordinated and hectic and we look to you to make sure the overall organisation stays in place. We promise to do our best to make you feel comfortable here and to share some of the "ABC spirit" with you.

While things might get hectic at times, Tony and Iwill do our best to make you feel "at home" with us – we are committed to provide a pleasant atmosphere for all of us because we believe that we get much better results in the end.

So again, welcome to ABC – what will be your input into this project?

All the best and have a great start!

Tony

General Manager ABC Hotels

② 합격취소

정당한 이유 없이 일방적으로 취소하는 것은 법률적으로 무효이며, 동시에 손해배상의 대상이 된다.

(7) 입사절차

① 근로계약서 작성

호텔의 근로조건에 동의 한다는 내용의 계약서를 작성하여 본인과 호텔이 각 한부씩 보관한다. 근로계약서는 근무시간, 휴일, 급여조건, 근무부서, 직무, 수습조건, 계약해지조건 등 기본적 사항을 명시하면 되고 자세한 사항에 관하여는 반드시 취업 규칙을 읽도록 해야 한다.

② 입사구비서류 제출

입사 후의 인사관리를 철저하게 하기 위해 신입사원에게 일정한 서류의 제출을 요구한다. 일반적으로 주민등록 등본, 재정보증서, 인사정보기록서 등이 있다.

표 4-7 입사구비서류 안내서(Employee Personnel File Checklist)

EMPLOYEEMENT CHECK LIST

Name(성명) ____________________ Department(부서) ____________________

Position(직책)____________________ Starting Date (입사일) ____________________

RECEIVE TO

No	Documents	Remarks
1	주민 등록 등본(Official copy of Resident register)	2매
2	주민등록초본(Certificate of residence)	1매 / 남자사원 (Only Male)
3	가족관계증명원(Family census register)	1매
4	최종학교 졸업(예정)증명서(Certificate of graduation/diploma)	1매
5	업무관련 자격(면허)증 사본(Copy of Job– related license)	1매
6	추천서(Reference check)	경력자
7	경력 증명서(Certification of career) 근로소득 원천징수 영수증(Copy of income tax)	경력자
8	칼라 사진(반명함판) 3×4(Photo)	2매
9	신체검사서(공무원채용)(Certification for Health Check)	1매
10	통장 사본(Copy of bank account for pay transfer)	1매

ISSUARANCE ITEMS

No	Documents	Issued by	Remarks
1	명찰(Name Card)		
2	락커/직원숙소 키(Locker/Staff accommodation key)		

____________________ ____________________

Employee's signature HUMAN RESOURCES

③ 인사업무 절차

인사명부 등록, 임금대장 등록, 사회보험 가입, 신분증 발급, 기타 비품지급 등의 사규에 따라 인사업무 절차를 진행한다.

표 4-8 근로계약서(Employee Agreement)

EMPLOYMENT AGREEMENT

Date: Feb. 28, 2005

This Agreement is entered into by and between Grand Hilton Seoul – owned and managed by ㅇㅇ(the "Company") and ABC (the "Employee") subject to the following conditions.
(ABC호텔과 근로자 ____________은 다음과 같이 근로 계약을 체결한다.)

1. TITLE & DEPARTMENT : Front Desk Manager in the Front Desk
   (직무 및 부서) Title (직무) Department (부서)
   *According to the working condition, the company could change department, job, service area and working hours of employee.
   (회사는 업무상 필요에 따라 근로자의 소속부서, 직무, 근무지 및 근무시간대를 변경할 수 있다.)
2. EMPLOYMENT PERIOD : March 20, 2005, March 19, 2007, 24
   (근로 계약 기간) From (부터) To (까지) Months (개월)
3. TOTAL ANNUAL SALAR: _______ Won(원)
   (연봉 계약 총액)
4. MONTHLY PAYMENT (월정 지급액) : _______ Won(원)
   • Monthly Basic Salary (월 기본급) _______ Won(원)
   • Bonus (상여금) _______ Won(원)
   • Traffic Allowance (교통 수당) _______ Won(원)
   • Family Allowance (가족 수당) _______ Won(원)
5. TERMINATION (계약 해지)
   This Agreement shall be terminated with written notice in advance during the term, otherwise automatically terminated when the term comes to be an end.
   (이 계약은 계약 기간 중 사전에 서면 통보로 해지할 수 있으며, 계약 기간이 도래하면 자동 해지 된다.)
6. DUTY OF SECRETS (보안유지의 의무)
   The Company and the Employee should observe the duty of secrets against the other about annual salary without mutual consent.
   (사용자와 근로자는 당사자 상호의 동의가 없는 한 제3자인 타직원에게 개인의 연봉액에 대한 보안 유지 의무를 준수하여야 한다.)
7. Wage determination, payment of wages, and other conditions are subject to the Hotel's Employment Regulations and the Labor Standards Act.
   (임금의 계산 방법과 지불 방법 및 기타 사항은 회사의 취업규칙과 근로기준법에 따른다.)

The "Company" (사용자)
General Manager (총지배인) ____________________
ABC호텔

The "Employee" (근로자) ____________________

표 4-9 인사기록카드 양식(Personnel Action Form)

PERSONNEL ACTION

Name____________	ID No.____________	Join Date____________
Department____________	Job Title________________	

Change of Status				
Department ☐		From	To	Effective Date
Section ☐	Department			
Job Title ☐	Section			
Level ☐	Job Title			
Pay Rate ☐	Pay Rate			
Others ☐	* Pay Rate should be filled only by Human Resources Department.			

Leave	
Sick Leave ☐	Total Period ________________________
Leave of Absence ☐	☐ 100% Payment leave period ________________
Others ☐	☐ 50% Payment leave period ________________
________________	☐ Unpaid leave period ________________
	Reinstatement
	☐ Date of Reinstatement ________________________

Resignation/ Termination				
	Date Notice Given ____________			
	Resignation Date ____________			
	Resignation	☐	Dismissal	☐
	Retirement	☐	Expiry of Contract	☐
	Others	☐		
	Compensation for the 5days for the outstanding Leaves			
	Remarks ____________________________			

Department Head	Director of HR	Director of Finance	General Manager

Remark: Outstanding Leave 5 days

④ 수습기간(probationary period)

사원으로서 기본적 업무수행 능력과 태도를 판단하기 위해 3개월 정도의 수습기간을 두는 것이 일반적이다. 수습기간 중의 급여는 정상급여의 90% 이하의 금액을 지불하는 것이 보통이다. 수습기간은 새로 채용한 직원에 대해 그 적격성을 판단하기 위한 기간이다. 채용을 전제로 하고 업무상의 지식, 기술과 근무태도 및 건강상태 등을 평가하고 직장생활에 적응할 수 있는지 판단하기 위함이다.

가. 수습사원의 해고

수습기간이 끝나면 해고는 신중하게 제한된다. 이에 비해 수습기간 중에는 해고권이 인정된다. 단, 직원으로서의 적격성이 결여되는 것을 증명하는 구체적이고 객관적인 사실이 필요하다. 그러나 이런 경우에도 해고예고의 절차는 반드시 필요하다. 해고예고의 절차는 30일 전에 해고를 예고하거나 즉시 해고할 경우에는 평균임 금 30일분을 지불하는 것을 말한다.

나. 취업규칙(the rules of employment)에 명시

수습기간을 정하는 것은 각 회사마다 다르다. 수습기간을 설정할 때에는 취업규칙에 수습기간을 명시하고, 수습기간 중이나 수습기간 만료 시에 부적합하다고 판단 될 때는 해고한다는 조항을 명기해 두어야 한다. 그리고 신입사원 본인에게도 수습 제도에 대해 확실하게 설명하여야 한다.

표 4-10 수습평가서 양식(Probation Evaluation Form)

PROBATION EVALUATION FORM

Name : ____________ I.D. No.: ____________ Division: ____________
Department: ____________ Position: ____________
Start Date : ____________ Evaluation Period : ____________

Standard	Performance	Comments
Quality of Work	☐ Competent ☐ Needs Additional Development ☐ Consistently below required standards	
Quantity of Work	☐ Competent ☐ Needs Additional Development ☐ Consistently below required standards	
Attendance	☐ Competent ☐ Needs Additional Development ☐ Consistently below required standards	
Attitude and Cooperation	☐ Competent ☐ Needs Additional Development ☐ Consistently below required standards	
Courtesy and Tact	☐ Competent ☐ Needs Additional Development ☐ Consistently below required standards	
Dependability	☐ Competent ☐ Needs Additional Development ☐ Consistently below required standards	
Leadership	☐ Competent ☐ Needs Additional Development ☐ Consistently below required standards	

Additional Comments

Do you recommend this employee for confirmation? ☐ Yes ☐ No
Have you discussed your evaluation with the employee? ☐ Yes ☐ No

Signature Department Head — Date

Do you approve the Department Head's recommendation? ☐ Yes ☐ No

Signature Division Head — Date

Received by Human Resources

Signature Director of Human Resources — Date

5. 부서별 기본적인 필요 역량

최첨단 기술로 인간은 나날이 편해지고 기술이 가장 중요한 경쟁력이 되는 이 시대에도 서비스 산업에서 가장 중요하게 생각하는 것은 바로 '사람人才'이다. 서비스 접점에서 업무 수행에 필요한 역량을 잘 갖추고 고객에게 최상의 서비스를 전달하는 '사람'은 여전히 귀하다.

서비스직을 수행하는 사람에게 필요한 역량들은 기본적인 인성부터 노력과 준비과정을 통해 충분히 마련할 수 있는 것까지 다양하다. 호텔에는 수많은 직무가 있는데 이중에서 개별 부서에 필요한 역량을 알아보도록 한다.

1) 고객접점 부서에 필요한 역량

(1) 객실 예약부

예약부reservations는 고객을 면대 면이 아닌 전화 또는 이 메일을 통해서 응대한다. 전화를 통한 응대를 위해서는 기본적으로 목소리에 미소를 실을 수 있는 서비스마인드와 대화를 이끌어 갈 수 있는 능력이 필요하며, 고객의 예약 문의에 대한 단순히 응대뿐만 아니라 실제 예약으로 전환해 나갈 수 있는 세일즈기술도 필요하다.

이메일 예약 문의에 대한 응대는 회사에서 제공하는 기본 양식이 있기는 하지만, 상황에 따라 다르게 응대하기 위해 국어와 외국어의 기본적인 작문 능력이 필요하다.

예약의 기본적인 정보(고객 이름, 숙박 기간)뿐만 아니라, 고객의 객실 선호도 파악이 잘못되거나, 그룹 예약group reservation에 오류가 생기면 예약에 기반을 두어 업무를 하는 관련 부서의 대고객 서비스에 영향을 미치므로, 꼼꼼함이 절대적으로 필요한 역량이다.

(2) 프런트 오피스

흔히 호텔의 꽃이라 하는 프런트 오피스front office는 체크인 · 아웃부터 호텔상품 및 행사들에 대한 문의를 핸들링하는 곳이므로, 최상의 영어 실력이 요구된다. 또한, 고객은 모든 업장에 대한 불만을 프런트 오피스에서 해결해 주기를 원하므로, 뛰어난 경청 기술을 비롯한 협상기술 등의 의사소통 능력이 필요하다. 이성으로 이해 안 되거나 불합리한 불만을 하는 고객을 상대해야 하는 경우도 많으므로 뛰어난 감정조절 능력이 요구된다.

체크아웃 및 환전을 위해 캐시어링cashiering의 업무를 해야 하므로 계산 능력이 요구되며, 예약된 객실타입보다 높은 단계의 객실로의 업셀링을 위한 영업적 마인드營業的 精神, business mind와 기술도 필요하다.

대부분의 프런트 데스크는 장시간 서서 근무하므로, 체력적인 부분도 간과할 수 없는 부분이다.

(3) 벨 어텐던트

벨 어텐던트bell attendant는 고객의 수하물을 고객이 투숙할 객실로 전달하는 업무를 하므로 강인한 체력이 요구된다. 또한, 고객을 객실로 안내하면서 호텔 시설과 상품, 서비스에 대한 설명을 비롯해 객실 내의 용품과 조명, TV 등 사용법을 설명해야 하므로 기본적인 영어 실력이 필요하다. 고객의 수하물을 핸들링하는 것 외에 고객의 필요 사항들을 관찰을 통해 파악, 예견할 수 있는 감각이 필요하다.

(4) 컨시어지

'컨시어지는 마술사다'라고 할 정도로 컨시어지concierge는 모든 것을 가능하게 하는 부서이다. 고객의 요청이 무엇이든지 간에 신속 정확하게 해결책을 제기할 수 있어야 한다. 교통편, 정보, 날씨, 레스토랑, 여행, 문화 등의 다양한 정보를 준비하여 제공해야 하므로 폭넓은 상식과 정보력이 필수적이며 영어 구사 능력도 요구된다.

갑작스러운 선물 준비, 지역 토산품 구매, 한류로 인한 인기 연예인 포스터 구매나 연예인들의 행로 파악 요청, 프러포즈하기에 좋은 장소 물색 등 예상치 못한 요청 사항들도 있다. 이런 요청을 신속하지만 정확하게 해결해 주기 위해서는 유연함과 네트워크력도 중요한 요소이다. 고객들에게 전달하는 기상, 교통/항공, 여행 정보 및 고객의 체크인과 체크아웃, 투숙 기간 중의 출 · 퇴근 시간에 따른 교통편 준비 등 정확성이 요구되는 부분이므로 꼼꼼함과 세심함이 필요하다. 발전된 기술에 따른 고객의 요구와 수요가 증가함에 따라 기본적인 지식을 갖추는 것도 중요하다.

(5) EFL/VIP 라운지

VIP고객에 대한 개인별 맞춤형서비스 형태의 식음료 서비스와 객실투숙 관련 서비스를 제공한다. 이를 EFL/VIP 라운지executive floor lounge / vip lounge 서비스라 할 수 있다. 그러므로 VIP 고객의 선호도를 세심하게 관리하고 기억하는 정확함과 꼼꼼함이 필요하다. 말하지 않아도 미리 알아채는 센스가 요구되고 멀티태스킹multitasking 수행력도 필요하다. 높은 수준의 화술과 영어 및 제2외국어 구사력이 요구된다.

(6) 콜센터 / 고객 서비스센터

콜센터 또는 고객 서비스센터call center/guest services center는 전화로 고객의 문의 및 투숙객의 요청 업무뿐만 아니라 불만을 처리하므로 영어 및 외국어 구사 능력이 필요하다. 또한, 신속하고 정확하게 고객의 요청을 파악하고 관련 부서를 연결하는 역할을 하므로 효율적인 업무 처리를 해내는 시간 관리 기술과 경청기술이 필요하다. 웨이크업 콜wake-up call부터 각종 고객 요청이 브랜드 스탠다드brand standard에 정해진 시간 내에 처리되었는지 지속해서 확인해야 하고, 시간 내에 이루어지지 않을 경우 관련 부서와 의사소통을 하는 능력과 꼼꼼함이 필요하다. 또, 전화로 고객 불만 처리 시 유쾌하지 않은 경우들이 많으므로 융통성 있는 성격과 긍정적 사고로의 전환이 빠른 성격이 요구된다.

호텔에 따라 단순 콜센터의 역할을 넘어서 모든 예약 업무와 룸서비스 주문room service order까지 받는 업무를 하는데, 이런 경우는 멀티태스킹multitasking에 대한 역량이 더욱더 요구된다.

(7) 비즈니스 센터

고객의 비즈니스 업무수행을 돕기 위해 기본적인 비서秘書, secretary업무에 대한 지식과 기술습득이 필요하다. 고객들의 요구 사항을 재빨리 간파해서 정해진 시간 내에 신속하게 수행해야 하므로 경청기술과 문제 해결 능력이 요구된다.

(8) 레스토랑 / 룸서비스

기본적인 영어/외국어 구사 능력이 있어야 한다. 다이닝식사, dining 예약을 받고 고객을 테이블로 안내하고 주문받고 서비스를 수행한다. 메뉴에 대한 설명을 잘 하기 위해서는 재료, 소스, 조리 방법 등에 대한 지식과 이해가 필요하며, 레스토랑의 컨셉에 따라 서양 메뉴와 동양 메뉴에 대한 지식이 요구된다. 특히, 최근에는 퓨전요리fusion cuisine와 동남아시아, 동유럽, 인도, 남아메리카 등 세계 각국의 음식들이 각축전을 벌이며 선을 보이고 호텔을 이용하는 고객들의 수준이 높아짐에 따라 그들의 요청사항과 질문에 응대하기 위해서는 폭넓은 지식이 필수적이다. 또한, 고객마다 음식에 대한 선호가 다르므로 주방과 고객과의 원활한 의사소통 능력 및 협상 능력이 필요하며, 무리한 부탁을 하는 고객에게 응대하기 위해서는 유연한 상황 판단력도 요구된다.

고객의 다이닝 식사하기the act of eating dinner경험을 풍부하게 하기 위해 업셀링up-selling, 스위치셀링switch-selling 등을 하는 영업적인 마인드도 필요하고, 프로모션促進, promotion에 대한 기획 및 이행 능력도 일정 정도의 경력 이후 요구되는 역량이다.

커피/차, 음료에 대한 지식은 필수적이며, 전문성을 위해 바리스타barista, 와인 소믈리에wine sommelier, 조주사 등의 자격증이 있으면 업무에 많은 도움이 된다.

음식과 와인에 대한 마리아주mariage(마실 것과 음식의 조합이 좋은 것)를 숙지하고, 고객에게 와인을 추천하는 역할이 중요하므로, 끊임없이 와인에 대해 연구하고 공부하는 자세도 필요하다.

근무 내내 서서 응대하고, 기물 셋업 및 완성된 요리를 주방에서 고객의 테이블로 서비스하기 위해서는 강인한 체력이 필요하다.

인생의 특별한 이벤트를 위해 오는 고객들과 비즈니스의 성사를 위해 오는 고객 등 다양한 상황에 따라 순발력과 유연성으로 서비스를 연출할 수 있는 능력은 경험을 통해서 쌓을 수 있는 역량이다.

(9) 바

각종 음료와 주류에 대한 지식이 필요하며, 영어 구사능력도 필수적이다. 혼자 오는 고객들을 위해 친근하게 대화를 이끌어가는 기술이 필요하고, 과도하게 음주를 한 고객을 응대해야 할 경우도 적지 않으므로 적정한 수준에서 고객에게 알코올 및 칵테일을 권하는 감각을 갖추어야 한다.

빠르게 변하는 바bar와 칵테일의 트렌드에 대해서 항상 연구하는 자세가 필요하며, 조주사造酒士와 와인소믈리에 자격증이 있으면 전문성을 인정받을 수 있다.

(10) 연회 / 이벤트 서비스

개인에게 가장 중요한 기념일을 위해 또는 각종 비즈니스에 중요한 행사들이 원활하게 이루어지게 하려면 기본적인 메뉴 지식과 음료, 알코올, 와인에 대한 지식, 서비스 기술도 필요하지만, 그보다도 전체 행사의 흐름을 잘 파악하여 적절한 때에 적절한 서비스가 진행되도록 하는 기획 수행력이 필요하다.

수십 명에서 수백 명까지 정해진 시간 내에 음식 및 음료 서비스를 제공하므로, 부서 내뿐만 아니라, 주방과의 의사소통 기술뿐만 아니라 팀워크가 중요시된다.

행사 진행에 갑작스러운 변동이 생기거나, 예상치 않은 요구사항이 생길 경우 고객과 관련 부서에 의사소통하는 유연한 상황 대처능력이 필요하다. 일정 정도 경력을 쌓은 후에는 고객이 요구하지 않은 부분까지 세심하게 파악하여 행사 진행방식 및 셋업을 제안할 수 도 있다.

연회banquet 서비스의 시작은 셋업으로 시작하여 서비스, 해체 작업이므로 테이블과 의자, 무대 등의 기구들을 이동, 셋업하기 위한 강인한 체력이 요구된다.

(11) 판촉

판촉販促, sales 부서에서 가장 필요한 역량은 판매하는 호텔 상품과 서비스에 대한 자부심이다. 판매하는 상품과 서비스가 완벽하지 않더라도, 판매를 위해 USPunique selling points를 뽑아내어서 매력적인 상품으로 만들어내는 열정도 필수적이다. 모든 운영 부서의 직원들에게 공통으로 요구되는 부분이지만, 특히 판촉부서의 직원들은 치열한 영업전선에서 거래처를 개발하고, 기존의 거래처도 잘 유지해야 하므로 상당한 열정과 자부심, 동기부여가 필요하다.

영어 구사력은 물론이고 영업 기술과 협상 기술이 필요하며, 때에 따라 강한 결단력과 추진력, 순발력, 유연성도 필요하다. 고객의 요구 사항을 읽어내고 그것을 여타 관련 부서와 원활한 의사소통 능력을 통해 이루어내는 능력과 이 메일 및 계약서 작성 기술은 필수적이다. 국내 · 외 시장에 대한 끊임없는 분석과 새로운 거래처 개발을 위해 출장과 외부 고객과의 회의 및 식사의 기회가 많으므로, 테이블 매너table manner 및 프레젠테이션 스킬presentation skill이 중요한 도구가 된다.

2) 지원 부서에 필요한 역량

(1) 마케팅 & 홍보

경쟁구도 속에 있는 호텔 산업 내에서 판촉 전략을 수립하고, 전사적인 협조를 얻어 홍보 활동을 하는 부서이다. 전통적인 매체를 활용한 홍보 활동은 기본이며, 인터넷을 이용한 각종 홍보 활동과 SNS 마케팅을 위해 끊임없이 조사 · 연구하는 꾸준함이 요구된다. 또한, 각 매체에 맞는 마케팅 활동을 위해 창의성과 대상이나 현상을 보고 즉각적으로 느끼는 깨닫는 직관성을 겸비한 논리력도 필요하다.

고객의 기대치를 단순히 맞추기보다 능가해야 하므로 고객 분석을 위한 자료 분석력도 요구된다. 또한, 각 관련 부서와 적극적으로 의사소통하는 능력도 중요한 역량이다. 그리고 직접 기사를 작성해야 하며 기사는 국문과 영문으로 게재되므로 영어 구사력이 필수이며 기자들과의 네트워크 형성을 위해 친화력과 정보력이 필수이고 각종 프로모션 및 홍보를 위한 기획력이 요구된다.

(2) 주방

주방廚房, culinary은 전문적인 기술과 영업 감각이 어우러져 고객들에게 다양한 다이닝 경험을 제공하는 부서로, 조리에 대한 관심과 열정이 가장 중요하다.

양식, 일식, 중식, 한식 등 기본 소스 만드는 법, 신선한 식재료 선정법, 식재료에 따른 조리 방법, 식재료의 배합에 대한 기술과 지식은 조리학 과정에서 습득할 수 있다. 그 외에 기본기를 쌓기 위해 지속해서 반복적인 일의 연마를 이겨낼 수 있는 끈기가 필요하며, 체력적인 강인함도 필요하다. 제과 제빵의 경우도 교육 과정을 통한 지식과 기술이 필수적으로 요구된다. 전문 기술 관련 자격증은 필수적이지는 않지만, 본인의 준비 정도와 기술 습득 정도를 보여 주는 척도가 되므로 갖추고 있는 것이 선호된다.

새로움을 추구하는 고객들의 입맛을 주도하기 위해 국내 · 외를 망라한 요리 연구가 절대적이므로 기본적인 외국어 실력을 갖추고 있다면 발전의 기회가 많다.

쇼 키친show kitchen, 라이브 스테이션live station이 일반화되고 있어서, 고객 앞에서 응대하는 기회가 증가함에 따라 기본적인 요리프레젠테이션 기술, 전문가다운 용모, 서비스 정신이 요구된다.

(3) 하우스키핑

하우스키핑客室管理, housekeeping은 고객이 사용하는 객실과 공간들을 내 집과 같이 가꾸고, 청결을 유지하려는 마음가짐이 가장 중요한 덕목이다. 룸 메이드room maid의 경우 정해진 시간 안에 객실 정비를 마쳐야 하므로 민첩성과 더불어 강인한 체력이 요구된다.

장 · 단기 고객의 요구를 예견하여 서비스를 제공하기 위한 센스가 필수적이며 고객과 의사소통을 위해 기본적인 외국어 실력이 필요하다. 각종 청소 세제 · 용품과 청소 관련 기구를 다루는 지식이 요구되는데 이는 지속적인 교육으로 습득할 수 있다.

공공장소에서 근무할 때도 고객 응대가 필요하므로 기본적인 외국이 실력이 필요하며, 고객에게 불편함을 끼치지 않고 업무를 수행해야 하는 신속함이 요구된다.

(4) 인사 & 교육

인사 부서의 업무는 크게 인사업무와 교육업무로 나뉜다. 인사업무의 경우, 직원들의 채용 때부터의 인사 정보들을 확인 및 관리하기 위한 정확성 및 치밀함이 필요하며 내부 고객인 직원들을 응대하기 위한 서비스 정신은 기본이다.

직원들의 고충을 경청하고, 상담 · 코칭해 줄 수 있는 역량이 요구되며, 직원들과의 관계 형성에 적극적인 성격이 요구된다. 직원 행사 및 직원 간 소통을 위한 여러 캠페인의 기획 수립 및 수행력이 절실히 요구된다. 또한, 노무관리를 위해 지속해서 노동법에 대한 업데이트와 인재관리 동향에 민감해야 한다.

교육업무의 경우, 인재육성을 위한 교육 계획을 수립해 교육을 실시하고 평가할 수 있는 역량이 필요하다. 체인 호텔은 기본적인 인사 및 교육 정책을 호텔 본사가 제시하고 웨비나webinar나 컨퍼런스conference를 통해 전달하므로 이를 이해하고 실행하기 위해서는 상당한 영어 실력이 요구된다.

(5) 재경

재경 부서財經, finance는 호텔 전반적인 운영에 대한 이해를 바탕으로 세무, 회계 관련 전공 지식이 필요하며 직원, 외부 업체, 고객들을 응대하는 부서로 서비스 마인드가 필요하다. 각종 문서 작성은 기본적으로 할 수 있어야 하며, 회계會計, accounting 관리시스템, 비용費用, cost 관리시스템, 예산豫算, budget 관리시스템 등에 대한 이해력이 빨라야 한다. 체인 호텔의 경우, 영어 구사력이 필요하다.

(6) 구매

구매購買, Purchase할 다양한 물품들을 조달하기 위해 물품에 대한 기본적인 지식이 필요하다. 또 최상의 제품을 가장 합리적인 가격으로 구매해야 하므로, 지속해서 상품에 대한 정보와 구매업체에 대한 정보를 업데이트하는 최신성을 가장 우선으로 하며 구매 업체와의 협상력도 필요하다.

(7) 시설

시설施設, engineering부서는 각 분야의 전문적인 기술이 필요하며 자격증을 소지해야 한다. 객실 내에서 또는 공공장소에서의 기본적인 고객 응대 능력이 요구되며 타 부서와의 협력을 위해 의사소통 능력이 중요하다.

(8) 보안

보안保安, security 부서는 호텔 전반에 대한 이해가 요구되며, 보안-안전 지식이 필요하다. 공공장소에서 고객 응대를 위한 기본적인 서비스 마인드가 필요하고 화재, 지진, 쓰나미 등의 긴급 상황 및 대테러 상황 대처 등을 위한 상황 판단력 및 대처능력이 절대적으로 필요하다.

(9) 전산

전산 전공 관련자로서 기본적인 전산電算, IT: information technology 관련 지식을 소유해야 하며, 호텔 운영시스템을 다루는 직원들과 고객들을 직접 응대하는 경우들이 많으므로 서비스 마인드와 정해진 시간 내에 신속하게 문제를 해결하는 능력이 필요하다. 급변하는 전산 기술을 지속해서 업데이트하여 고객의 요구를 기술적으로 해결할 수 있는 서비스 솔루션을 제안하거나 연구하는 정신이 요구된다.

CHAPTER 05

인사평가관리

1. 인사평가의 개념
2. 인사평가의 목적
3. 인사평가의 기본원칙
4. 인사평가의 대상과 평가요소
5. 인사평가의 방법
6. 인사평가의 절차
7. 인사평가의 문제점과 개선방법

CHAPTER

05

HUMAN RESOURCE MANAGEMENT

인사평가관리

1. 인사평가의 개념

1) 인사평가의 의의

인사평가人事評價란 직원의 태도, 성격, 적성 등을 판정하여 직원의 직무수행의 성과를 측정하고 능력을 개발하는 제도라고 할 수 있다. 즉, 직원의 상대적 가치를 과학적으로 평가하고 개발하는 절차라고 할 수 있다. 이러한 인사평가는 능률평정能率平靜, efficiency rating, 종업원평정從業員平靜, employee rating, 근무평정勤務平靜, service rating, 성과평정成果平靜, performance rating 등으로 나뉜다. 인사평가는 조직에서의 평가수단으로서의 가장 중요할 뿐 아니라 현대의 인적자원관리의 거의 모든 영역에 영향을 미치는 기초 자료의 역할을 하고 있다.

인사평가란 종업원이 갖고 있는 잠재적 쓸모나 보람 등에 대한 효용성을 평가하는 제도라고 할 수 있다. 이에 대해 스미스와 머피smith & murphy는 "종업원이 소속하고 있는 조직 내에서 종업원의 가치를 평가하는 것이다."라고 정의하고 있으며, 필리포flippo는 인사평가란 "종업원이 현재 하고 있는 직무에 대하여 어느 정도 잘 수행하고 있는가? 또는 보다 좋은 직무에 승진할 수 있는가를 잠재적으로 판정하는 것"이라고 하였다. 이를 좀 더 구체적으로 설명하면 인사평가란 종업원의 능력, 근무성적, 자격, 태도 등의 상대적 가치를 조직적으로 그리고 사실에 입각하여 객관적으로 평가하는 절차이며 종업원의 직무수행상의 업적業績, achievement을 측정하는 제도로써 그의 실천능력, 업적, 성격, 적성, 장래성 등으로 판정하는 것이라고 정의할 수 있다.

2) 인사평가의 특징

인사평가는 사원과 그의 업무성과業務成果, business score를 평가하는 활동이다. 인사고과의 특징은 먼저 조직 내의 인간을 대상으로 평가를 한다는 것이다. 물론 채용평가의 경우에는 외부의 인간을 대상이라 할 수 있지만 이 경우 역시 미래의 조직구성원으로 볼 수 있기 때문이다. 직무평가는 직무 자체의 가치 결정을 하는 데 비하여 인사고과는 본질적으로 인간을 대상으로 그 평가를 평정評定, rating하는 것이다. 그 다음으로, 인사평가는 사람과 직무의 비교를 원칙으로 한다는 것이다. 다시 말해서, 종업원이 직무를 수행하는 과정에서 나타나는 업무성과를 중심적으로 파악한다. 그러므로 직무와 직무를 비교해서 직무의 가치를 평가하는 것이 직무평가인데 인사고과는 사람과 직무와의 관계를 평가하는 데 그 특징이 있다. 그리고 인사고과의 특징은 상대적인 평가라는 것이다. 따라서 인사평가의 결과를 절대적인 인사관리의 길잡이로 삼고 인력관리를 해서는 안 된다. 인사평가는 인사관리시스템의 한 부문으로 그 역할에 일정부분 한계가 있다는 점을 먼저 이해해야 한다. 마지막으로 인사고과는 객관성을 높이기 위하여 특정 목적에 부합하도록 조정되는 경향이 있는데, 그 예로, 직접보상인 임금 책정을 위해서는 업적業績, achievement을 중심으로 하는 업적평가를 해야 하고, 앞으로의 승진이나 교육훈련을 위해서는 능력 중심의 능력평가를 해야 한다는 것이다.

3) 인사평가의 중요성

인사평가는 무엇보다도 종사원의 능력개발能力開發, ability development을 위한 기초 자료가 된다. 조직 목표와 조직 구성원들의 개인 목표가 합치하는 방향으로 나아가기를 경영자들은 기대한다. 그러기 위해서는 개개인의 능력이 최대한으로 발휘되도록 유도하여야 하는데, 이러한 인사평가 과정을 통하여 개개인의 지닌 능력에 대한 정보를 얻는다. 한편 종사자들도 직장에서나 업무수행 과정에서 각양각색의 욕구를 가지고 있는데, 인사평가는 종사원들의 이와 같은 욕구에 직접 또는 간접으로 응답하는 수단이 될 뿐만 아니라 보다 적극적인 자세를 갖도록 방향 설정을 해주는 역할을 한다.

인사평가는 성과 개선을 위한 기초 자료가 된다. 조직에서는 성과 결과의 피드백을 통하여 그동안의 업무습관이 보다 효율적이도록 개인의 행동을 수정 또는 변경시키는 기초를 마련해 준다. 또한 인사평가는 종사원의 처우를 위한 가장 중요한 기초자료가 된다. 현재의 연공서열형年功序列型, seniority order 인사정책으로부터 능력요소를 가미하여 점차로 능력주의 인사정책을 구현해 나가기 위해서는 인사평가라고 하는 통제관리가 없이는 그 목표를 달성할 수가 없다. 왜냐하면 인사평가에 의한 자료가 바로 종사원들의 승진이나 보수의 결정에 매우 중요한 결정요소가 되기 때문이다.

2. 인사평가의 목적

1) 인사평가의 목적

인사평가의 목적目的은 경영에 있어서 종사원의 가치를 객관적으로 정확하게 측정하여 합리적인 인적자원 관리의 재결정에 기반을 부여하고, 그 결과로 종사원의 노동능력을 향상시키고 동기유발을 형성케 하는 데 있다. 또한 승급昇給, increase salary의 결정, 상여금bonus의 결정, 승진昇進, promote의 결정, 배치전환配置轉換, transposition의 결정, 교육훈련 및 표창의 기준 등을 결정하기 위한 것이다. 궁극적인 목적은 조직 구성원의 능력과 성과가 보다 향상되도록 하는 데 있다. 그 목적은 먼저 조직 구성원들에게 자신의 잠재력을 깨닫고 활용하도록 도와줌으로써 구성원의 성과를 향상시키는 데 있으며, 직무와 관련된 의사결정에 필요한 정보를 구성원과 관리자들에게 제공하는 데 있다. 기업에서 실제로 인사평가 제도를 사용하고 있는 주요 목적을 다음과 같이 들고 있다. 임금관리(승급, 상여, 임금률 결정 등)의 기초자료, 인사이동(승진, 배치, 이동, 해고 등)의 기초자료, 종업원 간의 능력 비교 및 종업원들이 지니고 있는 숨은 재능의 발견, 교육훈련 및 지도의 기초 자료 등을 들 수가 있다.

(1) 인사평가의 통제적(統制的) 목적

인사평가가 조직 내의 각 종업원의 가치를 상대적으로 비교, 평가하여 우열 판단이나 순위를 세우고, 또한 이를 승진, 승급, 임금율 결정, 상여금 등에 반영하려는 통제적 목적으로 사용한다.

① 공정한 처우

인사평가는 종업원의 성과를 정확하게 측정하고 성과에 따라 공정公正, equity한 대우를 하는 것을 목적으로 한다. 성과를 주기적으로 측정하여 승진, 승급, 강등, 징계, 임금, 상여금 등에 활용한다. 인사평가의 결과는 상벌賞罰, reward and punishment 결정에 가장 중요한 자료가 된다. 또한 조직체는 조직구성원의 성과에 대하여 정당한 대우를 해주어야 한다. 따라서 인사평가 결과는 이러한 상벌 결정에 중요한 자료로 사용된다.

② 적재적소 배치

성과에 대한 정당한 상벌 결정뿐만 아니라 인사평가는 조직 구성원과 직무를 결합시키는 데에도 유효한 자료를 제공할 수 있다. 따라서 인사평가는 어떤 일을 맡기기에 구성원의 성격과 능력에 따라서 알맞은 자리에 적합한 직무 내용과 직무 환경을 모색하는 공식적인 계기가 될 수 있다.

(2) 인사평가의 비통제적 목적

물론 이상과 같은 통제적 기능으로 사용하고 있는 인사평가의 목적이 불합리하다고는 할 수 없으나 인사평가는 종업원의 능력 개발에의 활용과 사기앙양, 그리고 의사소통을 위한 비통제적 목적도 고려해야 할 것이다.

① 인력개발(development of human resources)

인사평가의 또 한 가지의 중요한 목적은 직무성과를 통하여 구성원의 강점과 약점을 평가하고 구성원의 경력 목표도 감안하여 그의 능력과 타고난 성품이나 자질 개발에 필요한 교육 훈련과 실무경험을 결정하는 것이다. 따라서 인사평가 결과는 인력개발과 경력계획에 필수적인 자료로 활용되고 있다.

② 성과 피드백(feedback)

인사평가의 가장 기본적인 목적은 조직 구성원이 얼마나 만족한 성과를 거두고 있고 조직체의 기대 수준에 얼마나 접근하고 있는지를 알려주는 것이다. 따라서 인사평가는 구성원의 동기부여는 물론 그의 사내에서의 성장을 강화시켜 주는 중요한 인적자원관리 과정이다.

③ 인적자원의 계획

인적자원 계획에 필요한 인적자료에 대한 정보를 제공함으로써 앞으로 기업에 필요한 인력의 양적 · 질적 수준을 미리 예측하고, 이를 충족하기 위하여 기업의 안팎에서 인력을 공급하는 합리적인 인적자원계획을 세우기 위해서는 인사평가가 필요하다. 인사평가는 종사원이 직무를 수행함에 있어서 필요한 기술 및 자격을 결정하고 판단하는 과정에서 중요한 역할을 담당한다.

④ 조직개발 및 근로의욕 증진

인사평가를 통하여 직무 담당자와 조직구성원 간의 관계나 직무조건의 결함을 발견하고 개선할 기회를 찾을 수 있다. 동시에 인사평가는 종사원의 업무성취 의욕을 향상시킬 수 있는 자극제로서의 역할을 한다.

⑤ 인적자원의 입력자료

인사평가 자료는 종사원의 기술목록과 모집, 선발 및 개발의 타당도를 분석함에 있어서 입력 자료로서 활용된다. 인사평가 자료는 인적자료의 자료 기초와 인적자원 관리 연구의 조사 자료로서 그 중요성이 커지고 있다.

3. 인사평가의 기본원칙

1) 타당성의 원칙

평가가 타당해야 한다는 말은 목적에 맞도록 평가가 이루어져야 한다는 뜻인데, 그러기 위해서는 평가요소 선정이 평가목적과 일치해야 된다. 평가목적, 즉 평가를 하는 목적이 보상을 위함인지, 교육개발을 위함인지, 이동배치를 위함인지를 분명히 하고 그것을 위한 평가 요소를 선정하여 관리해야 한다. 또는 사원들이 대외관계, 고객관계를 얼마나 잘하는지 평가하기 위해서라면 서류작성 능력, 재무관리 능력을 평가할 필요는 없다. 또는 금년도 업적성과에 대한 상여금bonus을 주기 위해서 평가가 필요하다면 평가요소는 당연히 개인들의 업적이여야 하는데 그게 아니라 그들의 미래 잠재력이나 자격증 등을 평가하여 상여금 기준을 삼는다면 타당성이 적은 평가이다.

2) 신뢰성 원칙

평가요소가 결정되면 그 요소들이 얼마나 정확하게 측정하는지가 중요한 문제이다. 그러므로 평가자들의 능력도 매우 중요하지만 편견을 갖지 않고 객관적으로 평가할 수 있어야 한다. 뿐만 아니라 인사평가 방식이나 인사평가 방식이나 평가표가 어떻게 만들어지는지에 따라 평가의 정확성이 좌우된다. 신뢰성을 증대시키기 위해서는 평가 목적에 따라 알맞게 선택 또는 적절히 배합하여 사용해야 한다.

예를 들면, 교육훈련의 필요성을 파악하기 위해서는 절대평가絕對評價, absolute

evaluation를, 승진대상자 선발을 위해서는 상대평가相對評價, relative evaluation를 사용하면 평가 오류를 줄일 수 있다. 그리고 평가결과를 피평가자에게 피드백시키면 그 평가가 사사로운 정이나 관계에 이끌리는 정실情實이나 혈통血統, 정분情分 또는 법률 따위에 관계된 연고에 따라 편파적으로 행해지지 않았음을 어느 정도 입증하는 셈이다. 여러 사람이 평가하여 최고점과 최하위 점을 빼고 나머지 점수만 합산하여 사용한다면 신뢰성은 높아진다.

3) 수용성 원칙

평가제도나 절차가 합리적이며 공정하다고 느껴지면, 피평가자인 사원들은 그 결과에 쉽게 승복하고 평가 결과에서 지적된 내용을 받아들이면서 자기행동을 반성하고 개선하려고 힘쓸 것이다. 또한 회사가 만든 평가 요소들에 대해 사원들이 통제 가능한 요소인지, 상사는 부하의 노력과 능력에 관련되는 요소로 인식하고 부하들이 고칠 수 있다고 판단하는 데 반하여 사원은 회사의 지원과 시장 환경에 직결되는 요소이기 때문에 자신들로서는 어쩔 수 없다고 판단할 수 있다. 이들 간의 인식차이가 크면 클수록 인사평가를 위한 기업의 성과 향상이나 대인의 능력개발은 기대하기 어렵기 때문에 사원들 간의 사전 협의가 필수적이다.

4) 실용성 원칙

평가의 결과는 여러 곳에 유용하게 쓸 수 있지만 평가 결과를 얻기까지 들어가는 비용은 만만치 않다. 즉, 인사평가표 개발비, 평가시간, 평가요소 측정과 계산에 들어가는 비용과 시간 등의 물리적 비용뿐만 아니라 평가로 인한 사원들의 긴장과 스트레스, 잘못된 평가로 인한 상 · 하급자 간의 갈등과 사원끼리의 경쟁 등은 보이지 않는 비용이다. 이러한 유 · 무형의 비용이 많이 들기 때문에 인사평가로 얻는 이득이 더 많아야 한다는 것이 실용성의 문제이다.

4. 인사평가의 대상과 평가요소

1) 인사평가자

전통적으로 인사평가는 피평가자의 직속상사 혼자, 혹은 차상급자와 둘이서 평가하는 것이 전부였다. 그러나 최근 들어 인사평가의 정확성과 객관성을 제고하기 위해 피고과자의 직속상사뿐 아니라 직속상사의 상사, 동료, 부하, 본인, 인사위원회, 인사부 직원과 기타 전문 고과자 등으로 인사평가자의 범위가 확대되고 있다. 이러한 인사고과자들의 유형들 가운데 몇 가지는 다음과 같다.

(1) 직속상사에 의한 평가

직속상사에 의한 평가는 가장 많이 사용되는 고과考課방법이다. 자기 직원들을 평가 할 수 있는 권한을 조직으로 부여받았다는 합법성과 실시의 용이함이라는 장점을 가지고 있다. 한편 직속상사에 의한 평가는 피평가자들에 의한 통제 때문에 피평가자를 위협하는 수단으로 사용될 수도 있지만 평가 결과로 인해 부하들이 받을 좋지 못한 결과를 감안하여 평가하기를 꺼린다는 단점이 있을 수 있다. 한편 부하들은 상사의 평가에 대한 신뢰성에 의문을 제기하기도 한다. 그 이유로 평가하는 데 필요한 정보의 양은 과업課業 결과에 대한 정보를 제외하고는 그다지 많지 않기 때문이다.

(2) 차상급자에 의한 평가(직속상사의 상사)

제2차 고과자考課者에 의한 평가라고도하며, 이는 직속 상사에 의한 평가로만 이루어질 경우 그의 견해가 지나치게 반영되는 것을 견제하기 위해 사용된다. 그러나 차상급자는 직속상사보다도 평가 정보를 얻을 수 있는 기회가 매우 적다. 즉 피평가자의 접촉 기회가 적고 행동을 관찰할 기회도 적다. 또한 일반적으로 차상급자가 평가해야 할 부하의 수가 많아지기 때문에 평가의 정확성을 기하기가 매우 어렵다. 따라서 평가 결과에 대한 신뢰성이 매우 약해진다.

(3) 본인에 의한 평가(자기평가)

자기평가自己評價는 직무수행과 직무성과에 관련된 정보의 양이 풍부하다는 것이 가장 큰 장점이다. 이 평가는 직무만족을 향상시키고 평과 과정에 대한 불만이 적으며, 성과 검토에 있어서 방어적인 자세를 취하지 않는다는 장점이 있다. 그러나 자신의 성과를 다른 평가자들보다 높게 평가하는 경향을 보인다는 것이다. 이러한 자신에 대한 과대평가를 감안할 때 자기평가를 유일한 고과방법으로 사용할 것이 아니라 단지 보완적인 수단으로 활용하는 것이 바람직하다.

(4) 동료에 의한 평가

이 평가는 미래의 성공을 잘 예측해 주는 것으로 보고되고 있으며 개별 목적으로 사용되는 경우가 많다. 또한 상사에 의한 평가보다 신뢰도, 타당도가 높은 것으로 평가되고 있다. 그러나 동료 간의 우정 및 개인 간의 친밀감으로 인해 평가에 영향을 미칠 가능성 또는 경쟁적인 상황에서는 솔직하지 못한 평가를 할 가능성 등의 단 점이 있다.

(5) 부하에 의한 평가(상향식 평가)

상향식 평가upward appraisal 또는 부하평가subordinate appraisal는 부하가 상사의 업무수행 태도, 능력 및 부하와의 관계 등을 평가하는 것이다. 상향식 평가를 채택하는 기업이 최근 들어 증가하고 있으며 부하평가는 주로 다면평가多面評價의 일부분으로 생각하고 보완적인 방법으로서 다른 평가방식과 병행해서 사용하고 있다.

(6) 외부인에 의한 평가

외부인에 의한 평가는 상대적으로 객관성 확보가 필요한 상황에 매우 유용하다. 외부인은 주로 고객 또는 외부관련 업체로서 외부인이 체계적인 방법으로 자료를 수집하고 대표성 있는 행위들을 평가한다면 매우 유용한 자료를 제공할 수 있다. 인사 평가에서 가장 많이 사용되고 있는 것은 직속상사에 의한 평가이다. 직속상사 이외에 차상급자가 제2차 고과자로서 인사평가에 참여하고 그 다음 인사부 직원이 전체 조직체의 인사평가 결과를 종합, 조정하는 과정에서 인사평가에 간접적으로 참여하고 있다. 직속상사의 고과 과정에서 피고과자도 자기평가나 자기 신고의 형태로 인사 평가에 참여하게 되거나 부하가 상사를 평가 또는 동료 간의 평가를 하는 경우가 늘어나고 있다.

2) 평가시기

평가를 일 년에 한 번 정도 하는지, 수시로 하는지의 결정은 수익, 비용 측면에서 생각해 볼 일이다. 과거처럼 연말에만 정기적으로 한다면 평가 시간의 낭비와 잡무행동을 줄일 수 있지만 한 번만으로는 부정확한 평가가 되기 쉽다. 이를테면 지난해 초의 일은 모두 잊고 올 가을과 연말경에 행한 잘잘못만 기억될 수 있다. 그렇다고 빈번하게 수시로 한다면 평가비용이 더 든다. 그럼에도 불구하고 평가 대상자의 중요한 행동이 있을 때마다 수시로 하든지, 분기별로 하든지, 평가 횟수는 증가되는 경향이다. 대체로 입사 직후 배치 직전, 전환, 승진, 이동 배치 시, 교육 훈련 참가자 선발 시, 보너스, 인센티브 책정 시, 상급자 교체 시 등의 필요에 따라 평가를 한다면 평가 목적에 알맞게 대처할 수 있을 것이다.

3) 평가요소

회사가 사원들에게 바라는 것은 일을 잘해서 회사의 목표를 최대한 달성하라는 것이다. 그러므로 사원을 평가할 때에도 무엇을 평가할 것인지 분명하다. 일을 얼마나 잘했는가, 일을 얼마나 잘할 수 있는가, 이 두 가지 사항을 평가하는 것이 인사 평가이다. 즉, 사원들이 업무를 수행한 결과와 업무수행 능력을 평가하는 것이다. 그러나 회사의 목표달성 성과가 사원에게 달려 있기는 하지만 사원이 가지고 있는 한두 가지 특성의 영향을 받는 것이 아니라 무수히 많은 요소들로부터 영향을 받게 된다. 그 많은 요소들은 결국 사원의 지식, 능력, 태도, 행동, 기술, 재능으로 요약된다고 볼 수 있다. 그러나 많은 요인 중 무엇이 성과에 직접 연결되고, 무엇이 방해가 되는지, 그들 간의 가중치加重値, loading factor 차이는 어떠한지 등을 구분해

내기는 쉽지 않다.

(1) 성과평가

기업은 어떤 의미에서 사원이 가진 백의 지식이나 능력보다도 일이 이루어진 결과인 하나의 성과成果, performance를 중시하는 이익집단이다. 그러므로 성과와 업적은 가장 중시되는 평가요소가 된다. 업적은 개인 업적과 팀 업적으로 구분되지만 팀 업적도 개인들의 노력과 능력의 결과이므로 함께 고려해도 무난하다. 그러나 업적에도 양적으로 계량화計量化되는 것도 있지만 계량화할 수 없는 것들도 많다. 그러므로 질적, 양적 모든 측면의 업적을 제대로 평가하려면 평가방법이 타당하고 신뢰성 있는 것이어야 한다. 문제는 어느 사원의 업적이 그의 노력과 능력 때문이었는지, 회사와 상급자의 지원 때문이었는지, 순전히 재수와 운 때문이었는지 분간하기 어려울 때가 많다. 그러므로 성과평가 결과를 보상이나 승진에 활용할 때는 면밀한 주의가 필요하다. 그럼에도 불구하고 유능력자는 역시 무능력자보다 성과가 많다는 실증연구가 많으며 상식적으로도 타당하다.

(2) 능력평가

인간의 능력도 여러 종류가 있지만 무엇보다 업무와 직접 관련되는 특수능력과 그렇지 않은 기본능력으로 나누어 평가할 수 있다. 어떤 업무는 특수능력 없이 기본능력만 갖추면 되고 어떤 업무는 특수능력이 요구되며, 어떤 업무는 모두를 필요로 한다. 그러므로 모든 사람에게 두 가지 능력 모두를 요구하는 것은 타당치 않다. 인사평가 관점에서 볼 때 개인 능력의 우열優劣이 중요한 것이 아니라 사람마다 무엇이 어떻게 다른지를 파악하여 더 잘 관리할 수 있는 방법을 찾아내는 것이 중요하다. 제조 기술능력이 뛰어난 사람을 영업팀에 배치한다든지 사고력이 약한 사람을 대인관계나 판매영업에 배치해서는 안 될 것이다.

능력ability이란 어떤 일을 최대한 잘 해낼 수 있는 광범위하고 안정적인 특징들이라고 할 수 있다. 직무를 잘 해낼 수 있는 가능성을 능력이라고 할 때 능력은 지적 능력과 육체적 능력으로 나눠진다. 그러나 최근에는 감정적 능력이나 사회적社會的 능력이 더 중요하다고 한다. 자신의 감정을 통제하고 타인의 감정을 잘 감지하고 이해할 수 있다면 직장에서나 고객과의 사회적 관계를 성공적으로 이끌 수 있기 때문이다.

(3) 태도-행동평가

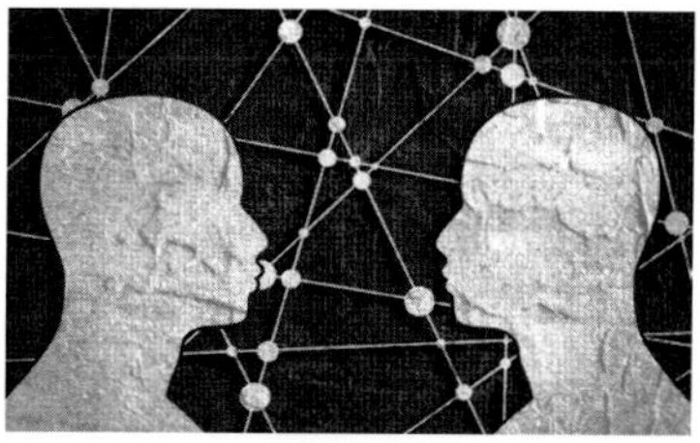

회사의 성과와 직접 관련이 없을 것 같은 사원들의 행동이 그들의 지식과 능력보다 성과에 미치는 영향이 더 크다는 연구 결과가 많다고 한다. 누가 회사에서 위험한 행동을 하고 비윤리적 행동을 한다고 윗사람에게 고자질하는 행동은 성과와 무관한 것 같지만 결국 그런 보고 행위는 회사분위기를 정직한 분위기로 바꾸어서 성과를 향상시키더라는 것이다. 그리고 타인을 돕는 행위, 정직을 선포하는 행위, 회사의 방침을 수호하고 따르는 행위, 신뢰적 인간관계 등을 모두 조직시민행동組織市民行動, organization citizenship behavior이라고 하는데, 이러한 행동은 성과와 긍정적 상관관계를 가진다고 한다. 물론 어떤 행동이 조직성과에 긍정적인 영향을 주고 안 주는지는 판단하기 쉽지 않다. 그러나 절도, 상해폭력 행위 등은 분명히 성과에 악영향을 미친다.

5. 인사평가의 방법

인사평가 방법은 매우 다양하지만 회사의 규모, 업종, 평가목적, 사원특성, 그리고 평가자의 평가능력 등에 따라서 알맞은 방식을 택하여 사용하면 된다. 즉, 인사평가의 대상, 목적에 알맞은 고과표考課表, performance assessment를 선정할 것, 평정방법이 객관적이고도 비교 가능적일 것, 평가자가 적정할 것, 평정에 있어 발생하기 쉬운 심리적인 편향을 되도록 시정하여 평정 과정상의 합리성을 유지할 것 등이며, 인사평가를 하는 데는 업종, 사용목적, 고과평가자의 직종 등에 알맞은 방식을 선택하여야 하며 대체로 다음과 같은 방식이 있다.

1) 전통적 고과방법

(1) 서열법(ranking method)

직원의 능력과 업적에 대하여 피평가자들 간에 순위를 매기는 방법이다. 평가요소별로 평가하여 각 요소별로 서열을 매기지만 요소들 간의 가중치(전체에 대하여 각 요소가 가지는 중요성의 값을 나타내는 비율)를 어떻게 배분하는지에 따라서 서열이 뒤바뀔 수 있기 때문에 주의해야 한다. 그러나 이 평가가 용이하기 때문에 비용과 시간이 덜 들고 평가 오류도 적다. 직무평가에 있어서의 서열법과 같이 근무성적이나 능력에 대하여 순위로 서열을 매기는 방식으로서, 가장 우수한 사람과 가장 못한 사람을 판단하고 서열을 정하는 교대서열법交代序列法과 임의의 2명씩을 비교하는 것을 반복하여 서열을 정하는 쌍대비교법雙對比較法이 있다.

(2) 관찰법(observation method)

상급자가 그냥 부하가 일하는 모습을 관찰하는 것이다. 이 방법은 다른 어느 최신 기법보다 정확할 수 있는데, 좀 더 자세히 관찰하자면 사무실에서 근무 중에 컴퓨터에서 불필요한 사이트를 몇 번이나 방문하는지, 누구와 무슨 메시지를 주고받는지를 관찰할 수 있다. 잡담이 많은지, 신문이나 읽고 있는지, 부지런히 손놀림하는지, 책상에서 졸고 있는지, 지각하는 날이 많은지 모두가 관찰로 가능하다. 결근 빈도수, 자리 비우기 등은 모두가 관찰 가능하며 가장 쉽고도 중요한 평가 방식이다.

(3) 평정척도법(graphical method)

피평가자被評價者 한 사람을 두고 각 평가요소들에 대해 단계별 차등을 두고 성실성은 우수, 정확성은 보통, 창의성은 최우수, 이런 식으로 평가하면 평가 목적에 맞는 평가 요소만 평가할 수 있고 점수가 등급별로 매겨져서 서열법의 단점을 피할 수 있으나 평가자의 관대화(근무 성적 등을 평가할 때, 평가자가 피평가자의 실제 능력이나 성과보다 점수를 높게 주는 경향), 가혹화(인사평가에서 평가자가 피평가자의 능력 및 성과를 실제보다 의도적으로 낮게 평가하는 경향), 중심화(오류평가 대상자들의 점수가 예상되는 정규분포보다 범위상의 중간 점수로 더 집중되게 평가하는 경향) 등을 피하기가 어렵다. 여기에는 도시화 단계식이 있다. 장점은 분석적인 평정방법을 적용한 점, 평정의 타당성, 수량화와 통계적 조정을 가능케 하는 것이다. 단점은 고과 요소의 구성과 선정이 어렵다. 고과표의 비중 결정이 어렵고, 설령 효율적인 비중이 결정된다 하여도 그 효과가 의심스럽다는 것이다. 각 단계에 인위적으로 점수를 줌으로써 수량화할 수 있다하여도 후광효과(어떤 대상을 평가할 때, 그 대상의 어느 한 측면의 특질이 다른 특질들에까지도 영향을 미치는 일) 등 평가 오차를 방지하기가 어렵다는 것 등이다.

(4) 기록법(filling out method)

종사원의 근무성적의 기준을 객관적으로 정해 놓고 이를 기록하는 방법이다. 각 직원의 생산량을 수량적으로 기록하여 작업량 기준으로 보는 산출기록법, 일정 시간에 작업량을 조사하고 이를 전체 기간 성적으로 추정하는 정기시험법, 결근일수, 지각 빈도수 등의 근태기록법, 작업태도, 방법, 성과를 점수로 환산하여 평가하는 가감법加減法, method of elimination by adding and subtracting 등이 있다.

(5) 체크리스트법(checklist method)

평가요소를 대변하는 직무와 관련된 구체적인 사례들을 여러 가지 제시하고 그 중에서 평가자의 행동이라고 여겨지는 것을 있는 그대로 표기하여 체크된 개수와 그들의 가중치를 감안해서 점수화하는 방법이다.

평가자는 평가 각 항목의 일람표에 미리 설정된 장소에 체크만 하고 그에 대한 평가는 인사부에서 하는 것이 보통이다. 체크만 하는 프로보스트probst 방법과 체크를 한 후 그 이유를 기록하는 오드웨이ordway 방법이 있다.

2) 현대적 방법

(1) BSC 평가법

BSCbalanced score card에서 말하는 균형balance이란, 재무적 성과 평가중심에서 재무적, 비재무적 성과를 모두 균형 있게 고려한다는 것이며, 단기 중심적인 성과관리에서 장 · 단기 성과관리를 동시에 한다는 것이다. 즉, 사원과 그들의 업적을 평가할 때 재무적 업적이나 단기적 성과만 보지 않고 재무와 비재무, 장 · 단기 결과와 과정의 균형을 잘 고려하여 평가한다는 의미이다. 따라서 결과에만 초점을 두고 최종 성과만을 평가하는 것이 아니라 그러한 성과를 발생시키는 원인과 과정에 대한 근본적인 관리를 함께 할 수 있다는 장점이 있다. 재무적 관점, 고객관점, 내부 프로세스관점, 학습과 성장관점 등 다양한 관점을 통해 기업성과에 대한 평가기준을 균형 있고 조화되도록 조절한다. 따라서 성과평가에 대한 균형 잡힌 시각을 제시하는 것이야말로 BSC의 핵심적 기능 중의 하나이다. 이러한 평가방식이 자리를 잡으면 개인역량이 업무과정에서 증폭되며, 회사의 모든 직무 활동과 프로세스는 기업 목적과 비전을 중심으로 조화롭게 진행된다는 취지로 유행되고 있다.

표 5-1 BSC 평가법

기존 성과관리		BSC
• Bottom–Up 방식 –성과지표가 조직전체의 비전 및 전략실행과 괴리 가능성	지표도출 방법	• Top–Down 방식 –조직전체의 비전과 전략으로부터 캐스케이딩하여 하위조직 지표도출
• 단기적, 과거업적평가 중심지표 –주로 재무적 관점에만 집중 –지표간 연관성 규명이 어려움	지표체계	• 장 · 단기, 과거업적, 미래역량 등을 균형적 평가 –고객, 지식, 학습 등 무형자산 중시 –지표 간 인과관계 명확히 정의
• 지표실적의 주기적 모니터링 미비 –실적의 원인분석에 한계 • 평가결과에 대한 보상에 초점	결과분석 활용	• 지표실적의 주기적 모니터링 및 피드백 강조 –전략적 자원의 재배분 • 전략적 조직관리 수단의 기능

(2) 행위기준 평가법(BARS)

BARS behaviorally anchored rating scales라고도 하는데, 피평가자의 직무와 관련되는 중요한 행동이나 사건들을 나열해 주고 각각의 행동들에 대하여, 자주하는지 전혀 안하는지의 척도를 매기게 하여 총점을 계산하는 방법이다. 업무와 관련되는 구체적인 행동들이기 때문에 평가하기도 쉽지만 이 방법의 장점은 피평가자가 좋은 점수를 받기 위해 구체적으로 어떤 행동을 해야 하는지를 제시해 줄 수 있다는 점이다. 좋은 점수를 받기 위해 계속 평가표에 제시된 행동을 하다보면 점점 그런 쪽으로 개발될 수 있다. 요즘은 이와 유사한 것으로서 업무에 필요한 구체적인 행동을 모두 열거하고 이를 얼마나 잘 하고 있는지 또 얼마나 자주하고 있는지를 평가하는 행동관찰척도법行動觀察法, behavioral observation scales: BOS으로 발전되었다.

(3) 목표관리법(目標管理法)

MBO behavioral by objectives라고도 하는데, 미리 상급자와 상의하여 달성할 목표를 정해 놓고 일정 기간이 지나면 이러한 성과와 계획했던 목표를 비교하면서 초과 달성했는지, 미완성으로 부족한지를 평가하는 제도이다. 그러므로 이 제도가 성공하려면 어떤 과정을 통해 어느 목표를 세우는지가 관건이다. 너무 일상적인 목표를 기준해도 안 되며 지나치게 어려운 목표를 세워도 안 된다. 그리고 미리 각 개인과 부서의 목표를 회사 전체 목표와 연결되는 계획성 있는 목표를 세운다면 모든 구성원들의 일 년간의 행동이 하나도 헛되지 않게 할 수 있다는 장점이 있다. 또한 평가자는 수시로 목표와 비교하면서 피평가자의 행동을 수정해 줄 수도 있으며 나쁜 결과가 나오기 이전에 미리 올바른 방향으로 유도할 수 있다는 장점이 있다. 다만 모든 직무 성과를 계량화할 수 없다는 것이 한계점이다.

표 5-2 Key Performance Objectives Form

2009 Key Performance Objectives Form Room to grow	
Name: Anton	
Manager: Director of Human Resources	Date May.12th.2014

Aligning our objectives to the key aspects of our core purpose and strategy will ensure we focus our efforts on delivering Great Hotels Guests Love.

These headings should be by everyone to align each of your objectives to Great Hotels Guests Love:

1. **Our People** – How we engage with our employees by delivering our Winning Ways and living our commitment so they love their jobs and want to stay with us
2. **Guest Experience** – How we inspire, motivate and guide our employees in order to deliver exceptional service so that guests will want to come back
3. **Responsible Business** – How we show we care for the environment and the communities we operate in
4. **Financial Returns** – How we grow our revenue and profit by operating efficiently, beating the competition and getting guests to spend more with us In addition the following headings may be helpful for those in certain roles
5. **Defining Our Strategy** – how we develop our business strategy, communicate our plans both internally and externally and measure our success (**Corporate Band 3 and above**).
6. **Where we Play** – how we grow our portfolio to maximise our scale advantage (**Corporate Bands 4 and above and Operators, including General Managers**).

Alignment (Great Hotels Guests Love)	Key Performance Objective	Measurement
Our People	Establishment Action Plans and successful communication with concern department.	Introduction and adoption of core IHG program's ensuring 100% staff coverage by year end is achieved in creating Great Hotels Guest Love (GHGL) – Room for You – Winning Ways – The Wheel – Your Bring it to Life II Implement an effective recruitment process, utilizing Local Web Site and Local News Papers in the recruitment of: HIS & IC

		Middle Manager's Level – Front Office (3) – F&B Service(3) – F&B Kitchen(3) – RCC(1) – Housekeeping(2) – Human Resources(2) Introduce the i–Grad program and by year end have signed up one person to the program. Relationship with an outsourcing company to deliver upon suitable operational staff and on boarding Schedule prior to opening the Holiday Inn Suites (Q3) and InterContinental (Q4). Establish and form relationship with a 3 Universities and Colleges to recruit Internship and Student Trainees prior to opening the Holiday Inn Suites (Q3) and InterContinental (Q4). Establish an active Social Club by end of Q3 with an activity to be undertaken monthly.
Guest Experience	Utilize brand standards manual and collateral guideline to ensure maximum compliance, subject to D&E sign off, to the physical and service standards as measured by the post opening brand audit (QES).	Introduce the Stay Real / Guest Experience Champion program by the early Q3. 3 months post opening achieve an overall satisfaction score (OSAT) for the Holiday Day Suites equivalent or greater than the Southern Asia & Korea average for the brand: Department Heads are trained and aware by year end of the relevance and importance of the GSTS program and understand how they positively influence results.

Financial Returns	Implement effective department Restoring system.	Implement i-Schedule prior to opening and use as a tool to effectively manage and monitor department rostering and in turn the cost of manpower in line with forecast expectations. Have a staff member become the champion of i-Schedule ensuring this tool is implemented in all departments by hotel openings.
Responsible Business Community Support	Ensure the resorts are positively received within the local community, have a positive impact within the area and work towards CSR issues that are important to the OwnCo and stakeholders.	Identify and work in unison with, by Q4, a worthy local NGO, community service or school and develop a sustainable plan to improve their service / business or charitable work. Work to employee 30% base of local staffs(kangwon province), includes Outsourcing staffs. Conduct quarterly a garbage clean-up collecting campaign with resort staff within the surrounding Alpensia Area.
Room to Grow		Cross Training: hotel to hotel – develop with the goal to multi skill 3 staff within the operation to be able to use in either property by Q4

(4) 평가센터법(assessment center)

평가를 전문으로 하는 평가센터를 만들고 여기에 다양한 자료를 활용하여 고과하는 방법이다. 하부 관리자의 평가에 특히 유효한 방법이다. 평가센터는 장소가 아니라 특정 평가팀이 승진대상, 선발대상을 평가하기 위해 마련한 방법들의 집합이다. 때로는 피평가자들을 특정 장소에 모아놓고 관찰하며 평가만 전문적으로 하기도 한다. 그곳에서는 과거에 실제로 회사에 있었던 곤란했던 문제들을 제시해 주고 어떻게 해결하는지 관찰도 하고 서로 다투도록 만들어 갈등을 어떻게 해결하는지, 고객이 불평을 할 때 어떻게 대처하는지도 알아본다. 이러한 갖가지 방법으로 피평가자의 능력을 전문가들이 관찰하여 토론하면서 적임자를 평가하여 선별하는 방식이다. 많은 인력, 시간, 비용이 드는 것은 사실이지만 평가가 비교적 정확하기 때문에 대 기업들에서 많이 사용한다. 평가센터법으로 피평가자의 의사소통 방식, 부하에게 업무배분, 부하 활용능력, 주도권과 판단능력, 적응력과 인내력, 스트레스관리 능력, 갈등해결 방식 등을 주로 관찰한다. 이 방법은 피평가자가 소유하고 있는 능력과 특기 등을 찾아내는 데는 유용하지만 그동안의 업무실적을 알아내기는 어렵다. 그리고 시간과 경비가 많이 들지만 중요한 요직에 사람을 선발하여 임무를 맡기는 경우라면 시간과 경비는 문제가 안 될 것이다.

(5) 종합적 방법

앞에서 살펴본바와 같이 평가기법이 한두 가지가 아니며 그중에 어떤 것이 가장 좋다고 결론 내리기도 어렵다. 결국 우리는 상황을 고려하여 회사와 사원, 직무특성과 평가비용, 평가자의 평가능력 등을 모두 검토한 다음에 평가방법을 선정해야 한다. 그것도 한 가지 방법만을 사용할 필요는 없다. 예를 들어, 행위기준평가법 BARS의 행위 기준을 나열한 다음 평정척도를 매길 수도 있으며, 목표관리법 MBO을 체크리스트와 연계하여 서열법 ranking method으로 순서화할 수도 있다. 여러 상황을 고려하여 적절한 방법을 선택하는 것이 좋은데, 이때 고려해야 할 상황은 직무상황이 매일 반복되는 일상적인 것인가 아니면 매일 새롭게 바뀌고 예외가 많은 직무인가, 그리고 사원들이 독립적, 자율적으로 일하려는가, 아니면 지시대로 규정대로만 하려고 하는가, 마지막으로 회사의 모든 여건과 상황이 고정되어 있는가, 언제 어떻게 변할지 모르는 불안정한 상황인가 등이다.

위의 세 가지 상황을 고려하여 일상적인 직무이며 환경도 안정적이고 사원들의 자율과 독립성을 그리 크게 주장하지 않은 상황에서는 직무에 필요한 행위 기준을 미리 정해 놓고 그 기준에 얼마나 부합되는지 실제치와 기준치를 비교하는 평가방식이 알맞다. 그 반대의 상황이라면 요구할 행위의 기준을 설정하기도 애매하고 미리 짜인 행동기준을 사람들에게 강요할 수도 없다면 상황이 발생할 때마다 자유롭고 유연하게 평가하는 자유서술법fully qualitative method이나 에세이 방식을 택하는 것이 좋을 것이다.

표 5-3 ABC호텔 팀원 인사평가표 양식

Team Member's Performance Evaluation
팀원 인사평가

◆ Team Member Information(피평가자 인적사항)

ID. No.(사번)		Name(이름)	
Dept.(부서)		Position(직책)	
Starting Date(입사일)		Evaluation Period (평가기간)	

◆ Signatures(서명란)

Team Member(팀원)	Evaluator(평가자)	Approval(승인)	General Manager(최종 승인)

◆ The Result of overall Evaluation(평가결과)

Total Grade(총점) It Shall be calculated by HR (인사부에서 산정)	

Team Member's Performance Evaluation
팀원 인사평가

A : Competencies Evaluation(능력평가)

Evaluation Level 평가기준	KS=탁월 Key Strength	S=우수 Strength	A=보통 Acceptable	DN=부족 Development Need	KDN=문제 Key Development Need

Competencies (능력)	Definition(정의)	Expected Level(기대수준)	Self Evaluation (자기평가)	Manager's Evaluation (상사평가)
1. Commercial Awareness Results Orientation (영업이익 중심의 사고)	Works towards achieving results in line with company and business directions through setting goals and objectives delivers results 회사의 영업방침에 따라 목표를 수립하고 목표에 대한 성과를 이룰 수 있도록 업무를 수행한다.	Strives to exceed performance standards 업무수행 기준치 이상의 우수한 결과를 얻기 위해 노력한다. Works to exceed set targets and a prefers in achieving a standard of excellence that goes by beyond expectation 기대 이상의 결과를 성취하고자 하며 정해진 목표 이상의 성과를 달성하고자 노력한다.		
2. Customer Orientation (고객중심의 사고)	Focuses on meeting customer needs development and implementation of polices and procedures 고객의 니즈를 만족시킬 수 있도록 고객만족을 위한 정책과 절차를 수행한다. 고객이라 함은 호텔을 이용하는 손님과 우리 팀원 내지 관련 업체도 될 수 있다. 본인의 고객은 누구일까 생각해 본다.	Monitors customer needs and gives feedback 고객의 니즈를 모니터하고 그에 따른 피드백을 준다. Monitors customers' needs and keeps them informed about the progress of the action being taken 고객의 니즈를 모니터하고 고객의 요구사항이 어떻게 진행되고 있는지를 알려준다.		

3. Listening and Reporting (상황대처 능력)	Be able to understand and respond appropriately to the options and concerns of other team members. 동료나 상사의 의견을 올바르게 이해하고 적절하게 대처한다.	Is keen to listen to others and puts into Practice? 다른 사람의 의견에 귀를 기울이며 그것을 실천에 옮기는가? Seeks to clarify facts and pertinent information before drawing a conclusion 명확한 사실과 관련 정보에 근거하여 결론을 이끌어 내는가?		
4. Team Work/ Developing Relationship (팀워/동료들과의 관계)	Working cooperatively with others towards a common goal in the best interest of the department 부서의 공동 목표를 위하여 동료들과 협조적으로 일한다.	Participates actively within the team 팀내 업무에 적극적으로 참여한다. Maintains good relationships with team Members and business partner through daily conversations and sharing of information 잦은 대화와 정보공유를 통해 팀원이나 비즈니스 파트너와 원만한 관계를 유지한다.		
5. Communication (커뮤니케이션)	Ability to communicate in a variety of ways in a clear and articulate way 명확하고 조리 있게 다양한 방법으로 의사소통을 할 수 있다.	Uses two-way communication 양방향 의사소통을 한다. Uses direct open, two-way communication Takes notes, gives feedback and ask questions to ensure understanding 솔직하고 오픈된 양방향 의사소통을 한다. 의사소통 시 정확한 이해를 위해 메모를 하고 피드백을 주며 질문을 한다.		

B: Task Evaluation 직무평가 / Atrium Cafe Attendant

Evaluation Level 평가기준	KS=탁월 Key Strength	S=우수 Strength	A=보통 Acceptable	DN=부족 Development Need	KDN=문제 Key Development Need

	Operational Task 수행업무	Self Evaluation 자기평가	Manager's Evaluation 상사평가
1	Assist hostess/head waiter/outlet manager in seating guest Hostess/Head Attendant/Restaurant Manager를 도와 고객을 좌석으로 안내한다.		
2	Answer telephone 전화 응대를 한다.		
3	Takes food, drink or dessert orders. Places them and services them according to policies 식음료와 디저트 주문을 받는다. 방침에 따라서 주문 받은 음식을 고객에게 제공한다.		
4	Assists guest with daily specials or recommendations 오늘의 특별 메뉴를 고객에게 알려드리고 때로는 메뉴 추천을 한다.		
5	Upsell wherever possible both food and beverage items 가능한 한 식음료를 업 셀링 하도록 한다.		
6	Enquires to guest as to how they are enjoying their meal 고객이 식사에 만족하고 있는지 고객에게 물어본다.		
7	Ensures all guests are farewelled in a pleasant manner from the outlet 고객이 업장을 떠날 경우에는 모든 고객을 상냥한 태도로 환송한다.		
8	Provides wine service where applicable. Ensures guest's glass is never empty 상황에 따라 와인 서비스를 제공한다. 고객의 와인 잔은 항상 채우도록 한다.		
9	Present bill to guest 고객에게 계산서를 제공한다.		
10	Checks and cleans side stations before and after service 서비스 이전과 이후에 주변을 항상 점검하고 청결히 유지한다.		
11	Sets up table tops according to policies 방침에 따라 테이블을 준비한다.		
12	Clears soiled dishes to stewarding area 사용하고 난 접시는 기물관리 구역으로 보낸다.		
13	Changes linen 린넨 제품을 교환한다.		
14	Replenishes pastry trolley/counter 페스트리 트롤리/카운터의 내용물을 다시 채운다.		

15	Checks and replenishes bread trolley and salad bar 빵 트롤리와 샐러드 바를 점검하고 내용물을 다시 채운다.		
16	Sets up replenishes and clears buffet tables 뷔페 테이블 내용물을 다시 채우고 깔끔하게 유지한다.		
17	Sends and collects silver ware for burnishing 광택을 내기위해 은제품을 수거한다.		
18	Collects requisitions 청구서를 수합한다.		
19	Works according to schedules published 정해진 스케줄에 따라서 근무한다.		
20	Participates in staff training and briefings 팀원 교육과 업무 회의에 참석한다.		
21	Maintains hygienic standards in restaurant and back area 레스토랑 내부와 Back Area의 위생 규범을 준수한다.		
22	Carries out all reasonable duties a as assigned by management 관리자에 의해 주어진 모든 업무를 수행한다.		
23	Wears company uniform and name badge 회사의 유니폼과 명찰을 착용한다.		
24	Behaves at all times in a manner which projects the good image of the hotel 회사의 좋은 이미지를 제공하기 위하여 항상 예의 바르게 행동한다.		
25	Performs any other duties as requested by senior management 상사로부터 요청된 이외의 업무를 수행한다.		

Evaluation Level 평가기준	KS=탁월 Key Strength	S=우수 Strength	A=보통 Acceptable	DN=부족 Development Need	KDN=문제 Key Development Need

C: Common Standard 공통사항	**Self Evaluation 자기평가**	**Manager's Evaluation 상사평가**
Maintains personal appearance by adhering to the Grooming guide 회사의 복무 규정에 따라 항상 용모를 단정히 한다.		
Waits on guests in accordance with the Courtesy standard 예의 바른 태도로 고객을 응대한다.		

Understands the correct manner and is able to act accordingly 올바른 매너를 익히고 상황에 맞게 적용한다.		
Handles complaints in accordance with the Brand service standard 고객 불만 발생시 올바른 절차나 방법으로 대처한다.		
Receives calls in accordance with the Brand service standard 브랜드 서비스 스탠다드에 따라 고객전화를 응대한다.		
Makes a basic communication with a guest in English 고객과 영어로 기본적인 커뮤니케이션을 할 수 있도록 한다.		
Promptly and accurately conducts required reporting and develops contact or discussion with a superior or sections 상사/단위부서와의 보고업무 또는 의견교환에 있어 신속 정확히 한다.		
Has a complete understanding of the policy and procedures of hotel 회사의 제반 규정을 완전히 이해하고 준수한다.		
Handles the sick or injured appropriately 아프거나 다친 사람들이 발생할 경우 적절히 대처한다.		
Understands and adheres to the hotel's policy in regard to fires, earthquakes, evacuations and safety 화재, 지진, 대피 및 안전과 관련된 회사 규정을 이해하고 있어야 한다.		

D-1: GSTS Score-Year End Assessment 연간 고객만족도 점수	D-2: GOP Score-Year End Total 연간 영업이익 점수
Actual (실제) = %	Actual (실제) = %
Plan (목표) = %	Plan (목표) = %

Training 교육
What training and development would improve your job performance? 당신의 업무능력 향상을 위해 필요한 교육은 무엇입니까?

Comments of Team Member evaluated. (if you need to add to the self evaluation) 피평가자 의견: 본인 평가에 덧붙일 사항이 있다면	Comments of evaluator (if you need to add to Team member's) 평가자 의견: 피평가자에 대해 덧붙일 사항이 있다면

표 5-4 ABC호텔 팀원 인사평가 지침서

Guideline for Team Member's Performance Evaluation
팀원 인사평가 지침

1. Purpose 목적
   1) For Cultivating team members of talent 팀원의 역량을 개발
      –Opportunity to highlight the team member's strengths in order to develop them continually.
      팀원의 강점과 우수한 점을 발견하고 지속적으로 개발 할 수 있는 기회를 부여
      –Opportunity to highlight the team member's area of improvement to stimulate growth and development.
      팀원의 발전 가능성을 고무시켜 단점 및 개선점을 향상 시킬 수 있는 기회를 부여
      –Opportunity to pin–point and discuss individual training requirements for each team member.
      팀원계발에 필요한 교육을 개별적으로 파악할 수 있는 기회를 부여
   2) For Promotion, general salary Increase, etc. 승진 또는 정기 급여 인상 시 참고자료로 활용

2. Objectives 피평가자
   1) Managerial team members/Dept. Heads 책임자
      Managerial level team members (refer to the table 4) whose service term is more than 6 months as of July 1 of Every year.
      매년 7월 1일 기준으로 당해 평가기간의 근속기간이 6개월 이상인 책임자로 표 4를 참고
   2) Rank & File team members 일반팀원
      All team members whose service term is more than 6 months as of July 1of every year.
      매년 7월 1일 기준으로 당해 평가기간의 근속기간이 6개월 이상인 팀원
   3) Exception 고과 제외자
      Team member whose service term is less than 6 months during evaluation period because of leave of absence or other reason, is excluded from evaluation.
      휴직 또는 기타 사유로 인하여 당해 평가기간의 근속기간이 6개월 미만인 팀원
   4) Evaluator can discuss with team member's ex–manager when appraisee change his/her dept. or outlet during evaluation period (Evaluator doesn't have to discuss with team member's ex–manager in case team member's service term is over 6 months in current dept. as of July 1 every year).
      평가기간 내 피평가자의 부서이동이 있을 경우에는 전 소속 부서의 평가자와 협의하여 평가 (단, 7월 1일 기준으로 현소속부서의 근속기간이 6 개월 이상인 경우 현 소속부서의 평가자가 단독으로 평가)

3. Appraiser/Evaluator 평가자
   1) Evaluation shall be completed by current outlet manager and be escalated to the next level manager for approval. 평가일 현재 단위부서 책임자가 평가하고 차상위자가 승인
   2) In case of evaluator's absence, next level manager should take team member's evaluation.
      평가자가 결원인 경우 차상위자가 평가

6. 인사평가의 절차

인사평가의 일반적인 절차procedure는 일차적으로 피고과자는 자기신고서自己申告書, self-declaration 및 자기평가표自己評價表, self-checklist에 기입하고 자기 스스로 자율 평가하여 직속상사인 1차 고과자에게 제출한다. 그 다음 절차로 1차 고과자는 피고과자의 자기신고서 및 자기평가표를 참조하여 피평가자와의 면담을 통하여 평가하는 과정을 밟는다. 1차 평가자는 평가 후 즉시 피평가자의 자기신고서 및 자기평가표를 직속상사의 상사인 2차 고과자에게 제출하고 고과표는 인사담당 부서로 전달한다.

2차 고과자는 1차 고과자를 경유한 피고과자의 자기신고서 및 자기평가표를 참조하고 면담을 통하여 평가한다. 2차 고과자는 평가 후 즉시 고과표에 피고과자의 자기신고서 및 자기평가표를 첨부하여 인사담당 부서로 전달한다. 인사담당 부서는 1차 고과자에 의한 고과와 2차 고과자에 의한 고과결과를 조정하여 점수화하고 피고과자에게 피드백을 해준다.

고과 결과에 대한 조정 시 1차 고과자에 의한 고과 결과와 2차 고과자에 의한 고과 결과가 현저한 차이가 있을 경우에는 인사담당 부서장은 공개적 면담을 통하여 직접 고과를 실시한다.

7. 인사평가의 문제점과 개선방법

인사평가의 수행에는 고과자, 피고과자, 고과제도 및 사회문화적 상황 등에 따른 많은 문제점들이 발생하고 있다. 일반적으로 말할 수 있는 문제점들은 호텔에서 종사원을 관광 진흥법으로 규정한 자격제도와 연공年功이나 학력 중심의 인사제도는 별개로 하더라도 자격점수 위에 능력의 의미를 부가하여 연공이나 학력 등의 요인과 함께 인사평가의 결과를 반영하여 승격시키려고 하는 호텔의 경우에는 이론적으로나 실제적으로나 문제점이 있게 된다.

인사평가는 본래 각자에게 주어진 직무의 수행에 관한 고과에 밀접하게 관계가 되는 반면, 자격제도는 인간의 일정한 기본능력 차이를 보는 개념이기 때문에 어떤 부문의 직무수행의 우열이 자격을 나타내는 것이 아니므로 능력의 유무와는 직접 관련이 없는 것이다.

그리고 인사평가의 가장 중요한 부분이 되는 능력을 어느 척도로 고과할 수 있는가 하는 것이다. 오늘날 인적자원 관리상 능력개발의 문제가 대두되고 있는 때에 본래 목적한 승진 · 배치 · 교육 등에 기여하려면 자격제도를 바탕으로 한 능력의 평가를 본격적으로 할 필요가 있다. 그러므로 직무와의 연관 속에서 능력과 실적을 평가하는 방법으로 개선되어야 한다.

1) 고과자에 따른 문제점

고과자는 고과과정에서 다음과 같은 오류를 범함으로써 고과 오차를 발생 시킨다. 따라서 경영자는 이러한 오류를 사전에 예방하고 보다 공정한 인사평가가 되도록 대책을 강구해야 한다.

(1) 후광효과(halo effect)

후광효과는 고과자가 피고과자의 한 평가 요소에 대한 호의적 혹은 비호의적인 인상이 다른 모든 평가 요소에 대해서도 동일하게 평가하려는 경향을 나타내는 것을 말한다. 예를 들면 평가대상이 친절성, 성실성, 책임감 등일 때 고과자는 친절성이 좋다고 생각하고 높은 점수를 받은 사람이 다른 평가대상에 대해서도 좋을 것이라고 생각하고 높은 점수를 주게 되는 심리적인 경향을 말한다. 즉 전반적인 인상으로 개개의 특성을 평정하는 경향을 말한다.

(2) 호온효과(horns effect)

후광효과의 반대되는 오류로 고과자가 피고과자에게 어떤 한 부분을 나쁘게 평가한 경우 그 인상이 다른 평가 부분에도 영향을 미쳐 나쁘게 평가하게 되는 경우이다.

(3) 관대화 오류(leniency error)

피고과자의 실제의 능력이나 실적보다도 더 높게 평가하려는 경향을 말한다. 이와 같은 경향이 나타나는 원인은 부하를 나쁘게 평가하여 그들과 대립할 필요가 없다는 것, 자기 부하가 타부문의 종사원에 비하여 더 나쁘게 평가되는 것을 피하기 위한 것, 나쁜 평가가 곧 고과자 자신의 책임으로 간주될 수 있다는 것 등을 들 수 있다. 이것이 관대화 경향의 동기가 되고 또한 원인이 되는 것이다. 따라서 각 평가요소에 대해서 명확한 정의를 하고 고과자로 하여금 신중한 평가를 하도록 훈련하여 공정을 기하여야 할 것이다.

(4) 심각한 오류(severity error)

관대화 경향과 반대되는 개념으로 피고과자를 필요 이상으로 낮게 평가하는 경우인데, 이것은 평가자가 완벽주의자이거나 평가 기준을 지나치게 높게 이해하여 피고과자를 평가하는 경우이다.

(5) 중심화경향 오류(中心化 傾向誤謬, the error of central tendency)

이는 평가의 결과가 평가등급상의 중간으로 나타나기 쉬운 경향을 말한다. 이것은 일반적으로 극단적인 평가를 피하려 하는 인간의 자연적 경향 때문에 발생한다. 이러한 경향의 원인은 관대화 경향의 경우와 비슷한데, 고과자가 평가방법을 이해하지 못하였거나 평가능력이 부족한 경우, 평가방법에 대해 회의적이거나 피고과자를 잘 알지 못하는 경우, 낮게 평가할 경우에 피고과자와 감정적 대립을 우려하여 중간으로 평가하거나 소홀히 평가한 경우 등이다. 이러한 결점을 해소하기 위해서 강제할당법(인사 고과에서, 미리 정해 놓은 비율에 맞추어 피평가자를 강제로 할당하는 방법)과 서열법 등을 활용할 수 있고 또한 각 평가요소의 단계별로 엄밀한 정의를 함으로써 어느 정도 이것을 예방하는 효과를 거둘 수 있다.

(6) 시간적 오류(recently error)

이는 고과자가 피고과자를 평가함에 있어서 쉽게 기억할 수 있는 최근의 실적이나 능력을 대상으로 평가하려는 데서 생기는 오류이다. 피고과자는 그가 평가를 받고 있다고 생각하면 고과자의 눈치를 살피는 것이 보통이다. 이와 같은 오류는 평가센터를 운용하거나 중요사건 기록법을 사용하여 피할 수 있다.

(7) 첫인상의 오류(first-impression error)

고과자가 피고과자의 평가에 있어서 지속적인 업무수행이 아닌 피고과자의 첫 인상만으로 평가를 하는 것으로 외부 노동력에 대한 선발면접 시 혹은 잘 알지 못하는 피고과자를 평가할 경우 발생되기 쉬운 오류이다.

(8) 고정 오류(fixed-impression error)

고과자가 피고과자의 평가에 있어서 단지 몇 가지 관찰 요인에 의해서 얻어진 평가로 피고과자에 대한 고과자의 고정관념에 의해 발생되는 오류이다.

(9) 상동적 태도 오류(stereotyping error)

상동적 태도 오류는 고정 관념에 속한 것으로 피고과자가 속해 있는 사회적 속성 등에 대한 지각적인 편견에 의해 발생되는 오류의 형태로서 출신지역, 출신학교, 종교, 성별, 연령, 사회단체 등에 좋지 않은 감정을 갖고 있을 때 이러한 감정이 피고과자 평가에 나타나는 경우의 것으로, 이러한 편견은 대인지각對人知覺의 문제일 뿐 아니라 평가의 공정성을 잃게 한다. 인사평가 방법상 평정 척도법에 있어서 직속상사 이외에 제3자의 고과 자료를 활용하면 이러한 상동적 태도stereotyping를 줄일 수 있다.

(10) 연공 오류(seniority error)

연공 오류는 피평가자가 가지고 있는 연공적 속성인 연령, 학령, 근속연수가 평가에 영향을 미치는 경우이다. 예를 들면 피평가자 중 학력이나 대졸자나 초졸자가 있을 때 전자를 더 높게 평가한다든가, 특히 우리나라의 경우, 근속연수가 연령이 많은 사람을 적은 사람들보다 더 후하게 평가하는 것이다. 그러나 서양 선진국 기업에서는 오히려 반대로 평가하는 경향이 나타나기도 한다.

2) 피고과자에 따른 문제점

인사평가의 과정에서 피고과자에 의한 문제점도 많이 발생한다. 피고과자에 따른 문제점은 다음과 같다.

(1) 인사평가에 대한 인식(knowledge of personnel evaluations)

인사평가는 주로 상벌 결정이나 통제에 목적을 두고 시행된다. 따라서 피고과자들 사이에 부정적인 인식이 높을 때가 많다. 고과 결과에 대한 공정성과 신뢰도에 의문이 제기되면 인사평가의 공신력이 떨어지고 인사평가에 대한 인식도가 낮아진다. 인사평가는 고과 결과에 대한 피드백과 개선 방향에 대하여 피고과자로부터 긍정적이고 적극적인 태도를 조성할 필요가 있다.

(2) 성취동기의 강화(strengthen of achievement motive)

인사평가에 대한 태도는 피고과자 자신의 심리적인 상태, 즉 성취동기 및 자아개념自我概念과 밀접한 관계가 있다. 피고과자의 성취동기 수준이 높으면 목표 지향적 행동이 강하게 나타나고 고과 결과의 피드백에 대한 관심도 높다. 또한 피고과자가 자기 직무에 관심이 많고 자아개념이 높을수록 고과 결과의 피드백에 대한 관심도가 높다. 과거에 고과 결과에 피드백으로부터 긍정적인 강화 효과를 경험한 피고과자 일수록 인사평가에 대한 관심이 높다.

(3) 주관의 객관화(projection)

주관의 객관화란 자기 자신의 특성이나 관점을 타인에게 전가시키려는 경향을 말한다. 예를 들면, 능력 없는 관리자가 자기 자신에 대한 비난을 자기 동료나 상사 혹은 부하를 비판하면서 전가시켜 버리는 경우를 말한다.

(4) 지각적 방어(perceptional defences)

지각적 방어란 자기가 지각할 수 있는 사실을 집중적으로 파고 들어가면서도 보고 싶지 않은 것은 외면해 버리는 경향을 말한다. 이는 평가요소를 광범위하게 정해 놓고 모든 평가요소가 평가에 포함되도록 하면 줄일 수 있는 오류이다.

3) 고과제도에 따른 문제

고과제도의 미비와 운영의 미숙 그리고 사회 · 문화적 특성의 차이로 인하여 인사평가에 문제가 발생할 수도 있다.

(1) 직무분석의 미시행

인사평가는 직무분석을 통한 다각적이고 객관적인 근거 위에서 조직 구성원이 지니는 조직에 대한 공헌도와 현재 및 장래의 유용성을 평가하는 것이다. 그런데 직무분석이 시행되지 않은 상태에서 인사평가를 시행한다면 고과자의 주관과 편견 등 많은 문제가 발생한다. 따라서 직무분석은 인가고과의 선행요건이다. 즉 직무분석을 통해 직무와 구성원의 관계를 명확하게 규정하고 피고과자의 업적과 능력을 평가해야 한다.

(2) 고과 결과의 공개 문제

인사평가 결과의 공개 여부는 조직의 상황과 고과의 목적, 직무의 성격, 종사원의 자질 등에 따라 결정되지만, 고과 결과에 대한 피드백과 이에 따른 개선을 위해 공개적인 고과가 바람직하다. 인사평가의 비공개주의는 상사와 부하사이에 위화감, 불신감이 생길 수 있고 의사소통에 문제가 생기며 궁극적으로는 인사평가제도 자체를 불신할 우려가 있다.

(3) 인사평가의 신뢰도 문제

인사평가가 얼마나 정확하고 공명정대하게 실시되었는가 하는 것은 인사평가의 신뢰도와 깊게 연관된다. 조직은 인사평가의 신뢰도를 높이기 위해 인사평가의 설계, 실시, 평가, 결과에 대한 피드백, 상벌, 고과 요소의 선정, 고과자의 교육훈련 등에 대해 세심한 배려를 기울여 인사평가의 신뢰도와 타당성을 높여야 한다.

(4) 연공서열에 대한 선호

연공서열年功序列에 대한 선호 때문에 능력과 업적에 대한 공정한 평가가 어렵다.

4) 인사평가의 개선 방향

인사평가의 효과를 극대화하기 위한 인사평가의 개선방향을 살펴보면 다음과 같다.

(1) 고과자 훈련

인사평가제도의 공정하고 정확한 운영이라는 본래의 목적을 달성하기 위해서는 고과자에 대한 교육훈련이 반드시 필요하다. 고과자에 대한 교육훈련에 포함될 주요 내용에는 인사평가제도의 목적, 고과방법, 고과면접 유형 및 절차, 경청기술 등이 포함된다. 인사평가는 더 이상 상급자가 갖는 통제권 중심의 고유권한으로 인식되어서는 안 되며 동료나 부하 그리고 더 나아가서는 고객까지를 포함한 다양한 고과자에 대한 철저한 교육을 통해서 인사평가에 대한 피평가자의 수용성水溶性을 높이려는 노력이 필요하다.

(2) 인사권의 일선부서에 위양

고과제도의 효율화를 위해서 인사권의 위양이 필요하다. 특히 중간 및 하부 관리자의 권한을 대폭 강화시킬 것이 요구된다. 왜냐하면 그들로 하여금 직원을 자신의 의도대로 지휘 통솔하고 그를 통하여 경영성과를 향상시키기 위해서는 권한이 있어야 하기 때문이다.

(3) 성과적 평과중심의 고과

전통적인 인사평가는 성품 중심적 평가였다. 이는 업무 그 자체보다 업무를 담당하는 자의 성격, 근무태도, 의욕 등에 초점을 맞추어서 평가하는 것이다. 이에 비하여 최근에 인사평가의 중점은 한 인간으로서의 종업원의 가치를 평가하는 대신 직무상의 업적의 결과를 평가하는 데 있다. 그것도 과거 지향적인 업적이 아닌 미래 지향적인 업적에 치중한다.

(4) 평가결과의 악용금지

어떤 부하가 괜히 싫어지거나 좋아지면 사사로운 정이나 관계에 이끌리는 정실주의情實主義로 탈락 혹은 승진시키고 나서 명분이 서지 않으므로, 인사평가 결과를 대입하여 자기의 마음이 아닌 인사평가 결과 때문이라고 말하기 쉽다. 심지어는 정리해고 결정을 할 때에도 평가 점수가 약했기 때문에 해고한다고 정당화하기도 한다. 월급 인상을 거부할 때에나 다른 주장을 잠재우려 할 때에도 평가 결과로 상대 사원을 깎아내린다. 이러한 일이 없도록 평가 결과를 사용할 때 주의해야 한다.

(5) 인사전문가 해석

평가 결과를 직속상사나 비전문가가 단순에 해석하는 것도 바람직하지 않으며 전문가에게 해석과 개선 방안을 위임하는 것이 좋다. 그리고 평가 결과뿐 아니라 평가요소 선정, 평가방식, 평가 대상과 시기가 모두 제대로 결정되었는지도 사후적으로 전문가와 함께 검토해 보는 것이 중요하다.

CHAPTER 06

임금관리

1. 임금관리의 이해
2. 임금수준의 관리
3. 임금체계관리
4. 임금형태관리

CHAPTER

06

HUMAN RESOURCE MANAGEMENT

임금관리

1. 임금관리의 이해

1) 임금의 개념

인사관리는 종업원으로 하여금 소기의 경영성과를 실현시키게 함으로써 종업원의 능력과 그들의 처우를 최적의 상태로 유지함을 의무義務로 하고 있다. 따라서 인사관리人事管理, personnel administration는 이와 같은 임무를 수행하기 위해 능력관리 분야에서는 적합한 인적능력人的能力 확보에 중점을 두고 있으며 처우관리의 분야에서는 적합한 물적 조건, 특히 임금관리賃金管理, wage and salary management의 개선에 그 중점을 두고 있다.

산업화 수준이 비교적 낮은 과거에는 미숙련 과잉노동력을 기반으로 저임금정책으로서도 산업평화를 유지할 수 있었다. 그러나 이제 기업에도 경제적인 고도성장의 지속과 기술혁신에 의해 고도의 전문적인 기술이 필요하게 되고 젊은 층의 새로운 노동력이 점차 부족해지기 시작함에 따라 인사관리상의 일대 혁신을 불러오게 되었다.

2) 임금관리의 의의

임금이란 근로자가 기업에 기여한 근로의 대가로 지급되는 화폐적 보수를 말한다. 즉, 노동이 기업에 제공한 생산적 공헌에 따라 지급되는 일체의 대가를 의미하는 것으로 해석되고 있다. 임금에 관한 대표적인 정의를 근로기준법에서 찾아보면 "임금, 급료, 수당, 상여금 또는 그 밖의 명칭 여하를 불문하고 노동의 대가로 사용자가 노동자에게 지급하는 일체의 금품金品, money and goods"이라고 했다. 이러한 임금은 종자원의 입장에서 본다면 노동의 대가로서 얻은 소득이어서 이것은 그들의 생활유지 향상의 원천이 되며 호텔의 입장에서 본다면 비용이 되나 보다 엄밀히 말한다면 이것은 호텔기업 활동의 결과로서 얻은 성과의 분배라고 할 수 있다. 따라서 종사원은 보다 많은 안정적인 임금지급을 요구하나 경영자는 그들이 호텔기업의 운영목적 달성을 위해 바친 노력과 능률에 대응하는 수준에서 지급하려 한다. 이 때문에 임금을 둘러싼 노사분규勞使粉糾, labor dispute가 생기기 쉬우므로 이에 대한 관리는 호텔인사관리상 중요한 내용이 된다.

호텔기업에서의 임금은 노동력의 가치 기준에 의해 규정되고 노동력의 가치는 종사원의 재생산에 필요한 생활 자료의 가치이며 그 화폐적 표현이 노동력의 가치가 된다. 즉 호텔기업에 있어서는 임금은 종사원의 수입인 동시에 다른 한편으로는 경영자의 비용이므로 이윤극대화의 원리하에 있어서는 인건비에 대한 중요성 정도가 높은 것이 특징이다. 이처럼 임금관리는 종업원의 직무동기 면에서 볼 때 임금이 최고의 요소라거나 충분조건은 아니라고 하더라도 기본적인 요소이며 필요조건이 됨은 부인할 수 없다. 따라서 인사관리 중에서 임금관리가 차지하는 비중은 매우 크다고 할 수 있다.

근로자 측면
- (1) 경제적 측면 – 기계수입의 원천 – 생계수단
- (2) 사회적 측면 – 사회적 신분으 상징 – 지위에 적합
- (3) 심리적 측면 – 욕구충족의 수단 – 유행, 레저

사용자 측면
- (1) 비용적 측면 – 인건비 – 중요생산비
- (2) 동기적 측면 – 능률자극 수단 – 인재확보
- (3) 순환적 측면 – 구매력(근로자 생활비) –유효수요

그림 6-1 ➔ ABC Hotel의 조직도임금의 의의

3) 임금관리의 내용

임금관리라고 할 때에는 임금액의 관리와 임금제도의 관리로 크게 나눌 수 있다. 임금액의 관리는 우선 임금수준의 적정성 그리고 기준임금의 합리적인 산정과 사내 임금격차의 합리화가 중요하다. 기준임금의 합리적인 산정을 위해서는 표준생계비標準生計費, standard cost of living라든지 자사의 적정 인건비 및 동업종의 임금수준과 관계법규 등이 고려되어야 하며 임금액의 사내 격차를 합리화하기 위해서는 초임금과 승진기준 및 승급액의 폭이 적정화되어야한다.

그리고 임금제도의 관리에 있어서는 근로자가 노동의 대가로 받는 보수의 지급기준과 방법에 관한 제도로서 임금체계와 임금지급형태의 관리가 되어야 한다. 이러한 임금관리의 내용을 요약정리하면 [그림 6–2]와 같이 표시할 수 있다.

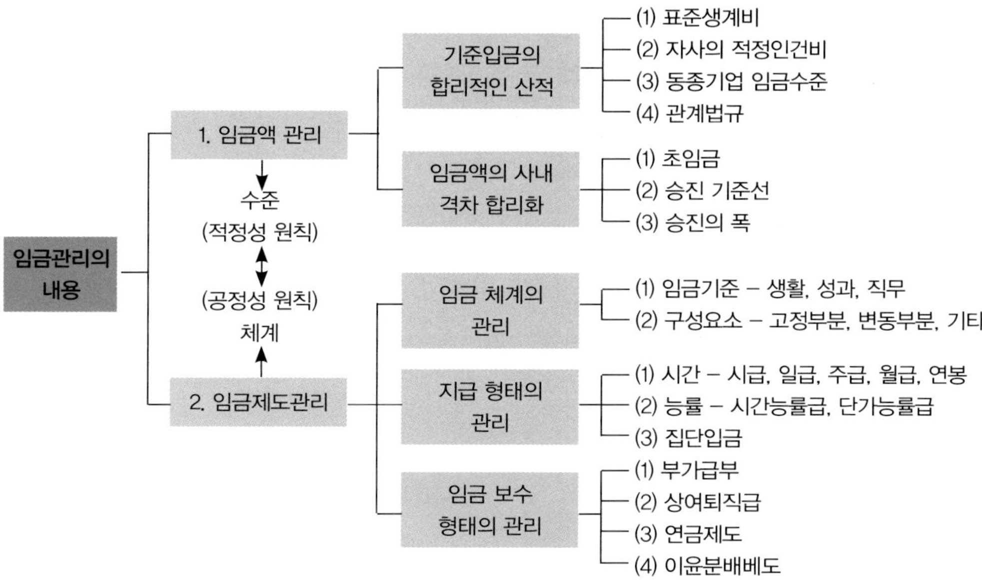

그림 6-2 ➔ 임금관리의 내용

4) 임금관리의 목표와 기능

먼저 임금관리는 "임금지급액, 임금기준 및 지급방법, 임금의 사회적 수준, 생활급으로서의 안정성, 승급의 가능성에 있어 합리적이고 능률적인 결정을 내리기 위한 기술"이란 개념이다. 그래서 기업은 노사 간에 공정하고 합리적인 임금정책을 수립하고 목표를 설정해 놓고 있다. 임금관리를 효율적으로 수행할 수 있을 때 다음과 같은 경영상의 목표가 실현된다.

- 호텔이 필요로 하는 질과 양의 종사원을 확보할 수 있다.
- 일단 채용된 종업원을 기업에 계속 머물게 할 수 있다.
- 제비용을 합리적인 수준으로 유지할 수 있다.
- 노사관계를 보다 원활하게 유지할 수 있다.

- 종업원들로 하여금 보다 큰 노력을 기울이도록 독려할 수 있다
- 종업원의 노력을 경영자가 바라는 방향대로 이끌 수 있다.
- 조직 내에서의 형평을 유지할 수 있다.

임금관리의 기능에는 첫째, 기업주와 종사원 간에 서로 이해할 수 있고, 사회적으로 공정한 기능을 수행하도록 역할을 다해야 하며, 둘째, 기업 활동에 주도권을 이끌어갈 수 있는 이니셔티브initiative를 위한 동기부여의 요소로 그 역할을 다해야 한다.

5) 임금관리의 중요성

임금은 임금구조, 임금수준, 지급방법 그리고 지급형태에 따라서 종사원은 물론이고 종사원과 그들이 속해 있는 공동사회에서 각각 중요성이 강조되고 있다. 즉 종사원에게는 생계유지와 사회적 충족의 수단으로서 호텔 측에서는 비용 요소인 반면에 생산성 요소로서 중요성이 있는 것이며 사회적으로는 공동의 번영과 안정의 척도로서 그리고 그것을 뒷받침하는 요소로서 중요성을 갖게 된다. 임금관리는 종사원과 호텔 양측에 있어서 중요하게 인식되는데 이러한 요소들을 구체적으로 살펴보면 다음과 같다.

(1) 종사원에 대한 임금의 중요성

첫째, 임금은 종사원 자신은 물론 그 부양가족에 대한 생계비 원천으로서 중요성이 대두된다. 생계비는 인간 활동의 에너지 원천과 노동재생산의 요소가 되므로 임금의 인상은 욕구와 노동 재생산성의 증대로 반영된다고 볼 수 있다.

둘째, 임금은 호텔기업 내적인 면에서 직무의 상대적 가치를 규정하게 되므로 사회적 신분을 정하는 기준이 되기 때문에 중요하다.

셋째, 임금은 사회적, 생리적 욕구 충족의 수단으로서 종사원의 생활을 충족시킴과 동시에 직무에 대한 보람을 느끼게 한다.

넷째, 임금은 호텔종사원의 자질 향상과 호텔에 대한 공헌도 증진을 유지하는 요소로서 고임금은 호텔종사원의 자질향상과 공헌도 증진의 요소로 실질적인 중요성을 갖는다.

다섯째, 업무수행 과정에서 종사원 개인의 능력을 인정하거나 격려하는 것보다는 포상제도에 따라 재무적 인센티브incentive를 부여하는 것이 호텔기업 목표달성을 더욱 촉진시킬 수 있다는 점에서 종사원의 동기부여 수단으로 중요하다.

(2) 호텔기업에 대한 임금의 중요성

호텔의 임금지급 범위는 비용 한도액 내에서 결정되어 있고 가급적이면 관리상에서 비용을 경감시키려고 노력하기 때문에 임금이 종사원의 수입원천이라는 개념과 상충되고 있다. 또한 호텔기업 임금정책에서 결정되는 임금수준의 적정여부는 호텔의 생산성과 능률성에 영향을 미치고 궁극적으로는 호텔기업 성과에 중대한 영향을 미치게 된다. 특히 임금수준은 종사원의 노동생산성勞動生産性, productivity of labour과 능률을 자극하는 요소이기 때문에 동일업종과 산업 간에 상호균형을 유지할 수 있는 수준에서 결정이 된다.

이밖에도 호텔에서 지급되는 임금은 비용 요소인 동시에 생산 원가의 주요 부분을 차지하고 있어 임금 증대는 생산비와 판매가격 또는 호텔의 경쟁지위까지 큰 영향을 미쳐 고객의 부담증대에 자극을 주게 되어 판매량의 감소현상을 유발하고 호텔의 이윤을 하락시키는 결과도 가져올 수 있게.된다. 따라서 호텔의 임금은 호텔기업의 지불능력과 호텔기업 이윤 및 고객과의 관계 등 앞서 말한 여러 가지 요소들을 충분히 고려해 결정하는 것이 바람직하다.

6) 임금관리의 분류

임금관리는 총액 임금관리로서의 임금수준賃金水準, wage level관리와 개별임금個別賃金, individual wage관리로서의 임금총액을 개개의 근로자에 어떻게 분배하는가 그 지불하는 방식을 나타내는 임금체계賃金體系, wage system construction 및 종업원에 대한 임금의 산정방법 및 지급방법을 의미하는 임금형태賃金刑態, wage form관리로 이루어진다. 임금수준관리는 기업이 창출한 부가가치를 얼마나 종사원들에게 분배할 것인가의 문제를 다루는 것으로서 기업과 종사원 모두가 적정하다고 생각하는 수준에서 이루어져야 한다. 반면에 임금체계 및 형태관리는 임금수준관리에 의해서 결정된 임금총액을 종사원들에게 배분하는 문제를 다루는 것으로서 종사원들이 공정하다고 인식하여 일에 대한 의욕을 높일 수 있도록 행해져야 한다. 따라서 임금수준관리에서는 적정성의 원칙을 중시하며, 임금체계 및 형태관리에서는 공정성의 원칙이 중요한 기준이 되고 있다. 임금체계는 급여체계라고도하며 기업이 근로자에 지불해야 할 임금총액을 개개의 근로자에 어떻게 분배하는가? 그 지불하는 방식을 나타내는 것으로 구분한다. 각 조직에 따라 임금에 대한 다양한 표현들이 사용되고 있어 임금에 대한 혼란을 야기하기도 하므로 임금에 관련된 몇 가지 중요한 개념을 살펴보면 다음과 같다.

(1) 보수 · 급여 · 급료 · 봉급 · 임금

모두 다 사용자가 근로의 대가로서 근로자에게 지급하는 금전 기타의 것을 말한다.

① 보수報酬는 사용자인 국가나 지방자치단체가 노동자인 국가공무원 및 지방공무원에게 근무의 대가로 지급하는 것이며, 각종 수당을 합산한 금액을 말한다.

② 급여pay는 보수 또는 급료給料 등과 상호 혼용되어 사용되며 임금과 거의 동일한 개념이라고 할 수 있다. 일반적으로 복리후생을 제외한 모든 금전적 보상을 의미한다. 주로 공무원 및 정부 관리기업체의 직원의 봉급, 연금, 기타의 근무에 대한 대가라는 의미에서 고용주가 피용자에게 지급하는 임금까지 포함하여 쓰이기도 한다. 구민법 · 구 민사소송법에서는 급부給付라는 용어가 쓰이고 있었으나 현행민법 · 현행민사소송법에서는 이를 대신하여 급여라는 용어가 쓰이고 있다.

③ 급료給料는 옛날에 가사노무자나 하급노무자의 근로의 대가를 지칭하여 쓰였던 것이다. 이 급료는 오늘날에는 근로자 일반에 대하여 쓰게 되었고, 임금이라는 용어의 용법과 차이가 없게 되었다.

④ 봉급俸給이란 직무의 곤란성 및 책임의 정도에 따라 직책별로 지급되는 기본급여 또는 직무의 곤란성 및 책임의 정도와 재직기간에 따라 계급, 직위별, 호봉별로 지급되는 기본급여를 말한다.

⑤ 임금賃金이란 노동의 대가로서 사용자가 근로자에게 지급하는 금전 기타의 것을 말한다. 임금에는 현물급여도 포함한다.

(2) 기본급

기본급基本給, basic salary이란 개개의 노동자에게 지급하는 임금 중에서, 수당이나 상여금, 퇴직금 등을 제외한 임금을 말하며 여러 가지 수당, 상여금, 퇴직금 따위의 산정 기준이 된다. 흔히 기준임금基準賃金 또는 본봉本俸이라고도 하며 기업이 일정한 기준에 의하여 조직 구성원들에 대해 공통적, 고정적으로 지급하는 현금보상을 말한다. 기본급은 구성원의 개인적 특성인 연령, 근속년수, 학력, 경험 등이나 직무의 특성 또는 직무수행 능력 등의 가치를 반영하여 결정한다. 즉 구성원 개개인의 노력이나 성과와는 관계없이 개인적 특성이나 직무특성 또는 직무수행 능력이 비슷한 구성원들에게 비슷한 급료가 기본적으로 지급되는 현금 보상이다.

(3) 수당

수당手當, allowance이란 정해진 급여 외에 특별한 사유에 따라 정기적이거나 수시로 지급되는 보수로서 기본급의 보완적 관점에서 지급되는 부가적 성격의 임금이라 할 수 있다. 수당에는 통상적인 업무에 대하여 고정적으로 지급하는 수당과 비통상적인 업무에 대하여 지급하는 변동적, 일시적으로 지급되는 수당이 있다. 우리나라에서는 상여금과 퇴직금을 제외한 부가적인 임금을 수당이라고 부르는 경향이 있다. 그리고 수당은 그 종류가 많은 까닭에 대개 기본급을 제외한 모든 수당, 통상적 수당과 기타 수당을 모두 합한 제 수당諸手當이라고 부른다.

(4) 장려금

장려금incentive이란 어떤 특정한 일에 힘쓰도록 격려하는 뜻으로 조직 구성원들의 성과를 자극하기 위하여 금품이 제공되는 급부給付, payment를 말한다. 이러한 장려금은 개인의 성과와 집단, 조직 전체의 성과 등에 따라 지급될 수도 있고 이 모든 성과를 종합적으로 고려하여 지급될 수도 있다. 그리고 단기성과와 장기성과를 기준으로 지급될 수도 있다. 우리나라에서는 장려금을 상여금이라 부르며, 여기에는 성과급成果給, pay for performance과 성과배분成果配分, gains-sharing 등이 포함된다.

(5) 통상임금

통상임금通常賃金, ordinary wage은 근로자에게 정기적으로 지급되는 월급, 주급, 일급, 시간급 등을 총칭해서 통상임금이라고 말한다. 여기에는 기본급 외에 직무수당과 직책수당, 기술수당, 면허수당, 위험수당, 벽지수당, 물가수당 등 사업주가 일률적으로 지급하는 임금은 모두 포함되지만 상여금, 연월차수당, 연장근로수당 등과 같이 근로실적에 따라 변동 지급되는 임금은 포함되지 않는다. 다만 가족수당, 주택수당과 같은 급여가 모든 근로자에게 적용될 때에는 통상임금에 포함한다.

통상임금의 산정기초가 되는 임금은 근로계약이나 취업규칙 또는 단체협약 등에 따라 소정근로시간에 대해 근로자에게 지급하기로 한 기본급 임금과 정기적 · 일률적으로 어느 한 임금산정 기간에 지급하기로 한 고정급 임금으로 한다. 시간급 통상임금의 산정은 다음과 같다.

- 시간급 금액으로 정한 임금은 그 금액
- 일급 금액으로 정한 임금은 그 금액을 1일의 소정근로시간 수로 나눈 금액
- 주급 금액으로 정한 임금은 그 금액을 주의 통상임금 산정 기준시간 수로 나눈 금액. 단 한 주일의 통상임금 산정 기준시간 수는 주일의 소정근로시간과 소정근로시간 외에 유급으로 처리되는 시간을 합산한 시간을 말한다.
- 월급 금액으로 정한 임금은 그 금액을 월의 통상임금 산정 기준시간 수(주의 통상임금 산정 기준시간 수에 1년 동안의 평균 주의 수를 곱한 시간을 12로 나눈 시간)로 나눈 금액

(6) 평균임금

퇴직금 등의 지급 사유 발생일로부터 이전 3개월 동안 지급된 임금 총액을 총일수로 나눈 금액인 평균임금平均賃金, average wage은 근로자가 현실적으로 지급받는 임금의 한 종류가 아니라 휴업수당, 퇴직급여 등 근로자에게 지급될 급여금을 산출하

는 데 쓰이는 단위개념이다. 근로자에게 지급된 임금의 총액을 해당 기간의 총일수로 나눈 금액을 의미하기도 하며, 퇴직금, 재해보상금 등의 산정기준 임금으로서 매월 실질적으로 받는 임금을 의미하기도 한다. 평균임금과 통상임금을 구별하는 이유는 일반적으로 평균임금액이 통상임금액을 상회하기 때문에 평균임금을 지급해야 할 경우에 근로자에게 평균임금액을 확보해 주려는 데 있다.

2. 임금수준의 관리

임금수준wage level이란 한 나라, 한 산업 또는 한 기업의 종사원 1인당 지불되는 임금액의 수준을 의미한다. 기업 내에서 임금수준의 문제는 그것을 경영에서 본 측면과 노동에서 본 측면으로 구분할 수 있다. 경영측면에서 본 임금수준은 종사원 1인당의 평균노무비로서 경영계획의 기초가 된다. 그리고 종사원 측에서 본 임금수준은 생활수준을 나타내는 것이다. 일반적으로 높은 임금수준은 높은 인건비를 유발하기 때문에 기업경영자는 임금수준을 낮추려고 노력하게 될 것이다. 그러나 임금은 소득의 원천이므로 특정 조직의 임금수준은 사람들이 그 조직에 지원하고 또한 그 조직에 계속 남아 있을 것인가를 결정하는 중요한 요인으로 작용하기 때문에 적정한 임금수준을 유지하는 것이 중요하다.

표 6-1 임금수준계획(Wage Level Plan)

Assumption Handover 31.01.2010, VIGP 01.03.2010, Club very busy start, Hotel 50%										
DEPARTMENT	Cate-gory	Head count at 70%	Classification				Grade	Grade Korean	Monthly salaries per person	
			Full Time	Con-tract	Intern-ship	Outsour-cing			In KRW	In USD
ROOMS										
ROOMS ADMINISTRATION										
Front Office Manager	Local	1	1				4	Kwajang	5,000,000	$3,846
SUBTOTAL		1	1	–	–	–			5,000,000	3,846
FRONT OFFICE										
Duty Manager	Local	3		3			3	Daeri	4,200,000	$3,231
Supervisors(Shift Leader) Receptionist/	Local	3		3			2	Juim	3,300,000	$2,538
GSA	Local	3		1	3		1	Sawon	2,000,000	$1,538
Bell Captain	Local	1		1			2	Juim	3,300,000	$2,538
Bell Men	Local	4		1	5		1	Sawon	2,000,000	$1,538
Club Reception Supervisor	Local	3		3			2	Juim	3,300,000	$2,538
Club Receptionists / GSA	Local	4		1	5		2	Sawon	2,000,000	$1,538
SUBTOTAL		21	–	13	13	–			20,100,000	15,462
RESERVATIONS										
Reservations Manager	Local	1	1				3	Kwajang	5,000,000	$3,846
Reservations Coordinator	Local	–					2	Juim	3,300,000	$2,538
SUBTOTAL		1	1	–	–	–			8,300,000	6,385
GUEST SERVICES DEPT										
Guest Services Manager	Local	1		1			3	Daeri	4,200,000	$3,231
Guest Services Attendants	Local	3		1	3		1	Sawon	2,000,000	$1,538
SUBTOTAL		4	–	2	3	–			6,200,000	4,769
HOUSEKEEPING										
Executive Housekeeper	Local	1	1	1			4	Chajang	6,000,000	$4,615
Asst. Executive Housekeeper	Local	1					3	Daeri	4,200,000	$3,231
Housekeeping Supervisor	Local	3				3	2	Juim	3,300,000	$2,538
Order Taker	Local	3				3	1	Sawon	2,000,000	$1,538
Room Attendant	Local	6				6	1	Juim	2,000,000	$1,538
Service / Runner	Local	2				2	1	Sawon	2,000,000	$1,538
SUBTOTAL		16	1	1	–	14			19,500,000	15,000
LAUNDRY										
Linen/Uniform Attendant	Local	2				2	1	Sawon	2,000,000	$1,538
Seamstress	Local	1				1	1	Sawon	2,000,000	$1,538
SUBTOTAL		3	–	–	–	3			4,000,000	3,077

CLUB SERVICES										
Public Areas Supervisor	Local	2				2	2	Juim	3,300,000	$2,538
Public Area Attendant	Local	11				11	1	Sawon	2,000,000	$1,538
Valet Parking	Local	8				8	1	Sawon	2,000,000	$1,538
Parking Attendant	Local	4				4	1	Sawon	2,000,000	$1,538
SUBTOTAL		25	–	–	–	25			9,300,000	7,154
BUSINESSCENTER										
Business Center Manager	Local	1		1			3	Juim	3,300,000	$2,538
Resort Host / Business Center Officer	Local	3		1	4		1	Sawon	2,000,000	$1,538
SUBTOTAL		4	–	2	4	–			5,300,000	4,077
RECREATION										
Recreation Manager	Local	1	1				3	Kwajang	5,000,000	$3,846
Asst. Recreation Manager	Local	1		1			2	Daeri	4,200,000	$3,231
Fitness Instructor	Local	4		4			2	Juim	3,300,000	$2,538
Recreation Supervisor	Local	2		2			2	Juim	3,300,000	$2,538
Recreation Attendants	Local	4		2	3		1	Sawon	2,000,000	$1,538
Cashier / Receptionists	Local	4		2	3		1	Sawon	2,000,000	$1,538
Life Guard	Local	3			3		1	Sawon	2,000,000	$1,538
Nursery Attendant	Local	3		3			1	Sawon	2,000,000	$1,538
Instructors as required outsourced	Local						2	Juim	3,300,000	$2,538
SUBTOTAL		22	1	14	9	–			**27,100,000**	20,846
FOOD & BEVERAGE										
FOOD & BEVERAGE ADMIN										
Director F&B	Expat	1	1				5	Bujang	7,300,000	$5,615
Executive Chef	Expat	1	1				5	Bujang	7,300,000	$5,615
Secretary – F&B	Local	1		1			2	Juim	3,300,000	$2,538
Asst. F&B Manager	Local	1	1				3	Chajang	6,000,000	$4,615
Management Trainee	Local	1			2		1	Sawon	2,000,000	$1,538
SUBTOTAL		5	3	1	2	–			25,900,000	19,923
BANQUET										
Event Manager i/c of Banquet/ Destination Dinning/Outdoor Pool	Local	1	1				3	Daeri	4,200,000	$3,231
Banquet Supervisor	Local	1		1			2	Juim	3,300,000	$2,538
Banquet Attendant	Local	5	3	2	3		1	Sawon	2,000,000	$1,538
ALL DAY DINING										
Outlet Manager – ADD/In Room Dinning	Local	1	1				3	Daeri	4,200,000	$3,231
Outlet Supervisor – ADD	Local	2		2			2	Juim	3,300,000	$2,538
Hostess – ADD	Local	2			3		1	Sawon	2,000,000	$1,538
Waiter – ADD	Local	9		2	10		1	Sawon	2,000,000	$1,538
Barman – ADD	Local	3			5		1	Sawon	2,000,000	$1,538
SUBTOTAL		17	1	4	18	–			**13,500,000**	10,385

IN ROOM DINING										
Outlet Supervisor – In Room Dining	Local	1		1			2	Juim	3,300,000	$2,538
Waiter – In Room Dining	Local	8		2	10		1	Sawon	2,000,000	$1,538
SUBTOTAL		9	–	3	10	–			5,300,000	4,077
Destination Dinning Restaurant (Creative & Intimate)										
Supervisor	Local	1		1			2	Juim	3,300,000	$2,538
Waiter	Local	3		1	3		1	Sawon	2,000,000	$1,538
Barmen	Local	1		1			1	Sawon	2,000,000	$1,538
SUBTOTAL		5	–	3	3	–			7,300,000	5,615
SKY Wine Lounge 18th Floor										
Outlet Manager	Local	1					3	Daeri	4,200,000	$3,231
Outlet Supervisor	Local	1		1			2	Juim	3,300,000	$2,538
Hostess	Local	1		1			1	Sawon	2,000,000	$1,538
Waiter	Local	4	1	2	3		1	Sawon	2,000,000	$1,538
Barmen	Local	4		2	3		1	Sawon	2,000,000	$1,538
Outlet Manager	Local	1	1				3	Daeri	4,200,000	$3,231
Outlet Supervisor	Local	1		1			2	Juim	3,300,000	$2,538
Hostess	Local	1		1			1	Sawon	2,000,000	$1,538
Waiter	Local	4		2	3		1	Sawon	2,000,000	$1,538
Barmen	Local	4		2	3		1	Sawon	2,000,000	$1,538
SUBTOTAL		11	1	6	6	–			13,500,000	10,385
MEMBER'S RESTAURANT										
Outlet Manager	Local	1	1				3	Kwajang	5,000,000	$3,846
Asst. Outlet Manager	Local	1		1			3	Daeri	4,200,000	$3,231
Outlet Supervisor	Local	1		1			2	Juim	3,300,000	$2,538
Hostess	Local	2		1	2		1	Sawon	2,000,000	$1,538
Waiter	Local	14		4	12		1	Sawon	2,000,000	$1,538
Barmen	Local	3		2	2		1	Sawon	2,000,000	$1,538
SUBTOTAL		22	1	9	16	–			18,500,000	14,231
MEMBER'S LOUNGE										
Waiter	Local	3		1	3		1	Sawon	2,000,000	$1,538
SUBTOTAL		3	–	1	3	–			2,000,000	1,538
KOREAN Sauna Snack Bar										
Waiter	Local	3		1	3		1	Sawon	2,000,000	$1,538
SUBTOTAL		3	–	1	3	–			2,000,000	1,538
ANNEX 2 RESTAURANT & LOUNGE										
Outlet Manager	Local	1	1				3	Kwajang	5,000,000	$3,846
Asst. Outlet Manager	Local	1		1			3	Daeri	4,200,000	$3,231
Outlet Supervisor	Local	1		1			2	Juim	3,300,000	$2,538
Hostess	Local	3		1	3		1	Sawon	2,000,000	$1,538
Waiter	Local	12		3	11		1	Sawon	2,000,000	$1,538
Barmen	Local	3		1	3		1	Sawon	2,000,000	$1,538
SUBTOTAL		21	1	7					18,500,000	14,231

OUTDOOR POOL RESTAURANT										
Asst. Outlet Manager	Local	1		1			3	Daeri	4,200,000	$3,231
Outlet Supervisor	Local	5		5			2	Juim	3,300,000	$2,538
Hostess	Local	2		1	2		1	Sawon	2,000,000	$1,538
Waiter	Local	17		5	15		1	Sawon	2,000,000	$1,538
Barmen	Local	8		3	6		1	Sawon	2,000,000	$1,538
SUBT		33	–	15	23	–			13,500,000	10,385
MAIN KITCHEN (Hot Production & Banqueting & destination Dinning)										
Executive Sous Chef	Expat	1	1				4	Chajang	6,000,000	$4,615
Chef de Partie	Local	1		1			2	Daeri	4,200,000	$3,231
Commis 1 – Main	Local	9		3	8		1	Sawon	2,000,000	$1,538
SUBTOTAL		11	1	4	8	–			12,200,000	9,385
PASTRY KITCHEN										
Executive Pastry Chef	Local	1	1				3	Kwajang	5,000,000	$3,846
Chef de Partie – Pastry	Local	2		2			2	Daeri	4,200,000	$3,231
Commis 1 – Pastry	Local	4		2	3		1	Sawon	2,000,000	$1,538
Baker	Local	2		1	3		1	Sawon	2,000,000	$1,538
SUBTOTAL	–	9	1	5	6	–			13,200,000	10,154
BUTCHER										
Chef de Partie – Butcher	Local	1		1			2	Daeri	4,200,000	$3,231
Commis 1 – Butcher	Local	1		1			1	Sawon	2,000,000	$1,538
SUBTOTAL	–	2	–	2	–	–			6,200,000	4,769
GARDEMANGER										
Chef de Partie – Gardmanger	Local	1		1			2	Daeri	4,200,000	$3,231
Commis 1 – Gardmanger	Local	3		1	3		1	Sawon	2,000,000	$1,538
SUBTOTAL	–	4	1	2	3	1			6,200,000	4,769
ADD KITCHEN (ADD & IN ROOM DINING)										
Sous Chef	Local	1	1				3	Kwajang	5,000,000	$3,846
Chef de Partie	Local	2		2			2	Daeri	4,200,000	$3,231
Commis 1	Local	7		2	7		1	Sawon	2,000,000	$1,538
SUBTOTAL	–	10	1	4	7	–			11,200,000	8,615
STEWARDING										
Chief Steward	Local	1	1				3	Kwajang	5,000,000	$3,846
Supervisor – Steward	Local	3				3	2	Juim	3,300,000	$2,538
Steward	Local	15				15	2	Sawon	2,000,000	$1,538
SUBTOTAL	–	19	1	–	–	18			10,300,000	7,923
OUTDOOR POOL KITCHEN										
Chef de Partie	Local	3		3			2	Daeri	4,200,000	$3,231
Commis 1	Local	4		2	3		1	Sawon	2,000,000	$1,538
SUBTOTAL	–	7	–	5	3	–			6,200,000	4,769

MEMBER'S RESTAURANT – KITCHEN										
Sous Chef	Local	1	1				3	Kwajang	5,000,000	$3,846
Chef de Partie	Local	2		2			2	Daeri	4,200,000	$3,231
Commis 1	Local	12		4	10		1	Sawon	2,000,000	$1,538
SUBTOTAL	–	15	1	6	10	–			11,200,000	8,615
ANNEX 2 RESTAURANT – KITCHEN										
Sous Chef	Local	1	1				3	Kwajang	5,000,000	$3,846
Chef de Partie	Local	1		1			2	Daeri	4,200,000	$3,231
Commis 1	Local	6		2	6		1	Sawon	2,000,000	$1,538
SUBTOTAL	–	8	1	3	6	–			11,200,000	8,615
ADMINISTRATION & GENERAL EXECUTIVE OFFICE										
General Manager	Expat	1	1				5			$0
Resident Manager–Club Operations Manage	Local	1	1				5	Isa	12,000,000	$9,231
Personal Assistant to General Manger										
Hygiene Executive	Local	1	1				3	Daeri	4,300,000	$3,308
Translator = need?	Local	1		1			2	Juim	3,300,000	$2,538
	Local	1		1			3	Sawon	2,200,000	$1,692
SUBTOTAL	–	5	3	2	–	–			21,800,000	16,769
FINANCE										
Financial Controller	Local	1	1				5	Isa	11,000,000	$8,462
Asst. Financial Controller	Local	1	1				4	Chajang	6,000,000	$4,615
Accountant	Local	1		1			2	Juim	3,300,000	$2,538
Purchasing Manager	Local	1	1				3	Kwajang	5,000,000	$3,846
Purchasing Coordinator	Local	1		1			2	Juim	3,300,000	$2,538
Cost Controller	Local	1	1				3	Kwajang	5,000,000	$3,846
Credit Manager	Local	1	1				3	Kwajang	5,000,000	$3,846
Income Auditor	Local	1	1				2	Kwajang	5,000,000	$3,846
Night Auditor	Local	1		1			1	Sawon	2,000,000	$1,538
IT Manager	Local	1	1				4	Chajang	6,000,000	$4,615
IT Butlers	Local	–					3	Sawon	2,100,000	$1,615
Accounts Receivable Officer	Local	1		1			2	Juim	3,300,000	$2,538
Membership Accounts Officer	Local	1		1			2	Juim	3,300,000	$2,538
Accounts Payable Officer	Local	1		1			2	Juim	3,300,000	$2,538
Accounts Clerk	Local	1		1			1	Sawon	2,000,000	$1,538
General Cashier	Local	1		1			2	Juim	3,300,000	$2,538
Pay Master	Local	1		1			2	Juim	3,300,000	$2,538
Storekeeper	Local	2		2			1	Sawon	2,000,000	$1,538
Receiving Clerk	Local	1		1			1	Sawon	2,000,000	$1,538
SUBTOTAL	–	19	7	12	–	–			76,200,000	58,615
SECURITY										
Security Manager	Local	1	1				3	Kwajang	5,000,000	$3,846
Security Supervisor	Local	3				3	2	Juim	3,300,000	$2,538
Security Officer	Local	4				4	3	Sawon	2,000,000	$1,538
SUBTOTAL	–	8	1	–	–	7			10,300,000	7,923

HUMAN RESOURCES										
Director of Human Resources	Local	1	1				5	Isa	11,000,000	$8,462
HR Coordinator	Local	1		1			3	Daeri	4,200,000	$3,231
Training Manager	Local	1	1				4	Kwajang	5,000,000	$3,846
Training Coordinator	Local	1		1			3	Juim	3,300,000	$2,538
SUBTOTAL	–	4	2	2	–	–			23,500,000	18,077
SALES										
Director of Sales & Marketing	Local	1	1				5	Bujang	7,300,000	$5,615
Sales Manager	Local	2	2				3	Kwajang	5,000,000	$3,846
Sales Manager – Catering	Local	1	1				3	Kwajang	5,000,000	$3,846
PA to DOSM	Local	1		1			2	Sawon	2,000,000	$1,538
Sales Coordinator	Local	1		1			2	Juim	3,300,000	$2,538
Catering Sales Coordinator	Local	–	–				3	Juim	3,300,000	$2,538
SUBTOTAL	–	6	4	2	–	–			25,900,000	19,923
MARKETING(mainly related to Club)										
Marketing Manager(Marketing & Revenue)	Local	1	1				3	Kwajang	5,000,000	$3,846
Membership Sales Manager	Local	1	1				3	Kwajang	5,000,000	$3,846
Membership Coordinator	Local	1		1			2	Juim	3,300,000	$2,538
PR Manager	Local	1	1				3	Kwajang	5,000,000	$3,846
PR Coordinator	Local	1		1			2	Juim	3,300,000	$2,538
SUBTOTAL	–	5	3	2	–	–			21,600,000	16,615
ENGINEERING										
Chief Engineer	Local	1	1				5	Bujang	7,300,000	$5,615
Administrator	Local	1		1			1	Sawon	2,000,000	
Asst. Chief Engineer (Electrician)	Local	1		1			4	Kwajang	5,000,000	$3,846
Asst. Chief Engineer (Mechanic)	Local	1		1			4	Kwajang	5,000,000	$3,846
Boilerman(Shift)	Local	3				3	1	Sawon	2,000,000	$1,538
Electrical Technician(Shift. 3)	Local	5				5	1	Sawon	2,000,000	$1,538
Duty Fire(Shift)	Local	3				3	1	Sawon	2,000,000	$1,538
Fire Administrator(Outsourcing Supervisor)	Local	1				1	2	Juim	3,300,000	$2,538
Plumber (Pool & Spa Technician)	Local	3				3	1	Sawon	2,000,000	$1,538
Mechanic Technician	Local	2				2	1	Sawon	2,000,000	$1,538
A/V technician	Local	2				2	1	Sawon	2,000,000	$1,538
Electronic Technician	Local	2				2	1	Sawon	2,000,000	$1,538
Telephone Technician	Local	1				1	1	Sawon	2,000,000	$1,538
Duty Handyman	Local	5				5	5	Sawon	2,000,000	$1,538
Carpenter	Local	1				1	1	Sawon	2,000,000	$1,538
Painter	Local	1				1	1	Sawon	2,000,000	$1,538
Keysmith	Local	1				1	1	Sawon	2,000,000	$1,538
Secretary ESCAP	Local	1				1	1	Sawon	2,000,000	$1,538
Reupholster	Local	1				1	1	Sawon	2,000,000	$1,538
SUBTOTAL		36	1	3	–	32			50,600,000	37,385

SPA& Gallery										
Spa & Gallery Manager	Expat	1	1				4	Chajang	6,000,000	$4,615
Operations Supervisor	Local	1		1			2	Juim	3,300,000	$2,538
Spa ServiceSupervisor(Thai)	Expat	1		1			2	Juim	3,300,000	$2,538
Receptionists (Local)	Local	2			3		1	Sawon	2,000,000	$1,538
Spa Therapist (to be trained in Phuket)	Local	6		6			1	Sawon	2,200,000	$1,692
Spa Therapist "Supervisor for Visa Purposes"(Thai/Indonesian)	Expat	6		6			1	Sawon	2,200,000	$1,692
Attendant (Local)	Local	2			3		1	Sawon	2,000,000	$1,538
Yoga Instructor	Local	1		1			1	Sawon	2,000,000	$1,538
Gallery Supervisor	Local	1		1			2	Juim	3,300,000	$2,538
Gallery Sales Assistant	Local	2		2			1	Sawon	2,000,000	$1,538
Korean Spa Asst. Manager	Local	1		1			3	Daeri	4,200,000	$3,231
Receptionists (Local)	Local	2			3		1	Sawon	2,000,000	$1,538
Therapist Male	Local	2		2			1	Sawon	2,000,000	$1,538
Therapist Female	Local	2		2			1	Sawon	2,000,000	$1,538
Attendant (Local –Female)	Local	2			3		1	Sawon	2,000,000	$1,538
Attendant (Local –Male)	Local	2			3		1	Sawon	2,000,000	$1,538
SUBTOTAL	–	34	1	23	15	–			42,500,000	32,692
Grand Total	–	435	43	162	174	99			594,600,000	455,846

임금수준의 기준을 결정하는 데 고려해야 할 사항은 다음과 같다.

1) 기업 외적요인

(1) 표준생계비

생계비는 표준계층의 근로자가 표준적 생활을 영위하는 데 필요한 물질 또는 서비스의 가격을 산술적으로 계산하여 산정하는 방식이다. 이는 종사원들의 생계를 유지하기에 필요한 임금의 하한선 결정에 도움을 주고 있다. 즉 임금은 근로자의 생계를 유지하고 생활을 보장할 수 있는 정도가 되어야 한다. 표준생계비標準生計費, standard cost of living란 종사원의 생계만을 보장할 수 있는 최저임금으로서의 생존임금이 아니라 그들의 문화적인 생활을 보장할 수 있는 생활임금을 뜻한다.

(2) 노동시장의 수요공급요인

경제 환경은 취업률과 인력시장의 구조적 변화를 가져오며 임금수준은 노동시장의 이러한 구조에 영향을 받는다. 일반적으로 노동력에 대한 수요보다 노동력의 공급이 많을 때에는 임금수준은 내려가고 노동력에 대한 수요보다 노동력의 공급이 적을 때에는 임금수준은 올라가는 경향을 보일 것이다. 이러한 노동시장의 수요와 공급의 구조를 알려면 임금조사를 할 필요가 있다.

(3) 노동조합과의 관계

노동조합勞動組合은 임금, 작업조건, 조합원의 복지개선 등 근로자의 경제, 사회적 지위를 향상시키는 데 주력하고 있으므로 노조가 결성된 기업의 임금수준은 일반적으로 좀 더 높은 경향을 보이고 있다. 노조는 실질임금의 계속적인 증가와 생산성 증가에 따른 이익의 합리적인 배분, 안정된 수입, 표준화를 위한 공정성 확보, 임금보상 및 그 지급 방법에 관한 협상, 해고방지를 통한 조합원의 생활수준 안정을 도모하고 있다. 따라서 노조가 결성된 기업은 단체교섭과 임금협상에서의 교섭능력에 따라 임금수준의 결정이 좌우된다.

(4) 경쟁사의 임금수준

동일한 업종일수록 임금수준도 서로 대등한 관계를 형성하게 되므로 동종 경쟁 호텔들의 임금수준은 그 호텔의 임금수준을 결정하는 데 실질적으로 영향을 준다.

(5) 사회적 영향

임금은 사회적 생활양식과 과거의 보수報酬 체계로부터 크게 영향을 받고 있다. 정부는 때로 사회의 여론을 수렴하여 임금에 영향을 미칠 사항을 법으로 제정할 뿐만 아니라 기업으로 하여금 이를 지키도록 하고 있다.

(6) 경제적 환경

임금수준은 국민경제 전반과 깊은 관계가 있어 경제수준이 높고 경제 성장률이 높을수록 조직의 임금수준은 일반적으로 높고, 경제가 침체되어 있으면 임금수준은 낮아진다. 이처럼 경제적 환경은 임금수준에 지대한 영향을 미친다.

(7) 정부의 규제

정부의 최저 임금법이나 임금조정법 등 임금과 관련된 각종 법규들은 임금수준의 결정에 큰 영향을 미친다. 최저임금제도最低賃金制度, minimum wage system는 근로자에게 지불되는 임금의 최저수준액을 정하고 그 이하로 임금을 지불하지 못하도록 법률로 규정한 제도를 말한다.

2) 기업 내부요인

(1) 조직의 규모

일반적으로 조직의 규모가 클수록 임금수준이 높은 경향을 보이고 있다. 새로 창립된 기업의 임금수준은 대체로 높은 경향이 있고 오래된 기업의 임금수준은 낮은 경향을 보이고 있다.

(2) 노동생산성

일반적으로 노동생산성productivity of labor이 높으면 임금수준이 높고 노동생산성이 낮으면 임금수준이 낮은 경향을 보이고 있다. 임금수준을 노동생산성에 연관시켜 놓은 제도를 생산성 임금제라 한다. 즉, 노동생산성은 산출량을 노동의 투입량으로 나눈 결과물을 의미한다.

(3) 기업의 경영정책

기업의 임금수준은 경영이념과 정책에 영향을 받는다. 고임금정책은 최고의 대우로 높은 성과를 지향하는 정책으로서 비교적 재정상태가 좋은 기업이 주로 택하고 있다. 저임금정책을 추구하고 있는 기업은 비교적 재정상태가 좋지 않거나 구성원들에게 임금 이외에 다른 욕구를 충족시켜 줄 수 있는 이점을 가진 기업에서 흔히 활용되고 있다. 경쟁 임금정책은 다른 유사한 조직과 대등한 임금을 지불하는 방법으로 가장 보편적으로 사용되고 있다.

3. 임금체계 관리

1) 임금체계의 의의

임금체계wage structure는 급여체계로서, 기업이 근로자에 지불해야 할 임금총액을 개개의 근로자에 어떻게 분배하는가? 그 지불하는 방식을 나타내는 것으로 크게 나누어 생활급(연령급, 근속급, 가족급 등)을 중심으로 한 생활급 체계, 능률급을 중심으로 한 능률급 체계로 나뉜다. 즉, 일정한 임금총액을 어떠한 방식으로 구성원 개개인에게 공정하게 지급할 것인가에 관한 문제이다. 임금체계는 현재 두 가지의 의미로 사용되고 있다. 먼저는 형식적인 것에 착안한 것으로서 임금총액이 어떠한 항목으로 지급되고 있는가 하는 임금의 구성내용을 의미하고 있으며 임금은 크게 기준임금과 기준 외 임금으로 구성되고 있다. 그다음으로 내용면에서 착안한 것으로서 기준임금이 어떠한 기준에 의해 지급되는가에 초점을 맞추는 것으로서 연공급, 직무급, 자격급, 직능급 등이 있다.

2) 임금체계 기준

(1) 기준임금

정상적인 작업 조건하에서 근무하는 근로자의 정상적 근로에 대해 지급되는 것으로 임금체계 내에서 기준이 되는 부분이다. 기준임금基準賃金, standard wages은 단지 금액 면에서 가장 큰 비중을 차지하고 있다는 점에서뿐만 아니라 각종 수당, 상여금, 퇴직금 등은 물론 승진, 승급제도나 복리후생 면에 이르기까지 기준임금을 축으로 하여 운영된다. 그러므로 임금체계 중에서도 기준임금이 어떠한 방식으로 결정되는가 하는 문제가 핵심이 된다.

(2) 기준 외 임금

기준 외 임금基準外賃金, extra wages은 정해진 노동 조건과 취업 시간 외의 노동에 대하여 지급되는 임금으로서, 부가급의 형태로 근로자의 정상적 노동 이외의 노동에 대해 지급 되며 수당과 상여금 등을 들 수 있다. 수당은 초과노동임금, 특수노동임금, 특수근무임금 등으로 나뉜다.

(3) 상여

상여賞與, bonus는 사용자가 근로자에게 정기적으로 지급하는 통상임금 이외에 일정한 시기 또는 조건에 따라 지급하는 금품을 지칭하며 일정기간에 걸친 기업의 성과에 대한 공헌의 대가로 지급되는 임시적인 급여이다. 즉 사용자가 근로자에게 정기적인 임금 이외에 지급하는 부가적 급여다. 영어로는 보너스bonus라 하며, 원래는 능률급 제도의 하나로 일정 성과 이상을 올렸을 때 받는다. 한국의 상여금은 정기 또는 임시로 지급되는 부가적 임금이다. 유럽이나 미국의 보너스와 달리 기업의 경영성과를 분배하는 성격이 강하다. 한국에서 상여금은 명절이나 연말 등 일정한 시기나 조건에 따라 지급한다.

3) 임금체계의 종류

(1) 연공급

연공급(연공서열급)이란 여러 해 동안 계속하여 근무한 공로로 근속연수인 연공年功, seniority에 비례하여 임금을 산정하여 지급하는 방식으로서, 개인의 근속년수에 따라 개인의 업적이나 성과를 동일하게 보고 임금을 지급한다. 근속년수에는 호봉號俸, pay step이라는 개념이 포함되어 동일한 근속년수이더라도 개인의 학력과 회사경력이 포함되는 것이 일반적이다. 연공위주 임금제도는 개인의 능력과 공헌을 무시한 채 연공에 따라 비합리적으로 임금을 책정하는 것 같지만 나름대로의 타당성이 있다는 주장이 있다. 즉, 근속년수를 기준으로 오래 근무한 사원에게 동일한 직무를 맡은 젊은 사원보다 임금을 더 준다는 것은 합리적이고 당연하다는 것이다. 그러므로 이 유형에서는 일반적으로 근속년수가 길어짐에 따라 기준임금이 올라가는 것이 특징이다. 즉 동일한 업무에 종사하거나 동일한 성과를 올린다고 하더라도 기본적으로 임금은 학력이나 연령 그리고 근속년수에 따라서 개별적으로 차이가 생기게 된다.

(2) 직무급

직무급職務給, job wage system이란 동일노동, 동일임금의 원칙에 입각하여 직무의 상대적 가치를 분석 · 평가하고 그 가치에 알맞게 지급하는 임금을 직무급이라 한다. 직무의 상대적 가치를 기준으로 임금을 책정하는 것인데, 부가가치를 많이 생산하거나 어려운 일이면 직무의 가치가 높은 것이기에 누가 그 일을 맡든 임금은 높게 매겨진다. 이는 동일노동에 동일임금이라는 원칙에도 부합되며 회사에 공헌한 대로 임금을 준다는 거래적 차원에서도 타당하다.

직무급제도가 보다 합리적인 제도로 발전하기 위해서는 우선 직무가 표준화 내지 객관화되어 있어야 하며, 합리적인 배치와 승진기준이 확립되어 직원의 능력에 따른 적재적소의 배치가 확보되고 임금수준이 어느 정도의 수준에 달해 있어야 한다.

(3) 직능급

직능급職能給, skill-based pay, function은 종업원의 직무수행능력에 따라 정한 임금을 직능급이라고 한다. 또 직무수행능력의 종류와 정도(등급)에 따라 종업원을 분류하여 그 직무수행능력의 가치를 평가하는 제도를 직능급제도라 부른다. 직무에 공헌할 수 있는 담당자의 능력을 기초로 임금을 책정하는 것이므로, 직능급 임금산정에는 인사평가 결과가 유용하게 쓰인다. 이 제도가 도입된 것은 일본기업들이 고령화에 종신고령終身高齡으로 연공제도를 유지하기는 어렵고 경쟁의 심화로 고급전문 인력을 확보하기 위하여 도입하기 시작하였다.

개인의 능력이란 직무수행에 직접 필요한 보유능력과 잠재적으로 갖고 있는 잠재능력으로 구분할 수 있는데, 직무에 발휘된 보유능력은 업적과 성과로 나타나지만 잠재능력은 측정하기가 어렵다. 이는 인사평가 시 태도, 기능, 지식을 평가하여 그 결과를 보고 알 수 있을 것이다.

직무급이 일에 대한 임금이라 하고 연공급이 사람에 대한 임금이라면, 직능급은 종사원의 직무수행 능력에 역점을 두어 그 가치에 대응한 임금이라 할 수 있다. 즉 직무의 내용과 개별적인 직무수행 능력에 따라 임금을 결정하는 형태이다. 이와 같은 직능급은 직능의 등급화로 직급을 정하고 이를 다시 세분하여 호봉과 등급을 정하고. 호봉에는 근무연수 등의 연공적 요소가 포함된다.

(4) 자격급

자격급資格給, wage for job qualification 역시 직능급과 마찬가지로 연공급과 직무급의 절충형으로서 종사원에게 자격취득 요건을 사전에 제시하고 요건을 갖출 때 임금의 차이를 두게 하는 제도이다. 자격취득기준의 설정이 가장 중요하다. 자격을 취득하기 위한 연공적 요건과 자격증 취득요건 그리고 직무순환능력의 구비요건을 명시하여 이를 달성한 경우에 그 자격에 해당하는 임금의 수준을 결정해 주는 제도이다. 이것을 자격제도라 하며 이 자격과 임금을 결부시킨 것을 자격급이라고 한다. 이는 실적주의 고용관리가 가져온 제도로서 특히 이 제도는 무사안일에 빠지기 쉬운 연공급의 단점을 보완하고 종사원이 자기발전을 기함으로서 업무에 대한 도전력을 길러낼 수 있도록 직무요건을 강조한다.

4. 임금형태 관리

1) 임금형태의 의의

임금형태賃金刑態, method of wage payment란 정해진 임금제도에 의하여 일정한 액수의 임금이 산정되었다면 그 임금을 어떤 방식으로 지급하는지의 문제이다. 이는 종업원에 대한 임금의 산정방법 및 지급방법을 의미하는 것으로서 임금수준의 결정 및 임금체계의 구성과 함께 임금관리의 중요한 부분을 이루고 있다.

예를 들면 어떤 종사원에게 연공과 능력을 고려하여 일 년에 5천만 원의 임금이 지급되어야 한다면 이를 매월 일정액을 나누어 줄 수도 있고 한꺼번에 줄 수도 있고 매월 조금씩 주고 명절과 휴가 때 특별 보너스 형태로 더 줄 수도 있다. 또는 기본급으로 4천만 원은 정해 놓고 나머지 천만 원은 업적이 크면 그때마다 인센티브 incentive로 줄 수도 있다. 이를 임금형태라고 하는데 이에 따라 기업의 유효성이 달라지고 사원들의 경제적 이익과 정신적 만족도가 달라지기 때문에 임금형태를 어떤 모양으로 만들 것인지의 문제도 매우 중요하다.

임금형태를 가장 효율적으로 설정하기 위해서는 개별사원의 독특한 요구가 고려되어야 한다. 사람들은 서로 다른 이유에서 직장에 취직하여 일을 한다. 만일 의식주 제공이 우선이라면 경제적 직접보상이 효과적일 것이고 그렇지 않을 경우 휴일이나 문화혜택 등 비경제적 간접보상 형태를 더 선호할 것이다.

임금형태는 종사원들의 근무의욕이나 성과향상에 직접 관련되어 있고, 이를 잘 관리함으로써 종사원들의 사기를 높일 수 있다. 임금형태의 기본적인 유형은 크게 두 가지로 분류된다. 하나는 시간급제이고 다른 하나는 성과급제이다. 어떤 방법에 의해서 임금이 지급되던지 이것은 관리적 유효성을 증대시키고, 종사원의 만족을 보장할 수 있어야 한다.

2) 임금형태의 종류

(1) 시간급제

시간급제時間給制, time payment는 근로자의 근로시간을 단위로 임금액을 결정하고 지급하는 제도이다. 따라서 시간급은 1시간을 단위로 일정량의 노동이나 일정한 직무의 수행, 단위 성과 등에 대하여 노동자에게 지급되는 임률賃率을 정하고 종업원의 실제 노동시간을 곱하여 임금을 산정하는 방식으로 시간당 임금계산이 명확하고 간단하다는 특징이 있다. 이러한 시간급은 주로 생산직의 현장근로자나 임시고용직의 근로자를 대상으로 한 임금지불방식으로 많이 적용되고 있다. 이는 수행한 작업의 양과 질에는 관계없이 단순히 근로시간을 기준으로 하여 임금을 산정하여 지불하는 형식이다. 따라서 종사원의 입장에서 보면 일정액의 임금이 확정적으로 보장되어 있다는 장점이 있다. 호텔의 입장에서 보면 노동시간이나 노동일 수만 산출되면 임금계산이 간단하다는 장점이 있으나 종사원의 근무성과를 자극할 수 없어 작업능률이 오르지 않는다는 문제가 있다.

(2) 성과급제

성과급제成果給制는 주어진 업무에 대해 이루어낸 성과를 기준으로 하여 급여를 지급하는 제도를 말하며 근로자의 작업에 대한 노력 및 능률의 정도를 고려하여 높은 능률의 근로자에게는 높은 임금을 지급함으로써 그들의 생활을 보장하는 동시에 노동생산성을 향상시키고자 하는 임금형태의 하나이다.

임금이란 사원이 회사에 공헌한 대가로 지불되는 반대급부의 성격이 강하다. 그런 의미에서 사원이 회사에 공헌한 성과와 업적을 기준하여 임금을 책정하는 것이 가장 타당하다고 할 수 있다. 그러나 그럼에도 문제는 있다. 매출액이나 이익, 비용절감 등과 같은 것을 성과측정의 기준으로 할지도 문제이지만 개인의 노력만 볼 것인지, 팀의 성과를 측정하여 팀 성과급으로 지급할 것인지의 문제가 또 남는다. 어느 때는 개인이나 집단이 무단히 노력했어도 운이 없어서 회사가 손해를 보는 경우가 있다.

① 수당

수당手當, allowance은 정해진 급여 외에 특별한 사유에 따라 정기적이거나 수시로 지급되는 보수로서 기본급을 보완 · 조정하기 위하여 기본임금에 부가하여 직무지원과 생활보조의 형태로 지급되는 것인데 근로조건, 신분조건, 생활조건에 따라 다양한 종류가 있다. 이는 고용 계약시에 해주기로 한 노동의 제공과는 별도로 사원의 생활 보장을 위해서 지급되는데 그 유형은 너무나 다양하다. 이처럼 다양한 수당들은 법으로 정해진 법정수당과 법적 외 수당으로 구분된다. 우리의 기본임금체계는 연공급이었는데, 이는 각 개인이 맡은 직무의 가치나 그의 능력을 고려하지 못한다. 이때 수당의 지급으로 위험한 직무를 하는 사람에게 위험수당, 자격증을 가진 사람에게 자격수당을 주어 일반 사원과 차등화한다면 임금 공정성을 어느 정도 확보할 수 있기 때문이었다.

기업들은 수당을 신설하거나 명칭을 부여할 때 다음의 것을 기초로 하여 왔다.

가. 기준 내 수당

기준 내 수당으로는 직무수당, 즉 직책수당, 자격수당, 기능수당, 특수 작업수당이 있으며, 장려수당으로는 개근수당, 생산수당, 모범근속수당이, 생활보조 수당으로는 가족수당, 물가수당, 주택수당, 지역수당, 통근수당, 피복수당, 의료수당 등이 있다.

나. 기준 외 수당

기준 외 수당으로 초과근무수당은 시간 외 근로수당, 휴일근로수당, 심야근로수당 등이 있고, 특근무수당은 일직수당, 변칙근무수당 등을 말한다. 휴무수당으로는 유급휴가수당, 유급휴일수당, 휴업수당 등이 있으며 업적수당으로는 초과업적수당이 있다.

② 상여금

상여금賞與金, Bonus이란 사용자가 근로자에게 정기적으로 지급하는 통상임금 이외에 일정한 시기 또는 조건에 따라 지급하는 금품을 지칭한다. 즉, 임금 이외에 특별히 지급되는 현금급여로, 보너스라고도 한다. 본래는 능률급제도로 표준작업량 이상의 성과를 올린 경우에 지불되는 임금의 할증분이었다. 이는 사원의 근로의욕을 고취시키는 취지에서 경영성과에 따라 분배하는 참여적 임금이다. 참여적 임금이라 함은 사원의 노력이 있었기에 성과가 올랐으며, 따라서 그 성과의 배분에도 주주뿐만 아니라 사원도 참여시킨다는 의미이다. 최근에는 우리나라도 최고 경영자가 경영을 잘하여 많은 업적을 내면 그 일부를 주식 등의 형식으로 상여금을 지급하면서 유능한 경영자를 확보하는 수단으로 쓰이는데, 이를 일반 사원의 스카우트Scout나 동기유발을 위해 사용하는 것이다. 그러나 우리나라에서는 상여금이 부가적인 성격 외에도 기본임금과 똑같은 취급을 받기도 한다. 개인의 기본적 임금은 능력, 근속년수, 그리고 직무를 기준으로 설정이 된다.

그러나 상여금은 어디까지나 경영성과의 크기에 따라 추가로 지급되는 부가급附加給, fringe benefits적 성격을 지니고 있으므로 기본급 성격의 상여금과 실제 보너스bonus 성격의 상여금을 구별하여 설계하는 것이 합리적이다. 이를 구분하지 않으면 우리나라의 현실처럼 노사 간에 상여금의 해석과 인식에서 갈등이 있을 수 있다.

우리나라 사원들이 받는 임금은 기본급만으로는 수준이 매우 낮기 때문에 대개 기본급 월 200만 원 외에 보너스 500% 등으로 구별된다. 이 경우 그 사원이 일 년

표 6-2 호텔직책별 수당사례

구분	A	B	C	D	E	F	G	H	I	J
직위 수당	없음	없음	–부장: 40만원 –차장: 30만원 –과장: 15만원 –대리: 10만원 –계장: 5만원 –주임: 3만원	없음	–부장: 30만원 –차장: 25만원 –과장: 20만원	–부장: 34만원 –차장: 24만원 –과장: 17만원 –대리: 12만원	–부장: 42만원 –차장: 31만원 –과장: 25만원 –대리: 10만원	–부장: 25만원 –과장: 15만원 –대리: 7만원 –계장: 5만원 –주임: 3만원 –사원: 2만원(정규직) –사원: 1만원(계약직)	없음	없음
팀장 수당	없음	없음	–수석팀장 (부서 장급): 24만원 –팀장: 18만원 –업장지배인: 15만원	없음	–In charge 수당: 25만원(과장 이상 제외, 연장 근로수당 없음)	–팀장: 17만원(부장 또는 차장) –업장지배인 및 부지배인: 12만원 –조리장 및 부조리장: 12만원 –외식사업소장: 12만원	없음	–팀장: 50만원	–지배인 및 주방장: 8만원	없음
자격 수당	–전기기사,가스, 기계 등 자격증 당: 15,000원 –안전관리자: 10만원 –간호사: 15,000원	자격증 당 20,000원	3만원	없음	–1급기사: 3만원 –2급기사: 25,000원 –기능사: 2만원	–안전관리: 3만원	자격증 당 15,000~25,000원	없음	자격증 당 5,000~40,000원	1급기사: 3만원 2급기사: 25,000원 추가시 5,000원 (단, 25,000원 한도)
차량 유지비	없음 (연봉포함)	–이사: 30만원 –부장: 25만원 –차장: 20만원 –과장: 15만원 –대리: 8만원	실비지급	없음	–상무: 5만원 –부서장(부장, 차장): 15만원 –과장: 10만원	–이사: 실비제공 (차량지급) –팀장: 20만원	–부장: 15만원 –차장: 15만원 –과장: 10만원	–임원: 80만원 –부장: 30만원 –과장: 20만원	–임원(상무보 이상): 60만원 –팀장 및 부장: 20만원	없음
기타	없음	연회서비스 근무자 –대리이상: 5만원 –주임이하: 3만원	없음	없음	중식주방 외국인 수당 –주방장: 10만원 –부주방장: 5만원 –2nd, 3rd Commis: 3만원	–임원대행: 50만원	없음	없음	외국인수당 –부주방장: × 54,000원 –Part Chef: 238,000원 –Regular cook: 206,000원 –Ass't cook: 190,000원	없음

동안 회사에서 받는 임금 총액은 기본급 2,400만 원과 보너스 1,000만 원 해서 모두 3,400만 원이 된다.

경영성과가 좋아서 주는 업적임금으로 인식해서 경영성과가 나쁘면 안 줄 수 있고 생각하는 데 반하여, 노동자들은 생활보장을 해주는 기본임금으로 인식해서 경영성과와 무관하게 언제나 받아야 한다고 생각하는 것이다. 그러므로 상여금은 어디까지나 업적임금의 성격을 유지해야만 사람들의 동기유발과 헌신을 얻어낼 수 있다.

3) 연봉제

(1) 연봉제의 개념

연봉제年俸制, annual salary system란 연단위 또는 일정기간 단위를 설정해 목표달성도나 직무성과 등을 평가한 기준에 의해 1년간의 임금을 결정하여 지급하는 제도를 말한다. 연공제가 나이, 근속연수의 기준에 의한 근로시간에 대한 보상으로 사람중심의 임금인데 반하여 연봉제는 직무의 성과, 능력 등을 기준으로 근로의 질과 양에 대한 보상으로 업적과 직무중심의 임금이라 할 수 있다.

과거에는 기본임금은 월급으로 주면서 한 기업에서 많게는 40여 가지씩의 수당을 만들어 현금 또는 현물로 지급하였으나 이제는 각종 수당을 합하고 현금화하여 일 년에 얼마라는 총액임금 개념인 연봉임금제를 도입하게 되었다.

특히 우리나라에서는 연공제年功制에 대비되는 개념으로서 능력, 성과, 공헌도에 대한 개인적인 평가결과에 따라 일 년 단위로 보수가 차등 지급되는 소위 능력급제라는 의미가 더 강하다. 즉, 연봉제는 임금지급 형태의 일종이면서 동시에 능력주의 임금체계인 것이다. 그러므로 우리나라 기업들이 임금관리 형태를 연봉제로 바꾼다는 것은 다음의 세 가지 의미를 내포한다.

먼저, 가장 단순한 의미로서 복잡한 급여구성 항목들을 연봉이라는 하나의 항목으로 통합하고, 급여의 계산방식을 월단위에서 연단위로 바꾼다는 외형적 의미이다. 그리고 급여인상이 전 사원들을 대상으로 일방적, 자동적, 획일적으로 이루어지는 것이 아니라 사원 각자와 개별적으로 계약의 형식을 통해 결정한다는 의미이다. 마지막으로 개인별 급여수준 자체가 연공서열이 아닌 구성원들의 실제 업적이나 능력에 따라 차등 지급된다는 의미이다.

실질적 연봉제의 의미는 근로자 개개인의 능력과 업적을 평가하여 연간 임금액을 결정하고 당사자와 고용계약을 맺는 능력 중심형의 임금제도로서 선진국에서 기술전문직, 감독관리직, 최고경영자를 채용할 때 사용한다.

전문직이나 경영자들의 직무내용과 형태도 매우 복잡하여 공헌도와 업적을 시간, 월, 주 단위로 계산 못 할 때가 많다. 그러므로 기업들이 연봉제를 도입한다고 할 때 위에 있는 연봉제의 세 가지 의미 중에서 어느 것을 강조하는지에 따라 그 형태도 매우 다르고 도입의 효과도 다르게 나타난다. 그렇기 때문에 업종, 규모, 사원들의 의식수준, 외부경쟁의 정도 등을 고려하여 어떤 형태, 어느 수준의 연봉제를 선택할 것인지를 신중하게 고려해야 한다.

표 6-3 연봉제 도입의 배경과 성과

배경
경영환경 변화 조직 내 외부 경영환경 및 인력 구조의 변화
노동시장환경의 변화
구성원 가치관의 변화

⇨ 연봉제 도입

성과
도전적, 목표 지향적 조직 풍토로의 전환
개인적 업무수행능력 향상
영업부서장, 팀장의 권한 강화로 자율적 조직운영의 기반 형성
인력구조조정과정의 유연성 증진
합리적, 체계적 인사, 조직운영의 프로그램 수용도 제고

출처: 한국 관광호텔업 협회.

(2) 연봉제의 도입 배경

기업들이 연봉제를 도입하는 이유는 여러 가지이다. 연공제도가 후퇴하면서 능력과 성과를 중시하는 분위기로 이동하는 추세이기도 하지만 사실은 다른 이유가 있다. 대기업들의 인재스카우트talent scout를 위한 기업 간의 임금인상 경쟁은 여타 기업들의 인건비 상승을 가져오고 이것이 상품대금에 포함되어 물가가 오르는 악순환이 있었기에 정부는 임금 가이드라인을 정하고 그 이상 못 올리게 압력을 행사했다. 흑자가 나는 대기업은 가이드라인을 지키기 위해서 직접임금은 못 올리고 간접임금 형태의 여러 가지 수당을 지급하는 식으로 임금을 올려 복잡한 임금체계가 되고 근로자들과의 임금협상도 난해하게 되었다. 그러므로 때가 되면 여러 가지 수당요구와 임금협상을 놓고 분규촉발의 가능성이 많아지게 되자 정부에서는 개개사원의 임금형태를 통일시켜 한 묶음으로 만들어 일 년에 몰아서 혹은 12개월로 나누어 주도록 소위 한국식 연봉제를 권장하면서 도입되기 시작하였다. 그런 의미에서 한국식 연봉제는 총액임금이나 다름없었다. 그러나 오늘날은 능력을 가미한 실질적 연봉제로 변화되고 있는 실정이다. IMF 이후 2000년대에 들어오면서 연봉제가 더 빠르게 확산되었던 배경에는 다음과 같은 이유가 있다.

첫째, 사원 간의 경쟁과 개인주의 성향이 강해졌다는 점이다. 과거 공동체 사회에서는 노동조합을 통한 전체 근로자의 노동조건 향상에 힘써 사원 모두에게 적용되는 종합적 임금인상 비율이 중요했었다. 그러나 이제는 평균 인상률보다는 자기 자신의 인상률에 더 관심이 많다.

둘째, 우리나라 임금체계가 기본급과 제 수당 그리고 상여금으로 복잡하게 구성되어 있었는데 이를 단순화하여 실질적인 임금관리를 하자는 분위기가 강했다. 즉, 연봉제는 기존의 복잡한 임금구성 요소들을 단순화시키는 역할을 했다.

셋째, 오랜 관행이 되어 온 연공위주의 임금체계로는 사원들의 동기부여와 조직 활성화에 한계가 있다고 보았다. 고부가가치를 생산하려는 창의력과 의지를 자극하고 자율적 노력을 유도하기 위해서는 이에 상응하는 임금체계가 필요하였고 연공급은 능력의 유무, 공헌의 유무와 상관없이 똑같은 임금을 지급하기 때문에 그들의 동기를 자극할 수 없었다.

(3) 연봉제의 특징

우리나라는 연봉 구성에 있어서 단일연봉 하나로만 구성된 순수연봉제는 적고 대부분의 기업이 월급제하의 월급급여에 해당하는 부분을 기본 연봉으로 하고 상여금에 해당하는 부분을 업적연봉으로 하는 혼합형태가 대부분이다. 도입초기에는 기본 연봉이 높은 편이었지만 최근에는 기본 연봉을 축소하는 대신 업적연봉을 확대하여 개인 간격차를 더욱 벌려 구성원들 간의 경쟁을 유발시키고자 하는 경향이 나타나고 있다.

최근에는 개인 업적과 집단 업적을 함께 적용하는 비율이 늘어났으며 이는 개인별 평가에 앞서 조직의 평가도 함께 이루어짐을 알 수 있다. 연봉지급 방법에도 연봉제라고 하지만 월 급여 이외에 상여금을 별도로 지급하는 기업이 대부분이다. 이는 기존에 상여금을 지급해 오던 관행이 정착되어 있기 때문이다. 연봉운영 방법은 기본연봉 부분에 대해서는 누적식을 적용하고 업적연봉에 대해서는 비누적식으로 적용하는 것이 일반적이다. 또한 기본급을 고정급 형태로 하고 업적상여는 변동급으로 평가결과에 따라 임금인상율을 달리하는 경우가 대부분이다.

(4) 연봉제도의 장 · 단점

연봉제는 장점과 단점을 동시에 지니고 있기 때문에 모든 업종, 모든 기업 및 상황에 성공적으로 적용할 수 있는 것은 아니다. 따라서 단순히 연봉제를 유행 따라 도입할 것이 아니라 장기적 관점에서 입각하여 기업의 목적에 부합하는 방향으로 도입하여야 한다.

업적평가의 도구로는 목표관리제도가 적극적으로 도입되고 있는데 이는 업적평가를 보다 객관적으로 하기 위한 것이다. 업적평가에 있어서도 과거에는 주로 개인의 업적에만 치중하여 평가하였기 때문에 비생산적인 경쟁과 팀워크를 해치는 문제점이 대두되었다.

① 연봉제의 장점

가. 사원 동기유발 효과

연봉제는 미래의 성과가 높아질 것을 기대하는 동기부여형 임금형태이다. 즉, 노력하면 노력한 만큼의 대가가 따른다는 기대감을 제공하는 임금제도이므로, 철저한 능력주의, 실질주의로 사원들에게 동기부여를 함으로써, 계속 의욕적으로 근무할 수 있게 한다. 또한 연봉제는 자신의 능력과 업적이 곧 임금으로 표현된다는 생각 때문에 자기 책임하에 업무를 수행함에 따라 능력발휘를 위한 사기 앙양으로 연결되어 목표달성이 가능하다.

나. 임금관리의 용이성

복잡한 임금체계하에서 총액산출의 근간이 되기 때문에 단순화된 보수체계를 유도할 수 있다. 따라서 연봉제를 도입하면 복잡한 임금체계의 간소화로 임금관리가 용이해지므로 관리의 효율성이 증대된다.

다. 자율적인 공헌 효과

연봉제를 도입함으로서 사원들에게 책임감을 부여해 자신이 달성한 업무와 연봉과의 비교를 통해 영업 감각을 배양할 수 있다. 업적이 곧 연봉과 직결되므로 타율이 아닌 자율적 공헌 노력이 실현된다.

라. 상호 간 협조와 소통 효과

상사와 부하 간의 원활한 의사소통을 기대할 수 있다. 연봉제 대상자는 매년 스스로 업무 목표를 세우고 이를 상사와의 면담을 통해 자신의 의견을 충분히 밝히고 상사로부터 조언을 구할 수 있어 상하 간에 의사소통이 원활해지는 장점이 있다.

마 우수인재와 전문인력 확보 효과

연봉제를 통해 새로운 환경에 맞는 관리자, 전문 종사자, 특수기능 보유자 등 필요한 우수인재의 확보가 가능하다. 전문직 종사자, 기술자 등에게는 남들과 다른 임금을 주어야 하는데 연공제도하에서는 모두가 임금이 비슷하기 때문에 이들을 잡아 두기 어려웠다,

② 연봉제 제도의 단점

가. 연봉감소의 충격

연봉제는 전년도의 실적을 평가하여 연봉액을 결정하기 때문에 하향 조정될 수도 있다. 그러나 다른 임금형태는 성과와 실적을 이유로 감액되지는 않는다. 연봉제 도입으로 연봉의 증감이 두드러져 사원의 사기가 떨어지면 도입한 의미가 줄어든다.

나. 갈등과 위화감 조성

연봉제는 기본적으로 개인별 차등임금을 전제로 하기 때문에 개인 간의 지나친 경쟁으로 인해, 구성원들 간의 갈등이 증폭되고 위화감이 조성되어 상호협력과 커뮤니케이션에 문제가 생길 수 있다.

다. 능력평가의 어려움

개인이 받는 연봉 총액의 결정은 인사평가에 의해 이루어진다. 평가의 공정성과 객관성을 확보하지 못하면 성과와 임금의 관계에 대해 사원들의 회의적 반응을 보이게 되고, 그들의 성과 향상노력을 효율적으로 자극하지 못하게 된다. 연봉제 성공의 핵심적 관건이자 가장 많은 비판의 대상이 되는 것이 바로 이 평가의 문제이다.

4) 임금피크제

(1) 임금피크제의 개념

임금피크제賃金peak制, salary peak는 일정 연령이 된 근로자의 임금을 삭감하면서 그 대신 정년까지 고용을 보장하는 제도이다. 임금이 근속년수에 비례에 계속 상승하는 대신 생산성이 최고인 연령에서 절정(피크)에 달한 후 감소하는 방식이다. 근속연수에 따라 호봉과 임금이 올라가지만 한없이 증가하는 것이 아니라, 일정연령이 되면 더 이상 오르지 않고 오히려 감소하도록 한 것이다. 그 이유는 인간의 숙련도나 정신능력과 육체능력 모두 일정 연령 후에는 감소하기 때문이기도 하지만 이러한 제도를 도입한 이유는 따로 있다. 즉, 능력이 감퇴한 고령의 사원들을 해고시키는 것이 불가능한 경우, 낮은 임금에 고용을 보장해 주려고 한 것이다. 현실적으로 보면 사원들이 연령이 높아지면 자녀들도 모두 대학을 졸업하여 취직해서 출가하기 때문에 생활비가 더 이상 필요하지 않다. 임금피크제로서 기업의 임금부담이 줄어들고 그 결과 젊은 신규 노동력을 많이 고용하게 되어 실업률을 줄인다. 또한 계층 간 임금격차도 줄어들어 사회적으로 소득재분배所得再分配 효과가 있다.

(2) 임금피크제 도입 배경

① 세계화로 기업 간, 국가 간 경쟁이 심화되고 있다. 지식정보화 사회의 도래 및 세계화의 급진전에 따른 무한경쟁으로 기업은 생존을 위한 경영혁신과 인적자원개발人的資源開發의 압력을 받고 있다.

② 급속한 고령화로 인해 기업의 인건비 부담이 증가하고 있다. 출산율이 급격히 떨어지고 평균수명이 높아지면서 인구고령화가 급진전되고 있다. 2019년에는 전체 인구의 14%가 고령인구인 고령사회로 접어들게 된다. 이와 같은 사회의 고령화는 기업 인력구성의 고령화로 이어져, 연공급이 지배적인 기업들의 인건비 부담이 가중되고 있다.

③ 일자리가 늘지 않는 성장, 저성장 시대에 돌입하였다. 경제성장률 둔화, 지식집약적 산업 확대에 따른 고용흡수력 저하로 일자리 증가 없는 성장이 지속되고 있다.

④ 경직된 임금체계가 근로자의 고용불안 요인으로 작용되고 있다.

⑤ 생산성이 아닌 근무경력만을 기준으로 하는 연공급적 임금체계는 기업으로 하여금 근로자의 고령화에 유연하게 대응하지 못하게 하고 인건비 부담을 가중시키고 있다. 연공급적 임금체계는 근속기간이 길어질수록 퇴직금도 자동적으로 증가함에 따라, 중년근로자의 조기퇴출 요인이 되어 근로자 고용불안 및 구조조정을 둘러싼 노사갈등 요인으로 작용하고 있다.

⑥ 전반적인 임금수준의 상승으로 단기적인 임금인상보다는 고용연장을 선호하는 현상이 나타나고 있다.

⑦ 고령 근로자의 계속적인 경제활동 방안 마련이 시급한 과제가 되고 있다. 수명 연장 시대에서는 정년 이후에도 충분한 근로 의욕이나 능력이 있어, 일이 최선의 복지가 되었다. 그러나 고령자의 재취업은 매우 어려운 실정이다.

CHAPTER 07

인사이동관리

1. 인사이동의 개념
2. 전환배치관리
3. 승진관리
4. 이직관리
5. 고용조정관리
6. 정년퇴직관리
7. 징계관리

CHAPTER 07

HUMAN RESOURCE MANAGEMENT

인사이동관리

1. 인사이동의 개념

1) 인사이동의 의의와 필요성

인사이동관리人事異動管理, personnel transfers management란 종사원이 어떤 호텔에 고용되어 특정한 직무에 배치된 뒤, 그의 능력이나 직무내용의 변화 또는 기업운영상의 여러 가지 여건 변화에 따라 수직적 · 수평적으로 배치상의 변화를 가져오는 인적자원관리상의 절차를 의미한다. 따라서 배치관리가 직무와 사람을 결부시키는 정태적인 것인데 반하여, 이동관리는 상황변화를 고려하여 다시 조정하는 동태적인 것이라 할 수 있겠다. 이동관리에는 동일수준의 다른 직무로 횡적인 재배치를 하는 경우도 있고, 능력의 향상에 따라서 높은 수준의 직무로 이동되는 경우도 있으며, 기업운영상의 여건 변화에 따라 직무로부터 떠나는 경우 등 여러 가지가 있다. 즉 이동관리의 내용은 배치전환配置轉換, transfer, 승진昇進, promotion 및 이직移職, separation관리 등이 있다.

오늘날 호텔환경의 변화는 극심하다. 이와 같은 호텔 내외의 제 여건변화에 능동적이어야 호텔의 성장 · 발전을 지속적으로 유지할 수 있다. 인력을 관리하는 인적자원관리에서도 여건 변화에 따라 신속하고 적절하게 그리고 능동적으로 조정이 이루어져야 한다. 특히 호텔에서의 인사이동은 인력과 직무 사이에 적합성의 결여, 즉 양자 간에 부적합성이 발생하였을 때에는 지체 없이 이루어져야 한다.

인사이동의 필요성은 다음과 같다.

첫째, 종사원을 채용하여 일정한 직무에 배치하였으나 직무배치 자체가 적절하지 않았기 때문에 그 인력이 가지고 있는 모든 기능 및 지식과 직무요건이 적합하지 않는 경우이다.

둘째, 종사원을 채용하여 이루어진 최초의 직무배치가 일단은 적절하였으나 배치된 인력의 능력이 향상되었거나 저하되어 그 인력이 직무가 원하는 요건 이상 또는 이하의 기능과 지식을 가져 적합성이 결여된 경우이다.

셋째, 기업 규모상의 변화, 즉 기업의 확장이나 축소로 말미암아 인력의 조정이 요구되는 경우이다.

이상과 같은 인사이동의 필요성이 발생할 때, 경영자는 인력의 유효한 이용을 위하여 끊임없이 종사원과 직무와의 적합성 상태가 유지되도록 계획적 · 조직적으로 조정하는 인사이동 작업을 단행하여야 한다.

2) 인사이동의 목적

인사이동人事異動은 인적자원의 능력과 직무의 요건이 부적합할 때 이 부적합성을 해소시켜 적합성을 향상시키기 위해 실시한다. 기업경영에서 인사이동을 실시하는 중요한 목적을 들어 보면 다음과 같다.

- 후계자를 양성하여 다음 세대에 조직을 이끌어나갈 각 기능과 각 계층의 적격자를 계속적으로 공급한다.
- 적재적소 배치를 실현하여 고용한 인적자원 능력의 효과적인 활용을 도모한다.
- 종사원에게 새로운 분야 직무의 기회를 제공하여 능력발전을 도모한다.
- 인사이동은 승진에 맞게 이루어지는 경우가 많기 때문에 승진 의욕을 자극하고 사기앙양에 이바지한다.
- 동일 직위에서의 고정적인 정착을 배제함으로써 좋지 않은 타성을 제거한다.

3) 인사이동의 원칙

① 적재적소 배치의 실현

기업의 고용정책이나 선발방법이 아무리 잘 되었다 할지라도, 처음 배치가 적성이나 능력, 직무요건에 잘 부합되도록 이루어지지 못하였을 때에는 근무 평점이나 능력평가 또는 자기신고에 의하여 인사이동을 시켜 적재적소 원칙을 실천해야 한다.

② 효과적 인재육성

기업이 필요로 하는 인재는 실무경험을 통하여 육성할 수 있는 인사이동이 요망된다. 특히 우리나라와 같은 연공서열제도年功序列制度가 대중을 이루는 나라에서는 실무경험을 통하여 여러 가지 직무내용을 잘 파악하여 다기능화多技能化하거나 간부양성을 할 수 있다.

③ 능력주의 원칙

능력을 발휘할 수 있는 업무영역에 종사원을 인사 이동시켜 그 직무에 대하여 올바르게 평가하고 평가된 업적에 대하여 만족할 수 있는 대우를 하는 원칙을 말한다.

④ 근로의욕의 향상

종사원이 동일한 직무에 오래 근무함으로써 능력정지能力停止나 퇴보현상이 나타나거나 종사원과 관리감독자 간 또는 종사원 상호 간에 불화가 있어 사기가 저하된 경우에는 이동을 시킴으로써 조직 활동을 원활하게 하고 사기를 높일 수 있다.

⑤ 공평한 처우실현

어느 종사원이 어느 곳에 배치된 뒤, 그 능력이 계속 신장되었을 때, 보다 상위 직위로 이동시켜 공평한 처우를 받을 수 있게 해야 한다. 이 경우는 대개 승진昇進, promote이나 승격昇格, promotion in status이 해당된다. 여기서 승진은 직위격상(팀원 → 팀장)을, 승격은 직급격상(5급 → 4급)을 의미한다.

⑥ 업무의 번한(繁閑)을 시정

정원관리定員管理가 잘 이행되지 못하거나, 직무구성 부분과 능력구성 부분이 잘 조화 · 조정되지 못하여 업무상 변환이 있는 경우에는 이를 시정하기 위해 이동이 이루어져야 한다.

⑦ 조직계획의 대응

기업이 성장 · 발전함에 따라 조직계획, 즉 생산계획 및 판매계획 등이 변경되거나 또는 새로운 직무를 설정할 경우에는 이에 대응할 정원의 편성, 작업 분담, 관리 방식 등의 수정이 필요하게 되어, 이에 따른 인사이동이 있어야 한다.

4) 인사이동의 준수사항

인사이동은 그 시기에 따라 정기이동定期移動, periodic transfer과 임시이동臨時移動, temporary transfer으로 구분된다. 정기이동이란 매년 일정시기에 전체 조직에 걸쳐서 실시되는 계획적인 이동인데 반하여, 임시이동은 정기이동만으로는 인사상의 불균형을 해소하기 곤란하기 때문에 필요에 따라 그때그때 실시하는 이동이다.

그런데 이 두 가지 이동은 상호 관련성이 있기 때문에 어느 하나만의 인사이동을 실시해서는 안 된다. 따라서 인사이동은 인사이동 정책에 따라 필요한 절차를 거쳐 실시하여야 한다. 그러므로 효율적인 인사이동을 위해서는 다음과 같은 몇 가지 준수할 사항이 있다.

이를 구체적으로 설명하면 다음과 같다.

① 승진경로와 자격요건의 명확화

인사이동은 대개 직무내용과 조직적 지위의 변화를 의미하는 경우가 많다. 따라서 장기고용제도하에서는 종사원들의 이동, 특히 승진에 대한 기대가 크기 때문에 모든 종사원에게 승진경로가 개방되어야 한다. 또한 승진상의 자격요건과 기준을 명확히 하고, 종사원의 성과와 근무태도를 공정하게 평가하는 것이 중요하다.

② 연공제와 능력제의 조화

인사이동은 종사원의 능력과 성과에 따른 능력주의에 입각하여 이루어져야 하나, 연공존중의 경영풍토 안에 있는 나라에 있어서는 이를 무시할 수 없다. 그러므로 양자 간의 적절한 조화방안을 모색하여 실시하는 것이 인사이동상의 중요한 과제이다.

③ 직무숙련화의 배려

내부 직위에 공석이 생겼을 때 가급적 사내 승진을 인용함으로써 종사원의 사기를 진작시키는 것이 일반적이다. 그러나 지나치게 폐쇄적인 인사정책은 삼가하고 유능한 사외社外 인재 영입도 고려하여 인사이동이 이루어질 수 있도록 해야 한다.

④ 동기부여 향상의 고려

기업은 인간을 중심으로 하는 조직체이므로 수평적 · 수직적인 인간관계가 존재한다. 이러한 관계가 원만하지 않으면 직무성과는 향상되지 못한다. 가령 어느 한 개인이 매우 유능하고 우수하며 특출한 직무 수행능력을 가지고 있다 하더라도 잘못된 인사이동으로 집단 팀워크가 파괴되면 그 개인의 능력은 조직에서 볼 때 비효율적인 것이 된다. 따라서 이동은 조직성과를 위한 동기부여 제공을 충분히 고려하여 성과의 총합이 극대화될 수 있는 방향에서 이루어져야 한다.

2. 전환배치관리

1) 전환의 개념

각 직무에 직원을 배속하는 것을 배치placement라 하고, 배치되었던 종사원을 현재의 직무에서 다른 직무로 바꾸어 재배치하는 것을 전환轉換, transfer이라고 한다.

전환이란 새로 담당할 직무가 임금수준賃金水準, 지위地位, 위상位相, 소요기능所要機能, 책임責任에 있어서 종전의 직무와 차이가 없는 수준에서 수평적으로 인사이동을 하는 것을 말한다. 이러한 전환은 새로운 일자리로 옮김으로서 더 큰 직무만족을 줄 수도 있지만, 반면 전환에 따른 불평, 불만이 발생할 수 도 있다. 따라서 신중을 기해서 진행되어야 하며 일정한 원칙과 절차에 따라 종사원이 납득할 수 있는 수준에서 충분히 공개되고 공정하게 이루어져야 한다.

2) 배치전환의 목적

한 부서에서 어느 직무를 담당하는 종사원을 다른 자리로 이동시켜 새로운 일을 맡기는 것을 배치전환配置轉換, 직무이동職務移動, 직무순환職務循環, 순환보직循環補職, 직무로테이션job rotation 등 여러 명칭으로 부르고 있는데 이러한 직무이동을 하는 데는 여러 가지 이유가 있다. 물론 승진에 의해서 권한과 책임이 증대된 상위직무로 이동하는 것은 불가피한 일이나, 대개 전환배치라고 하면 권한, 책임, 보상 측면에서도 큰 변동이 없고 소속 부서와 맡은 직무만 바뀌는 수평이동을 말하는데 직무이동의 가장 큰 이유는 종사원들의 경력개발經歷開發, career development을 위해서이다. 회사는 직무이동으로 이런 저런 일을 배우고 싶은 종사원들의 경력향상 욕구도 충족해 줄 수가 있을 뿐만 아니라 여러 가지 업무를 하다보면 한 가지 일만 한 사람보다 유능한 사원이 되기 때문이다.

부서 간에 종사원들의 이동이 없으면 서로 인간적 유대관계도 형성되기 어려울 뿐만 아니라 타 부서의 업무가 어떻게 진행되는지 알 수 없다. 그래서는 업무협조가 이루어지기 어렵고 상호커뮤니케이션 장벽이 커질 수밖에 없는데, 사원들의 전환배치는 이러한 괴리gap를 줄일 수 있다. 그리고 한 곳에서 같은 일만 되풀이하다 보면 숙련도가 상승되는 대신에 매너리즘에 빠져서 흥미도 잃고 사기가 저하되는데, 이러한 사원들에게 자극성 있는 분위기를 마련해 주기 위해서라도 전환배치는 가끔 필요하다.

그리고 같은 부서에서 동료 간, 상하 간, 갈등이 심화된 채로 지속되는 것은 바람직하지 않으므로 이때에도 다른 부서로 이동시켜 분위기를 쇄신하기도 한다.

마지막으로 직무이동을 의도적으로 시행하는 이유는 시장의 수요변동으로 생산, 판매량이 증가되거나 어떤 이유로든지 특정부서의 업무량 증가폭이 커지면 인력이 남는 부서의 종사원들이 인력난을 겪는 부서 쪽으로 이동시킬 수밖에 없는 것이다.

이상과 같이 여러 가지 이유로 직무이동은 필요하며 이를 경력 상승 측면에서 보면 종사원들의 직무 경험을 넓히고 다양한 기술 취득 기회를 제공해 줌으로써, 자연적인 교육훈련 효과를 거둔다는 것이 가장 큰 장점이라고 할 수 있다. 그러나 너무 빈번하거나 잘못 배치하면 그 만큼의 손실도 가져오게 된다.

3) 직무이동 원칙

종사원들에 대한 이동배치 발령을 낼 때는 회사의 필요성에 따라서 하는 것이지만, 당사자인 종사원의 입장도 고려하여 도움이 되는 방향으로 해야 한다. 즉, 경력 상담을 거친 후에 이루어지는 것이 바람직하다.

(1) 적합성

해당 종사원의 능력과 적성이 일치하는 부서에 이동시키되 시기적으로도 너무 오래 한곳에 두어서는 안 되지만 너무 자주 자리를 바꾸면 일도 못 배우고 인간관계도 완전히 맺지 못하고 항상 언제 어디로 전출될지 모르는 불안 상황에 있게 된다. 그러므로 배치되어야할 부서의 직무에서 요구하는 적격자를 선택하되 당사자가 원하는지 본인의 의견을 포함하는 것이 합리적이다.

(2) 인재육성

직무이동이 종사원 경력향상에 초점을 두는 것이므로 당사자를 배치하면 그의 경력 상승에 어떠한 보탬이 될 것이며, 그의 성장욕구에 적합한 직무인지 검토해 본 후에 결정해야 한다. 자리가 비었다고 개인의 필요성을 고려하지 않고 이동시킬 경우 개인의 능력신장을 기대하기 어렵고 오히려 불만이 쌓일 수 있다. 그러므로 종사원들의 경력증강을 위해 직무를 이동시킬 때에는 승진으로 인한 경력관리와 연계시키는 것이 효율적이다.

4) 전환배치의 유형

(1) 이동 범위별 분류

- 부서 간 전환inter-section transfer: 부서 간 전환은 업무의 내용이 유사한 부서 간에 수평적으로 이루어지는 전환을 말한다.
- 부문 간 전환inter-department transfer: 부문 간 전환은 업무내용이 다른 부서와 부서 사이 또는 부문과 부문사이에 이루어지는 전환이다.
- 전사적 전환overall-firm transfer: 전사적 전환은 회사 전체를 통하여 필요한 인력을 폭넓게 전환시키는 것을 말한다. 주로 관리 분야에 많이 이루어진다.

(2) 이동 목적별 분류

① 생산 상황에 따른 전환

생산 상황에 따른 전환production transfer이란 새로운 기술의 발달로 노동의 수요가 점차 감소되는 직무로부터 노동의 수요가 증대되거나 이직으로 인하여 결원이 생긴 직무로의 전환을 의미한다.

② 재배치 전환

재배치 전환replacement transfer은 특정 종업원에 대한 일시해고를 피하는 것을 목적으로 하는 전환이다. 조업단축으로 인원조정이 필요할 때 부서 간에 인력을 이동하는 방법이다. 즉 근속기간이 긴 종업원을 다른 부서의 근속 연한이 짧은 종업원과 대체시켜 근속자를 보호하는 유형이다.

③ 근무교대를 위한 전환

근무교대를 위한 전환shift transfer은 하루에 둘 이상의 교대 근무 조를 운영하고 있는 경우에 종업원을 하나의 시간대(A)에서 다른 시간대(B)로 이동하는 유형이다. 주로 서비스직의 교대근무에서 많이 볼 수 있다.

④ 구제적 전환

구제적 전환remedial transfer은 최초의 배치가 부당했거나 감독자나 동료 간에 불화가 있거나, 건강상태, 사고기록 등으로 보아 타 직무로 옮기기를 원하는 등의 여러 가지 이유로 인하여 실시되는 전환이다.

⑤ 다기능 양성을 위한 전환

다기능 양성을 위한 전환multi-skill transfer은 종업원의 기술, 능력이 신장되어 융통성과 신축성을 높이기 위한 전환이다. 특히 한 종업원이 특정 직무만 맡을 수 없는 소규모 호텔에서 인력운용의 탄력성을 유지하기 위해 실시하는 경우도 있고, 업무가 많을 때 여러 작업을 처리할 수 있는 특별히 훈련된 특수 팀 양성을 위해 실시하는 유형이다.

이러한 전환의 유형들은 서로가 완전히 배타적인 것은 아니며, 오히려 상호보완적인 것으로 다목적적인 성격을 띠고 있다. 따라서 전환은 인적자원관리 기본방침의 틀 안에서 이동방침에 따라 실시되어야 한다.

3. 승진관리

1) 승진의 정의

인적자원의 계획과 확보의 관점에서 볼 때 승진은 조직체의 인력수요를 내부의 인력자원으로 충원하는 것을 의미 한다. 승진昇進, promotion이란 사원이 한 직무에서 더 나은 직무로 이동하거나 또는 한 직위에서 더 높은 직위를 맡게 되는 것을 의미한다. 즉, 신분身分, 보상補償, 책임責任, 위치位置, 권한權限 등이 더 커지고 높아지는 것을 말하며, 이 모든 것을 동시에 수반하는 승진이 있고 단지 지위만 오른다든지 보상만 오르는 경우, 또는 심지어 보수, 책임, 직무는 그대로인데 직위 명칭만 한 직급 높게 부르는 경우도 있다. 승진은 지위급수가 높아지고 월급이 오르는 것이지만, 단지 호봉만 올라서 월급만 오른다면 승급昇給이라 한다. 그러나 승진이 임금 못지않게 중요하기 때문에 임금상승은 억제시키면서도 직위승진職位昇進, position promotion으로 사원들을 만족시킬 수 있다. 즉, 중간지위를 만들어 승진시키면 인건비 증가가 없이 사원들에게 혜택을 줄 수 있기 때문에 과장, 부장, 이사 계층사이에 다른 나라에 없는 주임, 대리, 계장, 대우, 차장, 부부장, 이사보 등의 계층을 두었던 것이다.

2) 승진관리의 개념

승진관리의 의미는 크게 종사원 측면과 경영자 측면에서 그 의미를 찾아 볼 수 있다. 먼저 종사원 측으로 볼 때 자기발전의 실현과 욕구충족을 꾀할 수 있다. 그리고 경영자 측으로 볼 때 인재의 효율적인 확보 · 배분을 통한 조직의 효율성을 증대시킬 수 있다. 즉 생산능률 증대의 대상이 된다. 이와 같은 욕구와 필요성에 따라 승진관리가 갖는 의미는 크다. 상기의 목적을 달성하려면 다음과 같은 입장에서 승진관리가 이루어져야 한다.

호텔종사원도 누구나 각자 가지고 있는 능력과 공헌도에 따라 종합적으로 평가받아 승진할 기회와 권리가 있으며, 호텔은 효과적인 승진 및 장기적인 인사계획과의 연결을 위해서 진로를 설정해야 한다. 호텔이 종사원을 최대로 활용하여야 하는 입장에서나 종사원이 자기발전을 극대화하여야 하는 입장에서 승진의 원칙을 설정하여 합당한 직위에로 승진시키는 것이 이상적이다. 인간의 능력판단의 기술과 방법이 꾸준한 노력에 의해 개선되고 있지만, 장래의 적성과 잠재능력을 포함한 능력판정은 채용당시 한 번의 시험으로서는 예측할 수 없다. 이러한 승진이란 종사원이 보다 유리한 직무로 이동되었을 경우로 직무상의 책임을 의미하는 직책職責, duty responsibility의 증가, 소요기능의 확대, 임금의 증가, 근무시간, 환경조건 등의 향상을 수반하는 것을 의미한다. 그리고 승격昇格, promotion in status과 승급昇給, increase salary의 경우도 큰 차이가 없으며 다 같이 승진이라는 의미로 보는 것이다.

3) 승진관리의 기능

승진은 조직에서 개인의 목표와 조직의 목표를 합치시키는 역할을 한다. 즉 조직의 구성원들이 조직에 대해 갖고 있는 욕구와 조직의 목표를 조화롭게 결합하는 인적자원관리 기능이 곧 승진관리인 것이다. 따라서 승진은 목표달성을 위해 인적자원에 대한 최대의 시너지 효과를 내도록 유도하고 직원의 잠재능력을 개발하며 자기개발의 목표를 자극하여 조직에 그 효과를 발휘하는 유효성有效性도 동시에 높여주는 수단이 된다.

둘째로, 직원에 대한 가장 유효한 커뮤니케이션 수단이 된다. 이 경우 커뮤니케이션의 중심과제는 조직이 무엇을 가장 가치 있는 것으로 생각하고 있는가 하는 것을 알려주는 것이다. 따라서 승진은 조직의 가치기준價値基準이 외면적으로 가장 솔직하게 나타나는 표상이라고 할 수 있다.

마지막으로 합리적인 승진기준과 승진제도는 조직의 인사체증 현상을 해결할 수 있다. 새로운 직무기회를 끊임없이 탐색하며 종사원들의 능력개발에 대한 자극을 적극 부여하고 도전적인 직무의 할당 등 직무의 질적인 측면에서 직원의 성장욕구를 충족시켜 주기 위해서는 합리적인 승진관리가 이루어져야 한다.

4) 승진의 기준

승진의 기준은 승진방침昇進方針, promotion policy에 따라 설정되는 것이므로 시대와 기업에 따라 각양각색이고 그 기준도 시대와 기업에 따라 다르게 된다. 여기서는 대체로 일반화된 몇 가지 요건을 중심으로 그 기준을 살펴보면 다음과 같다.

(1) 근무평정의 결과

인적자원관리 도구 중 하나인 근무평정제도勤務評定制度, performance evaluation policy의 궁극적인 목표는 종사원의 근무의욕을 높이기 위하여 개개인을 각각의 능력과 업적에 따라 공정하게 처우하는 관리체제를 구축하며, 인사상의 제반문제에 사실상의 근거를 제시하여 승급 · 상여 · 배치 등을 공평하고 객관적으로 할 수 있게 하기 위해서이다. 이와 같은 목표를 가진 인사평가가 구체화되고 제도화되는 경우에 직무수행 능력, 공헌도(실적), 장래 발전성, 태도 및 적성 등의 자료가 정비된다.

근무평정의 대상이 되는 것은 현재 직위의 자격요건이기 때문에 그 성적이 좋다고 해서 상위직위에의 자격요건을 갖추었다고 속단할 수 없으며, 이때 더욱 문제시되는 것은 때로는 현재의 직위에서는 실적을 올리지 못하고, 능력을 충분히 발휘하지 못하더라도 상급직위에 맞는 능력요건을 갖고 실적을 올릴 수 있다는 것이다. 그러나 승진에 관한 한 현재의 직무수행 상태와 관련시켜 그의 잠재능력 및 기대가능성을 고려하지 않을 수 없다는 사실은 어느 정도 위험성과 곤란성을 내포하고 있는 것도 사실이다.

근무평정의 내용을 실적performance · 태도behavior · 능력ability · 장래성prospect의 네 요소로 크게 나눌 때 실적과 태도의 비중이 능력과 장래성보다 낮다고 할 수 있으므로, 승진기준으로 설정할 수 있는 것은 종합평가 성적이 일반적으로 우수하면서 동시에, 그들 요소 중 능력과 장래성의 비중을 높이 다루는 것이 바람직하다.

예컨대, 종합점수가 같은 a, b 두 사람 중에서 한 사람만 승진시켜야 할 경우라면, 근무성적에 관한 실적이나 태도보다는 능력과 장래성이 좋은 사람이 승진되어야 한다.

(2) 승진시험의 결과

승진의 대상자를 시험에 의해서 결정하는 승진시험昇進試驗, promotion examination을 제도화하려는 경향이 높아지고 있다. 이와 같이 승진시험의 결과에 의해서 승진대상자를 결정하려는 방침은 합리적이라 할 수 있고, 더욱이 능력주의 인적자원관리 체제하에서는 바람직한 기준이다. 그러나 승진시험에 있어서도 누구를, 어떤 시험방

표 7-1 승진심사평가표

RATING SHEET FOR PROMOTION
정기승진심사표

Dept : FO / HK

No. 순번	ID. NO 사번	Name 성명	D.O.B 생년 월일	D.O.E. 입사 일자	D.O.P 승격 일자	S.T.P 현직위 재급연한 (Year)	Present Position (Present Level) 현직위	Proposed Position (Proposed Level) 승격 후 직위	T/O 공석 여부	Rating Factors 심사요소				Rank for Recom-manding 추천 서열	Final Decision 승격 여부	Remarks 비고
										Evaluation 종합 인사 평가 점수	Attendance 근태	Commend Punish 상벌 사항	Total 계			
C Level Staff																
1	871004	****			2000-09-01	7.0	Asst. Exec. House Keeper House Keeping(D)	Asst. Exec. House Keeper House Keepong(C)						4/7		
E Level Staff																
2	881265	****			1993-09-01	14.1	Sr. Bellman Front Office (F)	Asst. Concierge Front Office (E)	○					1/7		
3	870984	****			1992-04-01	15.6	Sr. Doorman Front Office (F)	Doorman Supervisor Front Office (E)	×					6/7		

법으로, 어떤 문제를 시험내용으로, 언제 실시할 것인가 등이 문제점이다. 이런 문제점에 대한 확실한 해답을 얻고 승진시험을 실시한 뒤 그 결과에 따라 승진이 이뤄져야 한다.

(3) 연공평가(long service evaluation)

여러 해 동안 계속하여 근무한 공로를 인정하는 연공이 승진대상자 선정의 기준이 되는 것은 세계적인 현상이다. 서양에서는 선임권의 개념으로, 동양에서는 연공서열주의라는 개념으로 사용된다. 연공에 대해서는 승진 방침에서 설명된바 있으나 우리나라에서 많이 사용되고 있는 승진기준이다. 그러나 오늘날과 같이 기술이 급속도로 발전하여 점차 기계화됨으로써 기능에 의존하는 것보다는 두뇌의 발달과 기술에 의존하게 되어 능력주의 인적자원관리를 하지 않을 수 없는 시점에서 연공의 의미와 그 비중이 낮아지게 됨은 필연적인 사실이다. 과도기적으로 연공을 승진자 선정의 기준으로 할 때는 직무수행 능력과 관련시켜 파악하는 것이 바람직하다.

(4) 경력평정

경력기간career period을 승진기준으로 하는 것도 일반화되어 있다. 기업마다 경력기간을 승진 기준으로 삼기 위하여 승진소요 최소연수 또는 직급별 정체연수를 정하여 최소한도의 능력 훈련기간을 통제하고 있으나 점차로 능력주의 정신에 따라 그 기간을 단축 하려는 경향으로 가고 있다. 그런데 경력을 승진기준으로 하기 위해서는 다음과 같은 가설 중 어느 것 또는 그 전부를 적용해서 경력을 평정해야 한다. 중요한 가설을 들어보면 다음과 같다.

① 승진대상이 되는 직위의 직무에 대하여 유사성 또는 친근성이 높은 경험은 낮은 경험보다 유효하다.

② 직무수행능력은 일반적으로 학력연수에 비례한다.
③ 어떤 경력이 어떤 직무에 유효하기 위해서는 그 이전에 일정 한도의 경력 및 학력이 있어야 한다. 어떤 직무에 대하여 유효한 경력과 학력은 동등하다.
④ 일정한도 이상의 경력이나 학력은 그 이상 증가하더라도 효력이나 효과를 발휘하는 유효성은 증가되지 않는다.
⑤ 새로운 경력은 오래된 것보다 가치가 있다.
⑥ 책임이 무거운 직위경력은 가벼운 직위의 경력보다 가치가 있다.
⑦ 변화, 발전을 추구하는 진보성이 있는 경력은 그 정도가 낮은 경력보다 가치가 크다.

한편으로, 이들 제 가설은 실무현장에서 적용상에 많은 문제가 따르게 되는 것도 사실이다.

(5) 교육훈련의 결과

승진대상 직위에 대한 직무수행 능력을 판단하는 기준을 어떤 특정한 연수과정을 마치거나, 연수의 결과(시험결과)를 활용하는 경우가 있다. 어떤 특정 연수과정의 완료로써 어떤 특정 직위로 승진하기 위한 최저 자격요건으로 정하거나, 연수의 내용이나 정도에 따라 이를 그 직위에서의 경험이나 필요한 지식 · 교육정도 등 승진을 위한 필요한 자격요건으로 대신 평정해 주는 경우도 일반화되어 있다. 또 일부 대기업에서는 특정 연수훈련을 실시하고 그 결과로 얻은 성적이 바로 승진에 영향을 미치게 되어 있다.

(6) 인사기록

승진자의 선정기준으로 인사기록이 활용된다. 인사기록人事紀錄, personnel record이란 종사원의 입사 이전의 교육 · 경력 등을 포함하여 입사에서 퇴사까지의 고용관계에 관한 기록으로서, 기업이 종사원의 능력을 기업목표 달성을 위한 인적자원관리상의 자료로써 이용할 수 있도록 설계되어야 한다.

인사기록에는 다음과 같은 조건을 구비하여야 한다.

- 현재 담당하거나 앞으로 담당할지도 모르는 직무를 능률적이며 성공적으로 수행하는 데 관계되는 모든 정보를 담고 있어야 한다.
- 이들 모든 정보는 간결하게 기록되고, 당면 문제와 관계없는 사항을 기록하지 않아야 한다.
- 종사원은 정태적 · 고정적인 능력의 단위가 아니므로 현재의 현상만이 아니라 발전과 퇴보를 포함한 모든 변화상을 기록하여야 한다.
- 언제든지 필요할 때 즉시 쉽게 이용할 수 있도록 기록 · 정리 · 보관되어야 한다.

이상 승진기준을 살펴보았다. 모든 제도는 일반적으로 그 조직이 갖는 내용 및 목적을 보다 효과적으로 달성하기 위하여 비교적 안정성, 고정성, 경제성을 지녀야 한다. 승진제도도 마찬가지이다. 승진기준도 기업 조직의 목적 대상 범위에 따라서 달라진다.

종래의 신분적 자격제도에서는 학력 · 연령 · 근속 등의 요건을 종합하여 승진기준을 결정하였으나, 최근 능력주의 인사제도에서는 능력의 요건, 기타 기준이 되는 근무평정의 결과, 교육훈련을 포함한 시험성적, 적성평가 등에 의하여 승진기준을 결정하고 있다.

5) 승진방침

(1) 연공주의

연공주의年功主義, seniority principle는 승진결정에서 근속연수勤續年數에 입각하여 승진하는 것을 말한다. 이것은 근속연수에 비례하여 업무수행 능력과 숙련도가 신장된다는 기본적 사고와 전통적 · 온정주의적 사고를 기초로 하고 있다. 또한 연공은 측정의 신뢰도가 높고 객관적이어서 이에 입각한 연공주의는 안정을 중요시하는 직원들과 노동조합 사이에서 지지되어 왔다. 그러나 최근에 새로운 기술혁신을 비롯한 환경변화는 연공주의의 모순을 드러나게 하였다. 이것은 직원의 성과나 창의성을 무시하고 있기 때문에 직원의 사기와 성과의 향상에 큰 장애가 되고 있으며 또한 직원을 무사안일에 빠지게 하기 쉽다.

(2) 능력주의

능력주의能力主義, competence or merit system는 근무연수보다는 직무수행능력職務遂行能力에 따라 승진하는 것으로 서구적인 합리주의에 그 기반을 두고 있다. 이것은 조직의 목표를 달성하는 정도의 조직유효성 관점에서 볼 때 가장 합리적이므로 경영자들에게 널리 지지를 받아왔다. 또한 능력주의는 기업으로 하여금 임금의 급상승, 기술혁신, 노동력 부족, 개방경제 등의 새로운 환경에 보다 쉽게 적응할 수 있게 하였고 직원의 직무수행 능력을 최대한 활용하여 기업의 효율성을 높이는 데 큰 공헌을 하였다. 그러나 능력주의는 능력의 측정에 객관적이고 보편타당한 기준이 없다는 문제점을 가지고 있다.

(3) 연공주의와 능력주의의 조합

우리나라와 같이 업무분장業務分掌이 상대적으로 불투명하고 가족주의적 경영의 잔재가 남아있는 조직에서 완전한 능력주의를 적용할 경우에는 그 효과보다는 부작용이 크게 나타날 수 있다. 그러나 국제경쟁의 심화에 따라 조직체의 입장에서는 능력주의의 도입을 추진할 수 없는데, 이에 따라 연공주의年功主義, seniority principle와 능력주의를 조화하는 방향을 모색하는 것이 필요하다.

6) 승진형태

급여만 오르는지, 직무의 수가 상승되는지, 직무의 질이 높아지는지, 책임과 권한도 많아지는지 등에 따라 승진의 유형도 가지각색이지만 대표적인 형태는 다음과 같다.

(1) 연공승진제도

연공승진제도年功昇進制度는 근무 연수, 학력, 경력, 나이 등의 개인적 연공年功, long experience과 신분에 따라 자동적으로 승진되는 연공주의에 따른 승진유형이다. 이 제도는 경험이 많은 사람이 훌륭한 리더십을 발휘할 수 있고 부서 간 조정에 적격이라고 한다. 그러나 연공승진제도는 합리적이거나 능률적이지 못하여 이익공동체 성격을 띤 산업사회에서 점차 설득력을 잃어가고 있다.

표 7-2 호텔부서별 승진연한 기준표

Minimum Service Term for Promotion

Level	FBS	Security.	FBK	Fitness		Engineering.	Others (F/D,H/K,Purch,Biz,A/C,HR)
H (사원)	Asst. F&B Attendant	Guard	Cook Helper	Attendant			
GII (사원)	2Yrs	2Yrs	2Yrs	2Yrs	Recep.	Mechanic 1Yrs	
G (사원)	F&B Attendant	Guard	3rd Commis	Sr. Attendant	3Yrs	Mechanic Foreman	Clerk
FII (주임)	3Yrs	3Yrs	2Yrs 2nd Commis 2Yrs	3Yrs		3Yrs	3Yrs
FI (주임)	Head F&B Attendant 3Yrs	Shift Leader 3Yrs	1st Commis 3Yrs	Chief Attendan 3Yrs	Sr. Recep. 3Yrs	Head Mechanic 3Yrs	Sr. Clerk 3Yrs
E (계장)	Asst. Manager 3Yrs	Officer 3Yrs	Chef de Partie 3Yrs	Supervisor 3Yrs	Supervisor 3Yrs	Sr. Mechanic 3Yrs	Supervisor 3Yrs
D (과장)	Manager	Chief Officer	Sous Chef	Manager	Manager	Manager	Manager
C (차장)	3Yrs Sub - Dept. Head						
B (부장)	3Yrs Dept. Head						

• I Team Member who starts H level will be appointed to the G level automatically after converted to the regular staff.

(2) 직급승진제도

회사에서는 맡은 업무의 중요성과 부하직원의 수 그리고 책임의 정도에 따라 여러 계층의 지위가 있다. 평사원, 주임, 대리, 과장, 차장, 부장 등인데 이러한 직급계층이 상향 이동하는 것을 직급승진職級昇進이라 한다. 이러한 승진이 가능하기 위해서는 상위 직급자리가 공석으로 비우게 되든지 새로운 상위직급을 신설해야만 가능하다. 이런 경우 승진자격을 갖춘 승진 대상자는 많고 상위직급은 한정되어 있기 때문에 승진정체 만큼의 사기저하 또는 조기이탈 현상이 일어난다. 효과적인 직계승진제도職階昇進制度의 실현을 위해서는 직위관리체계가 정비되어 있어야 하고 인적구성 능력과 직계direct line구성이 대체로 일치되어야 하며 업무내용이 안정되고 조직기구, 생산양식, 기업규모 등에 큰 변동이 없어야 한다.

(3) 자격승진제도

자격승진제도資格昇進制度, identity qualification promotion system는 사원이 갖추고 있는 직무수행 능력을 상급으로 올려주는 것으로서, 예를 들면 5급사원이 4급사원이 되거나 과장 7호봉에서 과장 8호봉으로 올려주는 경우이다. 직능등급이 오른다고 직급이 오르는 것은 아니지만 적어도 직급승진을 위해서는 그에 해당하는 직능수준職能水準이 필수적이다. 직능등급의 승진은 상위직급의 공석과는 무관하게 개인의 연한이 차고 자격이 되면 승진시킬 수 있으므로 매우 합리적으로 운영될 수 있다.

직능승진제도에 의해 개인의 직능이 상위등급으로 이동할 경우 자격의 상승을 의미하기 때문에 승격昇格, promotion in status이라고 한다. 자격승진인 직능승진제도는 사원들의 능력신장을 유도하고 승진정체 현상을 감소시키는 데 유용하다. 하지만 능력신장은 되었으나 그러한 능력수준에 대응되는 직무가 없는 소위 과잉능력 상황이 된다면 사원들의 직무불만족을 초래한다. 그리고 회사입장에서는 능력급으로 임금이 지불될 때 직무는 하위 직무를 수행하고 있는데, 그의 능력은 상위 직능이므로 실제 수행하고 있는 업무보다 더 많은 인건비가 지급된다는 모순이 있다.

(4) 대용승진제도

대용승진제도代用昇進制度, substitution promotion system는 조직 내 승진의 정체성을 제거하고 융통성을 제고하기 위하여 실시되는 승진제도로서, '준 승진', '대리승진', '대우승진' 등의 용어로 불리고 있다. 즉, 대용승진은 특정 종업원에 대한 승진이 필요하나 적합한 직책이나 직위가 없어 승진이 곤란한 경우, 현재 직무내용상의 실질적 변화 없이 일정의 직위명칭 또는 자격호칭을 부여하여 형식적 승진을 시키는 제도이다. 일반적으로 조직 내에 승진에 적체된 경우나 대외적인 업무를 수행하는 영업팀 등과 같이 대고객 신뢰도를 높이기 위해 승진은 시켜야 하지만 담당해야 할 직책이 없을 경우 사기저하를 방지하기 위해 직위상징에 따른 형식적 승진을 하게 된다. 그러나 승진에 따른 부수적인 혜택인 직책수당과 복리후생 및 사회적 신분우대 등은 새 직위에 맞추어 받게 된다. 이것을 준 승진quasi-promotion이라고도 한다. 대용승진은 직무중심의 체제에서 경직성을 제거하고 보다 융통성 있는 인사를 확립하려는 데서 비롯된 것이다.

7) 승진제도의 문제점

조직적인 인적자원관리가 제도적으로 실천되기 위해서는 인적자원관리 전반에 관계되는 직무와 종사원과의 관계 연구가 필요하다. 그러나 제도라고 하는 것은 언제나 변화하고 변질되기 때문에 현재 처해 있는 제반 여건을 충분히 고려하지 않으면 안 된다. 어떤 제도가 바람직하다 해도 현 제도를 일시에 변혁하거나 바꿀 수는 없는 것이다. 점차적으로 직계승진 제도로 발전을 시도하면서 보완해 나감으로써 승진문제에 대처해 나가야 한다.

따라서 승진제도에 있어서 문제점은 경영 질서를 직능적으로만 규제할 수 없다는 점, 상위직의 심한 정체현상이 있다는 점, 기술혁신과 산업구조의 변화에 의해 양과 질이 변화된다는 점이다. 특히 우리의 경우 직무 분담과 권한의 위양이 제대로 되어 있지 않고 조직정비의 필요가 많다는 문제점이 있다. 그리고 능력에 대한 정당한 대가와 평가를 요구하는 현대적 직업의식이 결여되어 있고, 학력에 의해 계층을 구분하는 인식이 잔존하고 있다. 그러므로 승진제도의 핵심을 이루는 보다 구체적인 규정으로서 승진시켜야 할 종사원에 대해서 승진절차나 기준을 정해 놓아야 하며, 제도 자체를 수시로 검토하고 개선하여 합리적으로 운영되도록 하여야 한다.

승진에 필요한 자격기준 설정, 승진후보의 선정이 모든 종사원에게 공정히 행해지도록 선정절차, 승진 후보자의 평가방법, 서열 및 선택방법 등과 같은 승진방침을 확정하고, 그에 따라 제도 자체가 수시로 검토되어야 하며, 종사원과 감독자로부터 훌륭한 제도라는 신뢰를 받도록 하지 않으면 안 된다.

4. 이직관리

1) 이직의 개념

이직turnover이란 좁은 의미로는 사원이 기업구성원의 자격을 종결짓고 조직을 떠나는 것을 의미한다. 여기에는 자발적自發的, voluntary 이직과 비자발적非自發的, not spontaneous 이직이 있는데 관리대상은 주로 자발적 이직인 사직辭職, resignation이 된다. 사원의 유학, 진학, 지병, 가족이사 등으로 할 수 없이 회사를 떠나는 것은 어쩔 수 없지만 다른 회사로 전직하기 위한 사직이라면 이를 주시할 필요가 있다. 전직을 위한 이직은 회사에 역기능만 하는 것은 아니기 때문에 더욱 세심한 주의가 필요한데 그 순기능과 역기능은 다음과 같다.

(1) 이직의 순기능

불만이 많은 사원이 회사를 떠날 경우 잔류 사원들에게 긍정적 영향을 미친다. 또 그 빈자리의 승진 기회를 넓혀 주기도 하며 새로운 구성원이 영입될 경우 분위기 쇄신뿐만 아니라 새로운 기술과 노하우를 얻을 수도 있는 것이다. 즉, 회사로 하여금 새로운 인재를 채용할 수 있게 해주기 때문에 기술변화, 환경변화가 심할 때 이러한 순기능 효과가 크다. 또한 기업의 효율을 높이기 위해 수익성이 낮은 부분을 정리하거나 인원을 줄이는 구조조정과 수익성이 없거나 비생산적인 부서 또는 지점을 축소 · 해체하거나 기구를 단순화하는 다운사이징downsizing의 필요가 있어서 회사가 근로자에게 퇴직을 권유하고 근로자가 이를 받아들여 제출하는 권고사직, 1년 이상 계속 근무한 근로자가 기업의 감축 정책에 따라 자발적으로 퇴직하는 조기퇴직, 그리고 정년 연령에 도달하지 않는 근로자들에게 근속연수나 연령 등 일정한 기준을 충족하면 그의 자발적 의사에 따라 규정상의 퇴직금 이외에 금전상 보상이나 가산퇴직금 또는 위로금을 추가로 지급하는 등 우대조치를 하여 정년 전에 근로계약관계를 종료시키는 명예퇴직 등으로 내보내는 경우가 발생하게 된다.

그런데 이런 경우 이들을 내보내려면 그들에게 퇴직 장려금이나 위로금도 주어야 하고 방출에 반대하는 노사분규 비용까지 감안한다면 손실이 매우 크다. 그런데 경기가 침체되어 회사가 어려운 시기에 사원들이 자발적으로 회사를 떠나 준다면 경영진에게는 아주 바람직한 현상일 것이다. 기업들은 사원들을 유지하기 위해 항상 애태우는 것은 아니다. 오히려 사원들을 해고解雇, fire, layoff, dismissal하거나 방출放出, discharge해야 한다고 인식할 때가 더 많을 수도 있다.

(2) 이직의 역기능

이직자移職者는 잔류자에게 악영향을 미쳐 응집력 약화, 부러움과 불안감 조성의 가능성이 있고 그 빈자리의 업무를 당분간 잔류자들이 떠맡아야하는 부담도 있다. 떠나는 개인도 타 회사에 가서 불만이 해소된다는 보장이 없고 새로운 환경에 적응해야 하는 것이 쉽지만은 않다. 또한 자발적 이직은 회사에 경제적 비용을 발생시키는데 이직하기까지의 불만과 생산성 저하, 경력자 상실비용, 신규인력의 채용과 교육, 훈련에 드는 비용이 그것이다.

2) 이직비용

자발적 이직이 기업에 미치는 약간의 순기능이 있다고 하더라도 경영자의 의도가 아닌 사원 개인의 이직은 그 비용적인 측면에서 회사에 많은 지장을 초래한다. 더구나 우수한 인재의 이직은 더 큰 손실로 나타난다. 그럼에도 불구하고 그 경제적 손실이 얼마나 되는지 정확하게 계산해 보는 회사는 드물다. 왜냐하면 회사에 불만이 있어서 나간 것이니 구태여 손해날 것 없다고 판단하기 때문이며, 실제로 이직비용移職費用, turnover costs을 계량화하기에는 무척 어렵기 때문이다. 그러나 이직비용의 내막을 들여다보면 이직이 발생하기 전부터 발생하여 이직 후 한참 후에 까지 발생한다. 즉, 이직이 아직 일어나지 않았어도 사원이 불만에 쌓여 있다면 노력정도와 생산성도 낮을 것이며 타인에게 미치는 부정적 영향과 사고발생 등의 비용이 발생한다.

이직이 발생한 직후에는 생산중단, 생산지연 등의 비용이 생기게 되며, 신규사원 채용을 위해서는 모집, 선발비, 교육훈련비, 미숙련으로 인한 사고율, 저생산성 등이 총비용이 된다. 이직이 증가함에 따라 이러한 이직비용은 증가하겠지만 그렇다고 이직을 방지하고 사원을 계속하여 회사에 보유하는 데에도 비용은 들어간다. 불만사원을 계속 보유하면 생산성도 저하되고 옆 사람에게 악영향을 끼친다. 뿐만 아니라 이직률移職率, Employment separation rate을 낮추기 위해서는 급여인상, 복리후생 등 응분의 유인책誘引策을 제공해야 하는데 그것도 비용이다.

이직률은 그것을 낮추기 위해서도 비용이 들고 높아도 비용이 든다는 딜레마에 봉착하게 된다. 따라서 총 이직비용이 최저最低가 되는 적정 이직률을 유지하는 것이 가장 효율적인 이직관리라 하겠다. 이론적으로는 실제 이직률이 적정 이직률을 초과하게 되면 이를 감소시킬 대책을 강구하는 것이 바람직하며 적정 이직률 수준 이하임에도 불구하고 이직방지 대책을 세우고 노력하는 것은 그리 현명한 관리자가 아니라는 사실을 알 수가 있다.

3) 이직의 분류

이직移職을 결정하는 주체가 직원인지, 아니면 조직인지에 따라 사직resignation과 비자발적 이직dismissal으로 구분된다.

(1) 자발적 이직

자발적 이직voluntary separation은 조직에 불만이 있거나 보다 나은 기회를 찾기 위해 다른 기업으로 옮기는 경우와 결혼, 임신, 출산, 질병, 가족의 이동 등으로 조직을 떠나는 경우를 말한다. 기업의 이직관리는 종업원의 자발적 의사에 의해 현재의 직장을 떠나는 자발적 퇴직관리 문제를 주요대상으로 하고 있다. 이러한 이직관리의 주요과제는 종업원의 자발적 퇴직의 중요부분을 차지하고 있는 전직 내지 사직 등 이직의 주요원인에 대한 정확한 파악과 함께 종업원의 이직 방지를 위한 적절한 대응책의 강구와 고용안정화에 있다.

(2) 비자발적 이직

종업원의 의사와는 관계없이, 사용자나 조직의 입장에서 강제되는 것을 말한다. 즉, 비자발적 이직involuntary separation은 회사가 경영부진으로 인원을 삭감하여야 할 때에, 나중에 재고용할 것을 약속하고 종업원을 일시적으로 해고하는 일시해고lay-off, 근로자의 중대한 계약 의무 위반이나 직장 질서 위반에 대한 제재로서 보통 퇴직금을 지급하지 않고 근로자를 해고하는 징계해고discharge 그리고 기업의 경영자가 일정의 연령에 도달한 종업원에 대하여 자동적 · 강제적으로 퇴직시키는 정년퇴직retirement 등을 말한다.

4) 이직의 원인변수요인

일반적으로 이직의 원인은 한 가지만 존재하는 것이 아니고 여러 가지가 복합적으로 작용한다. 호텔업계 종사원 이직률이 타 업계에 비하여 높다. 자발적 이직의 경우에는 어느 정도 통제 가능하지만 비자발적 이직은 때로는 운영상의 여러 가지 때문에 발생하는 경우가 많다.

(1) 조직에 머무는 이유

회사를 떠나는 사람에게 이직사유를 물어보면 임금이나 승진 등의 문제를 많이 드러내지만 사실 인간관계가 가장 큰 이유 중의 하나이다. 특히 우리나라에서는 좋은 회사 분위기만 된다면 월급이 좀 적어도 참고 있겠다는 사원도 많다. 무엇보다도 조직과 개인을 묶어주는 가장 큰 요인은 인간적인 즐거움과 끈끈한 유대관계이다. 동료사원들과 경쟁관계가 아니라 상호 신뢰와 협동관계가 강하고 개인적 노력보다는 협동적인 노력에 의해서 더 이익을 낼 수 있다는 확신이 들면 친한 동료나 상사를 뒤로하고 회사를 나가기가 쉽지 않을 것이다.

또 하나의 근속 이유라면 자신이 맡은 직무가 원인이 될 수 있다. 직무를 수행하면서 보람과 즐거움을 느낀다든지 맡은 직무를 계속하는 것이 자신의 경력상에 크게 이바지되는 것으로 믿는다면 이를 포기하고 회사를 떠나지 않을 것이다. 그러나 아무리 쉬운 일이라도 지루하게 반복되거나 자신의 아이디어는 필요 없고 허수아비처럼 시키는 대로 일하다 보면 일에 대한 매력이 감소되고 급기야 새로운 일을 찾아 회사를 떠나려는 마음이 생긴다. 즉, 도전적이고 창의적인 직무는 사원들에게 그대로 내재적인 동기부여 수단이 된다.

물론 봉급俸給, pay, salary, wage이나 복지후생福祉厚生, welfare이 다른 회사보다 우수하면 중요한 근속이유가 된다. 그러나 높은 보상과 월급으로 사원들을 회사에 붙잡아 두려는 경영자가 있다면 계속적인 경제적 부담을 가져야 한다. 뿐만 아니라 다른 회사보다 높은 경제적인 유인책을 갖고 있다고 해서 안심하고 다른 분야를 소홀히 하다가는 이직률을 낮출 수 없을 것이다.

(2) 조직을 떠나는 이유

이직을 감소시키려면 그 원인을 제대로 밝혀내야 하는데 한 사원이 자발적으로 회사를 떠나는 이유는 다음과 같다.

① 환경요인

외부 노동시장에 인력수요가 많다든지 수평적 노동시장의 발달로 회사를 옮기는 것이 어렵지도 않고, 사회적 분위기가 이를 쉽게 용납하면 누구나 필요하면 옮기려고 시도할 것이다. 이러한 사람들에게는 실업률의 수준도 민감한 영향을 줄 것이다.

② 회사요인

회사의 임금수준이나 인사제도 등에 불만이 있거나 공정한 대우가 아니라고 판단되면 다른 회사로 나가려고 시도할 것이다.

③ 직무요인

적성에 맞지 않는 직무 혹은 장래 발전성이 없는 직무를 맡았거나 지나친 업무량으로 스트레스가 높아져도 다른 회사로 옮기려고 할 것이다.

④ 인간적 요인

상사 동료와의 인간관계가 좋으면 다른 이유로 발생한 이직 가능성을 낮추기도 하고 인간관계가 나쁘면 다른 모든 장점을 뒤로하고 회사를 떠나간다.

⑤ 개인적 요인

장래가 많이 남은 젊은 사원일수록, 가족부양 책임이 작은 사원일수록, 교육수준이 높을수록 이직률이 높다는 조사결과가 있다. 그 외에는 개인의 성격, 능력, 태도에 따라서 서로 다른 이직 성향을 보일 것이다.

5) 이직방지 대책

이직은 직원 자신에게나 호텔의 조직에도 큰 영향과 충격을 주기 때문에 호텔의 계속적인 성장과 발전을 위해서는 이직현상에 대한 면밀한 검토와 이에 대한 적절한 대책이 강구되어야 한다. 우선 자발적 이직을 감소시키기 위해서는 직원 개개인의 불만이나 고민을 해결하기 위해 고충처리 기구나 인사상담제도종업원상담제도를 활용할 수 있고 인간관계개선 프로그램을 운영할 수도 있으며, 또한 직무를 보다 도전성이 있고 만족스러울 수 있도록 직무설계職務設計, job design를 할 수 있다. 그리고 승진, 임금, 복리후생 등을 이용하여 직원들의 욕구를 충족시키는 방법 등이 있다. 또한 이직의 원인을 파악하여 이직관리 대책을 세울 수도 있다. 직원의 이직 원인을 알아내는 방법에는 퇴직면접제도退職面接制度, exit interview system 실행과 퇴직 후의 질문방법 등이 있을 수 있다.

표 7-3 사직서 양식

RESIGNATION LETTER

NAME		ID NO	
DEPARTMENT		POSITION	

I hereby submit a letter of resignation to the company at my own will, your understanding and approval would be highly appreciated.

- RESIGNATION DATE : As of
- REASONS :

(DATE :   )

Employee's signature	Department Head	Director of HR

All items issued from company should be returned to HR Dept. before the last working day.

표 7-4 퇴직면담 양식

EXIT INTERVIEW FORM

성 명 (Name) : ________________ 사원번호 (Empl. No.) : ________________
부 서 (Dept.) : ________________ 입사일 (Date of Empl.) : ________________
직 위 (Position) : ________________ 퇴사일 (Date of Exit) : ________________

A. 퇴직자란 (Employee Section) 해당란에 O표시를 해주십시오.

1. 퇴직사유 (Please state your reason for leaving)
   1) 자발적 퇴사 (Voluntary resignation)
      ① 이직 ② 유학 ③ 결혼 ④ 건강 ⑤ 임신,출산 ⑥ 회사에대한 불만
      ⑦ 상사에 대한 불만 ⑧ 급여에 대한 불만 ⑨ 기타 업무상 이유 ⑩ 기타 개인사유
   2) 비자발적 퇴사 (Involuntary resignation)
      ① 정년퇴직 ② 해고(징계) ③ 신체장애 ④ 계약종료 ⑤ 기타 (   )

2. 회사에 대한 귀하의 의견 (Your opinion on company)
   1) 근로조건 (Working condition)
   2) 상사 (Your supervisors)
   3) 사원을 위한 시설 (Employee facilities)
   4) 사원교육 (Employee training)

3. 기타의견 (Others)
   1) 당 호텔의 최대의 문제점은 무엇이라 생각 하십니까?
      (What do you think the biggest problem to improve in the hotel is?)
   2) 당 호텔의 최대 강점은 무엇이라 생각하십니까?
      (What do you think the best asset in the hotel is?)
   3) 기타 하시고 싶은 말씀 (Other opinion)

4. GM, 인사부장과의 면담을 원하십니까?
   (Would you like to have a meeting with GM, H/R Director or the member of labor Committee?)
   : 예, GM (   ), 인사부장 (   ) 과의 면담을 원합니다.
   : 아니오, 원하지 않습니다. (   )

*본인은 본인의 퇴직금 등이 퇴직 사유 발생일이 속한 달의 익월에 지급되는 것에 동의합니다.

퇴직자 서명 (Signature) : ________________________________

B. 면담자 란 (Interviewer Section)

1. 면담의견 (Confirmation of the employee's reason for resignation)

면담자 서명 (Interviewer's Signature) : ________________________________

5. 고용조정관리

1) 고용조정의 개념

고용조정이란 기업이 종업원과 맺은 고용계약을 정년 전에 변경 또는 해지하는 것을 말한다. 해고비용을 줄이고 남은 근로자의 사기를 손상시키지 않으면서 기업의 사회적 이미지도 손상되지 않도록 하는 것이 고용조정 관리의 핵심이다. 노동조합은 고용조정을 원칙적으로 수용하지 않기 때문에 파산破産, bankruptcy 위기에 몰리기 전에 정리해고를 하기가 불가능한 실정이다. 예를 들어, 심각한 경영상의 위기, 해고 회피를 위한 노력, 합리적이고 공정한 원칙에 의한 해고자 선정, 노조 또는 근로자 대표와 대상자 선정 원칙과 해고를 회피하기 위한 방안의 협의하는 것 등이 이에 해당된다.

2) 효과적 고용조정 방법

(1) 전직지원프로그램 운영

퇴직자에 대해 자격을 달리하는 전직지원轉職支援, out placement 서비스를 제공하여 해고解雇, layoff 근로자들이 직면하는 잠재적 문제들에 관한 리스트list를 준비하여 가능한 퇴직과정의 초기에 겪는 문제들을 도와준다. 또한 전문가들이 해고자 가족에 대해 조언을 해주고 스트레스 해소를 위한 워크숍을 실시한다. 종업원에게 실질적으로 도움이 되는 맞춤형 전직지원 프로그램을 개발하고 운영한다.

예로 보잉사Boeing社, The Boeing Company에서는 90년대초 심각하게 부실해진 기업을

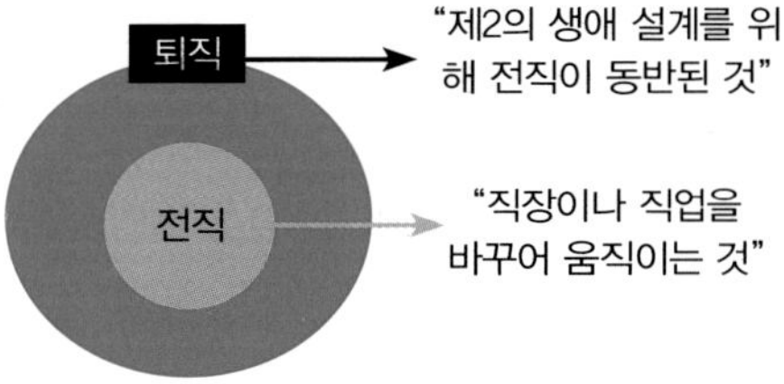

대규모 노동력 감축, 임금 삭감, 자산 매각 등의 수단으로 회생시키고, 경쟁력을 강화하기 위해 대대적인 구조조정을 실시할 때 노사합의로 보잉 재취업 프로그램을 운영하여 사내 교육기관 운영, 외부 직업훈련기관 및 대학에서 위탁교육 실시, 취업알선 등을 실시하여 1만 3천 명의 전직을 성사시켰다.

(2) 사전적 퇴직경고제 운영

신입사원 연수에 고용계약식이나 서약식과 같은 공식적인 절차를 포함하거나 조건부 고용보장을 명확히 표명한다. 그리고 일정 성과를 올리지 못하면 구조조정에 들어간다는 원칙을 사전에 공유한다.

(3) 고용가능성 제고 및 자립형 직원 양성

스스로 경력을 설계하고 필요능력을 확보할 수 있도록 계층별 경력개발經歷開發, career development연수를 실시하며, 경력비전 연수, 생애설계연수 등을 새롭게 도입하여 전직과 독립에 대비 하도록 한다. 또한 회사형 인간이 아닌 자립형 인간을 만들기 위한 다양한 교육프로 그램을 운영한다. 예로 연수를 통해서 자기 직무경력서를 작성하게 하여 자기 자신의 시장가치를 알게 하면서 자립적인 의식으로 변환토록 교육한다.

(4) 종업원의 선택과 참여를 통한 공감대 형성

희망 퇴직제를 상시 운영하여 단순한 인원 삭감 목적이 아닌 인생지원 방안으로서의 이미지를 확립한다. 그리고 회사와 노조가 함께하고 근로자를 위한 지원센터를 운영하며, 사원들의 자유의사와 희망을 존중하며 자율적 퇴직을 유도한다. 자발적 이직이 아닌 이상 공정한 인사평가를 통해 퇴직했더라도 직원입장에서는 불쾌할 수밖에 없다. 회사에서는 공정한 퇴직관리 시스템을 도입하여 비자발적 퇴직이 발생할 때 직원들의 불만을 최소화하도록 노력해야 할 것이다. 또한 누구나 탁월한 성과에 대한 최고의 대우를 받을 수 있다는 것을 직원들에게 인식시킴으로써 긍정적 효과를 이끌어 내야 한다.

예로 IBMInternational Business Machines Corp은 종업원에게 경영상황을 정확하게 알리며 일정 기준(세후수익률 8%) 이하로 악화되면 단계적 구조조정에 들어간다는 것을 명시한다. GEGeneral Electric Co에서는 중간간부 이상에 대해 업무 성적별로 등급을 부여하며 성과가 부진한 하위 10% 인력은 자발적 퇴직을 유도한다.

6. 정년퇴직관리

1) 정년퇴직의 개념

정년퇴직retirement이란 본인의 의사와 노동능력의 유무와 상관없이 취업규칙就業規則, the rules of employment이나 단체협약團體協約, labor collective agreement의 규정에 따라 일정한 연령에 도달함으로써 고용계약이 자동적으로 소멸되는 것을 말한다. 이러한 정년제도가 있기 때문에 회사에서는 인력수급계획을 세울 수 있고 새로운 젊은 인력을 받을 수 있다. 문제는 이러한 정년을 60, 65, 70세로 늦출 경우와 50, 55세로 앞당길 경우 어느 것이 회사에 유리할 것인지를 잘 판단하여 정년을 정하는 일이다. 이를테면 정년을 늦출 경우 회사의 입장에서는 인사적체, 승진적체, 퇴직금부담, 고령자, 고직급에 대한 통솔의 문제, 신체능력 감소로 생산성 저하와 사고 유발과 같은 부담을 갖게 된다. 정년을 늦추어서 고령자들을 회사 내에 유지시키면 장점도 많다. 사원 연령과 조직충성도와의 관계, 그리고 나아가서 연령과 조직성과와의 관계는 긍정적이라는 연구결과가 있다. 그 이유는 고령자가 더욱 현실적이고 과거의 노하우도 많고 결근율도 떨어지며 성심껏 직무에 임하기 때문이다.

따라서 무조건 젊은 피를 선호하면서 고령자를 무조건 해고, 퇴직시키는 것은 합리적인 인사정책은 아니라고 본다. 오히려 고령자들이 회사에 계속 머무르면서 공헌하도록 기회를 주는 정책을 마련하여 추진하는 것이 긍정적 효과를 얻을 수 있다.

2) 정년퇴직의 유형

(1) 통상정년제

통상정년제normal retirement는 퇴직연금(노령연금)의 수급개시 연령에서 퇴직하는 정년제로 강요되지 않고 어디까지나 근로자의 임의 의사에 맡긴다. 조기정년early retirement은 전액의 연금수급 자격을 얻기 전에 감액연금을 받고 퇴직하는 경우로 명예 퇴직제를 말한다.

(2) 강제정년제

강제정년제compulsory retirement는 종업원의 연령이 기업의 퇴직을 강제하는 연령에 도달한 경우에 적용하는 정년제로 노사 간에 합의가 이루어지면 고용을 연장하거나 다시 고용될 수 있다.

(3) 자동 정년제

자동 정년제automatic retirement는 기업으로부터 자동적으로 퇴직하게 되는 정년제도로 고용연장이나 재고용의 여지가 없다.

(4) 기타

① 연령정년年齡停年, retirement age: 한 조직에서 일정 연령年齡 이상 근무를 하면 나가도록 하는 제도이다.

② 근속정년勤續停年, retirement continuous service year: 군인장교 등과 같이 조직에 들어간 후 일정한 근무기간이 지나면 자동적으로 퇴직하는 제도이다.

③ 계급정년階級停年, retirement grade: 조직에 들어간 후 일정기간이 지나도 승진하지 못하고 한 계급에만 머물러 있으면 일정한 기간(5년, 10년, 15년 등)이 만료됨에 따라 자동적으로 퇴직하는 제도이다. 즉, 특정 직급職級, position이나 계급階級, rank에서 일한 기간을 따지는 정년제도이다.

3) 정년퇴직의 관리

(1) 퇴직사전준비 프로그램

평균연령이 연장되고 노인인구가 증가됨에 따라 사회의 고령화가 이루어지고 있는데 우리나라는 선진국에 비하여 10년 정도 낮은 정년 연령을 그대로 고수한다면 결국 국가 경쟁력이 약해질 것이다. 그러므로 기업은 우수인력이 방치되지 않도록 연령을 기준으로 한 강제 퇴직을 폐지하고 채용 시 연령차별 폐지 등을 대안으로 고려해야 한다.

퇴직 후에도 그들이 필요로 하는 재취업이나 창업정보를 제공해 주고 회사의 퇴직자 지원 대책을 최대한 활용할 수 있도록 홍보하고 소식지를 전달해 주는 것도 하나의 대책이다. 그리고 연령에 한정 두지 말고 중장년층에 대해 지속적인 재교육을 하여 그들의 능력향상과 동시에 외부 인력의 모집, 훈련비용을 절감할 수 있다.

정년퇴직으로 인한 구성원들의 경제적 · 심리적 충격을 완화하기 위한 제도는 다음과 같다.

① **퇴직사전상담**(pre-retirement counselling)

퇴직 후의 생계유지와 이와 관련된 재정적 및 경제적 문제, 그리고 이에 대비하여 여러 가지 계획과 적응에 대한 전문적인 상담을 제공한다.

② **퇴직사전계획**(pre-retirement planning)

퇴직 후의 생활안정을 위해 퇴직하기 오래 전부터 구성원의 저축계획을 적극 권장하고 사무적 지원을 한다. 퇴직 후에도 다른 조직체로의 취업을 희망하는 구성원들에게 이에 필요한 기술을 습득하도록 협조한다.

③ **점진적 퇴직**(phased retirement)

퇴직에 따른 심리적 충격을 완화하기 위하여 퇴직자의 의사에 따라서 근무시간을 점차적으로 줄이고, 정신적으로 신체적으로 비교적 부담이 적은 직무에 배치함으로서 퇴직과정을 점진적으로 조정한다.

(2) 관광호텔 퇴직관리의 중요성

관광호텔기업의 종사원 이동은 일반 기업체와는 상당한 차이를 보인다. 많은 호텔들에게 직원들의 주요한 퇴직 및 이직 원인은 급여 및 복리후생의 불만족, 승진

불만, 근무환경 및 불만족, 감독자와의 마찰 등과 같은 사항들이 지적되고 있다.

이는 관광호텔의 비합리적인 인사제도에 가장 큰 원인이 있다는 것이 전문가들의 공통된 견해이다. 특히 임원 및 부서장들에 대한 종사원의 현격한 인사평가 불신, 리더십의 부재, 급여체계의 복잡성과 비합리성 등이 큰 문제로 대두되고 있다. 때문에 과거의 호텔 인사시스템으로 21세기를 운영해 나간다는 것은 매우 어리석은 방식이며, 이미 종사원의 능력향상과 직무능력 개발 면에서 긍정적 효과를 나타내고 있는 연봉제를 도입하여 단계적 · 점진적으로 전 종사원으로 확대하여 합리적이고 공정한 인사정책, 급여시스템을 구축할 필요가 있다.

4) 퇴직금

정년이 되서 퇴직하는 사원이나 회사의 감원정책으로 정리해고된 경우, 회사를 떠나는 사원에게 일정액을 일시불로, 혹은 순차적 연금年金, pension식으로 지급하는 보상이 퇴직금이다.

현재 우리나라 근로기준법에 의하면 계속해서 근무한 연수 1년에 대하여 30일분 이상의 평균임금이 된다. 즉, 어떤 사원이 10년 근무했다면 퇴직금은 최근 3개월 평균임금에 10을 곱한 금액이 되는 것이다.

이처럼 떠나는 사람에게 퇴직금을 주는 의미는 여러 가지 견해가 있다. 먼저 떠나는 사원이 지금까지 재직하는 동안 회사에 공헌해 준 대가로 매번 지급했어야 하는데, 그 일부가 지급되지 않고 있다가 떠나게 되니까 일시적으로 청산하는 임금후불설과 고용주가 사원의 그동안 공로에 대한 감사의 표시로 지급하는 것으로서 온정과 은혜의 차원에서 보아야 한다는 공로 보상설이 있고, 사원이 퇴직을 하고 나면 수입원이 없어지므로 그와 그 가정의 경제생활을 보장해 주기 위한 보조금 형식으로 보는 견해에서의 생활 보장설 등이 있다.

표 7-6 호텔장기근속자 처우사례

구분	A	B	C	D	E	F	G	H	I	J
5주년					무료숙박 1박, 뷔페식사 2인	10만 원 상품권, 상패		금 1돈	축하금 10만 원	
10주년	금 10돈	퇴직금 1개월 가산	금 1돈, 축하금 75만 원, 표창장	금 10돈, 휴가 3일, 기념패	금 10돈	15만 원 상품권, 상패	축하금 50만 원, 휴가 3일	금 5돈, 축하금 50만 원, 휴가 3일	축하금 20만 원	금 10돈, 상패
15주년	무료숙박 2박 축하금 10만 원	금 10돈, 퇴직금 2개월 가산			금 15돈	20만 원 상품권, 상패	축하금 70만 원	축하금 60만 원, 휴가 5일, 기념품(7만 원)	축하금 45만 원	축하금 150만 원, 상패
20주년	금 10돈	금 15돈	축하금 200만 원, 표창장	금 20돈, 여행 5일, 기념패	금 20돈, 제주 2박 (숙식포함 항공권 2인)	25만 원 상품권, 상패	축하금 80만 원, 휴가 3일	금 10돈, 축하금 100만 원, 휴가 7일, 왕복여행권 일본항공권	축하금 70만 원	해외여행 2인, 상패
25주년					금 25돈, 축하금 200만 원	근속선물 (본사규정)	축하금 100만 원	축하금 150만 원, 휴가 10일, 기념품 동남아항공권	축하금 100만 원	
30주년			상금 300만 원, 표창장	금 30돈, 여행 7일, 기념패	금 30돈, 축하금 280만 원			금 20돈, 축하금 300만 원, 휴가 15일, 미주항공권	축하금 200만 원	안식휴가 12일
35주년								축하금 200만 원, 휴가 10일, 동남아항공권		

7. 징계관리

1) 징계의 의의

모든 조직은 그 조직을 질서 있게 운영하기 위하여 필요한 규정을 설정하고 있으며, 조직구성원은 설정된 규칙이나 규율의 범위 내에서 행동하도록 요청받고 있다. 호텔조직은 취업규칙 등의 사규社規, company regulations로서 질서를 유지하고 있는데, 이러한 규칙이 잘 지켜지지 않으면 조직의 질서는 무너지고 손실을 입는다. 이러한 위반행위를 규제하기 위한 수단으로서 징계조치disciplinary action가 필요하게 된다. 이러한 징계의 내용으로는 구두경고口頭警告, verbal warning, 견책譴責, reprimand, 서면경고書面警告, written warning, 감급減給, pay cut, 강등降等, demote, 정직停職, suspension, 징계해고懲戒解雇, disciplinary dismissal 등이 있다. 이러한 징계조치는 객관적이고 공정한 방침에 의해 이루어져야 한다. 그렇지 못할 경우에는 직원의 사기가 저하되고 이의가 제기되며 때로는 법적 소송이 일어나기도 한다.

2) 징계의 목적과 효과

조직의 대부분 사람들은 구성원으로서 조직의 목표 달성에 기여하고 있고, 조직체의 동료구성원들의 기대수준에 맞는 행동을 한다. 그러나 소수의 구성원들은 전체 구성원들의 일반적인 행동기준에 어긋나게 행동함으로써 조직체의 목적 달성과 조직 구성원들 간의 상호관계에 위협을 줄 수 있다. 따라서 조직체는 이러한 역기능逆機能적 행동을 억제할 목적에서 징계조치를 강구하는 것이다.

(1) 징계대상

마이어스myers는 징계대상 행위를 다음과 같이 나열하고 있다.

① 부당한 태업怠業, soldiering, 파업행위罷業, strike, 사보타지sabotage(방해 행위) 또는 이와 관련된 행위, 특히 단체 협약사항을 이행하지 않고 이러한 행동에 참여 또는 선동하는 행위

② 상사에 대한 부당한 또는 의도적인 불복종 또는 반항 행위

③ 서류나 정보자료의 위조

④ 고용계약에 합의된 사항을 이행하지 않거나 성과가 극히 부진한 행위

⑤ 반복된 지각과 결근

⑥ 근무 중 음주, 마약을 소지 또는 복용하는 행위

⑦ 근무 중의 과격한 언행, 폭행 또는 공격적 행위

⑧ 부당한 무기소지

⑨ 절도행위

⑩ 근무 중의 도박행위 및 건강관리 규정의 위반 행위

⑪ 조직체 자산에 대한 의도적인 파손 행위

(2) 징계의 목적

징계는 그 부당함을 처벌하는 효과만 있는 것이 아니라 어떠한 조직체이건 이를 효과적으로 활용하면 기강확립은 물론이고 더 견실한 조직으로 만들 수 있다. 징계는 이러한 효과를 목적으로 하고 있으며 그 효과는 다음과 같다.

① 예방효과

징계는 징계방침과 규정을 명확히 하고 징계대상 행동이 발생하지 않도록 사전에 충분한 주의를 촉구함으로써 이의 발생을 사전에 예방할 수 있다.

② 개선효과

위반행위를 하거나 그러한 증상이 보이는 직원에게 징계규정懲戒規程, disciplinary regulations을 중심으로 상담, 지도, 자기반성 기회 등을 통해 그의 행동을 바람직한 방향으로 개선할 수 있다.

③ 처벌효과

예방효과나 개선효과가 불가능하다고 판단될 경우 최종적으로 이를 중단하거나 재발을 방지할 목적으로 벌칙을 적용하여 강력한 제재조치를 강구한다.

(3) 징계의 형태와 절차

징계대상 행위에 대한 징계의 실제 적용은 위반행위 자체와 상황 여하에 따라 달라질 수 있다. 일반적으로 중대한 징계대상 행위를 제외하고는 다음과 같은 몇 단계의 징계형태가 이루어지고 있다.

① 구두경고 및 견책(oral or reprimand)

경고나 견책은 정도가 경미하고 초행인 경우에 취해지는 징계방법이다. 잘못된 점을 조용히 지적하여 스스로 반성하고 조용히 고쳐나갈 수 있는 기회를 제공하는 방법이다.

② 서면경고(written warning)

위반행위가 거듭될 경우 징계방법과 규정을 다시 한 번 설명하고 다음 위반 때에는 어떤 벌칙이 적용된다는 것을 문서로 경고하는데, 이를 서면경고라 한다. 징계규정과 관리자의 재량에 따라 인적자원관리의 기록 파일에 입력할 수도 있다.

③ 정직(suspension)

위반이 거듭되고 그 정도가 심할 경우 정직 조치를 취하고 다음 단계의 벌칙이 무엇인가를 알려준다. 일반적으로 정직은 3개월 이내로 하되 그 기간 중에는 직원으로서의 신분은 보유하나 직무에 종사하지 못하며 무급으로 한다.

④ 강등 · 감봉(demotion, salary reduction)

하위직이나 달갑지 않은 직무로의 강등降等이다. 또한 직원의 바람직한 행동으로의 변화를 유도하기 위해 배치전환, 감봉 등도 징계조치로 활용할 수 있다. 일반적으로 감봉은 1개월 이상 3개월 이내로 하고 감급 총액은 월 임금 총액의 10분의 1 이내로 한다.

⑤ 징계해고(discharge)

돌이킬 수 없는 규칙위반의 직원에게 최종의 징계로서 해고를 단행할 수 있다. 징계해고는 최후 수단으로 사용되어야 하며 해당부서의 관리자는 상위관리 층과 인적자원관리 부서 그리고 인사위원회人事委員會, personnel committee와 충분히 협의하여 결정하여야 한다.

3) 징계위원회

공정한 징계를 위해서 객관적인 입장에서 징계懲戒안을 다룰 수 있는 징계위원회disciplinary committee를 구성하여 절차에 의해 심의하고 신중하게 결정해야 한다. 징계위원회의 위원은 조직의 입장에서 공정하게 처리할 수 있는 사람들로 구성되어 야 한다.

(1) 징계절차의 예

① 징계 해당사유가 발생할 경우에는 일차적으로 경위서를 청구한다.

② 인사담당자는 관계부서와 협의하여 아래와 같이 사유의 등급을 판정하여 인사위원회에 회부할 사항은 관계서류를 첨부하여 인사위원회에 회부하고 그 결정에 따라 조치한다.

③ 인사위원회를 개최코자 할 경우에는 개최 5일 전에 해당자에게 서면으로 통보하며, 인사위원회 회부 시 징계사유의 정도와 필요에 따라 직위해제職位解除, position cancel를 우선 조치할 수 있으며, 직위해제 기간 동안에는 임금을 지급하지 아니하고 출근을 정지시킬 수 있다.

④ 징계처분 할 경우에는 반드시 사전에 구두 또는 서면에 의한 본인의 진술을 받아야 하며, 인사위원회의 결정에 따라 필요할 경우 또는 본인이 원할 경우에 본인을 직접 출석시키거나, 참고인을 출석시켜 참고진술을 받을 수 있다.

구분	절차
사유의 정도가 중한 경우	인사위원회에 회부하여 인사위원회의 결정에 따라 조치
사유의 정도가 경미한 경우	인사위원회에 회붙이 아니하고 담당부서장이 견책을 하거나 소속 장이 훈계 조치

(2) 징계의 가중(예)

징계처분을 중복해서 받을 경우에는 가중치加重値를 감안하여 조치한다. 단, 징계처분을 받은 때로부터 5년이 경과한 징계경력은 적용하지 아니한다.

(3) 징계행위의 교사 등(예)

징계 해당 행위를 꾀어서 부추기는 교사教唆, 선동煽動 및 모의를 함께 한 공모公募

자, 일부러 행한 고의故意 또는 조금만 주의하면 결과의 발생을 피할 수 있는데도 이를 게을리 하여 생긴 중과실重過失이 있는 자는 행위자에 준하여 징계 조치한다.

(4) 징계의 효력(예)

징계처분은 징계등급에 따라 승진감점 및 승진대상에서 6개월간 제외하며, 승진에 필요한 소요기간에서도 같은 기간을 제외한다.

(5) 비위(脾胃)사항의 보고(예)

각 소속부서장은 소속 직원 중 징계에 해당하는 소행이 있다고 인정되는 자에 대하여는 해당 사항을 육하원칙에 의거 즉시 인사담당 부서에 통보하여야 한다.

(6) 기록관리(예)

경고警告, warning 및 견책譴責, reprimand 이상의 징계처분 사항에 대하여는 징계대장, 인사기록표人事記錄表, personnel records list 및 전산자료에 기록 관리한다.

CHAPTER 08

교육훈련관리

1. 교육훈련의 이해
2. 교육훈련의 분류
3. 교육훈련의 방향 및 전략

CHAPTER

HUMAN RESOURCE MANAGEMENT

08 교육훈련관리

1. 교육훈련의 이해

호텔종사원을 합리적으로 채용 선발하였다고 반드시 유능한 인재를 확보했다고는 장담할 수 없는 것이다. 학교 교육을 통해 얻은 지식이나 경험 등이 호텔 현장의 직무를 수행하는 데 있어서 바로 적응하기는 쉽지 않기 때문이다. 또한 오늘날과 같이 동태적으로 급변하게 이루어지고 있는 발전은 모든 직종에 걸쳐 그 직무내용에 필연적으로 변혁變革을 발생하게 된다. 호텔기업의 성장과 더불어 많은 종사원을 필요로 하게 되고 이에 따라 양적증가와 더불어 질적인 면에서도 자질 향상이 절실히 요구되므로 무엇보다 종사원에 대한 교육이 절실히 필요한 것이다. 교육은 호텔기업이 그 목적을 달성하기 위하여 고용한 종사원의 업무수행 능력을 향상시켜 나가는 과정이라 볼 수 있는데 이를 통하여 호텔기업의 목적을 달성코자 하는 중요한 경영관리 활동의 하나이다.

호텔기업 조직을 구성하고 있는 요소 중 유일하게 능동적인 요소인 종사원 개개인이 갖고 있는 모든 능력을 호텔에 투입하면 그 힘은 하나에 하나를 합하면 둘이 되는 수학적 공식을 넘어서 역학적力學的 계산으로 열도 되고 백도 되는 것으로 호텔은 이 힘으로 발전 성장한다. 특히 호텔의 경우는 일반 고객으로부터 신뢰의 대상이 되느냐 되지 못하느냐 하는 문제가 종사원의 서비스 수준에 크게 의존하고 있어 인적서비스를 상품화하고 있는 호텔기업에서는 교육훈련의 필요성이 대단히 중요하다고 할 수 있다.

1) 교육훈련의 의의

교육훈련敎育訓練이란 종사원의 능력을 직접적으로 향상시키는, 즉 인력개발人力開發, development of human resources을 위한 도구로 교육은 이해력과 지식활동을 활성화시킴으로서 지식 및 기능을 습득하는 과정으로 훈련은 주로 반복적인 연습을 통해 이를 습득하는 과정이라고 할 수 있다. 이러한 교육훈련을 통해 인간사리를 잘 분별하고 진상을 이해하며 정확한 판단력으로 최선의 처리를 행할 수 있게 된다. 호텔에서의 교육훈련은 그 말이 의미하는 바와 같이 호텔기업에 의해 짜인 계획 하에 호텔 내부에서 행하여는 교육훈련을 일컫는 말이다. 즉 종사원에게 객관적인 직무수행에 필요한 제반지식(이론, 실무의 인식관행 및 교양 등)을 바탕으로 인간의 능력을 함양하는 것으로 교육훈련은 현장 종사원에서부터 감독자, 관리자 그리고 경영자에 이르기까지 호텔 내의 모든 사람들에게 필요하며 일정 시기마다 계속적으로 실시되어야 한다. 또한 교육훈련은 직무기술職務技術, job skill을 전제로 하여 이루어지기 때문에 직무기술서職務記述書, job descriptions에 직무를 수행하는 데 요구되는 조건, 즉 책임, 지식, 정신적, 신체적 요건 등, 그 직무가 필요로 하는 직무요건job requirement이 밝혀져야 하고 현재의 직무기술이 미흡한 부분은 교육훈련에 의해서 보충되어야 한다.

일반적으로 부분적인 교육훈련보다는 전반적인 교육훈련의 필요성을 중요시 하고 계획計劃, plan과 실시實施, implement 및 효과效果, effect에 주력해야 한다. 이상과 같은 내용을 종합해 호텔 교육훈련의 정의를 하자면 호텔의 종사원으로 하여금 직무지식, 기능, 기술 및 태도 등을 향상시키고 현재 또는 장래에 수행해야할 직무를 효과적으로 수행케 함으로서 호텔기업의 목표를 달성하고자 하는 계획적이고도 조직적인 경영관리 활동이라 할 수 있다.

2) 교육훈련의 필요성 분석

기업조직이 교육훈련을 실시하기 위해서는 반드시 필요성 분석이 선행되어야 한다. 필요성 분석이 제대로 시행될 때 교육훈련의 목적 및 내용이 구체화될 수 있다. 이러한 필요성 분석은 크게 조직차원의 분석, 직무차원의 분석, 개인분석으로 분류할 수 있다. 그러나 이들은 개별적 분석이 아니라 통합적인 필요성 분석이 되어야 하고, 교육훈련 프로그램에 통합적으로 반영되어야 한다.

(1) 조직수준

조직차원에서 어느 분야를 훈련 및 개발하여 성과를 향상시킬 것인가를 결정하는 과정이 할 수 있다. 이러한 조직분석은 교육훈련의 미 실시로 발생할 수 있는 문제를 사전에 예방하면서 전략적 방향에서 조직성과를 향상시킬 수 있는 토대가 된다. 따라서 조직 차원의 필요성 분석은 조직의 장 · 단기 목표, 조직에 영향을 미치는 일반 환경 및 외부환경 그리고 조직의 현재능력, 성과, 조직풍토 및 이미지가 고려되어야 한다.

(2) 직무수준

조직은 목표를 달성하기 위해 다양한 직무가 차질 없이 조화롭게 수행될 필요가 있다. 직무수행이 장기적으로 원만하게 진행되기 위해서는 조직 구성원이 보유하고 있는 직무기능을 파악하여 교육훈련 및 개발에 적절히 반영되어야 한다. 조직구성원이 보유한 직무기능의 적절성여부는 직무요건에 따라 달라진다. 즉, 직무가 요구하는 것에 비해 미흡한 부분은 교육훈련에 의해 보충되지 않으면 안 된다. 합리적인 직무분석을 위한 자료원천은 일반적으로 직무기술서職務記述書, job descriptions, 직무명세서職務明細書, job specification, 업무수행기준業務遂行基準, service standards, 매뉴얼manual, 품질관리品質管理, quality control 등이 활용될 수 있다. 이러한 자료를 활용하여 객관적으로 직무분석을 실시함으로서 현재, 미래에 필요로 하는 기술, 지식, 태도 등의 직무요건을 분명히 할 수 있다.

(3) 개인수준

개인차원의 교육훈련의 필요성은 첫째, 직무담당자가 갖추어야 할 자격요건과 현재 가진 지식, 태도 및 기능 등을 비교함으로서 교육훈련의 필요성을 파악할 수도 있고 둘째, 특정개인의 교육훈련 및 개발의 성과를 관찰 · 조사하거나 성과를 측정 · 평가함으로서 필요사항을 알 수 있다. 더불어 조직구성원 개인의 전반적 성장을 위해 잠재력을 개발하고 능력의 극대화에도 관심을 갖고 개별적 교육훈련을 실시할 필요도 있다.

3) 교육훈련의 목적과 효과

교육훈련의 목적은 [그림 8-1]에 나타낸 것처럼 기업 측면에서는 인재육성에 있으며, 종업원 측면에서는 자기개발에 있다. 이 모두는 지식 및 기술축적, 조직협력, 동기부여, 사기앙양, 태도변화, 문제해결 능력배양, 대인관계 능력향상 등 여러 효과를 가져와 결국 조직의 효과성 증대에 기여하게 된다.

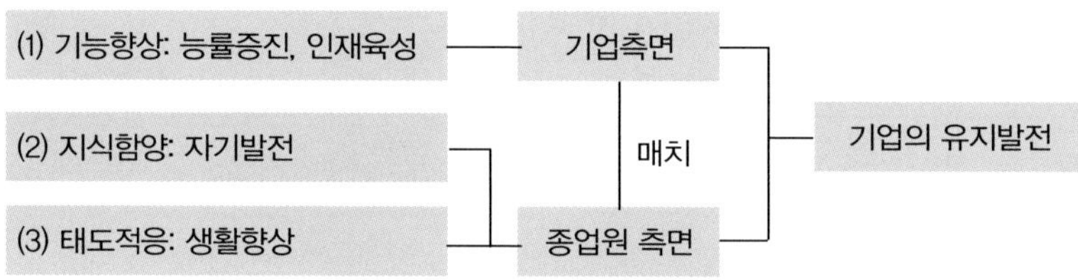

그림 8-1 ➔ 교육훈련의 목적

왜냐하면 교육훈련은 지식, 기술, 능력, 태도 등의 습득을 통해 종업원의 전문적 능력을 향상시킬 뿐만 아니라 태도의 변화를 통해 종업원의 성취동기를 유발시키고 근로의욕을 증진시키며 조직의 활성화를 촉진함으로써 조직목표달성과 개인목표달성에 공헌하도록 하는 것이기 때문이다. 따라서 교육훈련은 궁극적으로 기업을 유지 · 발전시키는 것과 직결된다. 한편, 교육훈련이 개인, 직무 그리고 조직수준별 필요성에 입각하여 체계적으로 운영되면 다음과 같은 효과를 기대할 수 있을 것이다. 그리고 교육훈련의 효과를 요약하면 다음과 같다.

① 신입사원은 입사훈련을 통해 가능한 빠른 시일 안에 회사의 방침이나 규칙, 관행에 익숙해지게 된다.

② 현재의 종업원들은 기술을 증진시켜서 인사이동에 대비한 기능의 다양화와 승진에 대비한 능력의 질적 향상을 꾀할 수 있다.

③ 신입사원들에게 그들이 담당할 직무의 요건에 대한 지도를 해줌으로서 신입사원들은 단시일 내에 질, 양의 양측 면에서 표준생산이 가능하게 되어 소득의 증가를 꾀할 수 있을 것이다.

④ 직무수행 능력의 향상 및 숙련도의 증가는 물론이고 새로 도입되는 신기술이나 생산기법에 대하여 종업원들의 신속한 적응을 도모할 수 있다.

⑤ 안전사고, 고객 불평 및 시설 및 설비의 소모율을 감소시킬 수 있다.

⑥ 조직구성원의 근무태도를 능동적으로 변화시키고, 감독자의 부담을 경감할 수 있다.

⑦ 종업원이 지닌 다양한 욕구의 실현을 통해 불만, 결근, 이직 등을 감소시킨다.

표 8-1 교육훈련의 목적과 효과의 관계

직접목적(일차적 목적)	직접목적(이차적 목적)	간접목적(궁극적 효과)
지식향상 기능향상 태도개선	능률향상 인재육성 인간완성 생활양식	기업의 유지발전 조직의 목적과 개인의 목적통합
일차적 효과	이차적 효과	궁극적 효과

2. 교육훈련의 분류

1) 기본적 교육의 분류

(1) 서비스 기본교육

팀워크 게임team-work game을 통해 입사동기들 간의 협동심을 향상시키고 동기애同期愛를 바탕으로 하여 개인보다는 조직 내의 개인으로 적응토록 하며 호텔리어 미소 및 응대요령, 인사방법, 인사요령, 종합실습 등의 서비스표준화 교육과정을 통해 고객 지향적 서비스맨으로의 기본의식과 제반 행동요령을 체계적으로 습득하도록 한다. 그리고 복장, 메이크업, 헤어스타일을 통해 깔끔하고 단정된 호텔리어다운 이미지를 만든다.

(2) 외국어교육

교육시간 중 또는 매일 교육 종료 후 별도로 한 시간씩 외국어 교육을 추가 실시하여 어학의 중요성을 깨닫게 하고 현업에서 업무를 원활히 수행하도록 이바지하며 입사교육 수료 후 각 부서에 배치된 뒤 Toeic 교육을 일정기간 실시함으로써 세계화시대에 유능한 전문가로 자리매김할 수 있도록 유도한다.

(3) OJT

1개월간의 입사교육을 수료한 대졸신입사원이 각 부서로 배치가 되면 곧바로 3개월간의 OJT on-the-job-training(직장 내 교육)교육을 실시하게 되는데 현업 부서에서 실시되는 OJT 교육은 입사교육에서 습득한 폭넓은 업무지식을 실무에 적용하는 과정으로 해당업무에 대한 전문지식의 습득을 통하여 현업에 대한 조기적응을 유도하고 서비스전문 인력의 육성을 위한 교두보 역할을 하게 된다.

(4) 위탁교육(委託教育)

대학이나 기타 교육전문 컨설팅회사 등에 단기코스 혹은 장기코스로 아예 맡겨 버리는 것이 비용이 덜 든다. 산학협동이 활성화되면 야간대학을 회사 내에 설치하여 특정 대학에 교육프로그램의 계획과 진행을 맡기기도 하고 몇몇 사원을 선발하여 국내외의 저명한 경영대학원에 입학시키기도 한다.

2) 내용별 분류

현대 사회가 고도의 산업사회로 지향해 감에 따라 호텔의 교육훈련에서도 전문화 내지 다양화, 특수화되지 않으면 안 될 실정이다. 특히 경력개발經歷開發, career development계획 관리에도 관심을 가져야 할 때가 되었다. 이렇게 가속화되고 있는 현실에서 경영주 만의 종사원 교육훈련으로는 만족할 만한 성과를 올릴 수가 없다. 사내적으로는 경영주와 종사원, 사회적으로는 학교교육과 사회교육이 전반적으로 혼합될 때 호텔이 추구하고자 하는 이익과 훌륭한 서비스가 기대될 것이다. 그러면 하나의 호텔이 성장 발전하기 위한 수단으로 종사원 교육훈련은 기초교육훈련, 순수하게 사내에서 현장을 중심으로 한 직장 내 훈련, 종사원이 사내社內에서 직무수행상 필요로 하는 기술이나 지식을 터득할 수 없는 경우, 사외社外에서 교육훈련을 이수케 하는 직장 외 교육훈련 등으로 대별할 수 있다.

(1) 기초교육

우리나라 관광호텔종사원을 주 대상으로 한 전문적인 교육훈련이 학교교육이나 기타 제반교육 기관을 통해서 체계적으로 실시되지 못하고 있는 실정이다. 관광호텔종사원의 기초교육 훈련 또한 호텔입사 전에 최소한의 품위와 자질이 갖추어질 수 있는 제도적인 방안이 마련되어야 한다. 그렇게 되면 직장 내 훈련에서도 쉽게 적응할 수 있을 것이다.

한편 직장 내 종사원에 대한 기초 교육훈련의 필요성은 사고의 개념에 따라 다르나 자기의 주관적인 생활양식과 자세 속에서 기업이 추구하고자 하는 방향으로 나가려면 생각하는 사고의 일치와 기업에 대해 가지는 견해나 관점에서의 기업관企業觀 일치가 요구되는바, 선 조건으로 익혀야 할 몇 가지 예는 다음과 같다.

- 신입사원으로서 알아야 할 기초지식과 정신자세의 확립
- 미래회사가 요구하는 것은 무엇인가?
- 조직 인으로서의 활동의 기본은?
- 효율적이고 능률적인 서비스 방법은?

교육은 대상자에 따라 직장 내 교육과 직장 외 교육으로 나눈다. 직장 내 교육OJT: on the job training은 직무에 대해 직장 내의 상사나 선배, 사내 교육담당자 등으로부터 제반 교과내용을 학습하는 방법이고 직장 외 교육Off JT: off the job training은 전문성을 가진 외부 전문기관에 파견해서 세미나, 연수 등을 받거나 위탁 교육을 받도록 하는 것이다.

계층별교육은 신입사원 교육, 중간 관리자대상 교육, 임원대상 교육 등으로 분류할 수 있다.

표 8-2 기초교육훈련표

분류 기 준	훈련 종류		
교육훈련 대상	신분별	임직훈련, 종업원훈련, 임시직훈련	
	계급별	작업자훈련, 감독자훈련, 경영자훈련	
교육훈련 실시장소	사내교육 훈련	직장교육훈련 OJT	
		직장 외 교육훈련 Off JT	
	사외교육 훈련	대학, 교육기관	
교육훈련의 내용	신입	임직훈련, 기초교육훈련	
	종업원	직무훈련	직업학교훈련, 도제훈련, 실습훈련
		교양훈련	일반교양강좌, 기초훈련
		세계화	
교육훈련의 방법	강의식	직접강의, TV강의	
	통신식	우편, 전자메일	
	회의식	자유토의, 배석토의, 담화, 분반토의	
	직무순환		
	시청각	영화, 차트, OHP, Computer, TV강의	
	참여식	역할연기, 감수성훈련, 비즈니스게임	
	사례연구		
	자기개발	사외위탁, 언어교육	

(2) OJT

종업원 교육훈련 방법의 하나로, 피교육자인 종업원이 해당 직무에 종사하면서 교육을 받게 하여, 업무수행 중단이 없는 것이 그 특색이다. 현장교육 지도자의 높은 자질이 요구되며 교육훈련 내용의 체계화가 어렵다는 등의 단점이 있다. 그러므로 OJT on the job training 의 대상은 비교적 하부조직 혹은 신입사원이 대상이 된다.

직장 내 현장에서 업무를 수행함에 있어 필요한 지식, 태도, 기능을 교육 훈련하는 것을 의미한다. 과거에는 종사원들이 현재에 담당하고 있는 업무를 수행하는 데 요구되는 능력을 분석하고 부족한 능력을 길러 주는 것이 중요 목표 중의 하나였으나 근래에 와서는 현장에서의 문제해결 능력이나 미래의 업무수행에 필요한 잠재 능력의 배양에 더욱 치중하고 있다. 일본의 경우 호텔을 세계수준으로 도약시킬 수 있었던 것은 직장 내 재교육훈련의 치중이 주된 원인의 하나임을 다음과 같은 실례에 서 보듯이 알 수가 있다.

직장 내의 재교육훈련의 본질을 열거해 보면 다음과 같다.

- 상사가 부하에게 계획적으로 행하는 훈련
- 자기개발에 기초를 둔 지속적 교육훈련
- 원칙적 기초적인 것이 아니라 실천적 응용적인 훈련
- 직장별 요구에 의한 개별적 관리
- 개인의 경험 능력개발을 위한 개별교육 개별지도
- 계속적인 동기부여
- 참여와 커뮤니케이션을 최대 활용
- 업무수행 중 숙지
- 자극과 반응과정
- 협력적 기술
- 하고자 하는 의욕의 풍토조성, 자립성, 가치성, 협동정신
- 직장 내 재교육훈련에 의한 인간관계가 직장 내에 바람직한 태도와 팀워크 형성 등

(3) OFF JT

OJT와는 대조적으로 직무수행을 중단하고, 또는 직장배치 전에 다른 장소에서 실시되는 직장 외 교육훈련을 OFF JToff-the-job training라고 한다. 각 분야의 전문적인 지식이나 기술습득을 위해서 종사원들을 외부기관에 파견해서 교육훈련을 시키는 것을 통틀어서 사외교육社外教育, external training훈련이라고 칭할 수 있다. 각 연구단체의

각종 세미나에 참가시키는 교육, 해외연수 등도 모두 사외교육훈련에 포함된다. 현대 호텔의 직무도 시대의 흐름과 같이 점점 전문화, 세분화되어 감에 따라서 기업 내 교육훈련 중에서 사외교육훈련이 차지하는 비중도 높아져 가고 있고 도외시할 수는 없는 실정이다.

표 8-3 OJT와 Off JT의 장점 비교

OJT의 장점	Off JT의 장점
1. 직장의 실태에 맞춘 구체적이고 실제적인 지도교육이 가능하다. 2. 교육효과가 업무에 신속히 반영된다. 3. 동기부여가 쉽다. 4. 개개인의 능력적성에 적합한 규칙의 자세한 교육이 가능하다. 5. 교육으로 인해 업무가 중단되는 손실이 적다. 6. 교육경비를 절감할 수 있다. 7. 교육을 통하여 상사와 부하의 의사소통과 신뢰감이 깊게 된다.	1. 다수의 대상자를 일관적, 조직적으로 교육할 수 있다. 2. 우수한 전문가를 지도자로 할 수 있다. 3. 특별교제, 교구, 시설을 유용하게 활용할 수 있다. 4. 타 직종, 직장의 사람과의 지식, 경험의 교환이 가능하다. 5. 교육목표에 대하여 집단적인 협조와 협력이 가능하다. 6. 업무와 분리하여 면학에 전념하는 것이 가능하다. 7. 원리, 원칙, 법규, 특별기술, 개념들의 교육에 적절하다.

3) 계층별 교육훈련

교육훈련에는 기업 내의 기초교육과 재교육으로 구분하여 실시하게 된다. 기초교육은 신입종사원이 호텔의 전반적인 업무에 대한 것과 자기가 근무해야 할 위치에서 필요한 전문교육이 있고, 재교육은 시대의 흐름에 따라 사람들의 일상이나 문화에서 보이는 세상의 세태 변화에 적응할 수 있도록 하는 교육으로 변화에는 발전이 따르고, 발전에는 반드시 경쟁이 있게 마련이다. 그러므로 경쟁에 이기고 앞서 가기 위해서는 새로운 지식과 기술을 필요로 하게 되며, 새로운 지식과 기술을 도입하기 위해서는 재교육再敎育, in-service training의 실시로 종사원의 수준을 고도화해야 하는 것이다.

이러한 교육은 호텔 내에서 실시하는 자체 교육훈련과 외부 교육훈련으로 구분하고 호텔 자체에서 하는 교육훈련은 총지배인이나 부서의 전문가나 책임자가 실시하거나 외부로부터 전문가를 강사로 초청하여 교육하게 된다. 그리고 외부의 교육훈련은 종사원을 전문교육기관에 보내서 받도록 하는 것과 해외선진국 전문 업체나 교육기관에 파견하여 받을 수 있도록 하는 방법이다. 이러한 교육의 대상은 신입사원 교육훈련, 감독자 교육훈련, 중간관리자 교육훈련, 경영자 교육훈련 등으로 지위와 역할에 따라 구별되는 비슷한 사람들의 계층과 직무를 수행하는 능력에 따라 직능職能별로 구분해서 실시를 한다.

(1) 신입사원 교육훈련

신입사원은 호텔의 입장에서 본다면 새로운 인력이지만, 신입사원 측에서 본다면 호텔은 입사 후 자기인생의 태반을 지내게 되는 중요한 생활의 터전이라고 할 수 있다. 호텔에는 호텔의 독자적 목적과 성격이 있다. 오랜 역사와 전통을 지니고 있는 기업 정도가 되면 배척할 수 없는 기풍(어떤 사회나 집단의 사람들을 지배하는 공통적인 분위기), 사풍(어떤 회사 나름의 독특한 분위기와 관습), 관습(한 사회에서 역사적으로 굳어진 전통적 행동 양식이나 습관)이 있다. 신입사원으로서는 이와 같은 미지의 벽에 부딪쳐 자신이 간직하고 있던 꿈이 무너지는 경우가 있다 할지라도 그 기업에 운명을 맡기고 거기서 자기성장을 이룩하도록 자각심을 지녀야 할 것이다.

면접과 각종 필요한 시험을 거쳐 채용된 직원들은 곧바로 업무에 투입되지 않는다. 일단 호텔에 입사하면, 호텔 오리엔테이션orientation과 부서별 오리엔테이션을 받는다. 호텔 오리엔테이션은 보통 3~5일 정도 진행되는데 이 기간에 임원진의 따뜻한 환영을 받으며 호텔의 비전vision, 사명mission, 목표goal 등을 소개받고 기업문화에 대해 숙지하게 된다.

회사의 규정, 방침, 부서별 기능과 역할, 기본적인 서비스교육, 외모관리 및 위생에 대한 교육, 직원 복지프로그램, 교육프로그램 등이 주요 부분이다. 그 뒤 부서 오리엔테이션을 한다. 준비된 체크리스트에 따라 업무에 필요한 정보 및 기본교육을 받고, 그 뒤에는 각 직무와 직급에 따른 교육계획서教育計劃書, training plan에 따라 교육을 수료하게 되어 있다.

입사 직후의 교육 외에도 전문적인 호텔리어가 되는데 필요한 정기적인 서비스교육, 시스템 교육, 그리고 보안 및 위생 교육 등이 제공되고, 직급별 리더십 교육을 이수하도록 교육 계획이 마련되어 있다. 호텔 산업의 특성상 외국어 구사 능력이 필수이므로, 항시 외국어 수준을 향상시킬 수 있는 기회를 제공하기 위해 온/오프라인 외국어 교육 프로그램이 제공된다.

① 제1차 집합교육(集合敎育)

가. 오리엔테이션

오리엔테이션 프로그램은 신입사원을 대상으로 실시되며, 신입 종사원이 직무수행을 통해 기업에 성공적으로 공헌하는 방법과 사회에 공헌하는 방법 및 절차에 관해 설명하고 호텔의 내부적 사규, 기본정책을 소개하는 훈련계획이다. 이것은 신입종사원 이 지식과 기술을 갖고 있다 해도 기업과 개인이 새롭게 일치할 수 있는 기회를 부여하는 것이므로 신입종사원에게는 중요한 계기가 된다. 따라서 오리엔테이션 프로그램은 업무수행에 대한 동기부여와 잠재력을 기업목표에 지향시킬 수 있도록 유도, 촉진시킬 수 있게 기획 · 실시되어야 한다. 오리엔테이션 프로그램은 다음과 같은 주제를 소개할 수 있다.

- 기업의 역사, 기업의 목적을 포함한 직무 및 업체에 대한 소개
- 인적자원관리상의 방침과 제 규정(취업규칙)

- 고용조건과 복무규정 및 간부와 임원소개
- 제반복지 후생관계
- 직무상에서의 인간관계
- 관계시설이나 사용방법에 대한 소개
- 화재 및 안전절차, 행동수칙, 불만의 처리방법
- 기타 관련내용 및 질문받기

조직의 유지와 성공적인 종업원의 개발을 위해서는 참신한 프로그램의 계획이 가장 중요하며 이 훈련의 프로그램은 사전에 훈련의 시기, 장소, 담당자, 방법, 이유와 동기 등을 명확히 구분해서 작성해야 한다. 또한 훈련 결과를 기록할 수 있는 서식을 마련하여 과오를 기록하고 또 잘 된 점도 기록을 하여 차기 계획의 참고 자료로 활용할 수 있도록 한다.

오리엔테이션 교육의 목적은 회사 생활에 필요한 기초지식의 부여, 새로운 환경에 원활한 적응, 사회인으로서의 행동기준을 명확하게, 업무에 대한 기초지식 습득, 집단행동을 몸소 체험시키고 그 속에서 집단에로의 참여의욕, 자주적 행동, 책임감 등을 양성하는데 있다. 오리엔테이션교육은 작업장외 교육으로써 행하기 때문에 신입사원을 한 장소에 집합시켜 교육시키는 것이 보통이다. 최근의 경향으로서 합숙훈련 행사는 기업이 차츰 증가되고 있다. 합숙훈련의 효과로는 집단생활을 통하여 신입사원 상호 간의 친교를 두텁게 하고, 그룹의 일원으로서 자부와 자각이 인식되고, 자주적 행동, 책임감의 향상 등을 들 수 있다.

나. 실습교육

신입사원을 몇 개의 그룹으로 나누고 정기적으로 각 직장을 로테이션시키는 형식의 교육방침을 취하는 것이 일반적인 방식이다. 이 교육의 단계에서는 교육담당자training manager 계획 발의에 그치고, 교육지도의 중심은 라인관리자outlet training agent

에 의해서 교육훈련이 실시되고 지도책임이 실무현장 교육자에게 옮겨진다. 실습교육의 목적은 기초교육을 통해서 올바르게 가르쳐 주는 것이다. 기업의 조직 부서간의 유기적인 유대관계 이해시킨다, 현장에서 일하는 사람들의 분위기를 터득시킨다. 등의 구체적인 목적이 있다.

② 제2차 집합교육

제2차 집합교육의 목적은 오리엔테이션 교육에서 시작하여 실습교육으로 끝나고 배치 받은 곳에서 실제로 자기업무를 행할 때 새로운 의욕을 북돋아 주는데 있다. 또한 직장업무의 수행을 통하여 스스로 자기 자신을 완성시킨다는 태도를 형성시키는 것이다. 한편 피교육자의 입장에서 생각해 본다면 연속교육으로 신체적으로나 정신적으로 매우 피로한 사람이 있는 것도 사실이다. 건강진단이라든가 카운슬링counseling 등을 행하는 가장 좋은 시기인 것이다. 교육훈련 담당부문으로서는 사내강사들과 한자리에 모여 교육성과에 대해서 평가하는 얘기를 나누어야 한다.

(2) 일반직원 교육훈련

일반직원 교육훈련employee training은 이미 종사하고 있는 감독, 관리직이 아닌 일반 직원들을 위해 계획된 교육훈련이다. 호텔에서는 일반직원들이 가장 최일선에서 호텔의 고객과 대면하는 관계에 있기 때문에 직무에 관한 기술을 전수하는 기능훈련機能訓鍊을 하는 것이 가장 중요한 과제이다.

(3) 감독자 교육훈련

감독자는 현장에서 일반직원들을 일상적으로 감독하고 지도하는 임무를 띠고 있다. 따라서 감독자는 한편에서는 생산관리와 인사관리를 연결하고, 다른 한편에서는 일반직원과 경영자를 연결하는 중요한 위치에 있는 사람이다. 따라서 감독자 교육supervisory training은 일반 직원처럼 지식이나 기능을 부여하는 것이 아니고, 경영관리상의 문제해결책을 사고, 토의, 정리 체계화하도록 하는 데 주안점을 두고, 감독자의 해당 업장에서 일어나는 모든 어려운 문제에 대하여 해결능력을 연마하도록 하는 것이다.

감독자 교육훈련의 대표적인 방식으로 TWItraining within industry(산업 내 훈련)를 들 수 있다. TWI는 감독자를 조직적, 합리적으로 훈련시키기 위한 단기 훈련방식으로 특별훈련을 받은 지도자 10여 명의 소집단을 이룬 감독자를 교육 훈련시키는 것이다.

이 훈련방법에 의하면 감독자에게 공통적으로 요구되는 다음과 같다.

- JIjob instruction: 작업지시 방법으로서 감독자의 부하들에 대한 작업지도 능력을 향상시키는 훈련이다.
- JMjob method: 작업개선 방법으로서 감독자의 작업개선 능력을 향상하는 훈련이다.
- JRjob rotation: 부하통솔 방법으로서 감독자의 부하에 대한 통솔력을 향상하는 훈련이다.

(4) 중간관리자 교육훈련

중간관리자 교육훈련middle management training은 경영층에 있어서 중간관리 층, 즉, 부장, 차장, 과장, 팀장급에 대해 실시된다. 이들 관리자들은 최고경영자와 하부관리 층의 중간에 위치하여 각 부문들을 계획計劃, plan, 지휘指揮, conducting, 조정調整, adjustment, 통제統制, control, 조언助言, advice하는 역할을 담당한다. 중간관리자들은 경영자의 경영방침이 모든 직원들에게 전달되어 직무성과에 반영되게 하기 위한 중계자로서의 기능과 역할을 수행할 수 있도록 관리적 지식과 기능, 그리고 인간관계 기술 등을 모두 필요로 한다.

중간관리자에 대한 교육훈련의 전형적인 방식으로 MTPmanagement training program 들 수 있다. 이는 TWI보다 상위에 있는 관리 층을 대상으로 하므로 비교적 광범위한 경영 문제를 다룰 뿐만 아니라 경영관리의 이해와 관리자로서 필요한 관리기술의 지도를 목적으로 한다. MTP강좌 내용은 관리이론, 작업교육, 작업방법 개선, 종업원관계 등의 4개 부문으로 구성하되, 실제훈련은 회의방식을 채택하고 있다. 교육훈련 방법은 실제로 한 반을 15~20명으로 하고 원칙적으로 토의방식으로 진행한다.

(5) 최고경영자 교육훈련

최고경영자 교육executive development program은 기업의 최고책임자로서 유연하고 고도의 판단력과 의사결정 능력을 함양하고, 고도의 경영관리 능력을 양성하며, 훌륭한 통솔력과 지도력을 쌓고 나아가 기업의 대표자로서 폭넓은 식견과 행동력을 함양하는 데 있다. 최고경영자의 교육훈련을 위한 훈련방식으로 ATPadministrative program, AMPadvanced management program 등을 들 수 있다.

① ATP

ATP는 CCScivil communication section의 경영강좌라고도 하며, 강좌의 내용은 기업의 목적 및 방침의 확립, 경영부문 기능, 조직, 통제, 운영 등이 있다.

② AMP

AMP는 미국하버드 대학원에서 실시하는 과정으로 최고경영자 150명을 대상으로 매년 여름에 12주간에 걸쳐 집중교육을 실시하며, 이 강좌는 경영간부의 능력을 향상하고 시야가 넓은 경영자 양성을 목적으로 한다. 이 과정에 포함된 과목은 사업방침, 경영실무, 기업과 사회, 원가 및 재무관리, 마케팅, 노무관리 등이다.

3. 교육훈련의 방향 및 전략

1) 교육훈련의 방향

호텔기업의 규모가 점차 커지고 현대화될수록 대부분의 호텔은 교육훈련 전담부서를 새로 설치하거나 확대 강화, 교육훈련의 기본방침의 계정, 교육훈련시설의 정비, 교육훈련관리 절차의 제정, 교육훈련체계의 확립 등에 관심을 가지게 된다. 그러나 이는 어디까지나 형식적인 성질의 것이지 결코 이로써 충분하지는 못하다. 오히려 바람직하며 기대되는 교육훈련은 다음과 같은 것이어야 한다.

첫째, 개개의 교육훈련 과정은 전체적 관련 속에서 연결되어야 한다. 교육훈련체계를 생각하지 않고 실시되는 독립된 교육훈련이란 낭비적인 것이거나 무모한 것으로 되는 경우가 보통이다.

둘째, 교육훈련은 중점적으로 실시되어야 한다. 현대적 경영의 초점이 목표에 의한 관리에 있다면, 교육훈련도 역시 이 같은 방침에 입각해야 한다. 호텔 내 교육훈련은 학교에서의 교육목표와는 달리 일반적이거나 전인적(인간의 세 가지 심적 요소인 지성, 감정, 의지를 균형 있게 갖추어 원만한 인격을 지닌 사람의 것)인 것이라기보다는 호텔 내 업무수행을 위한 특정한 것이어야 하므로, 이와 같은 구체적인 것에 중점 목표를 두고 실시되어야 한다. 어떤 호텔의 교육훈련에도 한계성이 있으므로 당해 호텔의 제 특성과 운영 목표에 따라, 그리고 전체 교육훈련 계획의 일부 또는 일환으로서의 중점적으로 실시함이 효과적이다.

셋째, 교재 및 교육훈련 방법은 점차 개선되어야 한다. 피교육자인 종사원의 수준은 점차 높아지고, 시대적 요구와 호텔기업의 목표가 발전적으로 수정되어 교제 내용과 형식은 개선되어야 하며, 피교육자가 바라는 시간과 장소에서 교육훈련이 실시되는 것이 기대효과가 크므로 이것도 개선되어야 한다. 일정한 장소에서 일정한 방법으로 실시하고 있는 교육훈련은 지양됨이 바람직하다. 호텔 내 교육훈련을 한층 발전시키고 궤도에 올려놓기 위해서는 이상과 같은 방법으로 질質의 교육훈련으로 전환하는 노력을 게을리해서는 안 된다.

2) 교육훈련의 전략

호텔기업의 구성요소 중에서 인적요소 즉 종사원이 차지하고 있는 비중은 실로 크다. 호텔에서의 교육훈련은 계속기업인 호텔기업 경영에서 급변하는 제 조건에 대응하고, 더 나아가 성장 · 발전하기 위한 개발교육의 양면적 어프로치 통해 실시되어야 한다. 호텔 측에서 종사원의 능력 부족에 따른 기회비용(어떤 자원이나 재화를 이용하여 생산이나 소비를 하였을 경우, 다른 것을 생산하거나 소비했었다면 얻을 수 있었던 잠재적 이익)을 최소한도로 관리하여야 한다면 종사원 측에서는 능력을 향상시킴으로써 본인에게 유리한 직무전략을 설정하거나, 조화하여야 한다. 여기에서 비로소 교육훈련의 발전적 목표인 인재개발과 능력개발의 필요성과 중요성이 따르게 된다.

(1) 과학적이고 효과적인 ISD모델 적용

품질관리 활동은 교육에서 시작하여 교육에서 끝난다고 늘 이야기하면서 기업특성에 맞는 TQM Total Quality Management 교재 부족, 이론기법 위주의 교육 실시로 인한 불완전한 이해로 현업에 적용함에 있어 부작용을 초래할 수도 있다. 더욱이 분임조 경진대회의 양상을 보면 주제의 해결과정이나 내용은 수법 속에 파묻혀 고급수법의 자랑대회로 여겨지는 현실에서 체계적이고 합리적인 교육의 필요 점을 감안하여 현재까지 알려진 체계적 접근방법을 채택하여 팀 사내 연수교육 과정을 개발하여 실시하면 될 것이다.

(2) 토털 인사관리시스템과의 연동화와 교육체계

교육훈련체계의 재평가 또는 이의 신설에도 단기적으로 당면문제의 해결능력을 가진 종사원의 육성 활용에, 장기적으로는 장래 목표의 수행능력의 기대능력을 가진 종사원의 육성에 주안점을 두고 회사의 경영방침 · 경영계획에 입각하여 무엇을 해야 하느냐, 어떻게 전개해야 하느냐를 충분히 이해 · 판단하고 실천에 옮겨야 한다. 따라서 인제 육성에는 인재는 곧 인재가 되기 위한 사내 및 사외 적 조건이 무엇인지를 확인하고 대책을 세워야 한다. 눈앞의 업적만을 추구한 나머지 바로 도움이 되는 실무적 교육이나 훈련을 지나치게 요구하게 되는 경향은 문제점으로 지적되는 사안이다. 21세기를 향한 기업 간 경쟁을 이겨내는 인재육성이라는 측면에서 전략적 장기적 계획에 입각한 능력개발 계획과 토털 인사관리시스템에 유기적으로 연계시켜야 한다.

CHAPTER 09

경력관리

1. 경력개발의 개념
2. 경력개발의 계획
3. 경력개발제도의 운영

CHAPTER

09

HUMAN RESOURCE MANAGEMENT

경력관리

1. 경력개발의 개념

모든 직장인이 다 그러하겠지만, 호텔에 입사 한 후 어느 정도 자리를 잡으면 경력 개발에 대해 고민하기 시작할 것이다. 또 다른 부서 업무에 흥미가 생겨서 경험해 보고 싶을 수도 있다.

호텔 내의 직종은 아주 다양하고 호텔 산업이 진화하면서 더욱 더 세분되고 있기에 경력 개발의 기회는 무궁무진하다. 인사고과 또는 업무 수행력 평가 및 계획이라는 시스템을 통하여 부서장과 함께 성장과 발전의 기회를 모색하고 그를 위한 교육 프로그램 및 부서이동 등 여러 가지 방법을 상의한다. 아직도 경력의 성장 및 발전을 승진이라는 것에만 한정시키는 경우들이 많은데, 수직적인 상승만이 성장 발전이 아니다. 수평적으로 이동하여 업무 범위가 확대되거나 새로운 업무나 프로젝트의 수행을 통해서도 충분히 경력개발이 이루어질 수 있다.

최근의 지원자들의 경향을 보면, 한 직무에 대한 전문가가 되기보다는 여러 직무를 경험해서 성장의 폭을 더 늘리고 싶어 한다. 또한 5년 뒤나 10년 뒤의 본인의 모습이 어떠할지에 대해 질문하면 대부분 여러 다양한 직무를 거친 후 발전된 매니저 모습을 그리고 있다.

호텔 산업은 부서 간 교차 교육이 가장 잘 마련되어 있고 전보transfer에 대해 가장 오픈되어 있는 곳이다. 이것이 가능한 이유는 호텔이 내부 인재 등용과 성장을 우선시하고 있기 때문이다. 또한, 체인호텔의 경우 자매 호텔의 특화된 직무에 대한 학습이 필요하다면 사전 협의에 의해 자매 호텔로 교차 교육cross training을 받을 기회가 있고, 이는 국내뿐만 아니라 해외에서도 마찬가지이다.

매니저양성 프로그램도 잘 계발되어 있다. 일정 정도의 직급이 되면, 승계계획succession plan에 의해 매니저로서 성장시킬 장기적인 계획에 따라 진행되는 패스트트랙프로그램fast track program이 있다. 호텔마다 조금씩 다른 이름으로 부르는데, 이 교육의 가장 큰 목적은 급격히 팽창하는 호텔 산업에서 자사의 조직문화를 가장 잘 구현할 수 있는 인재들을 관리자급으로 성장시키기 위한 것이다. 6개월 및 그 이상의 기간에 매니저로서 필요한 기술뿐만 아니라 관련 부서들의 업무 연관성을 파악하고 호텔 전체적인 운영체계를 이해하여 폭넓은 안목을 가질 수 있도록 하는 프로그램이다.

1) 경력개발의 의의

경력관리란 직무활동의 수행과정에서 발생되는 역할과 경험의 변화와 더불어 동반되는 책임수준의 증가, 승진에 따른 영향력의 증대, 보수의 증가 등이라고 볼 수 있으며, 경력은 직업에 종사하는 동안 시간이 경과함에 따라 특정 개인에게 형성되는 개인목표와 조직목표의 통합과정이라고 할 수 있다.

경력개발career development이란 조직의 구성원 개개인의 경력을 조직 내에서 개발하도록 격려하며 그 과정에서 조직의 목표달성에 필요한 능력을 개발하기 위한 제도이다.

오늘날 기업 환경이 급변함에 따라 이에 대한 기업의 유연하고 능동적인 대처가 기업의 생존과 성장에 직접적인 영향을 미치고 있다. 이에 기업에서도 인적자원관리에 있어 능력주의 인사관리가 요구되고 있으며 또한 전문적인 지식이나 능력을 갖춘 인력의 개발이 더욱 중요시되고 있다.

2) 경력개발의 목적

기업의 내부적 상황과 외부적 변화는 적응할 수 있는 새로운 인력관리 제도를 요구하며, 그 유효한 방법으로서 인간능력의 개발을 추구하는 경력개발의 필요성을 인식하게 되었다. 경력개발의 목적은 기본적으로 개인의 능력을 최대한 개발하여 이것을 조직의 경력기회에 적용시킴으로써 개인의 경력욕구를 충족시키는 것이며, 조직측면에서는 경력기회를 제공하고 개인능력을 조직의 적재적소에 적시에 활용함으로써 조직의 유효성을 높이는 것이다. 경력개발은 인력계획, 교육훈련, 직무분석, 인사고과, 승진관리 등 여러 인적자원관리의 과정과 밀접한 관계를 맺고 있으면서 다음과 같은 구체적인 목표를 가진다.

(1) 종업원의 성취동기 유발

종업원에게 승진 가능성과 자기발전의 가능성을 제시하여 자기발전을 위한 명백한 목표를 갖고 스스로의 계획에 따라 노력하는 기회를 마련해 주고 직장에 대한 안정감을 가지고 자기능력을 유감없이 발휘하도록 성취동기를 유발하는 목적으로 한다.

(2) 인재확보 및 배치

경력관리는 인재의 효율적인 확보 및 배치를 통한 조직의 유효성의 증대를 그 목적으로 한다. 즉, 경력관리는 종업원의 노동질의 향상, 이직방지, 후계자 양성을 기함으로서 인재의 확보 및 배치에 기여하고 있다.

3) 경력개발의 기본원칙

경력개발을 관리하는 데 기본적으로 준수해야 하는 원칙은 다음과 같다.

(1) 승진경로의 원칙

경력관리는 명확한 경력경로의 확립을 원칙으로 한다. 경력경로의 설정은 종업원에게 승진가능성에 대한 명확성을 부여하여 종업원의 성취동기를 유발한다. 이 원칙은 기업의 모든 직위는 계층적인 승진경로로 형성되고 정의되며, 또 기술되고 평가되어야 한다는 것이다. 즉, 과학적 직계를 이루고 그에 따른 승진관리가 이루어져야 한다.

(2) 적재적소 배치의 원칙

경력관리는 종업원을 적재적소에 배치하는 것을 원칙으로 하고 있다. 이를 위해서는 직무의 자격요건과 종업원의 적성 및 선호에 대한 정보를 충분히 파악하여야 한다. 또한 직원의 적성, 지식, 경험 및 기타 능력과 조직의 목표달성에 필요한 직무가 잘 조화되도록 맞추는 것을 골격으로 하고 있다.

(3) 자체 후진양성의 원칙

경력관리는 기업 내부에서 자체적으로 유능한 인재를 양성 · 확보하는 것을 원칙으로 한다. 인재를 외부에서 채용하는 것보다 자체적으로 양성하는 것을 원칙으로 한다. 이는 직원들에게 성장의 동기를 부여하고 조직에 대한 애착심을 갖게 하여 인적자산을 유지, 증대하는 데 기여한다.

(4) 경력기회 개발의 원칙

종사원들이 그들의 경력의 필요성을 알게 되면 호텔은 승진경로를 작성해야 한다. 대부분의 종사원들은 그들의 경력개발을 위한 기회를 갈망하고 있다. 따라서 조직은 경력기회를 적극 개발하여야 하며, 승진경로가 어떤 부서에서만 국한되지 않도록 기회를 확장해야 한다.

4) 경력개발의 과정

(1) 욕구파악의 단계

효율적인 승진관리를 위해서는 경영자의 조직목표와 종사원의 자기발전의 목표가 서로 상호작용 될 수 있어야 한다. 그러므로 이 양자의 욕구needs을 정확하게 파악하여 승진제도에 반영할 수 있어야 한다.

경영자의 조직목표란 경영을 둘러싸고 있는 기술, 경제, 사회적인 환경적 변화와 더불어 기업의 경영전략에 따른 기술구조와 권력구조의 확립에 따른 승진대책을 의미하고, 종사원의 목표로서는 종업원 각자가 자기발전에 대한 욕구와 더불어 승진에 대한 기대를 충족, 개발시켜 주는 승진대책을 의미한다.

(2) 승진경로를 결정하는 단계

승진경로 설정은 바로 경력계획의 핵심이 된다. 호텔조직의 승진경로는 크게 두 가지 방향이 있다. 하나는 관리직의 승진경로의 확립이고 다른 하나는 서비스직의 승진경로의 확립이다. 이 양자는 상호교류의 길을 터야함은 물론이고 이를 다시 직능별로 세분하여 설정한다.

(3) 상담 및 지도의 단계

상담 및 지도의 직접적인 관련 당사자는 본인과 상사 그리고 본인과 경력정보센터라고 할 수 있다. 이 단계에서 특별히 요청되는 사항은 상담제도, 장기적 업적평가제도, 잠재력 파악제도, 직위홍보제도, 자기통제제도의 확립이라 할 수 있다.

(4) 교육훈련 및 개발의 단계

① 일반교육훈련 프로그램

경력관리제도의 확립에는 각 승진 단계별로 자격요건과 본인의 구비자격 사이의 갭gap을 메우는 교육훈련의 뒷받침이 반드시 뒤따라야 한다.

② 대역 프로그램

교육훈련에 있어서 일반교육훈련 프로그램과 동시에 대역프로그램이 요청되기도 한다. 이는 조직의 중요한 직종에 언제든지 후계자를 구할 수 있도록 함으로써 과업 수행의 계속성을 기하고자 하는 데 그 목적이 있다. 일반적으로 잠재능력을 가진 종사원들 중에서 후계자의 후보로 선발하여 주요 직위의 대리역할을 담당하도록 하고 또 거기에 맞추어 교육훈련도 시킨다.

(5) 분석의 단계

교육훈련 및 개발의 과정이 끝나면 다시 한 번 직무의 자격요건과 본인이 가지고 있는 능력을 비교 분석한다.

(6) 승진, 배치전환의 단계

분석의 과정이 끝나면 승진경로에 따라 수직적 직무이동으로서의 승진이나 수평적 직무이동으로서의 배치전환을 실행한다. 여기에 직원은 한 직무에 충분한 기간 동안 집중하여 자신의 노력에 대하여 그 결과를 알 수 있어야 한다.

(7) 평가의 단계

승진경로 설정의 평가 작업 단계를 거쳐 상담, 지도, 교육훈련, 개발, 분석 및 승진 배치전환의 본 작업단계가 끝나면 평가 작업단계에 들어간다. 이 단계에서는 승진경로의 조정, 상담, 지도, 교육훈련 방법의 개선, 승진, 배치전환 관리의 개선 등을 위하여 양적, 질적 정보를 수집, 분석, 검토하여야 한다.

2. 경력개발의 계획

경력개발의 이론적 모형은 우선 경력개발의 두 주체자인 조직과 조직구성원 중 어느 편이 더욱 큰 주도권을 갖느냐에 따라 개인차원의 경력개발과 조직차원의 경력 개발로 구분된다. 개인차원의 경력개발은 경력개발의 목표가 개인개발을 통해 업무로부터 심리적 만족을 얻는 데 있다. 조직적 차원에서는 조직목표를 달성하기 위해서 필요한 자질을 갖춘 인적자원을 개발하는 데 목표를 둔다. 그러므로 경력개발에 있어서 조직차원과 개인차원의 상호 대립적으로 존재하는 것은 아니다.

1) 개인차원의 경력개발모형

개인차원의 경력개발이란 개인이 사내외의 전문가의 조력을 받아서 성장과 경력개발 계획을 세우는 것을 말한다.

2) 조직차원의 경력개발모형

조직차원의 경력개발모형이란 조직이 경력개발계획을 수립하고 최적의 자격자에게 직위를 맡기고, 개인에게 도적적인 훈련과 개발기회를 제공함으로써 개인의 직무와 경력경로를 연결시키는 활동을 말한다. 조직구성원의 경력을 조직적 차원에서 개발시키는 것이므로 그 출발은 조직에 들어오면서 부터이다. 따라서 개인의 경력이 조직생활을 통하여 발달하고 전개되며 이에 파생되는 여러 가지 개인적, 조직적 문제를 다루는 것으로, 일명 경력발달 이론이라 하기도 한다.

3) 경력개발의 기법

(1) 개별적 경력개발 방법

개별적 경력개발의 방법으로는 최고경영자 프로그램, 관리 층의 경력개발을 위한 경영자개발위원회, 경력초년병들을 위한 계획적 경력 경로화, 조기퇴직 · 명예퇴직을 위한 퇴직상담 등이 있다.

(2) 조직단위의 경력개발 방법

조직단위의 경력개발 방법으로는 직무평가를 통한 직무중심의 경력개발제도, 훈련된 평가자에 의해 종업원의 잠재능력을 조기 발굴하고 육성을 위한 평가센터제도, 직무수행자격을 정하여 몇 개의 등급으로 설정하고 이를 획득한자에 대하여 승진시키는 직능자격제도 등이 있다.

4) 성공적인 경력관리의 전제조건

(1) 인간 존중의 인사이념 확립

CDPcareer development program을 효율적으로 운용하기 위해서는 인간 존중의 인사이념을 확립하는 것이 중요하다. CDP는 기업목적과 개인목적의 통합하는 데 있으며, 개인능력의 장기적이고 체계적인 경력개발을 수행하는 데 있다.

(2) 관련제도들의 유기적인 통합

CDP를 효율적으로 운용하기 위해서는 이동, 승진, 교육훈련, 직무순환 같은 제도들을 유기적으로 연계하여 경력관리시스템을 설계하여야 한다.

(3) 점진적인 도입

경력관리제도는 점진적으로 도입되어야 한다. 경력관리 제도를 도입하여 단번에 효과를 보려고 하면 오히려 부작용이 생길 우려가 있다. 따라서 2년 내지 3년 정도의 기간을 잡고 경력관리제도의 도입 시 생기는 여러문제들을 신중히 고려하여 점진적으로 정착시켜야 할 것이다.

3. 경력개발제도의 운영

모든 조직은 제각기 나름대로의 경력개발계획을 가지고 있다. 따라서 경력개발 프로그램 역시 전혀 새로운 것은 아니며 기존의 각종 프로그램으로부터 발전된 것이라고 할 수 있다.

1) 전통적 경력개발제도

인사관리를 위한 대부분의 제도들은 경력개발과 관련이 되어 있다. 그러나 경력개발제도에 더욱 유용한 제도로서 다음과 같은 것들을 들 수 있는데, 이러한 제도나 프로그램들은 조직이 통제의 위치에 서서 조직의 요구만 강조되고 개인의 요구가 경시되는 단점이 있다.

(1) 종합평가제도(human assessment)

종합평가제도는 인사평가나 심리테스트의 결점을 보완하고 인간의 능력과 적성을 종합적이고 객관적으로 발견하여 이를 육성하기 위한 제도로서 선발결정의 타당성을 높이기 위해 복수기준multiple criteria과 복수평가multiple assessment을 활용하여 조직구성원의 자질과 능력을 보다 집중적이고 종합적으로 평가하는 방법이다.

(2) 경영자개발 프로그램

① 최고경영자 프로그램(advanced management program)

최고경영자 프로그램은 유능한 중간관리자를 선발하여 8주간의 조직 내 프로그램에 참여하게 하여 조직전반을 습득하게 한 후 2주간 경영연구에 참가시켜 최신의 경영기법을 습득하게 한다. 이 과정이 끝나면 조직 내에서 핵심관리직에 오를 수 있는 사람으로 인정되며, 기회에 따라 승진이 이루어진다.

② 경영자개발위원회(management development committee)

경영자개발위원회는 관리자급 조직구성원의 경력개발을 감독하기 위하여 각 부서장, 부회장, 회장 등으로 구성되며, 주요 기능은 관리자급 인력의 이동을 감독하고 장단점을 파악하는 것이다. 여기서 얻어진 정보는 재배치나 승진 등의 결정에 활용되며 관리자와 위원회의 합동으로 과정이 진행되므로 조직과 구성원 간의 목표일 치가 용이하다.

③ **관리자인재목록**(inventory of management manpower resources)

관리자인재목록 제도는 유능한 관리계층의 인재를 적절하게 공급하기 위하여 조직은 관리자의 경력이나 보유기술, 실적, 잠재력 등에 관한 정보를 수집하고 관리자들이 정기적으로 모여서 실적을 평가하고 발전의 경험을 교환하기 위한 것이다.

④ **인재목록제도**(skill inventory system)

인재목록제도는 컴퓨터화된 인적자원 정보관리시스템으로 조직구성원 개개인이 지니는 특성, 능력, 성격 세 가지를 특기로 보아 배치전환과 인재육성에 활용하기 위한 제도이다. 적성은 연령, 근속연한, 경력, 성별, 담당직무, 직급 등에 관한 사항이고 능력은 인사평가와 조직구성원이 가지고 있는 전문지식, 어학능력 등과 관련된 사항이며, 성격은 개인적 특성을 말한다. 이 시스템을 개발한 가장 큰 이유는 승진과 배치전환에 적합한 대상자를 선정하기 위한 것이지만, 조직구성원의 과거 활동에 기초를 둔 개괄적 관측에 불과하다는 지적이 있다.

⑤ **계획적 직무순환제도**(planned job rotation)

계획적 직무순환제도는 경력 초년병에게 입사 후 수년 동안 계획적으로 수개월 단위로 몇 개의 부서를 순환시키며 그 과정에서 다양한 경험을 거치게 한 후 한 단계 더 높은 관리직을 담당하게 하는 제도이다.

⑥ **예비퇴직 상담제도**(pre-retirement counselling)

예비퇴직 상담제도는 퇴직 1년 전에 퇴직을 앞둔 대상자들이 프로그램에 참여하여 연금, 사회보장제도, 여가생활, 퇴직 후의 심리적 적응, 재취업 등 제2의 경력에 관한 정보를 습득하게 해주는 제도이다.

2) 현대적 경력개발 프로그램

개인의 관심을 고려한 경력개발 프로그램을 제공하여 종사원으로 하여금 자신의 경력을 계획하고 결정할 수 있도록 필요한 정보와 전문가의 의견을 제공하는 제도로서 다음과 같은 것들이 있다.

(1) 기능개발제도(system to identity motivated skills)

기능개발제도는 조직구성원의 기능을 개발하기 위하여 조직구성원 스스로가 선호하며 높은 직무생활을 평가하고 앞으로 어떤 장래가 자신에게 바람직할 것인가를 인식하여 구체적인 중간목표를 설정하여 경력개발 목표를 설정하게 하는 제도이다. 이 프로그램의 중요성은 조직구성원의 욕구가 연결된다는 데 있다.

(2) 생애경력개발제도(life career development system)

생애경력개발제도는 경력개발이 종사원의 일에 대한 경력뿐만 아니라 종사원의 인생의 모든 측면을 포함한다는 개념으로부터 출발한다. 종사원은 우선 자기의 특성, 성격, 인간성, 흥미에 대한 통찰력을 가지고 이러한 정보를 자신의 미래의 경력에 관련시켜 보도록 한다. 그 결과 종사원은 자신의 궁극적인 지식에 입각하여 장기 목표를 수립하고 그 프로그램을 완성함으로써 자기의 능력으로 자신의 경력계획을 세우게 하며 환경변화에 대응할 수 있게 한다.

(3) 워크숍 활동(workshop activities)

성공적인 개발 프로그램은 조직실체와 관계되는 조직구성원의 기능이 객관적으로 평가되고 욕구가 고려되어야 하는데, 이러한 목표달성을 위해 고안된 것이 워크숍 활동이다. 이 프로그램은 경력개발 프로그램에 참여하기를 희망하는 종사원들에게 안내 책자를 배부하고 본인의 자기진술서를 받는다. 약 15명 정도의 참가자와 진행자로 구성된 소집단에서 3~4일간의 기간 중 경험적 학습을 하게 되며 구성원들 간의 친밀도를 높이는 과정에서 본인의 가치관 정립과 의사결정, 의사소통, 리더십, 창의성, 계획수립능력 등이 평가되며, 참가자는 자기 판단과 적성검사결과 및 동료들로부터의 피드백 등을 참고로 하여 가능성 있는 경력선택을 다시 수정 보완하여 단기, 장기경력목표를 수립하게 된다.

3) 경력경로의 설계

경력경로란 개인 또는 조직의 목표를 달성하기 위하여 추구하는 일련의 직무를 말한다. 실질적으로 개인이나 조직의 욕구를 모두 완벽하게 충족시키기는 불가능하지만, 체계적인 경력경로의 설정은 양자 모두에게 욕구충족의 갭을 줄일 수 있다는 점에서 대단히 중요하다. 전통적인 경력경로는 상향적 이동만을 중시하였으나 현대적 관점에서는 경력경로는 이동 외에 수평적 이동을 포함하여야 하고, 조직욕구의 변화에 대응이 용이하여야 하며 조직구성원의 개인적 자질도 충분히 고려할 수 있도록 가변적인 동시에 경력경로상 각 직무가 요구하는 기술, 지식, 학력, 연령, 경험 등을 구체화해야 한다.

4) 경력개발프로그램 시행 시 고려사항

① 기업이 자신을 위해 무언가를 해주길 기대하는 사람들은 실망감을 가지기 쉽

다. 어느 누구도 자기 자신 만큼 자신의 경력을 염려하지는 않는다. 기업에서 경력관리를 해주지 않는다는 것을 명심해라.

② 어떤 이들은 특별한 일에 종사하고 있다. 사람들마다 어떤 것에 특별한 재능을 가지고 있기도 하고 또 어떤 것에는 그런 재능이 부족하다. 힘들긴 하지만 자신에 대해 잘 아는 것은 무척 중요하다. 자신이 가진 기술, 성격, 적성에 대해서 깊이 있게 파악할 시간을 가지는 것이 좋다. 책임자의 위치에 있는 사람을 포함한 모든 이들이 자질 있는 경력 컨설턴트에게서 작은 도움이라도 받을 수가 있다.

③ 경력은 길지 않은 기간들이 모인 것이다. 회사의 소유주라 하더라도 현재의 일이 어느 날 문득 끝나버릴 수 있다. 현재의 기회를 당연한 것으로 여겨서는 안 된다. 매일 아침 실직 상태를 생각하고 자신의 일을 평가하면서 앞으로 할 일을 설계한다. 다음의 차선책을 마련해 놓는 것은 항상 중요하다.

④ 다른 사람과 친화력 있는 직장인이 되는 것이 중요하다. 대인관계는 기술적 지식, 숙련보다 더욱 중요하다. 기술직에서 일하고 있다 해도 항상 누군가와 관계를 맺고 있기 때문이다.

⑤ 자신의 성과는 미래의 보증수표가 된다. 업적이 자신의 시장성을 결정하며 평가받을 수 있는 결과로 남게 된다. 야구경기에서 매번 안타를 쳐내는 선수가 그렇지 못한 선수에 비해 상품성이 있는 것은 너무나 당연하다. 매일 실질적이고 구체적인 결과를 만들기 위해 노력하고 있는지, 그렇다면 그 결과를 기록으로 남기는지 확인할 필요가 있다.

⑥ 스스로가 쌓은 네임벨류, 결과, 성과, 친화력, 상냥함, 우정, 기여 이런 모든 것들이 자신의 이루어 놓은 산물이다. 친화력이 좋고 다른 사람과 일하기 편하게 느껴지는 사람이라면 기업에서는 항상 당신을 찾을 것이다. 어떤 컨설턴트도 자신을 위해 해놓은 것이 없는 이들에게 해줄 것이 없다.

⑦ 누구에게든 자신의 특기를 살릴 직종이 있다. 당신도 당신만의 분야가 있을

것이다.

⑧ 만족할만한 결과는 절대 빨리 나오지 않는다. 여유 있고 끈기 있게 하라.

⑨ 일하는 것은 즐겁고 흥미로운 것이다. 그러나 힘들고 냉정한 것이 되기도 한다. 그것은 노력과 기획을 필요로 하고, 무관심과 소홀한 준비로 망치는 경우가 허다하다. 자신의 경력을 관리하지 않는, 될 대로 되라는 식의 사람들은 대 부분 힘든 직장생활을 한다.

⑩ 당신은 당신만의 미래를 만들 수 있다. 누구도 당신이 결정하고 열심히 해온 것을 부정할 수 없을 것이다. 스스로의 다짐만 확실하다면 누구도 당신의 성공을 막을 수 없다.

CHAPTER 10

복지후생관리

CHAPTER

10

HUMAN RESOURCE MANAGEMENT

복지후생관리

1. 복지후생관리의 이해

1) 복지후생의 개념

복지후생福祉厚生이란 기업이 종업원과 그 가족의 생활수준을 향상시키기 위하여 마련한 임금 이외의 간접적인 제 급부을 말한다. 그것은 기업이 자체의 부담과 책임하에서 마련하는 급부로서 종업원의 노동 재생산성, 즉 노동력의 확보, 유지, 배양을 원활하게 하기 위한 것일 뿐만 아니라, 경영공동체 형성의 기반으로서도 필요하다. 종업원의 복지를 증진시킨다는 것은 오늘날 널리 강조되고 있는 기업의 사회적 책임이기도 하다. 간접적인 경영보수로서 복지후생은 경영공동체 형성의 일환으로 사회적 측면을 내포하고 있다. 또한 복지후생은 장기 근속자을 우대함으로써 종업원의 이직을 방지하고, 기업 특유의 기술 축적에 중요한 구실을 한다. 그러므로 기업경영에 있어서 인력관리 및 개발은 개별적 차원과 사회적 차원으로 구분하여 장기 안목적인 정책 및 관리가 확립되어야 한다. 즉 조직 구성원의 개인 발전과 사회공동체 실현이 합리적으로 융합되어야 한다. 이러한 관점에서 적절한 복지 정책은 경영의 협동단결을 실현하고 사회시스템으로서 기업의 공동체형성에 주요한 역할을 담당하게 된다.

복지후생은 장기적 복지사회 정책의 일환으로서 다각적인 전개를 필요로 한다. 경영에 있어서 성과주의와 공동체주의는 상반된 작용을 자주 발생시킨다. 지나친 성과 체제의 신봉은 공동체를 말살하게 되고, 역으로 지나친 공동체의 강화는 무사안일주의의 만연을 면키 어렵게 될 것이다. 우리는 이 양자를 적절히 결합하여 이원적인 사고를 일원화시켜 진실한 성과적 공동체의 경영체질을 강화하도록 노력해야 한다.

복지후생제도의 기본원리와 목표로는 첫째, 공동체 원리에 입각한 경영공동체의 기반을 구축하는 것이며, 둘째, 보조補助, support 원리로서 지원관리에 입각한 노동력 재생산을 위한 노동의 확보 · 유지 · 배양과 노사관계 개선의 확립에 있다.

일반적으로 기업의 후생복지란 종사원의 복지향상을 위해서 시행하는 임금 이외의 간접적인 여러 가지 혜택을 의미한다. 종사원의 후생복지를 위한 제 시설 및 제도는 노동력의 재생산을 위한 보조적 수단이라고 할 수 있다. 기업의 후생복지의 내용이 노사관계의 발전과 관계가 있으며, 후생복지의 시설이나 제도는 노사조건의 결정방식, 노동보호법, 사회보장제도의 진전 등 전반적인 노사관계의 주요 발전에 따라 후생복지의 내용을 생각할 수가 있다. 현실적으로 기업 측과 종사원 측의 공동으로 관리하는 경우와 종사원 측이 자치적으로 운영하도록 하는 경우가 많다.

표 10-1 복지후생의 효과

근로자에 대한 효과	기업에 대한 효과
사기의 향상	생산성 향상과 원가절감
복리에 대한 인식강화	팀워크의 강화
불만의 원인감소	결근, 지각, 사고, 불만 및 이직의 감소
경영자와의 관계개선	인간관계 개선
고용한정과 수입증대	채용 및 훈련비용 절감
건설적 경여팜가 기회의 증대	근로자와 건설적으로 일할 기회의 증대
기업의 방침 및 목적에 대한 이해증대	기업방침 및 목적의 과시기회 증대
소속감 및 조직몰입 증대	회사의 PR 기회의 증대
자부심 증대	지역사회와 긍정적 관계유지
건강 및 문화생활 향상	노사관계의 원활

2) 후생복지의 기능

기업에서 제공하는 여러 가지의 복지후생은 다음과 같은 기능을 한다.

(1) 생활안정의 기능

기업이 종업원에게 보상을 하는 목적은 근로 의욕을 증진하고 생활 안정을 도모하여 안심하고 직무에 종사할 수 있도록 하는 것이다. 이때 임금이 직접적인 기능을 한다면, 복지후생은 간접적이고 부가적인 보완 기능을 한다. 그러므로 복지후생은 종업원의 생활안정을 도우려는 각별한 배려의 한 방법이다.

(2) 노동력 유지의 기능

후생복지에 관한 제도는 근로자의 이직移職을 방지하는 주요한 기능을 가진다. 이직의 주된 이유가 생활 불안정이기 때문에 이를 해결하여 노동력을 유지하려면 우선 후생복지의 확대를 통해 생활안정을 도모해야 한다. 주택 지원을 하고 의료혜택과 생활편의 시설을 마련해 주면 근로자는 훨씬 적게 이직할 것이다.

(3) 명랑한 인간관계 조성의 기능

임금은 개별적 차등지급의 형태를 가지고 있기 때문에 개인적인 비교나 저 수준의 임금을 받는 사람이 불만을 가질 수 있다. 그러나 후생복지는 단체지급의 성격을 가지고 있기 때문에 근로자 모두가 평등하다는 생각으로 조직 내의 인간관계가 원활해질 수 있다.

(4) 협조적 노사관계 조성의 기능

비법적후생복지는 말 그대로 법적제재를 가하지 않는 것으로 그 지급여부는 기업의 임의로 결정한다. 이처럼 대부분의 후생복지의 내용은 기업이 근로자를 배려하는 차원에서 지급하는 것이므로 노사관계를 협조적 분위기로 만드는 데 크게 기여한다.

3) 복지후생의 성격

기업의 복지후생은 보상의 한 부분이지만 임금과는 큰 차이가 있다. 임금은 직접적 성격을 갖고 있지만 복지후생은 간접적 성격이 강하다. 복지후생의 성격을 임금과 비교론적 관점에서 살펴보면 다음과 같다.

첫째, 복지후생은 근로자가 수행한 노동의 질이나 양과는 관계가 없다. 일반적으로 임금은 연령, 성별, 지위, 근속년수 그리고 노동의 질이나 양에 따라 차이가 있지만 복지후생은 원칙적으로 차이를 두지 않는다.

둘째, 임금은 개별적으로 산정되어 지급되지만 복지후생은 개별적 차원이 아니라 집단적 보상補償, compensation의 성격을 갖고 있다. 즉, 모든 조직 구성원을 대상으로 복지후생과 관련된 예산이 편성되고 집행되는 특성을 갖고 있다.

셋째, 기업이 설정한 복지후생비는 종업원 개인의 필요성 원칙에 의해 집행된다. 즉, 복지후생 제도상에 설정되어 있어도 종업원 개인이 급부의 상황이나 조건條件, terms and conditions이 충족되지 않으면 혜택이 주어지지 않는 특성을 갖고 있다.

넷째, 복지후생비는 기대소득적 성격을 갖고 있다. 기업이 제도상에 명백히 설정해 두었다 하더라도 일시에 전 종업원이 혜택을 받을 수 있는 상황이 전개 되지는 않는다. 따라서 조직 구성원이라면 누구라도 미래에 혜택을 받을 수 있는 조건이 성립되면 반드시 받을 수 있다는 기대 소득적 성격을 갖고 있다.

다섯째, 기업의 복지후생비는 다양한 형태로 지급되는 성격을 갖고 있다. 즉 복지후생비는 현금제공, 현물이나 서비스 제공, 시설물 이용, 상품권 제공 등을 통해 집행된다.

4) 후생복지 관리의 원칙

현제 기업에서 제공하고 있는 후생복지는 정부의 규제나 법률에 의해서 뿐만 아니라 산업사회의 발전과 함께 기업의 자발적인 후생복지시설로 인하여 그 비용이 막대하게 증가하고 있다. 따라서 이러한 후생복지의 비용의 증가는 이제 그 운영이나 정책에 있어서 효율적인 관리가 요구되는 정도에 이르렀다. 이러한 견지에서 기업의 후생복지 관리상의 기본적으로 고려되어야 할 원칙들을 정리하면 다음과 같다.

(1) 적정성의 원칙

이 원칙에 있어서는 기업의 모든 종업원들에게 절실히 필요하고, 경비부담에 알맞으며 동종 산업이나 그 지역 내 산업에 대비하여 크게 차등이 없는 정도의 후생복지를 하는 것이다. 그러기 위해서는 그 관리에 있어 종업원의 의견조사를 한다든지, 기업의 복지시설에 관한 연차적 확충계획을 세우는 것이 바람직하다. 또한 동종 업종의 동일지역 내의 시설 등에 관하여 조사를 하고, 그 일반적 수준을 파악하는 것도 중요한 일이다. 실제로 중소기업의 복지후생이 대기업의 수준에 도달하기는 어렵다고 보아야 하지만, 반대로 대기업이 중소기업의 부족한 복지시설 상태와 동일한 수준을 맞출 필요는 없다.

(2) 합리성의 원칙

후생복지에 관한 시설 및 제도는 기업 내에서만이 아니고, 국가나 지역 사회에 의해서도 추진되므로 기업으로서는 서로 중복되거나 연관성이 결여되는 일이 없도록 합리적으로 조정 관리하여야 한다. 예를 들면 기업은 국가의 사회보장 제도를 활용한다든가, 민간회사의 보험사업을 이용하는 것과 같다, 혹은 지역사회와 협력하여 복지시설을 공동으로 설치 운영할 수 있다. 요컨대 기업은 그와 같은 합리성을 추구하는 방향에서 복지후생관리를 하지 않으면 안 된다.

(3) 협력성의 원칙

여기에서 협력성이라는 것은 지역사회와 복지시설을 공동 운영하는 것과 같은 기업 외적 협력관계도 들어가지만, 그 보다는 기업 내적인 노사 간의 협력관계를 중점적으로 뜻하고 있다. 후생복지의 유지 · 향상을 위해서는 기업의 책임이 크지만, 동시에 종업원의 책무도 크다는 것을 명백히 해야 한다. 따라서 노사가 협의하여 후생복지의 내용을 충실하게 검토함으로써 알찬 시설이나 제도를 마련할 수 있으며, 그 운영에 있어서는 더 한층 협력적 효과를 발휘할 수 있는 것이다. 기업에 따라서는 후생복지 위원회를 설치하여 노사 쌍방의 협조로 운영함으로써 큰 성과를 거두고 있는 경우도 많다.

오늘날 산업사회에서는 후생복지를 증진할 필요성이 더욱 대두되고 있으나 반면에 내외內外에 걸친 제약조건도 경시할 수 없는 실정이다. 따라서 복지후생관리의 효율성을 증대하자면 앞에서 검토한 3가지 원칙을 충분히 고려해야 한다.

5) 후생복지 제도의 관리방안

후생복지의 시설은 그 기업체가 가지는 구체적인 특성이나 조건 또는 기업체가 처해 있는 사회적, 경제적 상황에 따라서 관리실태가 달라진다. 장기간 계속해 온 방법이라 해서 무턱대고 전통만을 고집하는 따위의 무모한 운영을 해서는 안 된다. 무엇보다도 후생복지의 본질을 잘 파악하여 거기에 어긋남이 없는 합리적 관리가 요구된다. 이런 관점에서 효율적인 후생복지 제도의 관리방안管理方案을 요약하면 다음과 같다.

(1) 효과적인 홍보

종업원을 위한 좋은 후생복리 제도를 만들어 시행하더라도 수혜자가 그 내용을 잘 모르면 후생복지 제도의 실효를 거둘 수 없다. 그러므로 관련자 모두가 혜택을 받을 수 있도록 하기 위해서 다음과 같이 홍보활동을 해야 한다.

첫째, 후생복지제도에 대한 범위와 사용방법에 대해서 종업원에게 주지시켜야 한다.

둘째, 후생복지제도를 이용할 때 받을 수 있는 혜택인 후생복지의 내용을 종업원이 충분히 이해하도록 그에 대한 정보를 제공해야 한다.

셋째, 종업원에게 후생복지의 정보가 도움이 된다는 믿음을 줄 수 있도록 신뢰감을 주어야 한다.

넷째, 후생복지제도에 대한 가치를 현재의 종업원뿐만 아니라 미래의 잠재적인 종업원에게도 알려야 한다.

(2) 창출적 효과

후생복지 제도는 경영공동체 형성을 구심점으로 하여 기업의 종합적인 경제적 성과목표와 일치하도록 운영하여야 한다. 공동체 형성이란 미명하에 후생복지비가 소비적 성격으로 지출되어서는 안 된다. 즉 후생복지가 오로지 종업원에게 소득을 형성시켜주는 금전적 효과에만 거쳐서는 안 되고 경영성과를 유도하는 창출적 효과를 강구하도록 해야 한다. 후생복지관리가 창출적 효과로서 경영의 성과를 도출하기 위해서는 기업의 경영정책 및 사회정책과의 유기적인 관계 속에서 종업원들의 성취동기를 유발할 수 있도록 노력해야 한다.

(3) 비용 수익의 분석

효과적인 후생복지 관리를 위해서는 후생복지에 대한 비용/수익분석과 같은 과학적 측정이 뒤따라야 한다. 후생복지에 대한 투입산출을 단순한 추측으로서가 아니라 과학적이고 분석적인 수단을 갖추어서 관리해야 할 필요가 있다. 그렇게 함으로써 후생복지에 대한 투자효율投資效率을 높일 뿐만 아니라 종업원으로부터 깊은 이해와 신뢰를 얻는 데 큰 도움이 된다.

선진국들에서는 이미 경영사회 정책의 효율적인 관리를 위해서 경영사회 비용에 대한 분석과 그의 성과에 대한 회계처리를 비롯한 제반 사회지출의 관리를 체크하는 제도가 확립되어 가고 있는 실정이다. 비용수익 분석은 성과 측정으로서 후생복지비의 지출 정도와 이직의 감소, 생산성 향상, 사기앙양 등과의 상관관계도 분석한다.

(4) 공정성 확보

후생복지제도에 대한 혜택은 종업원 모두에게 돌아가도록 만들어 놓았다 하더라도 이용당사자가 사사로운 마음을 가지고 약용한다면 오히려 종업원의 사기와 조직의 능률을 저하시키기 때문에 모든 후생복지 혜택이 공평하게 배분되도록 각별히 노력해야 한다.

(5) 국가사회 경제정책과의 연계

종업원 복지후생의 과제가 국가차원의 사회보장제도와 밀접한 관계를 갖고 있다 함은 이미 지적한 바 있다. 처음에는 기업의 자율적 행동에 의해서 착수된 종업원을 위한 복지후생제도가 나중에는 일반적인 최저선을 확보하기 위하여 법률로서 강요하는 사회 급여가 되어 사회보장제도로 전환하여 나아가는 경향이 있다. 이러한 점에서 개별경제 단위인 기업의 복지후생은 거시경제 단위인 사회경제정책과의 연계 속에서 그의 발전을 모색해야 되겠다. 즉 사회변동 속에서 기업의 위치를 파악하고 거기에 부합하는 복지후생제도의 확립이 요청된다.

(6) 후생 복지제도의 질적인 기능적 측면의 중시

복지후생관리를 2가지 측면으로 구분해서 생각할 수 있다. 한편은 구조적 측면으로서 양적量的, quantitative 측면이고 다른 한편은 기능적 측면으로서 질적質的, qualitative 측면이다, 전자는 주로 금전적 내지 물질적 급여의 측면이고, 후자는 서비스 내지 정신적 욕구충족의 측면이다. 지금까지 대부분의 기업에서는 복지후생관리를 위해서는 복지후생의 질적인 측면도 강조되어야 한다. 최근에 이르러 금전적인 급여중심의 양적 관리는 그 한계성을 면치 못하게 되어 그 전략이 질적인 관리로 바뀌어 가고 있다. 앞으로는 복지후생관리의 질적인 기능적 측면이 강화되어야 한다. 즉 양적인 경영사회정책에서 질적인 경영사회정책으로 전환됨에 따라 복지후생관리도 여기에 보조를 맞추어야 한다.

2. 복지후생의 분류

1) 법정 복지후생제도

법정 복지후생제도란 기업이 종사원을 고용하고 있는 한 종사원의 개인적 의사나 기업의 자율적 방침과는 관계없이 법률에 의해서 강제적으로 실시되어야 하는 복리후생 시설이나 제도를 말한다.

(1) 국민건강보험제도

국민건강보험제도國民健康保險, national health system은 기업 내 종사원이나 그 가족에게 발생하는 질병이나 사고로부터 그들을 예방하고 보호한다는 의미에서 법적으로 실시되는 사회보험이다. 의료보험제도의 일방적인 기능은 질병을 치료할 뿐만 아니라 질병을 조기에 발견하여 예방하는 데 있다. 우리나라에서는 2000년 7월 국민건강보험법 시행으로 인해 직장의료보험과 지역의료보험이 통합되어 현재에 이르고 있다. 보험료는 직장의료보험인 경우 사용자와 직원이 절반씩 부담한다.

(2) 산업재해보상보험제도

산업재해보험제도産業災害補償保險制度, industrial accident compensation insurance system은 업무수행과 관련하여 발생한 근로자의 부상, 질병, 즉 노동에 관련된 재해나 직업병의 발생 및 피해가 나타날 경우 근로자의 회복을 위해 알코올 · 약물남용 상담, 정서적 문제에 대한 상담, 가족상담, 경력 상담과 교육, 신용대출상담, 퇴직 후 계획 등을 포함하는 직업원조 프로그램EAPs을 행하여 피해자의 가족 및 유족에 현금 급부를 통한 보상을 해주는 제도이다. 우리나라의 재해보험제도로는 산업재해보상보험제도가 사회보험제도로서는 제일 먼저 실시되었으며 그 이후에는 원칙적으로 근로기준법勤勞基準法이 적용되는 모든 사업장에 적용하게 되었다. 산재보험은 다른 보험제도와는 달리 정부가 직접 관장하고 있다. 산재보험의 재정은 근로자는 전혀 부담하지 않고 사용자가 전액 부담하도록 되어 있고 약간의 국고부담이 행해진다. 보험료는 보험가입주가 경영하는 사업의 임금 총액에 그 사업 종류에 적용되는 보험료율을 곱한 금액으로 하고 있다.

(3) 국민연금보험제도

국민연금보험제도國民年金保險制度, national pension insurance system는 모든 사람에게 다가오는 노령에 대비하여 미리 해당조직과 개인이 임금액의 일정액을 보험에 불입하여 일정한 연령에 도달했을 때나 재해 및 사망이 발생한 경우에 그간의 적립금을 당사자나 유족들에게 주어 혜택을 받도록 하여 본인의 노후를 보장하거나 유족의 생활을 안정시켜 주는 제도이다.

우리나라는 1988년부터 국민연금제도를 시행하게 되었으며 1992년 이후에는 상시 5인 이상의 근로자들을 이용하는 사업장의 경우에는 당연히 국민연금에 가입하도록 되었다. 가입에 따른 부담은 근로자와 사업주가 각각 표준 급여액의 4.5%씩 부담한다.

(4) 고용보험제도

고용보험제도雇傭保險制度, employment insurance system은 실업보험제失業保險制, unemployment insurance system로 근로자가 실직했을 경우에 발생하는 생활의 위협을 방지하는 제도이다. 고용보험은 실업의 원인을 제거하고 실업자를 경제활동에 복귀시켜 근로자와 그의 가족, 나아가서는 국민경제 생활의 평안을 기하고자 하는 데 그 목적이 있다. 따라서 고용보험은 실직자에 대한 생계지원은 물론, 재취업을 촉진하고 더 나아가 실업의 예방 및 고용의 안전, 노동시장의 구조개편, 직업능력개발을 강화하기 위한 사전적, 적극적 차원의 종합적인 노동시장 정책의 수단이라고 할 수 있다. 우리나라의 고용보험제도는 1995년부터 도입, 시행되었으며 1998년 10월부터 전 사업장으로 확대되어 운영되고 있다. 가입에 따른 고용보험요율은 근로자가 평균임금의 0.45% 사업주가 1.1% 각각 부담한다.

2) 비법정 복지후생제도

비법정 복지후생제도는 호텔이 자체적으로 실시하는 임의적인 복지후생이기 때문에 각 호텔의 특성이나 규모 및 경영자의 의지 여하에 따라 그 내용이 달라진다. 공적보험公的保險, public insurance과 같은 사회보험社會保險, social insurance에의 추가급여라는 점인데, 법정 복지후생제도의 운영내용을 보다 알차게 구성하여 법률에서 정한 수준 이상으로 사회보험을 운영한다는 것이다.

예를 들면, 국민건강보험에서 급여해 주지 못하는 특수부분에 대한 의료비 지원이나 연금보험年金保險의 경우 법률이 정한 최소한도의 범위를 넘어 추가적으로 사용자가 별도로 보험료를 부담해 주는 경우이다. 또한 자율적인 신설급여라는 개념에서 이는 전자와 달리 호텔이 별도로 자율적인 의사하에서 설정한 복지후생제도로서 이것에 따라 호텔 간 복지후생 정도의 차이가 나타나고, 그 호텔의 복지후생이 훌륭한지 아닌지 결정된다.

복지후생비福利厚生費, welfare benefits란 종업원의 작업능률을 향상시키고 복리를 증진시키기 위하여 법인法人이 부담하는 시설이나 일반관리비一般管理費, general administrative costs, 제조경비製造經費, manufacturing expense를 말한다. 이 중에서 종업원의 건강과 휴양, 오락을 위한 체육관, 운동장, 오락시설, 휴게실, 기숙사, 진료시설 등의 설치 · 건설비는 복리시설비福利施設費, expense for welfare facilities로 별도 구분하여 자산資產으로 취급하게 된다.

복지후생비는 저임금과 사회보장의 불완전을 보충해 주는 시혜적 입장에서 노동조건의 변화, 노사관계의 발전 등으로 복지후생적 기업비용이 증대되고 있다. 따라서 사회보험의 기업주 부담액인 산업재해보험료의 부담이나 기숙사, 체육관, 도서실, 식당, 후생관 등의 복리시설과 그 관리유지비 그리고 보건 · 위생은 물론 경조비 지급, 단체행사 및 기념품지급 등 그 내용은 다양하다.

3) 복지후생시설에 의한 분류

복지후생시설의 본질에 대한 주요 견해로서는 호텔기업 내에 있어서의 경영자와 그 종사원과의 사이에 성립되는 고용관계 형성요소 중에서 임금급부의 규정, 근로일수의 규정, 해고조건의 규정 등 이 3가지 기본적인 것 이외의 것으로서 경영자측의 권한과 의무로서 설치되고, 직 · 간접적으로는 종사원 본인 내지는 그 직계 가

표 10-2 호텔경조금 지급사례

구분	대상	A	B	C	D	E	F	G	H	I	J	K
결혼	본인	300,000	300,000	400,000	500,000	700,000	300,000	500,000	300,000	400,000	400,000	500,000
	자녀	150,000		150,000	100,000	700,000	200,000		200,000	200,000	200,000	200,000
	동일호적 내 직계 형제자매						100,000		100,000	100,000		
칠순	양가부모	100,000		100,000			200,000	200,000	200,000	70,000		
회갑	부모	100,000		100,000	100,000	300,000		150,000	200,000	150,000	200,000	200,000
	배우자 부모	100,000		100,000	100,000	300,000		150,000	200,000	120,000	100,000	200,000
사망	본인	1,000,000	1,000,000	1,000,000	5년 미만 1,000,000 5년 이상 2,000,000 10년 이상 3,000,000 15년 이상 5,000,000	1년 미만 통상임 금 1개월 1년 이상 통상임금 2개월 3년 이상 통상임금 3개월 5년 이상 통상임금 4개월 10년 이상 통상임금 6개월	3,500,000원 상당의 장례서비스 및 경조화환제공 (타 상조회사 이용 시 경조금 1,200,000원 지급)	1,000,000	2,000,000	2,000,000	3,000,000	30,000,000
	부모	300,000	300,000	300,000	500,000	1,000,000		500,000	400,000	400,000	400,000	500,000
	배우자 부모	300,000	300,000	300,000	500,000	1,000,000		500,000	400,000	400,000	300,000	500,000
	배우자	300,000	500,000	400,000	500,000	1,500,000		500,000	1,000,000	500,000	300,000	500,000
	자녀	150,000		200,000	200,000	1,500,000		500,000	300,000	300,000	200,000	200,000
	조부모				200,000	500,000	100,000	100,000	200,000	400,000	100,000	
	외조부모				200,000		100,000	100,000	200,000	100,000		
	동일호적 내 직계 형제자매				100,000		100,000	100,000	200,000	100,000		
출산	자녀출산	100,000		50,000	200,000		50,000		100,000	50,000	50,000	50,000

족의 생활복지에 대하여 적극적 공헌을 할 수 있는 것과 같은 성격을 가진 조직적 수단이라는 설이 있다.

이 견해에 따르면 임금, 근로일, 해고조건의 세 가지 기본조건을 제외하는 모든 업무 및 생활조건과 노사관계도 포함한 물적 · 제도적 시설을 포함하고 있는 것으로 보아야 한다. 그러므로 그 구체적인 시설내용으로서는 첫째, 경영 내의 인력人力 관계적 시설, 둘째, 교육관계적 시설, 셋째, 보건위생 관계적 시설, 넷째, 주거 관계적 시설, 다섯째, 재무관계적 시설 등이 되고 있다.

그런데 이들 내용 중에는 일반적으로 현재에는 노동입법에 의하여 시설되지 않으면 안 되는 법정시설도 포함되고 있는바, 분명히 호텔의 복지시설이라고는 생각하기 어려운 것까지도 포함되고 있다. 따라서 오늘날 호텔기업 내에 있어서 복지후생시설이라고 하는 본질本質을 규명함에 있어서는 복지후생시설 개념의 변천과 발전을 고려하여야 할 것이다. 호텔기업 내의 복지후생시설의 본질에 대한 요점을 서술하면 다음과 같다.

첫째, 복지시설은 그 자체로서는 매우 광의廣義로 해석된 노동력의 확보 · 유지 · 강화의 보조적補助的 시설이다. 그러나 그것은 보조적인 것이기 때문에 그 구체적 시설 내용은 노동력의 유지 · 강화에 기본적으로 필요 불가결한 시설이라는 사회적 통념이 역사적으로 확대되어감에 따라 필연적으로 변화하지 않을 수 없다.

둘째, 호텔 내 복지시설은 경영자의 부담으로 행하는 시설이라는 점에서, 비록 그것이 객관적으로는 노동력 유지 · 강화의 보조시설이라 하더라도 필연적으로 경영자의 노동관리 목적에 비추어 현실적 역할 수단으로 전환하지 않을 수 없다는 점에서 그 본질적 의의가 있다. 즉, 이 개념의 본질은 복지시설이 가지는 객관적 기능을 은혜恩惠, benefits적 개념으로만 이해한다고 한다면, 시설 그 자체의 기능을 노동력 유지 · 강화에서만 구한다는 것은 잘못이다.

셋째, 호텔에서의 복지시설은 사유재산 제도를 기반으로 영리 추구를 목적으로 하는 자본제적 인적자원관리의 일환으로 개개의 호텔에서 종사원에게 그 호텔에 대해 좋게 생각하는 호의적 태도와 사유재산 제도를 기반으로 영리 추구를 목적으로 하는 자본제적 경영 질서에의 충성심을 형성케 하기 위한 물적, 제도적 수단으로서 이것을 부여하려고 하는 것이다.

넷째, 더욱 주목해야 할 것은 노동력 유지 · 강화의 보조적 시설이 경영에 호의적 태도를 형성시키기 위한 수단이 되기 위해서는 개개의 호텔시설 수준이 각 시대의 근로조건, 사회보장제도, 사회시설 등의 사회적 수준보다도 상회되어 있어야 한다. 사회적 수준의 상승에 따라 개별 호텔의 시설수준도 부단히 상승해야 한다면, 자본제적으로는 호텔 스스로 거기에 어떤 한계가 있다고 볼 수 없다. 또 개별 호텔이 종사원에게 특별하게 부여한다는 형태를 취하는 한 전술한 바와 같이, 점차로 성숙하는 종사원의 사회의식에 거스르게 되면 결국 호의적 태도 형성의 수단이 될 수 없게 되고, 결국, 어떠한 다른 가치관에 따른 시설로 전환하지 않을 수 없으며, 이것이 복지사업福祉事業, welfare-work에서 인사업무人事業務, personnel service로 전환인 것이다.

CHAPTER 11

노사관계관리

1. 노사관리의 이해
2. 노동조합
3. 노사문제
4. 노동관계법

CHAPTER

11

HUMAN RESOURCE MANAGEMENT

노사관계관리

1. 노사관리의 이해

1) 노사관계의 의의

노사관계勞使關係는 넓은 뜻에서 생산을 둘러싼 일체의 사회적 관계를 의미하는 것으로 이해될 수 있다. 즉, 고용의 직접 당사자인 근로자와 사용자 그리고 정부와 각종 시민단체 등이 고용조건은 물론, 산업 전반에 따른 의사결정을 둘러싸고 조성하는 사회적 관계를 말하는 것으로 이해된다. 다시 말해서, 노사관계란 광의로는 산업사회에 있어서 사람과 조직체 사이에 형성되는 여러 가지 관계를 말하지만, 보다 좁은 의미로는 그 관계 중 가장 기본적인 것인 노동자와 사업주 또는 사업주의 위임을 받아 기업을 경영하는 경영자와의 관계를 말한다.

노사(노동)관계는 자본주의 경제 질서를 기반으로 만들어진 산물이기 때문에, 자본주의 경제 질서의 전개과정에 따라 그 기구機構, organization와 내용內容, content도 함께 변하고 있다. 즉, 기업 내 의사결정이 개별 고용계약에 맡겨지던 산업혁명 초기에는 노사(노동)관계가 개별기업 내 사용자와 개별노동자 간의 관계로 이해되었다. 그러나 이러한 전제적 고용관행하에서 사용자가 언제나, 어떤 이유건, 아무런 사전 통지 없이 고용 및 해고가 가능한 사용자의 임의고용원칙任意雇傭原則, principle of employment at will에 대항하여 노동조합勞動組合, labor union이 만들어지자, 노사(노동)관계도 사용자와 노동조합이라는 집단적 사회관계로 바뀌었다.

이와 같이 노사관계industrial relations labor relations는 노동자인 종업원과 사용자인 기업주 또는 경영자와의 관계를 주요 내용으로 하지만, 실제로는 노동조합과 기업 그리고 이에 영향을 미치는 정부와 관련된 모든 문제를 대상으로 하며, 조직의 목적 달성을 위하여 함께 노력해야 하는 협력 관계이자 경영 성과의 배분 측면에서는 이해관계가 대립하는 양면적인 특성이 있다. 인적자원관리에서는 경영자와 종업원이 개별적 상하관계이지만 노사관계 관리는 경영권을 주장하는 집단과 노동권을 주장하는 집단 간의 집단적 수평적 관계로 인식된다. 결론적으로 노사관계는 근로자와 사용자와의 관계인 동시에 노동조합과 사용자 사이의 조직적 관계라고 할 수 있다. 이러한 사용자와 근로자와의 관계는 다음과 같은 세 가지 측면에서 접근할 수 있다.

첫째, 법률적 차원에서의 노사관계 측면이다. 이것은 근로자 개인이 사용자와 동등한 위치에서 이루어지는 계약관계를 의미한다. 사용자나 근로자는 상대방에게 어떤 법적 강제력을 행사할 수 없기 때문에 개인의 자유의사에 의한 근로계약勤勞契約, contract of service에 의해 근로자와 사용자의 관계가 형성된다. 이때 국가의 역할은 근로 계약이 자유롭게 이루어질 수 있도록 쌍방이 법칙을 준수하도록 하는 것이다. 이와 같이 자유의사에 의한 근로계약 하에서 임금을 포함한 근로조건의 결정은 일반적으로 사용자에 의해 이루어진다. 다만, 근로자가 근로조건에 만족하지 않을 때에는 근로계약을 하지 않음으로서 자유의지를 지킬 수 있다.

둘째, 경제적 차원에서의 노사관계 측면이다. 이것은 사용자와 근로자가 각자 자기의 이윤극대화를 위해 행위를 한다는 가정에 기초하고 있다. 기업은 생산비의 개념으로 근로자를 고용하고 근로자는 임금과 여가 등을 고려하여 거래관계에 참여한다는 것이다. 기업의 생산비cost of production개념과 근로자의 임금개념 등이 일치할 때 법률적 차원의 노사관계가 형성될 것이다.

셋째, 조직구성원들 간의 인간관계를 중시하는 입장이다. 이것은 기업의 규모가 커지고 계층적 분화가 진행됨에 따라 조직 내에서의 통합이 목적 달성에 중요한 조건이 되는 데 기인한다. 현대의 기업조직이 기능적으로 세분화되고 계층적으로 분리되어 매우 복잡한 유기체로서의 성격을 갖게 됨으로서 조직운영의 중요한 하나의 원리로서 강제보다는 협력을 통한 통합이 강조되고 있는 것이다. 협력을 통한 통합은 바로 현대기업의 노사관계의 원칙이자 가장 바람직한 노사관계의 유형인 협력적 노사관계인 것이다.

그러나 현대의 노사관계는 사용자와 근로자의 관계뿐만 아니라 정부라는 요소가 포함된 관의의 삼자관계三者關係로 파악해야 한다는 주장이 우세하다. 이러한 측면에서 던롭J.T. dunlop은 노사관계란 경영자, 근로자 및 정부들 사이의 상호관계의 복합체라고 정의하고 있으며, 래스터R.A. lester는 노사관계를 근로자조직과 산업경영자 간의 임금, 생산성, 고용보장, 경영자의 고용관행, 조합의 정책 및 노동문제에 대한 정부의 행동을 포괄한 노동의 모든 영역을 포함한다라고 정의하고 있다.

현대의 노사관계는 임금 및 근로조건의 유지개선 등은 물론이고 노사갈등勞使葛藤과 분쟁해소紛爭解消의 영역으로 옮겨가고 있다. 즉 많은 나라에서 이미 노사관계의 관심영역이 소극적인 분쟁해소 중심에서 적극적인 노동개발 중심으로 이동하고 있는 실정이다. 단체교섭과 경영참가 등의 노사관계에서 논의되는 중심점이 임금이나 근로조건의 개선 등의 갈등관계에서 노동 및 인적자원 개발을 통한 국가 경쟁력과 노사공존 공영을 위한 기술축적과 혁신 등 공동 이해관계로 변화하고 있고 이 변화 속에서 적극적인 노사관계의 의의를 찾고 있다. 따라서 오늘날 노사관계는 종속관계 갈등 및 대립적 관계 등을 본질로 인식해서는 안 되며 경영자의 경영정책 방침, 리더십 등과 근로자의 올바른 직업관에 의해 협력관계 및 평화적 관계가 더 중요하며 산업평화 정착을 위한 생산성 향상에 그 목적을 두어야 한다. 특히 경영자와 근로자 및 노동조합과의 교섭관계를 협력적 노사관계로 정착시켜 생산적이고 민주적이며 미래지향적인 조직으로 발전시켜야 할 것이다.

2) 노사관계의 유형

현대의 노사관계를 논하려면 역사적 발달에 의한 역사적 유형과 국민 문화적 유형을 살펴볼 필요가 있다. 노사관계의 역사적 유형으로 고용주와 임금노동자가 고용조건의 결정을 중심으로 하여 맺어진 개인적 관계가 영국의 산업혁명 이후 오늘날까지 각국에서 추진되어온 공업화 과정을 배경으로 성립되어 왔다. 그 당시부터 현대에 이르기까지 노사관계의 역사적 발달을 단계적으로 유형화하면서 국가의 권력이 개인에게 장악되고 모든 일이 그 개인의 의사에 따라서 처리되는 방식을 쓰는 체제인 전제적 노사관계, 견해나 이해 따위가 대립되는 쌍방이 힘을 합하여 서로 조화를 이루는 협조적 노사관계, 민주주의의 정신이나 원칙에 맞거나 부합되는 민주적 · 서로 견주어 높고 낮음이나 낫고 못함이 없이 비슷한 대등적 노사관계로 구분할 수 있다.

(1) 전제적 노사관계

전제적 노사관계는 고용주 혹은 자본가에 의하여 임금과 노동조건이 전제적으로 결정되는 노사관계의 단계로서, 자본을 소유한 경영자가 임의로 노동조건을 제시하고 이를 강요하는 경우를 의미한다. 주로 산업화 초기에 나타나는 유형인데, 오늘날 개발도상국이나 공산주의 국가에서도 나타나고 있다. 전제적 또는 독재적 성격을 띠고 있는 것이며 이때에는 근로조건이 사용자의 일방적 의사로 결정되고 사용자와 근로자의 관계는 절대 명령과 복종 구속의 관계로서 인간적인 대우는 무시되었던 시대의 노사관계이다.

(2) 친권적 노사관계

친권적 노사관계는 19세기 초, 버트오웬robert owen이래 형성되어 일반화되었던 노사관계이며 1세기 동안 지속되었다. 자본주의적 생산의 발달과 함께 전제적 노사관계가 근로자의 협조를 얻을 수 없다고 판단하고 사용자는 그 대응책을 근로자에 대해 주택, 의료 등의 온정적인 복지후생 시책을 마련하게 되었다. 이러한 사용자의 사상은 근로자의 충성에 대한 대가로서 근로자의 복지에 책임을 진다는 봉건적 전통을 반영했으며 근로자는 사용자가 베푸는 은혜에 보답한다는 관계로서 노사관계가 순조롭게 유지될 수 있었다.

(3) 협력적 노사관계

노동조합의 조직이 점차 강화되어 종래의 고용주가 전제적으로 결정하던 노동조건에 대하여 노동자가 집단적으로 영향을 미칠 수 있게 되었다. 그러므로 근대형 노사관계가 성립되었고 고용자가 노동자의 힘과 타협하는 방향으로 발전하였으며 경영주가 종사원의 복지증진과 의사소통으로 노사 간의 긴장적 대립을 완화하고 근로자 집단을 소극적으로나마 인정하는 노사관계로 발전하였다.

(4) 민주적 노사관계

경영주, 자본주 그리고 근로자가 대등한 지위를 유지하는 사업민주주의 이론적 노사관계를 의미하며 자본의 집중과 독점화가 진전되어 기업의 규모가 확대되고 소유와 경영이 분리되고 전문경영자專門經營者, executive officer가 경영을 담당하게 되었다. 자본주의의 고도화가 경영규모의 확대를 낳았으며 경영규모의 확대는 노동력을 집중시키고 기계화機械化, mechanization와 표준화標準化, standardization로 발전시켰다. 또한 기계화나 표준화의 발달은 미숙련 근로자와 여성노동자를 대량으로 진출시킴으로서 노동조합의 조직도 조직으로부터 산업별 조직으로 변화되었으며 노동조건을 결정하는 단체교섭團體交涉, collective bargaining 과정에서 노사는 대등한 지위를 인정받게 되었다. 따라서 산업사회에 있어서 대등한 지위를 당연한 것으로 보는 산업민주주의 이념이 형성되기에 이르렀고 민주적 노사관계의 실현을 보게 되었다.

3) 노사관계의 운영

인격적으로 노동자의 기본적 욕구를 만족시키기 위한 인간관계는 노동조건을 향상시키기 위한 전제로서 배분配分, distribute 내지 부가가치附加價値, value added를 증대시키는 것이 중요하다는 것을 종사원이 잘 이해할 수 있도록 노력 한다면 종사원과 경영주 간의 목적이나 이해에 있어 일치감과 상호 신뢰감을 갖게 되는 것이다. 노사관계의 안정과 협력화의 입장에서 노동 관리의 현대적인 정비의 필요성을 인식해야 하고 노동경쟁의 가장 큰 원인은 노사 간의 불신감과 의사소통의 결여로부터 온다는 것을 잊지 말아야 한다. 노동조합이 구성되어 있을 경우 노조와 사용자가 노동조건을 결정하는 데 있어 단체교섭團體交涉, collective bargaining이나 노사협의제勞使協議制度, management employee consultation system or joint consultation system를 통하여 실시한다. 그러나 노사협의나 단체교섭을 통해서 원활한 관계를 유지하기란 대단히 어려운 것이다. 단체교섭을 출발점으로 하는 노사관계의 조정을 여러 가지 제도를 통해 합리적으로 실행해 나가는 것이 중요하다. 노사관계는 단체교섭을 통해서 나타나는 것이기 때문에 원활하게 이끌어가는 것이 노사관계를 안정화하는 데 중심적인 역할이 되는 것이다. 따라서 노동협약勞動協約, labor agreement/contract에 규정을 정하여 두는 것이 중요하며 그 규정에 의해 실천해 나간다.

첫째, 노동조합원의 범위나 직장 내의 조합 활동의 범위는 노동조합법으로 그 기준이 정해져 있다. 그러나 실제기업에 있어 과장 이상이나 경리 및 비서의 경우는 조합원이 될 수 없도록 되어 있고 또한 회사 내의 도난이 발생되던가, 화재가 일어나던가 했을 때 혼란을 가져오거나 연락관계가 불가능하게 되는 경우에 대비하여 이러한 업무에 종사하는 사람은 같은 조합원이지만 분쟁紛爭, conflict에는 참가할 수 없도록 규정하는 것이 일반적인 예이다.

둘째, 근로자가 사용자에게 고용되어 노동력을 제공하는 데 관한 여러 가지 노동조건勞動條件, working conditions의 내용에 있어 규정을 상세하게 명시해야 하며 작업분량作業分量, work volume나 잔업殘業, overtime work/extra work의 최대한도량을 결정하여 쟁의爭議, strife가 제기되지 않도록 한다.

셋째, 협약協約, agreement으로 정해져 있다고 하더라도 실제협약을 적용하였을 때 해석상의 차이 때문에 쟁의가 발생할 경우가 생긴다. 이런 경우 단체교섭으로 받아들이지 못하는 부차적인 노동제 조건이다. 생산문제, 인사 등에 있어 노사 간에 간단하게 처리할 수 있는 노사협의勞使協議會를 설치할 수 있도록 협약으로 명시하여 두는 것이 좋다.

넷째, 협약사항이나 임금문제, 인사고과 등을 개인에게 구체적으로 적용했을 때 개인적 불만이 발생될 수도 있다. 이런 경우에도 개개인의 불만을 처리할 수 있는 고충처리제도苦衷處理制度, grievance를 설치해서 개인의 불만을 해결할 수 있도록 하는 협약으로 등장한다.

다섯째, 상벌賞罰, reward and punishment이나 고용기준雇傭基準을 협약으로 규정하고 경영자가 마음대로 할 수 없도록 하고 누구나 납득될 수 있도록 하여 종사원의 안심감을 갖도록 한다.

여섯째, 협약協約, agreement의 유효기간有效期間을 고치거나 폐지하는 개폐改廢, make and break의 절차를 정하여 두는 일이며 노사관계의 안정이라는 점에서 협약에 규정하는 것이 대단히 중요하다. 건전한 노사관계란 절대 쟁의爭議, strife를 하지 않는 것이 아니라 노사 간에 대화를 통해서 해결하고자 하는 태도를 가지고 있는 상태를 의미하며 이렇게 하여야만 비로소 종사원의 자발적인 협력이나 창의성을 기대할 수 있게 된다.

끝으로 단체교섭 기술의 성숙은 노사관계를 원활하게 하기 위해서 대단히 중요하며 노사관계가 서로 대립관계이기 때문에 가능한 평정하고 친절해야 하고 감정적으로 가지 않도록 단체교섭의 발언에 있어 감정적이 아닌 실제문제를 가지고 교섭, 토의하는 것이다.

2. 노동조합

1) 노동조합의 이해

노동조합labor union은 노동자 조직의 가장 대표적인 것이다. 노동관계조정법勞動關係調整法에 의하면 노동조합이라 함은 근로자가 주체가 되어 자주적으로 단결하여 근로조건의 유지 · 개선 기타 근로자의 경제적 · 사회적 지위의 향상을 도모함을 목적으로 조직 하는 단체 또는 그 연합단체를 말한다.

사용자는 노사관계의 주요 파트너로서 노동조합을 인정해야 하며 협력과 대결의 당사자로서 노동조합에 대한 이해가 있어야 한다.

노동조합은 단체교섭을 통해 노동조건 즉, 임금, 해고, 노동시간, 휴일, 휴가 등을 개선하기 위한 활동을 하며, 노동자의 권익을 보호하고, 신용조합이나 소비조합, 주택조합 등을 공동으로 운영하여 노동자들에게 경제적인 도움을 준다. 노동조합의 활동은 근로자의 경제적, 사회적 지위향상 도모, 단체교섭, 단체협약체결이 중심이 되지만 부차적인 목적으로서 정치적인 것을 전혀 배제할 수는 없다.

노동조합을 설립하고자 하는 자는 노동조합의 실체적 요건을 갖추고 노동조합의 명칭, 주된 사무소의 소재지, 조합원수, 임원의 성명과 주소, 소속된 연합단체의 명칭을 기재한 신고서에 규약을 첨부하여 관할 시, 군, 구에 제출하여야 한다. 관할 시, 군, 구는 노동조합의 설립신고서를 접수한 때에는 특별한 경우를 제외하고 3일 이내에 신고증을 교부한다.

적법한 노동조합은 사용자와 임금인상 등 근로조건의 개선을 위하여 사용자와 단체교섭을 하여 단체협약團體協約, labor collective agreement을 체결할 수 있고 교섭이 결렬될 경우 쟁의행위爭議行爲, a strike를 할 수 있으며 정당한 쟁의행위에 대하여 민형사상 책임에 대하여 면책을 받는다.

2) 노동조합의 기능

노동조합의 활동은 경제사회의 변동에 따라 점차 다양화되고 있는데, 그것은 경제적 기능, 공제적 기능, 정치적 기능의 세 가지로 대별될 수 있다. 역사적으로 공제적 기능을 중심으로 노동조합이 태동하였으므로 초기에는 공제적 기능이 가장 중요하였다. 그러나 광의廣義로 볼 때 공제적 기능은 경제적 기능과 정치적 기능이라 할 수 있다. 이러한 기능 중에서 노동조합 고유의 가장 기본적인 기능은 경제적 기능이다. 공제적 기능이나 정치적 기능은 노동조합의 경제적 기능을 보강하고 보완하는 것이다.

(1) 경제적 기능

노동조합의 기능 중에서 가장 기본적인 기능이다. 이 경제적 기능 중에서도 단체교섭과 경영참가를 중심으로 한 조합 활동이다. 각각 분산되어 근무하는 근로자는 불리한 조건으로 사용자에게 노동력을 제공할 수밖에 없다. 그러나 근로자가 노동조합을 조직해서 이를 통해 노동력을 제공한다면 수준 이하의 열악한 노동조건에 대해 집단적으로 노동력의 제공을 거부함으로써 노동조건의 개선을 기할 수 있다. 즉 단체교섭 등을 통해 근로자 생활수준의 향상을 도모하는 것이다. 이 기능은 대단히 중요하므로 국가나 사회에서도 제도화시켜 놓았다.

(2) 공제적 기능

공제적 기능은 조합원 상호 간에 수행되는 일종의 대내적 기능이다. 조합원이 질병, 재해, 노령, 사망, 실업 등으로 노동능력이 일시적 또는 영구적으로 상실되는 경우가 있어 대비책으로 조합이 기금을 설치하여 그것을 가지고 상호 공제하는 활동을 전개하는 것을 말한다. 공제적 기능은 노동조합의 역사와 함께 시작된 가장 오래된 기능이다.

(3) 정치적 기능

정치적 기능은 근로자의 임금, 노동조건의 개선을 둘러싼 노사 간의 교섭交涉, negotiation과 분쟁紛爭, conflict을 조정하고 해결하는 면이나 노동관계법을 비롯한 모든 법령의 제정과 개정, 물가정책, 사회보험제도 및 기타 사회복지정책 등 정부의 경제, 사회정책에 관한 노동조합의 정치적 발언과 주장은 근로자의 생활 향상을 위한 활동 분야이다. 경제적 기능이 사용자와의 교섭을 통해 발휘되는 데 반해, 정치적 기능은 그 상대가 주로 국가나 사회단체이며 더욱이 교섭이라는 형식을 취하지 않는다. 이 정치적 기능은 오늘날 국가의 노사관계에 대한 간섭과 개입이 시작되어 임금이나 근로조건의 결정이 국가에 의해 좌우되는 상황에 이르러 더욱 중요시되고 있다.

3) 노동조합의 조직

노동조합은 조합자체의 조직 강화를 위해 그 활동의 안정과 보장을 기할 수 있는 영향력 확보를 위하여 여러 가지 제도를 모색하고 있다. 양적인 측면에서 조합원 수를 어떻게 용이하게 확보할 것이며, 질적인 측면에서 조합운영을 위한 자금을 어떻게 용이하게 확보하느냐이다. 수단은 다음과 같다.

(1) 숍제도(shop system)

조합원의 확보방법을 지칭하며 노동조합이 사용주와 체결하는 노동협약에 종업원 자격과 조합원 자격 간의 관계를 규정한 조항을 삽입하여 조합의 유지 · 발전을 도모하고자 하는 제도이다. 가장 강력한 방법으로 클로즈드숍closed shop과 가장 약한 방법으로 오픈숍openshop이 있고 그 중간적인 것이 유니언숍union shop의 세 가지 기본 숍제도가 있다.

숍제도는 노동조합이 결성되거나 기업의 종업원이라는 두 신분을 가질 수 있다. 숍이라는 제도에 의해 설정되었고, 노동자가 어떤 일에 종사하려면 먼저 조합원이 되어야 하는데 이로 인해서 노동조합의 교섭력에 종요한 영향을 미친다. 숍제도란 조합원 참가제도를 말하며 그 내용은 다음과 같다.

① 기본적 숍제도

- 오픈숍open shop: 오픈숍은 노동자의 채용 · 해고에 관하여 조합원과 조합에 가입하지 않은 노동자에 하등의 차별을 두지 않는 제도이다. 그래서 근로자들이 이 노동조합에 가입하거나 탈퇴하거나 자유이다. 노동조합에 가입이 강제되지도 않고 그래서 가입하지 않은 또는 탈퇴한 근로자에 대해서 어떤 제재도 할 수가 없다. 따라서 근로자들이 노동조합에 가입하거나 탈퇴하는 것이 자유롭기 때문에 노동조합이 사용자와의 단체교섭에서 가장 불리하다. 우리나라는 현재 거의 대부분 Open Shop이 적용되고 있다. 참고로 직장 내의 노동조합이 총 근로자의 2/3 이상으로 구성되어 있다면 그 노동조합은 Open Shop이 인정되지 않는다.
- 유니온숍union shop: 유니언숍은 노동자를 신규 채용할 경우 사용자는 노동자를 자유롭게 고용할 수는 있지만, 일단 고용된 노동자는 일정기간 내에 노동조합에 의무적으로 가입해야 하는 제도를 의미한다. 예를 들어 회사가 직원을 고용할 때 일정기간의 수습기간이 지나고 정규직正規職, regular worker 직원이 되면 그 직원은 노동조합에 가입해야 한다. 또한 유니언숍은 조합에서 탈퇴하거나 제명되어 조합원 자격을 상실한 때에는 해고해야 하는 제도이다. 노동조합이 설립될 때 거의 모든 노동자를 노동조합에 가입시킬 수 있기 때문에 조합원의 확대를 위해서는 매우 유용하다.
- 클로즈드숍closed shop: 클로즈드숍은 이해를 공통으로 하는 모든 노동자를 조합에 가입시키고 조합원임을 고용의 조건으로 삼는 노사 간의 협정을 말한다. 노동조합에 가입 중인 기존의 조합원이 아니면(따라서 노동조합에 의하여 제명되거나 또는 스스로 조합을 탈퇴하는 경우에 해고된다), 고용하지 않는다는 단체협약상의 조항을 말하는 것으로 노동조합 측에 가장 유리하다. 그런데 단체협약 체결에 있어서 사실상 기업별 노동조합을 단위로 하고 있는 대한민국에서는 이미 노동조합에 가입해 있을 것을 고용조건으로 하는 클로즈드숍 조항은 드

물게 존재할 수밖에 없다.

- 비즈니스 유니언business union: 노조원의 권익을 대변하지 못하고 대표자 혹은 자본가의 뜻대로 움직여 주거나 협조성이 강한 기회주의적이고 개량주의적인 어용노조御用勞組, company dominated union를 지칭한다. 즉, 노동조합을 일종의 사업, 자본과 거래를 하는 것을 주요 이념으로 삼고 있는 이익단체로 전락한 미국의 사업적 노동조합들이다. 유럽의 노동운동이 정치지향적 · 체제변혁적 성격을 강하게 표출해 왔음에 비해 개인이나 사회 집단의 사상, 행동 따위를 이끄는 관념이나 신념의 체계를 지닌 노동자계급의 독자적인 이데올로기ideology와 정치적 관심을 대변하지 못하고 체제 내에 일찍이 순응 · 통합되었다는 특징을 갖고 있다.

② 변형적 숍제도

- 에이전시숍agency shop: 대리기관 숍제도라고도 하며 이는 조합원이 아니더라도 모든 종업원에게 단체교섭의 당사자인 노동조합이 조합비를 징수하는 제도이다.
- 프레퍼렌셜숍preferential shop: 우선숍제도라고도 하며 이는 채용에 있어서 노동조합원에게 우선제도를 주는 제도이다.
- 메인터넌스숍maintenance shop: 조합원 유지의 숍제도라고도 하며 이는 조합원이 일정 기간 동안 조합원으로서 머물러 있어야 한다는 제도이다.

(2) 체크오프제도(check-off system)

이 제도는 조합비의 일괄공제 제도를 말한다. 조합원 2/3 이상의 동의가 있으면 조합은 세력 확보의 수단으로 체크오프의 조항을 들 수 있다. 조합이 조합비를 징수하는 방법에는 조합원 개개인을 찾아다니며 조합비를 걷는 방법과 회사가 급여

계산시 급여에서 일괄 공제하여 조합에게 인도하는 방법이 있는데 후자를 체크오프제도라고 한다. 노조는 자금 확보 면에서 체크오프 조항을 요구하는 것이 일반적이다. 노조 측에서 볼 때 체크오프제도는 조합안정을 위한 단체교섭 계약에 있어서 가장 큰 관심사의 하나이다. 이러한 회비징수 방법은 노조 측이 확실히 더 유리한 조건이 되며 시간과 경비의 절약뿐만 아니라 제도적 신분을 더욱 강화시켜 준다.

4) 노동조합의 형태

노동조합은 형태상으로 직종별 조합에서부터 발달하여 산업별 조합으로 발전하여 온 것이 일반적인 흐름이다. 그러나 국가마다 특수성에 따라서 조금씩 독특한 형태를 이루어 발달하여 온 것을 알 수 있다. 일반적인 형태를 보면 다음과 같다.

(1) 직종별 노동조합

직종별 노동조합職種別勞動組合, craft union은 노동조합 조직형태의 하나로서, 자격과 기술 등의 숙련을 요하는 직종에 종사하는 사람을 대상으로 하는 노동조합이다. 특정 산업에 종사하는 노동자 전체를 대상으로 하는 산업별 노동조합과 비교하면 단일 기능의 노동조합이다. 역사적으로 초기 노동조합에서 많이 볼 수 있으며, 같은 직종의 노동자들이 산업이나 기업에 관계없이 조직한다.

직종별 노동조합은 직업별조합이라고도 하며 가장 역사가 오래된 노동조합의 수공업 단계에서 동일 직업에 종사하던 숙련노동자들이 소속회사를 초월하여 자기들의 직업안정과 지위향상을 꾀하기 위해 조직한 초기 산업화 단계에서 일반화되었던 노동조합의 형태이다. 즉 기계적 생산방식이 보급되지 않았던 수공업단계에서 조직한 배타적 노동조합의 형태이다.

(2) 산업별 노동조합(산별노조)

산업별 노동조합産業別勞動組合, industrial union은 같은 산업에 종사하는 모든 노동자를 기업, 직업, 직종이나 숙련, 미숙련에 관계없이 조직하는 노동조합으로, 노동시장의 공급 · 통제를 목적으로 숙련, 미숙련을 불문하고 동일산업의 전 근로자들을 하나로 하여 조직하는 노동조합이다. 이 형태는 현대 노동조합의 대표적 조직형태로 한 기업 및 산업 내의 단결력에 의해서 경영자에 대해 강력한 교섭력을 갖는다는 장점이 있다. 그러나 여러 직종을 포함함으로 노동자 간의 이해관계를 골고루 조정하기는 곤란하다는 단점도 있다.

(3) 일반노동조합

일반노동조합一般勞動組合, general union은 직종이나 산업에 구애됨이 없이 모든 근로자에 의해 조직되는 단일노동조합을 말한다. 역사적으로는 산업별 조합과 같이 공업화의 진전에 따라 대량으로 밀려난 미숙련근로자와 직업별 조합가입의 엄격한 자격 요건에서 제외된 잡근로雜−, miscellaneous affairs 노동자들을 조직하기 위해서 1922년 영국에서 창설되었다. 이 노동조합은 직종별 조합과는 달리 최저한도의 생활권을 강조하면서 생활임금의 원리를 기초로 그들 조합원들의 권익을 신장하려 한다. 그러나 이들 집단세력은 노동력의 대체성이 높아 노동시장에 영향력이 약하기 때문에 조직의 내적 결합력이 약하고 그로 말미암아 사용자에 대한 단체 교섭력이나 그 밖의 사회적 영향력이 미약하다.

(4) 기업별 노동조합

기업별 노동조합企業別勞動組合, company labor union은 하나의 기업체나 사업소를 단위로 하여 조직된 노동조합(예: 갑회사노동조합 · 을공장 노동조합과 같은 것)을 말한다. 이것을 기업별노동조합이라고도 한다. 우리나라 노동조합의 기본 형태인데, 우리 정부 수립 후 급속도로 근로자를 조직화하는 데 있어서 가장 편리하였기 때문이다. 이 기업별노동조합은 어용화御用化되기 쉽다는 단점이 있다. 기업별 노동조합은 동일기업에 종사하는 근로자들이 직종이나 직능의 차이를 가리지 않고, 또 숙련의 정도를 무시하고 조직하는 노동조합의 형태이다. 이 형태는 단체교섭의 대상자인 사용자에 대하여 보다 직접적인 영향력을 행사할 수가 있어 기업의 근로조건을 전반적으로 일정한 수준 이상으로 개선, 향상하는 것을 기본 목표로 한다. 그러나 이 형태는 개별기업을 존립기반으로 하는 것이므로 노동시장에 대한 지배력은 전혀 없으며, 또 조직으로서의 역량도 한계성을 지니고 있다.

3. 노사문제

1) 관광산업에서의 노사문제

노동자 집단과 개별적 사용자 혹은 노동자 집단과 사용자 집단 간의 관계를 집단적 노사관계라고 한다. 노사관계란 일반적으로 집단적 노사관계를 의미하는 개념이다. 산업화 과정에서 사업장을 중심으로 노사 간에 많은 노동문제가 발생하였고, 이러한 문제에 대하여 노동자들이 저항하는 과정에서, 노동조합을 조직하게 되었다. 집단적 노사관계는 근대적 계약관계와 전근대적 신분관계가 교차하는 시점에서 노동자들이 자신의 권익을 확보하려 투쟁하는 가운데에 성립한 것이다. 결론은 고용주에 의해서 고용된 노동자들이 자신의 용역을 제공하면서 생기는 불이익이나 불만들을 효과적으로 해결하기 위한 단체가 노사단체勞使單體, labor-management relations라는 것이다.

노사관계에는 본질적으로 한편에서는 협력적이고 다른 한편에서는 대항적인 요소가 공존하고 있다. 노동운동이 제도화되면서 노동조합이 노사관계의 필수적 요소로 자리 잡게 되면 대항적 경향은 정점에 이르지만, 그 이후에 노동운동이 제도 속에 순응하면서 협조적 경향이 강화된다.

오늘날 선진국들은 대부분 제4단계인 협조적 단계에 도달하였으며, 한국은 현재 노사대등 단계에 있다. 현재 한국에서는 분배의 관계를 노동조합과 사용자 사이의 단체교섭이나 임금교섭을 통해, 생산의 관계를 노사협의제도勞使協議制度, management employee consultation system or joint consultation system를 통해 설정하고 있다.

이런 노사문제가 관광산업에 있어서 어떤 영향을 미칠 것인가는 크게 두 가지로 나누어 볼 수가 있다. 관광기업 자체에 노사문제로 인한 파업이 일어나 관광산업에 직접적으로 영향을 미치는 경우와 관련 산업이나 혹은 사회 전반적으로 영향력 있는 기업에서의 노사문제 발생으로 관광산업에 간접적으로 영향을 미치는 경우, 이 두 가지로 볼 수 있을 것이다.

2) 노사문제의 대두

노사문제勞使問題는 처음 산업이 발전하고, 즉 고용자와 노동자라는 개념이 생겼을 때부터 존재하였다. 하지만 그 당시에는 사회 전반적으로 고용자(사용자 · 고용주)가 우선이라는 생각이 존재했기 때문에 그다지 큰 문제가 되지는 않았었다. 하지만 산업이 발전하고 기업의 규모가 커질수록 이 문제가 불거져 나오기 시작했다. 기업이 대규모화되면서 기업은 보다 많은 인력이 필요하게 되었고 또한 기업 기능이 분화되며 조직화가 되었다. 이런 상태에서 분화되고 조직화된 조직을 관리하는데 관리자와 피 관리자로 나누어져 역작용으로 계층 간의 갈등이 심화된 것이다.

사회가 민주주의 이념의 도입으로 인한 평등주의의 발전도 그에 많은 영향을 끼치게 되었다. 사회의 주체가 되는 국민의 대부분이 피 관리자이기 때문에 또한 그 수도 많기 때문에 근로자들은 자신들의 이익과 권위를 찾게 되었고, 경영자와 같은 입장에서 서려는 생각을 갖게 되면서 그에 걸 맞는 힘을 찾으려 단체 행동을 하게 된다.

그럼으로써 같은 의견을 가진 이들이 모이기 시작하고 자신들의 이견을 피력하고 해결하기 위해 파업罷業, strike이라는 극단적인 행동을 하기에 이른다. 이에 기업 역시 그들 나름대로 노동자에게 바라는 것이 많기 때문에 서로 부딪치게 되는 것이다. 노동자 단체나 기업이나 자신들이 처한 입장이 다르기 때문에 서로에 대한 이해가 무척이나 부족하고 현재 노사 간의 갈등과 그로 인해서 일어나는 파업은 무척이나 큰 사회문제로 인식되고 있다.

3) 호텔업계의 노동조합 조직

현재 호텔업계의 노조勞組, labor union는 사회 개혁과 노동자의 정치 세력화를 목표로 1995년 11월 출범한 진보적 노동운동 단체인 민주노총民主勞總, Korean Confederation of Trade Union(전국민주노동조합총연맹)과 사회 개혁과 노동자의 권익 향상을 목표로 1946년 3월 출범한 노동조합의 연합단체인 한국노총韓國勞總, Federation of Korean Trade Unions(한국노동조합총연맹)의 양대 노총산하 전국서비스연맹과 전국관광노동연합연맹에 각각 소속되어 있다.

(1) 한국노총산하(韓國勞總, federation of korean trade unions)

워커힐호텔 노동조합, 강원랜드 노동조합, 홀리데이인서울호텔 노동조합, 르네상스호텔 노동조합, 리츠칼튼호텔 노동조합, 그랜드힐튼호텔 노동조합, 조선호텔 노동조합, 해운대그랜드호텔 노동조합, 부산롯데호텔 노동조합, 부산메리어트 노동조합, 그랜드힐튼호텔 노동조합 등이 이에 속해 있다.

(2) 민주노총산하(民主勞總, korean confederation of trade unions)

리베라호텔 노동조합, 해밀턴호텔 노동조합, 크라운프라자제주호텔 노동조합, 칼호텔 노동조합, 밀레니엄힐튼호텔 노동조합, 롯데호텔 노동조합 등이다.

4. 노동관계법

1) 단체교섭

(1) 정의

단체교섭團體交涉, collective bargaining이란 노동조합勞動組合, labor union이 사용자 또는 사용자 단체와 임금, 근로시간 및 그 밖의 근로조건 등을 유지 · 개선하기 위하여 교섭하는 것을 말한다. 즉, 단체교섭은 피고용인의 단결체(노동조합)가 피고용인들의 경제적 지위향상을 도모할 목적으로 사용자 또는 사용자 단체와 단결의 힘을 배경으로 교섭하는 것을 말한다.

근로자들의 지위가 법적으로는 대등하나 경제적으로는 대등하지 못한 약자로서 진정한 의미에서의 대등성을 획득하고자 오랜 세월의 투쟁을 거쳐 근로자 조직을 만들었다. 그러나 노동삼권勞動三權의 하나로, 노동자가 자신들의 노동 조건을 유지, 개선하기 위하여 단결할 수 있는 헌법에 보장된 권리로서의 단결권團結權은 근로자의 단결의 자유를 주된 목적으로 하지만 단결 그 자체만으로는 무의미한 것이고 조직력을 배경으로 하여 사용자와 단체교섭을 전개함으로써 노동조합운동의 본래 목적을 달성할 수 있는 것이다.

그러므로 노사가 대등한 입장에서 협상과 타협을 통하여 임금, 근로시간, 휴일, 퇴직금, 취업의 장소 등의 근로조건을 결정하는 단체교섭은 노동조합의 가장 중요한 기능이며, 집단고용 관계의 핵심이라고 할 수 있다.

(2) 단체교섭의 성격

단체교섭은 피고용자 단체인 노동조합과 사용자 대표 간에 쌍방적 결정의 성격을 가진다. 즉, 노동조합이 사용자와 대등한 별개의 인격을 가진 단체가 되어, 과거 사용자 측이 일방적으로 결정해 온 피고용인의 근로조건에 관한 사항 기타 고용관계에 있어서의 피고용인의 지위에 관하여 노동조합과 사용자 간에 대등한 위치에서 쌍방적으로 결정하게 된다.

단체교섭은 이 자체가 특정한 행위를 수행하여 달성해야 할 목적目的이나 최종적으로 끝을 맺을 수 있는 귀결점歸結點이 아닌 어떤 결과에 도달하기 위해 점진적 변화나 단계적인 절차를 밟아가는 과정이다. 단체교섭은 노동조합과 사용자 또는 사용자단체가 근로계약과 이에 부수되는 노사 간의 관계를 규정하기 위하여 만든 규범規範, regulation을 공동으로 작성하기 위하여 행동하는 하나의 과정이다.

단체를 통하여 단체협약이라는 규범을 탄생시키게 되며, 이 단체협약團體協約, labor collective agreement이 목적이며 귀결점이고 단체교섭團體交涉, collective bargaining은 이러한 목적을 향해 나가는 일련의 과정이다. 마지막으로, 단체교섭은 노사가 서로 상반되는 주장에 대하여 다양한 수단과 방법을 동원하여 타결점을 찾으려는 일련의 협약상의 과정이다.

근로자들의 지위가 법적으로는 대등하나 경제적으로는 대등하지 못한 약자로서 진정한 의미에서의 대등성을 획득 하고자 오랜 세월의 투쟁을 거쳐 근로자조직을 만들었다. 그러나 단결권은 근로자의 단결의 자유를 주된 목적으로 하지만 단결 그 자체만으로는 무의미한 것이고 조직력을 배경으로 하여 사용자와 단체교섭을 전개함으로써 노동조합운동의 본래 목적을 달성할 수 있는 것이다.

2) 단체교섭의 기능

오늘날과 같이 변화가 심화되고 기술진보 및 사회구조가 급격하게 변모되고 있는 시대에 있어서 단체교섭의 중요성이 한층 부각되고 있다.

단체교섭은 사회적 변화에 대응하여 잠재적인 불만요인을 해소하고 이해관계에 있는 모든 집단의 요구를 수용하고 해결토록 모색하는 안전장치의 역할을 담당하게 된다. 이에 대하여 버틀러Butler는 단체교섭의 성격을 사회적 변화에 대한 적응갈등의 평화적 해소 및 대립 당사자의 권리의무의 설정으로 보았으며, 허킨즈Hawkins는 단체교섭의 일반적 기능을 시장기능과 경영기능 등으로 보았다.

(1) 노사협의회

① 노사협의회의 개념

노사협의회勞使協議會, labor-management council는 근로자 측과 사용자 측 대표가 노사 간의 이해와 협조를 구하기 위해 설치한 협의 기구로서 근로조건, 단체협약의 체결 및 실시, 노사분규의 예방, 생산성 향상, 근로자의 고충처리 등에 관한 사항을 협의한다. 1980년 12월 31일 제정, 공포된 노사협의회법은 1997년 3월 13일에 근로자참여 및 협력증진에 관한 법률로 대체입법代替立法되었다. 제1조에 규정된 노사협의회의 목적은 근로자와 사용자 쌍방이 참여와 협력을 통하여 노사勞使공동의 이익을 증진함으로써 산업평화를 도모하고 국민경제 발전에 이바지한다는데 있다. 이 협의회는 30명 이상을 고용하는 근로조건에 대한 결정권이 있는 사업장, 하나의 사업에 지역을 달리하는 상시근로자full-time worker가 30명 이상 고용된 사업장은 주된 사무소에 노사협의회를 설치하도록 되어 있다.

② 노사협의회 구성

구성은 노사 각 3~10명 동수로 하되 근로자의 과반수로 조직된 노동조합(약칭 노조)이 조직되어 있는 사업장에서는 노조대표 및 노조가 위촉하는 자가 노동자 측의 위원이 되며, 노조가 조직되어 있지 않은 사업장에서는 근로자의 직접 · 비밀 · 무기명 투표에 의하여 근로자 위원을 선출한다. 다만, 사업 또는 사업장의 특수성으로 인하여 부득이하다고 인정되는 경우에는 직업부서별로 근로자수에 비례하여 근로자 위원을 선출할 근로자(이하 위원선거인)를 선출하고 위원선거인 과반수의 직접 · 비밀 · 무기명 투표에 의하여 근로자 위원을 선출할 수 있다. 사용자 측 위원은 해당 사업장의 대표자와 그 대표자가 위촉하는 자가 된다. 의장은 위원 중에서 호선互選, mutual election하며, 이 경우 근로자위원과 사용자위원 중 각 1인을 공동의장으로 할 수 있다. 회무會務기록과 사무담당을 위해 노사 쌍방이 각각 간사 1명씩을 둔다. 위원의 임기는 3년으로 연임이 가능하다.

회의는 3개월에 1회 정기적으로 개최하며, 필요에 따라 임시회의를 소집할 수 있다. 회의의 정족수는 노사 각 측의 출석이 과반수여야 하며, 출석위원 2/3 이상의 찬성으로 의결된다. 정기회의에서는 사용자측이 경영방침 및 실적에 관한 사항, 분기별 생산계획과 실적, 인력계획에 관한 사항, 기업의 경제적 · 재정적 상황을 보고, 설명하며 모든 회의에서 근로자 측 위원들이 근로자들의 요구사항을 보고, 설명할 수 있다.

노사협의회에서는 고충처리위원회苦衷處理委員會를 구성한다. 이 위원회는 3명 이내의 위원을 협의회위원 중에서 선임하고, 노사협의회가 없는 사업장에서는 사용자가 위촉하는데, 고충처리위원의 임기는 노사협의회위원과 같이 3년이다. 고충처리의 대상은 인사 · 근로조건 · 급여 · 승급 · 보건 · 안전 · 위생 · 상사와의 관계 등이며, 일정하게 규정되어 있는 것은 아니다.

한편, 국가의 산업 · 경제 · 사회정책과 관련된 노사관계 · 고용 · 근로복지 등 주요 노동문제를 협의하기 위하여 근로자대표 · 사용자대표 · 공익대표 및 정부대표로 구성되는 중앙노사정협의회中央勞使政協議會, Central Labor-Management council를 설치 · 운영하도록 하고 있다.

중앙노사정협의회의 의장은 노동부장관으로 하되 필요한 경우에는 근로자대표 · 사용자대표 및 공익대표 각 1인을 공동의장으로 추가할 수 있다. 중앙 노사정협의회를 효율적으로 운영하기 위하여 부문별 분과위원회를 둘 수 있도록 규정하고 있으며, 현재 인력분과위원회 · 근로복지분과위원회 · 노사관계분과위원회를 두고 있다

3) 노동삼권

노동자의 사회 · 경제적 지위향상을 목적으로 법률이 정한 기본권으로서 산업사회에서 개인은 일반적으로 고용관계 속에서 경제생활을 영위한다. 이때 고용관계의 내용이 사적 자치의 원칙에 의해서 지배된다는 것은 결과적으로 근로자의 열악한 근로 환경과 직결되어 왔다. 왜냐하면 사용자는 근로자와의 근로조건에 대한 협

상을 함에 있어서 항상 강자의 지위에서 당사자가 자유롭게 선택한 상대방과 그 법률관계의 내용을 자유롭게 합의하고, 법이 그 합의를 법적 구속력 있는 것으로 승인하는 계약자유의 원칙契約自由原則, freedom of contract에 따라 고용조건을 일방적으로 결정 할 수 있었기 때문이다. 이러한 상태가 장기적으로 지속된다는 것은 국가 · 사용자 · 근로자 모두에게 위기로 인식되었다.

국가에게는 사용자와 피고용자로 형성되는 새로운 계급사회가 공동체의 동질성을 파괴하리라는 것이, 사용자에게는 근로자가 극단에 가서는 사회전체의 구조를 변혁하는 혁명적 방법을 사용하리라는 것이, 그리고 노동자에게는 무엇보다도 열악한 노동환경은 개인의 인간다운 생활을 저해한다는 것이 인식되었던 것이다. 이러한 인식은 사용자와 근로자의 협상력을 대등하게 하기 위한 법의 개혁으로 이어졌다.

노동삼권勞動三權, 즉 단결권團結權, right to organize · 단체교섭권團體交涉權, right to bargain collectively · 단체행동권團體行動權, right to act collectively이 그것으로 현대 헌법에는 일반적으로 기본권으로 인정되어 있다.

(1) 단결권

근로자가 근로조건을 개선하기 위해 사용자를 상대로 대등한 교섭력을 발휘하려면 자주적으로 노동조합勞動組合, labor union을 조직할 수 있는 권리가 보장되어야 한다. 이 권리는 헌법 33조 1항, 노동조합 및 노동관계조정법 5조에 의해 보장되고 있다.

근로조건의 향상을 위하여 근로자와 그 단체에게 부여된, 단체의 조직 · 활동을 비롯하여 단결체에의 가입 및 단결체의 존립이 보호될 헌법에 보장된 노동삼권勞動三權의 하나로서 단결권은 자유주의 사회에 있어서 조직화된 이해의 대립을 전제로 하여 근로자들의 민주적이고 자주적인 단결을 그 보장내용으로 하고 있다. 단결권에 있어서 사용자 측에서 이를 제한하거나 방해하는 약정은 무효이며, 근로자 상호

간 의 측면에서도 어느 정도의 단결강제는 단결 방어적 견지에서 용인될 수 있다고 한다. 이 점이 단결권과 일반 결사의 자유가 구별되어야 할 중요한 이유가 된다.

근로자 개인의 단결권은 근로자가 노동조합을 조직할 수 있는 권리와 그가 원하는 기존 노동조합에 가입하고 그 조합에 머물러 있을 권리를 말한다. 이를 개별적 단결권 또는 개인의 적극적 단결권이라고 한다.

다음 단결체로서의 노동조합이 가지는 단결권은 노동조합 자체의 존립에 관한 권리와 노동조합의 활동에 관한 권리로 나누어진다. 전자는 노동조합의 설립 · 운영 · 발전과 같이 일반적으로 단결체의 존립 자체를 위하여 필요한 보호를 받을 권리를 말하며 후자는 특히 단결체로서의 활동을 보호받을 권리를 말하는데, 이에는 노동조합이 사업장 내에서 근로자들에게 노동조합 가입을 권유 · 유세하는 등의 조직 활동을 할 수 있는 권리가 포함된다.

(2) 단체교섭권

근로자가 근로조건을 유지 · 개선하기 위해 일시적 또는 계속적인 단결체를 통하여 사용자 또는 사용자단체와 자주적으로 교섭할 수 있는 권리를 말한다.

단결권은 근로자의 단결의 자유를 주목적으로 하지만 그 자체만으로는 무의미한 것이다. 근로자가 단결권에 의한 조직력을 배경으로 사용자에게 단체교섭을 전개함으로써 근대, 노동입법의 본래의 목적이 달성될 수 있다. 즉 근로자의 근로조건을 개선하여 근로자의 경제적 · 사회적 지위를 향상시킨다는 목적은 단체교섭권團體交涉權, right to bargain collectively을 중추로 하여 구체화될 수 있다.

노동조합과 사용자 또는 사용자단체는 신의信義에 따라 성실히 교섭하고 단체협약을 체결하여야 하며, 그 권한을 남용하여서는 아니 된다. 또한 정당한 이유 없이 교섭 또는 단체협약의 체결을 거부하거나 해태懈怠하여서는 아니 되는 의무를 부담하고 있다. 이러한 노동자의 단체교섭권에 대하여 국가는 그 자유를 제한 또는 금지해서는 안 된다. 단결권의 경우와 마찬가지로 국가가 법령이나 행정조치 또는 경찰권의 발동으로 근로자의 단체교섭행위를 방해하게 되면 위헌적 행위로서 불법행위가 된다.

단결권이나 단체행동권의 경우와 마찬가지로 단체교섭권도 근로자를 위해 보장된 것으로 사용자 측의 권리는 아니다. 다만 사용자는 단체교섭의 상대방으로서의 지위를 가지며, 사용자가 정당한 이유 없이 단체교섭을 거부할 때에는 부당노동행위不當勞動行爲, unfair labor practice가 된다. 물론 단체교섭의 내용은 정당한 것이어야 하며, 단체교섭에 부수되는 행위 또는 정당하고 합리적이어야 한다.

단체교섭권은 근로자 개인이 행사할 수 있는 권리가 아니며 그 교섭의 목적이 근로자 집단集團의 문제를 대상으로 한다. 따라서 단결권의 경우와는 달리 원칙적으로 근로자의 단결체가 행사할 수 있는 권리이다. 그리고 근로자 단체가 노동조합으로서의 지위를 가지면 차별 없이 단체교섭권을 행사할 수 있다. 단체교섭권은 근로조건의 유지 및 개선을 위하여 행사할 수 있으나 그 교섭의 대상은 반드시 노동조건의 유지, 개선에 관한 것일 필요는 없다. 근로자들의 사회적 · 경제적 지위의 향상에 관한 사항이면 교섭의 대상이 된다고 본다. 또한 단체교섭의 결과로서 단체협약이 체결되는 것이 보통이고 이상적이지만 반드시 그럴 필요는 없다.

(3) 단체행동권

단체행동권團體行動權, right to act collectively은 운동삼권의 하나로 노동쟁의勞動爭議, labor dispute가 발생한 경우에 쟁의행위를 할 수 있는 권리로서 노동조합 및 노동관계조정법勞動關係調整法에 따르면 노동쟁의란 노동조합과 사용자 또는 사용자 단체 간에 임금, 근로시간, 복지, 해고, 기타 대우 등 근로조건의 결정에 관한 주장의 불일치로 인하여 발생한 분쟁紛爭, conflict상태를 말한다.

쟁의행위爭議行爲란 노동자들이 자신의 요구를 관철시키기 위하여 생산 활동이나 업무 수행을 일시적으로 중단하는 집단행동인 파업罷業, strike, 근로자들이 단결해 의도적으로 작업 능률을 저하시키는 태업怠業, soldiering 그리고 노조의 쟁의행위에 맞서 사용자가 근로자의 근로행위를 거부하는 법적권리로, 이를테면 노사분규勞使紛糾시 회사가 취할 수 있는 마지막 수단인 직장폐쇄職場閉鎖, lockout 기타 노동관계 당사자가 그 주장을 관철할 목적으로 하는 행위와 이에 대항하는 행위로서 업무의 정상적인 운영을 저해하는 행위를 말한다. 그러나 집단적 행위인 단체행동은 반드시 업무의 정상적인 운영의 저해를 수반하지는 않는다는 점에서 쟁의행위보다 넓은 개념이다.

단체행동권이야말로 단결권의 궁극적 목표이고 단체적 투쟁에 있어서 가장 본질적인 권리라 할 수 있는 것으로, 단체행동권이 인정되지 않는 단결권이란 칼날 없는 칼과 다를 바 없다.

4) 부당노동행위

노동운동에 대한 사용자의 방해 행위로서 일반적으로 사용자보다 약자일 수밖에 없는 근로자들이 집단적으로 사용자에 대항할 수 있는 권리가 노동삼권, 즉 단결권 · 단체교섭권 · 단체행동권이다. 노동조합이 충분한 힘을 갖지 못하면 이 노동삼권이 사용자로부터 침해받기 쉽다. 이를 방지하기 위해 국가는 사용자가 노동운동을 방해하는 것을 법으로 금하고 있는데 이것이 부당노동행위금지법이다. 이 부당노동 행위의 금지는 1935년 미국의 와그너법Wagner Act에서 최초로 채택된 제도이다. 한국은 1963년 개정 이전의 노동조합법에서 그 위반에 대한 처벌만을 규정했으나, 1963년 법 개정으로 부당노동행위를 배제하는 원상회복주의(부당 노동 행위 자체를 범죄로 보지 않고 구제 명령을 위반할 때에 비로소 범죄로 보는 입장이나 태도)를 취하고 있다.

노동조합勞動組合(노조) 및 노동관계조정법勞動關係調整法에서 규정하는 부당노동행위는 다음과 같다.

① 근로자가 노동조합에 가입 또는 가입하려고 했거나 노동조합을 조직하려고 했거나 기타 노동조합의 업무를 위한 정당한 행위를 한 것을 이유로 그 근로자를 해고 하거나 그 근로자에게 불이익을 주는 행위

② 근로자의 조합가입이나 탈퇴를 고용조건으로 삼는 행위

③ 노동조합대표와의 단체협약labor collective agreement체결이나 단체교섭collective bargaining을 정당한 이유 없이 거부하는 행위

④ 노동조합의 조직과 운영에 회사의 뜻이나 규칙대로 복종시켜 다스리려고 하는 지배 · 자신과 직접적인 관계가 없는 일에 끼어 개입하는 행위와 노동조합의 전임자에게 급여를 지원하거나 조합에 운영비를 원조하는 행위

⑤ 근로자의 단체행동참가나 노동위원회勞動委員會, Labor Relations Commission에 제소한 것 등을 이유로 근로자를 해고解雇, dismissal하거나 기타 불이익을 주는 행위 등이다.

이러한 행위가 있을 경우 근로자나 조합은 노동위원회에 3개월 이내에 부당노동행위 구제를 신청할 수 있다. 노동위원회는 이를 조사 · 심문하여 부당노동행위가 성립한다고 인정되면 복직이나 기타 원상회복명령, 단체교섭에 응해야 한다는 명령 또는 경비지원의 중지명령 등을 내린다.

5) 쟁의행위

근로자가 자신들의 요구와 주장을 관철하기 위해 하는 행위 또는 사용자가 근로

자의 행위에 대응하는 행위(쟁의권)로서 쟁의행위는 노사 일방이 자기의 주장을 유리하게 하기 위하여 상대방 업무의 정상적 운영을 저해하게 된다.

쟁의행위爭議行爲, a strike를 할 수 있는 노사관계 당사자는 근로자 측에서는 노동조합이고 사용자 측에서는 사용자 개인 또는 사용자 단체이다.

쟁의행위는 평화적인 단체교섭이 결렬되어 단체협약의 체결이 실패했을 때 행하는 것이므로 단체교섭의 당사자와 쟁의행위의 당사자는 같은 것으로 생각된다. 따라서 단체교섭권團體交涉權, right to bargain collectively이 없는 일시적인 근로자단체나 쟁의단체 또는 근로자 개인은 노동조합 및 노동관계조정법勞動關係調整法, the labor relations adjustment act에서 말하는 노동관계 당사자가 될 수 없다.

쟁의행위의 목적은 근로조건의 유지 · 개선이다. 따라서 이러한 목적이 아닌 동정파업(노동조합 등의 근로자 단체와 사용자와의 사이에 아무런 다툼이 없음에도 불구하고 다른 사업장 또는 직업 · 산업에 있어서 파업 중에 있는 다른 근로자 단체를 지원해서 행하는 파업)이나 정치파업(노동조합이나 노동 단체가, 국가 기관의 특정 법이나 정책 따위의 시행을 요구하거나 혹은 저지하려고 벌이는 파업)은 노동조합 및 노동관계조정법상의 쟁의행위가 아니다. 그리고 사용자의 인사권과 경영권의 부분적 쟁취를 목적으로 하는 실력행사도 쟁의행위라 하기 어렵다. 쟁의행위는 집단적 노무제공을 거부하거나 근로자들의 조업操業, work을 봉쇄하는 것이어야 한다. 그러므로 평상시의 업무를 운영하면서 완장 또는 리본의 착용 등에 의한 시위적인 단체행동을 하는 것은 노동조합 및 노동관계조정법상의 쟁의행위로 볼 수 없다.

쟁의행위는 노사 간의 서로 시끄럽게 다투는 분쟁 상태를 의미하는 노동쟁의와는 달리 어떤 목적을 이루거나 상대편을 극복하기 위하여 힘쓰거나 싸우는 일정한 투쟁행위를 가리키지만 단체교섭이 잘 이루어지지 않을 때 사용자에 대항하여 일정한 절차에 의해 행위하는 단체행동과 반드시 같은 뜻이라 할 수 없다. 단체행동은 집단적 행위를 말하는 것으로 동일한 목적을 추구하는 다수 근로자의 의식적이고 의욕적인 공동 행위를 가리키며, 업무의 정상운영의 저해를 요건으로 하지 않는다는 점에서 쟁의행위보다 그 개념이 넓다. 또 근로관계를 종국적으로 끝내기 위한 총사직도 쟁의행위라 볼 수 없다. 쟁의행위의 종류로는 파업 · 태업 · 보이콧 · 생산관리 · 피케팅 · 직장 폐쇄 등이 있다.

(1) 파업

파업罷業, strike에는 노동조합의 조직하에 행해지는 조합원파업과 노동조합의 규약 또는 지시에 위반하는 조합원파업 및 비조합원파업이 있다. 또 파업은 일정 산업 또는 일정 기업의 모든 조직근로자가 참여하는 전면파업과 일정 산업의 일부 또는 일정 기업의 일부 근로자들만이 참가하는 이른바 부분파업으로 구분된다. 총파업도 있는데 이는 전면파업보다 그 범위가 넓은 것으로서 전 산업에 걸쳐 전국적으로 행해지는 파업이다. 파업이 사용자의 직장폐쇄보다 먼저 행해질 때 이를 공격적 파업이라 하고, 선제적 직장폐쇄 후에 행해지는 파업을 방어적 파업이라 한다. 그리고 파업에는 상대방의 주장을 꺾고 자기의 주장을 관철하려고 하는 투쟁파업이 있고, 사용자에 대한 직접적인 투쟁목적이 없이 하는 시위示威파업이 있다. 파업 중 투쟁 상대방이 사용자인 경우를 노동법상의 파업이라 하고, 그 상대방이 행정부나 의회일 경우 정치파업政治罷業이라 한다.

(2) 태업

태업怠業, soldiering은 근로자들이 단결하여 의식적으로 작업능률作業能率, operation efficiency을 저하시키는 것을 말한다. 이는 이론적으로는 작업을 하지만 실제적으로는 작업을 하지 않거나, 필요 이상의 완만한 또는 조잡한 작업을 하는 것을 말한다.

(3) 보이콧

보이콧boycott은 사용자 또는 그와 거래관계에 있는 제3자와의 근로계약 체결을 거절한다든가, 상품구입이나 시설이용을 거절할 것을 호소하는 투쟁행위이다.

(4) 생산관리

근로자들이 단결하여 사용자의 지휘명령을 거부하면서 업장 또는 공장을 점거하여 조합간부의 지휘하에 노무를 제공하는 행위이다. 이에는 사용자들의 종전의 경영 방침을 그대로 따르면서 다만 근로자들이 직접 경영을 하되 수익금은 회사를 위해 보관하고 임금은 종래대로 지급하는 생산관리生産管理, production management가 있고, 또 회사 자재를 마음대로 처분하거나 회사의 수익금을 일방적으로 인상한 임금에 충당하는 생산관리가 있다. 생산관리는 어느 경우를 막론하고 소극적으로 업무를 거부하는 부작위적 행위가 아니라 적극적으로 공장 · 사업장 · 설비 등을 점유하여 사용자의 지휘명령을 배제하면서 기업경영을 지배하는 작위적作爲的, commission 쟁의행위이다.

(5) 피케팅

피케팅picketing은 파업을 효과적으로 수행하기 위해 근로희망자들의 사업장 또는 공장에의 출입을 저지하고 파업참여에 협력할 것을 요구하는 행위이다. 이는 파업 중인 사업장의 사용자에 대하여 노동력의 제공을 철저히 차단함으로써 경제적인 타격을 보다 효과적으로 가하려는 것이다. 피케팅은 대체로 사업장 또는 공장의 입구에서 플래카드를 들고 확성기 등을 이용하여 출입자를 감시하고 근로희망자들에게 파업에 동조할 것을 요구하는 것으로 나타난다. 피케팅은 그 자체로 독립된 쟁의행위라고 할 수 없고 파업이나 보이콧에 수반되는 보조적인 쟁의행위이다.

직장폐쇄는 집단적 분쟁에 있어서 사용자가 그의 주장을 관철하기 위해 일정한 산업 또는 사업체 내의 다수 근로자를 취업할 수 없게 하는 것이다. 이는 노사 간의 집단적 분쟁상태를 전제로 하는 것이기 때문에 경영운영상 또는 경영기술상의 이유에서 하는 휴업休業, a shutdown 또는 정업停業과 다르다.

직장폐쇄를 하려면 노무를 수령하지 않겠다는 통고 또는 선언만으로는 불충분하고, 현실적으로 공장 또는 사업장의 출입구를 폐쇄함으로써 사회통념상 그 공장 또는 사업장에의 출입과 노무제공 등이 불가능하다고 생각되는 상태를 발생하게 해야 한다. 결국 쟁의행위가 정당화되기 위해서는 집단적 노사관계의 전개를 용인하는 노동조합 및 노동관계조정법의 목적과 현행 법질서 전체에 부합해야 하고 실정 노동법규에 위배되지 않아야 한다. 쟁의행위는 그것이 정당하게 수행되는 한, 형사상의 구성요건에 해당되지 않고 민법상의 손해배상 책임이 발생되지 않는다.

6) 노동쟁의 조정제도

(1) 노동쟁의 조정제도의 개념

노사당사자가 단체협약의 체결을 위해서 단체교섭을 계속하였음에도 불구하고 합의에 이르지 못하면 노동쟁의가 발생하게 된다. 노동쟁의란 당사자가 노력을 계속하여도 더 이상 자주적 교섭에 의하여 합의의 여지가 없는 상태인데 이 상태가 파업 등 쟁의행위로 발전하게 되면 노사 당사자의 손실은 물론 국가경제에 손실이 발생하게 된다. 따라서 쟁의행위가 발생하기 이전에 당사자가 지정한 제3자 또는 국가기관의 개입, 조정을 통하여 문제를 해결하는 것이 바람직하다. 이와 같이 조정제도調整制度, adjustment policy는 노사의 자주적 단체교섭이 결렬된 경우에 제3자가 개입하여 객관적 지위에서 쌍방의 주장내용을 듣고 타협안을 제시하는 방식으로 분쟁의 자주적 해결을 촉진하고자 마련된 제도이다.

(2) 쟁의조정의 원칙

① 자주적 조정의 노력

쟁의조정争議調整은 노사관계 당사자의 자주적 조정을 원칙으로 한다. 따라서 국가에 의한 조정절차가 진행되더라도 당사자 간의 자주적 조정은 존중된다.

② 노사 당사자의 노동쟁의 해결 노력

노사관계 당사자가 단체협약에 노동쟁의를 해결하는 방법과 절차를 규정하고 있으면 이 협약에 따라 노동쟁의를 해결하도록 노력하여야 한다.

③ 국가 등의 책무

국가, 지방자치단체는 노동관계 당사자 간에 노동관계에 관한 주장이 일치하지 아니할 경우 이를 자주적으로 조정할 수 있도록 조력함으로써 쟁의행위를 가능한 한 예방하고 노동쟁의의 신속, 공정한 해결에 노력하여야 한다.

④ 신속한 처리

국가가 노동관계의 조정을 할 경우 노동관계 당사자와 노동위원회 기타 관계기관은 사건을 신속히 처리하도록 노력하여야 한다. 법 제54조는 일반사업은 10일, 공익사업은 15일 이내에 조정을 종료하도록 규정하고 있다.

⑤ 공익사업 등의 우선적 취급

국가, 지방자치단체, 국공영기업체, 방위산업체 및 공익사업에 있어서의 노동쟁의의 조정은 우선적으로 취급하고 신속히 처리하여야 한다. 즉 공익사업의 조정은 15일 이내에 종료하여야 하는데 이 기간을 다 채우지 않고 가능한 한 빠른 시간 안에 조정을 종료하여야 한다.

(3) 노동쟁의 조정의 대상

조정의 대상은 노동쟁의이다. 노동쟁의란 당사자가 계속 노력을 하여도 더 이상 자주적 교섭에 의하여 합의의 여지가 없는 분쟁상태를 말한다. 여기서 주의할 사항은 모든 노동분쟁이 다 조정의 대상이 되지 않는다는 점이다. 근로조건 등의 결정에 관한 분쟁인 집단적인 이익분쟁만이 노동쟁의 조정의 대상이 되고 기타 단체협약의 관리에 있어서 근본적으로 문제가 되는 것은 단체협약에서 경영자가 확보하고 있다고 믿는 권리와 노동조합이 획득했다고 생각한 권리에 대한 해석 내지 집행상에 있어서의 차이에서 나오는 분쟁, 즉 권리분쟁權利紛爭, rights dispute과 고충은 각각 법원, 노사협의회를 통하여 해결하는 것이 타당하다.

① 사적 조정, 중재제도

노동쟁의가 발생하면 노동위원회의 조정調整, adjustment, 중재仲裁, arbitration를 거쳐야 하는데 노사관계 당사자가 단체협약에 노동위원회의 조정, 중재가 아닌 제3자의 조정, 중재를 받기로 정한 경우에는 그 단체협약에 정한 조정, 중재를 우선적으로 받도록 하는 제도가 사적 조정, 중재제도이다. 이 제도는 노사문제에 대한 국가의 개입을 가급적 피하고 노사당사자가 자율적으로 해결할 수 있도록 하자는 데 그 취지가 있다.

② 사적 조정, 중재조정, 중재의 요건

사적 조정, 중재는 향후 노동쟁의가 발생하면 특정 인물에게 또는 노사합의에 의해 정하는 자에게 조정, 중재를 맡긴다는 단체협약의 규정 또는 이러한 규정이 없는 경우에는 노사 간의 합의를 전제로 한다. 이와 같은 단체협약 또는 합의를 근거로 사적 조정, 중재를 수행하고자 하는 경우에는 노동위원회勞動委員會, labor relations commission에 신고를 해야 한다.

③ 사적 조정, 중재의 효과

사적 조정의 경우 일반사업에서는 10일, 공익사업에서는 15일간 쟁의행위 금지(개시일 부터 가산함)되며 사적 중재의 경우 15일간 쟁의행위가 금지(개시일 부터 기산함) 된다. 그리고 사적 조정, 중재가 이루어진 경우에는 조정, 중재 내용은 단체협약과 동일한 효력을 가진다.

(4) 조정

① 조정의 의의

조정調整, adjustment은 노동위원회 내에서 근로자위원勤勞者委員, workers' member, 사용자위원使用者委員, employer commissioner, 공익위원公益委員, public interest member 3인으로 구성되는 조정위원회 또는 단독 조정인이 노동쟁의 조정신청을 한 관계 당사자의 의견을 들어서 조정안을 작성한 후 노사의 수락을 권고하고 노사당사자가 이 조정안을 수락하면 그 조정서가 단체협약과 동일한 효력을 가지게 되는 노동쟁의 해결제도이다.

② 조정과 중재의 차이

조정은 당사자가 조정안의 수락을 거부할 수 있다는 점에서 당사자의 수락여부와 상관없이 확정적인 효력을 가지는 중재와 다르다.

③ 조정의 개시절차

조정은 노동조합 또는 사용인이 노동위원회에 노동쟁의의 조정을 신청하면 개시된다. 그러나 만일 그 신청내용이 노동조합 및 노동관계 조정법상의 조정 대상이 아닌 경우에는 노동위원회는 그 사유와 다른 해결방안을 알려주어야 한다. 노동위원회는 조정을 하게 된 경우에는 지체 없이 이를 서면으로 관계 당사자에게 각각 통보하여야 한다.

④ 조정기간의 소요

조정은 신청이 있은 날로부터 일반사업에 있어서는 10일, 공익사업에 있어서는 15일 이내에 종료하여야 한다. 다만 당사자 간의 합의로 일반사업에 있어서는 10일, 공익사업에 있어서는 15일 이내에서 연장할 수 있다. 이 기간 동안에는 쟁의행의를 하여서는 안 된다.

⑤ 조정서의 효력

조정안이 당사자에 의해서 수락된 경우에는 조정위원 전원 또는 단독 조정인이 조정서를 작성하고 관계 당사자와 함께 서명날인을 해야 한다. 조정서의 내용은 단체협약과 동일한 효력을 가진다.

⑥ 조정안에 대한 의견의 불일치

조정안에 대해 노사당사자의 의견이 불일치하는 경우에는 조정위원회 또는 단독 조정인이 작성한 조정안을 수락하여 서명하고 조정서가 되고 조정서는 단체협약으로서의 효력을 가지게 된다. 그런데 당사자가 조정안에 대하여 수락한 후 서명하기 전에 그 해석 또는 이행방법에 관하여 의견의 불일치가 있는 경우가 발생할 수 있는데 이때에는 관계 당사자는 당해 조정위원회 또는 단독 조정인에게 그 해석 또는 이행방법에 관한 명확한 견해의 제시를 서면으로 요청할 수 있다. 조정위원회 또는 단독조정인은 그 요청을 받은 날로부터 7일 이내에 명확한 견해를 제시하여야 하며 견해가 제시될 때까지는 관계당사자는 당해 조정안의 해석 또는 이행에 관하여 쟁의행위를 할 수 없다.

(5) 중재

① 중재의 의의

중재仲裁, arbitration란 노동위원회 내의 중재위원회仲裁委員會, arbitration committee로 하여금 노동쟁의 상태를 해결하도록 하는 제도이다. 현행법에는 노사협의회의 의결 사항이 의결되지 못하거나 의결된 사항의 해석 또는 이행방법 등에 관하여 노사 간 의견의 불일치가 있는 경우 근로자위원勤勞者委員, workers' member과 사용자위원使用者委員, employer commissioner의 합의에 따라 협의회 내의 중재기구 또는 노동위원회 기타 제3자에 의하여 해결토록 하는 임의중재任意仲裁, voluntary mediation와 중재의 개시가 분쟁 당사자의 의사와 관계없이 강제적으로 이루어지는 강제중재强制仲裁, forced arbitration가 있는데 전자는 일반사업과 공익사업에 모두 적용되나 후자는 공익사업 가운데 업무의 정지나 폐지가 일반 국민의 일상생활을 위태롭게 하거나 국민 경제를 저해하고, 그 업무를 대체하기 어려운 사업. 수도 · 전기 · 가스 · 철도 · 시내버스 · 병원 · 은행 · 통신 따위와 관련된 필수공익사업에만 적용된다.

② 중재의 개시

일반사업과 공익사업의 경우에는 당사자의 쌍방의 합의에 의한 신청 또는 단체협약에 근거한 합의에 의한 신청이 있으면 중재절차가 개시된다. 그러나 필수공익사업의 경우에는 노동위원회勞動委員會, labor relations commission위원장이 특별조정위원회의 권고에 의해서 중재에 회부한다는 직권중재職權仲裁 회부를 한 때에 개시될 수 있다.

노동쟁의가 중재에 회부된 때, 즉 중재신청서가 노동위원회에 접수된 날에는 노동관계 당사자는 그 날로부터 15일간은 쟁의행위爭議行爲, a strike를 할 수 없다. 쟁의행위 금지기간 중에 쟁의행위를 한 자는 1년 이하의 징역 또는 1천만 원 이하의 벌금형에 처해진다.

CHAPTER 12

근무환경관리

1. 산업재해와 안전관리
2. 보건위생관리
3. 성희롱 방지

CHAPTER

12

HUMAN RESOURCE MANAGEMENT

근무환경관리

1. 산업재해와 안전관리

1) 산업재해관리

산업재해產業災害, industrial accident란 고용 중에 발생한 재해나 사고로 인하여 사원이 사망, 질병, 상해를 입는 경우를 말하는데, 일단 산업재해가 발생하면 사원인 당사자와 그 가족이 큰 피해를 입는다. 물론 한 가족의 불행은 전체 사회로 파급되어 국민경제에 부담이 된다. 또한 회사의 입장에서도 매우 중요한 이슈가 된다. 사원에게 재해가 발생하면 그들에 대한 보상비용뿐 아니라 그 주변 동료들에게 끼치는 정신적 고충도 큰 것이다. 그러므로 이러한 보이지 않는 비용까지 생각한다면 산업재해야 말로 회사로서는 크나큰 손실이다. 산업재해로 인하여 물적 손해도 있을 수 있지만 주로 인적손해를 관리하는 것을 산재관리產災管理, industrial disaster로 지칭하는

데, 우리나라 사업안전보호법에 산업재해는 근로자가 업무에 관계되는 건설물, 설비, 원재료, 가스, 증기, 분진 등에 의하거나 기타 작업으로 인하여 사망 또는 부상하거나 질병에 걸리는 것을 말한다.

산업재해를 관리한다 함은 크게 안전관리安全管理, safety management와 보건관리保健管理, health management로 나누어 전자를 사고를 방지하기 위해, 후자는 사원 위생을 관리하기 위한 활동이 전개된다. 물론 사고와 질병에 대한 사고처리, 질병치료, 보상 등과 같은 사후관리가 주요 활동이지만 현대에 와서는 예방적인 사전관리도 이에 포함된다.

2) 안전관리

(1) 안전관리의 개념

안전관리安全管理, safety management는 근로자에 대한 직무수행상의 위험이나 상해傷害, injury로부터 자유롭고 안전한 상태를 유지하게 하는 관리활동의 시책으로 인간존중의 이념을 토대로 하여 사업장 내 산업재해의 요인을 정확히 파악하고 이를 배제하여 산업재해의 발생을 미연에 방지함은 물론 발생한 재해에 대해서도 적절한 조치와 대책을 강구해 가는 조직적이고 과학적인 관리체계를 의미한다.

종사원들은 근무과정에서 사원의 육체적, 정신적 긴장을 강요당한다. 더욱이 유해물질, 소음, 고열 등으로 재해災害, disaster성 질병疾病이나 직업병職業病, occupational disease의 위험도 많고 피할 수 있는 재해도 많다. 인적자원의 배치가 잘못되어 사원의 숙달된 기능과는 다른 곳에 배치된다든지, 상급자의 관리가 잘못되어도 사고의 위험은 커질 것이다. 그러므로 안전관리의 최대 목표는 사원의 상해와 사망을 미리 방지하는 것이며 그로인한 사원의 사기진작, 그리고 생산비용 절감에 궁극적인 목적이 있을 것이다. 보건관리가 기본적으로 직원들의 직업병에 관심을 둔다면 안전관리는 사고로 인한 직원들의 상해에 관심을 갖는다고 할 수 있다. 상해로부터 위험을 벗어나기 위해서는 사전에 위험요인을 배제하지 않으면 안 되므로 안전관리란 사고발생의 위험을 제거하는 업무, 즉 사고관리라고 할 수 있다.

(2) 안전관리의 목적

안전관리의 목적은 종사원의 생명과 신체를 보호하는 인도주의에 있다. 종사원의 생명을 위험에서 보호하기 위해서는 인적 상해를 야기하는 사고를 예방하여야 한다. 사고를 사전에 예방하면 인적상해의 방지는 물론 호텔의 시설과 설비 등과 같은 물적 손실을 방지할 수 있는 부가적인 효과를 거둘 수가 있다. 그러므로 안전관리는 인명人命존중 이외에도 경제적 손실방지 및 생산성 향상이라는 부차적인 효과가 있는 중요한 업무라고 할 수 있다.

(3) 호텔 안전관리의 필요성

호텔은 다양한 시설을 갖추고 불특정다수인을 대상으로 하여 영업을 하기 때문에 예상하지 못한 각종 위험과 사고가 잠재되어 있다. 호텔을 이용하는 고객이 안심하고 호텔을 이용할 수 있도록 하기 위해 호텔의 직원들은 고객과 그들의 재산은 물론, 직원 자신과 호텔의 자산을 안전하게 보호하도록 안전의식을 강화하고 호텔에서 발생 가능한 안전사고를 사전에 예방하도록 교육받아야 한다. 직원의 부주의로 인한 사고발생은 고객의 생명 및 재산의 손실뿐 아니라 호텔경영에 치명적인 결과를 초래할 수도 있다.

(4) 안전사고의 발생원인

근무환경 내에서의 안전사고는 여러 가지 요인들에 의해 발생하게 되는데, 시설 설비의 노후화와 결함, 보호 장치 부적절 등과 같은 물적 요인과 구성원 능력, 부주의와 안전수칙 불이행, 피로, 고난도 등과 같은 인적 요인 그리고 조명, 고열, 소음, 가스, 분진, 채광 등의 환경적 요인, 마지막으로 스트레스, 불만, 정서불안 등과 같은 종사원들의 정신적 요소들의 원인에 의해 발생하고 있다. 사고는 이들 요인 중 어느 한 요인에 의해서 발생할 수 있고 여러 요인들이 복합적으로 중복되어 발생하기도 한다.

① 인적 요인

종사원들의 부주의와 지식, 지능결함 및 무모한 행동에서 오는 요인, 피로와 수면 부족에서 오는 요인 등으로 구분할 수 있으며, 특히, 부주의에서 오는 행동요인으로 지시를 무시하거나 불안전한 자세와 미숙한 업무 및 안전장치 등의 점검 소홀 등을 들 수 있다.

② 물적 요인

호텔 내 각종 시설 면에서 오는 요인으로 물적 요인 그 자체의 결함에서 오는 경우와 물적 시설의 보전, 관리, 운용의 과오過誤에서 오는 경우가 있다.

③ 환경적 요인

작업환경에 따르는 각종 물리적, 화학적 위험요소로서 물리적 요인에는 안전장치의 미비, 설비의 파손, 마모 및 취급, 관리상태의 미비, 채광, 조명, 환기시설의 부적당 등을 들 수 있으며, 화학적 요인으로는 고열, 소음, 진동, 가스, 유해물질, 감전 및 기타의 위험 등을 들 수 있다.

(5) 안전관리의 종류

① 소방안전관리

호텔은 직원들에게 화재안전에 대한 충분한 교육을 실시하여 화재 발생 시에 고객과 직원의 인명을 보호하고, 손해를 줄일 수 있도록 해야 한다. 호텔에서는 방화관리자防火管理者를 선정하여야 하며, 연 1회 이상 소화기 작동법과 소방안전관리에 대한 교육을 실시하도록 하고 있다.

② 보안관리

보안관리는 고객의 생명과 재산, 직원의 생명과 재산, 호텔의 자산을 보호하는 업무로 호텔의 보안관리 부서에서 주로 담당한다. 보안관리 부서의 직원은 건물 내외의 제반사항 및 각종 설비의 상태를 알고 있어야 하며 비상시 대처할 수 있는 행동지침을 숙지하고 훈련을 통해 행동요령을 익혀 두어야 한다.

2. 보건위생관리

1) 보건위생관리의 개념

보건위생관리保健衛生管理, hygiene management는 사원이 신체적, 생리적 고통이나 질병 없이 건강하게 직장생활을 할 수 있도록 오염물, 유해물질로 인한 화학적 위험을 방지하고 근무지에서 오는 모든 위험에서 자유롭게 하기 위해 회사가 작업환경을 위시하여 위생관리衛生管理, industrial hygiene, 건강관리健康管理, health management를 해 나가는 것이다.

2) 보건위생에 관한 대책

기업체의 보건관리는 지속적인 산업화와 더불어 보이지 않는 유해환경이 더 많아지기 때문에 예방과 진단에 대한 적극적 대책이 요구된다. 기업의 보건관리 책임부여, 의료시설 구비, 의료담당자 임명뿐만 아니라 질병의 치료와 의료비 재해보상비 지급 등이 급선무이다. 그러나 사원의 각종 질병과 정신적 스트레스를 사전에 방지함으로써 인적자원의 건전한 보전에 성공한다면 더욱 효율적인 인적자원관리가 될 수 있는데 이에 대한 대책은 다음과 같다.

(1) 주기적 건강진단

직업병을 포함한 모든 질병은 조기발견이 치료의 지름길이다. 사원에게 주기적인 건강진단 기회를 제공하여 조기에 건강 이상을 발견할 수 있게 제도를 만들어 강제화하든지 회사에 시설을 구비한다면 좋을 것이다.

(2) 건강프로그램 교육

사원들이 평소 자신과 가족의 건강에 관심이 많이 가지도록 여러 가지 보건관리 프로그램을 만들어 수시로 교육한다면 사원들 스스로 건강에 유의할 것이기 때문에 회사의 노력을 감소시킬 수 있을 것이다.

(3) 유해환경 노출 억제

기술적 측면에서 작업환경을 개선하고 작업공정에서도 유해물질이 우려되는 공정은 제거하거나 유해물질 탐지장치를 설치하여 안전상황을 항상 점검한다.

(4) 종합적 건강관리

회사에 헬스센터나 건강 상담센터를 마련하여 항상 건강을 유지하고 생활습관 식이요법 등을 지시받으면서 질병을 사전에 예방하도록 지원해 줄 수 있다. 직장생활에 관련된 것뿐만 아니라 평소의 운동량, 식사습관, 흡연과 음주, 치아관리 등을 조언해 준다면 훨씬 건강한 삶을 누릴 수 있을 것이다. 신체적 조건을 미리 분석하여 점차 건강체로 만들어 가도록 운동방식과 식사유형까지 지도해 주는 종합건강상담은 결국 사원의 질병으로 인한 비용지출을 사정에 제거하는 셈이 된다.

(5) 정신상담 치유

현대인 질병의 많은 원인이 정신적 스트레스에서 유발되기 때문에 사원의 직장문제, 가정문제, 사회생활 문제 등에 대한 조언과 지원을 해준다면 상당한 예방책이 된다. 상담활동을 통하여 스트레스 문제를 해결하든지 수용하도록 능력을 길러 줄 수 있으며, 직무능력 부족 혹은 직장에서의 인간관계에서 오는 스트레스는 직접 해결해 줄 수도 있다.

표 12-1 호텔별 의료비지원사례

구분	지원여부	지원대상	지원범위					지원금액	연간 총 지원금액	비고
			본인	배우자	직계비속	직계존속	배우자 직계존속			
A	○	전 직원						6박 7일 이상 질병으로 입원 시 10만 원 지급	매 발생시	
B		정규직, 연봉직 (2년 이상)						건당 5,000원 이상 비용의 50% 지원 (연 최대 180만 원)		
C		정규직						월 10만 원 이상 시 초과금액 (연 최대 150만 원)	약 6800만 원	단, 건강보험 피부양자 등재시
D		정규직						월 10만 원 이상 시 초과금액 –근속 5년 이하: 연 최대 250만 원 –근속 5년 이상: 연 최대 500만 원		
		계약직								
E		전 직원 (1년 이상)						1회당 최대 150만 원 (재직기간 최대 250만 원)		
F		전 직원						자기부담금 전액 (연 최대 300만 원)		
G		정규직						월 10만 원 이상 시 초과금액 –근속 10년 미만: 연 최대 500만 원 –근속 10년 이상: 연 최대 1000만 원	약 8400만 원	
H		정규직						자기부담금 50%		
I		정규직 (3년 이상)						월 5만 원 이상 시 초과금액 –근속 5년 미만: 연 최대 250만 원 –근속 5년 이상: 연 최대 500만 원		
J	×									
K										

3. 성희롱 방지

1) 성희롱의 정의

성희롱性戱弄, sexual harassment이란 상대방의 뜻에 어긋나게 성性과 관계되는 말이나 행동으로 불쾌하고 굴욕적인 느낌을 주는 행위를 말하며, 직장 내 성희롱이란 사업주나 상급자 또는 근로자가 직장 내의 지위를 이용하거나 업무와 관계하여 다른 근로자에게 성적인 언어나 행동 등으로 또는 이를 조건으로 하여 고용상의 불이익을 주거나 성적 굴욕감을 유발하여 근로환경을 악화시키는 것을 말한다.

2) 성희롱 행위 유형

신체적 접촉행위, 특정신체 부위를 만지는 행위, 안마나 애무 등을 강조하는 육체적 행위를 말한다. 또한 언어적 행위에서는 음란한 농담, 외모에 대한 성적인 비유나 평가, 성적인 사실관계를 묻거나 성적인 정보를 의도적으로 유포하는 행위, 성적인 관계를 강요하거나 회유하는 행위, 회식자리 등에서 술을 따르도록 강요하는 행위 등을 말한다. 또한 시각적 행위로는 음란한 사진, 그림, 낙서, 출판물 등의 컴퓨터 화면이나 이메일 전송 등과 같은 사례가 이에 해당되며, 기타 사회통념상 성적 굴욕감을 유발하는 것으로 인정되는 언어와 행동들의 행위 유형들이다.

3) 성희롱 행위의 결과

고용상의 불이익을 주는 조건형과 성희롱이 성적 굴욕감을 유발하여 고용환경을 악화시키는 환경형이 있다.

4) 성희롱 예방교육

일반적으로 직장 내 문제에 대한 최선의 해결책은 처음부터 성희롱 문제가 발생하지 않도록 하는 것이다. 사업주는 직장에서 남녀 종사원이 상호 존중하며 예의를 지켜 성희롱으로 인해 근로자의 인격이 침해되거나 근로제공에 지장이 생기지 않도록 평등하고 안전한 근무환경을 조성할 의무가 있다. 남녀고용평등법男女雇傭平等法, equal employment act에 의거하여 사업주는 직장 내 성희롱을 예방하고 근로자가 안전한 근무환경에서 일할 수 있는 여건조성을 위해 성희롱 예방을 위한 교육을 실시하도록 규정하고 있다.

5) 성희롱 예방교육 방법

직장 내 성희롱 교육은 반드시 사용자가 실시하여야 하며 사업의 규모에 따라 연수센터나 교육부서가 있다면 개별적인 기업 특성과 문화에 따라 교육 전담자를 두어 예방교육을 실시한다. 노동부의 지침에 의하면 연 1회 이상 실시해야 한다. 직원연수교육, 정례조회, 부서별 교육, 시청각교육 등 직장의 편의에 따라 교육을 실시할 수 있다.

CHAPTER 13

인간관계관리

1. 인간관계관리의 의의
2. 동기부여
3. 의사소통관리
4. 권한부여

CHAPTER

13

HUMAN RESOURCE MANAGEMENT

인간관계관리

1. 인간관계관리의 의의

1) 인간관계의 개념

인간관계human relations는 인간의 관계, 즉 인간상호 간의 관계이며, 사회적 존재인 사람과 사람과의 사이를 말한다. 이는 경영조직 내에서 집단생활을 통한 개인을 여러가지 측면에서 고려하여 인사관리에 해당하는 개인의 발견, 인간존중을 기초로 민주적 인간적으로 처리하는 과제이다. 인간이 사회를 구성하고 있고 사회의 실체는 인간관계라고도 생각된다. 신 인간관계는 첫째로 종사원의 연구로서 자기 실현 욕구를 중시하고 이것을 충족시키기 위한 참가나 자기관리의 시스템을 강조하고 둘째 공식조직과 비공식 조직을 구별하지 않고 행동과학의 입장에서 조직이나 관리시스템을 사람과 사람과의 관계에서 이루어지는 사회시스템으로 보고 있다.

조직은 인간으로 이루어진다. 다수의 인간이 조직을 형성할 때 조직 내부에서 그들 사이에 여러 가지 관계가 이루어지며, 조직에서의 사람과 사람 사이의 이러한 관계를 인간관계라고 한다. 경영학에 있어서의 인간관계는 단순히 상호관계의 측면에서가 아니라 조직의 효율성을 향상시킬 수 있는 측면에서의 인간관계를 의미한다.

2) 인간관계관리의 중요성

인간이 조직을 형성하여 집단적으로 행동을 할 때에는 눈에 보이지 않는 인간 대 인간의 상호관계가 필연적으로 생긴다. 인간이 형성하고 있는 지식 내의 휴머니즘humanism에 입각한 상호 협동관계, 이것이 이른바 인간관계인 것이다.

경영조직 내의 감독자와 종사원, 또는 종사원 상호 간에 불평불만이 많아져서 원만한 인간관계가 형성되지 못할 때에는 사기가 떨어지고 업무 의욕을 잃게 되어 생산성을 높일 수 없게 된다. 반면에 원만한 인간관계가 형성되고 사기가 고조되어 있는 경우는 종사원의 자발적 협력을 확보할 수 있으므로 능률의 향상, 품질의 개선, 원가의 절감 등을 실현할 수 있다. 나아가서는 합리적인 임금과 근무조건의 형성, 원만한 고객관계 및 공중관계의 유지, 타 호텔과의 경쟁의 우월성 등을 구현할 수 있게 된다. 오늘날 인간관계의 개선문제가 호텔기업의 인사관리에 있어서 중요한 과제의 하나가 되고 있다.

3) 인간관계관리제도의 종류

인간관계를 관리하기 위해서 여러 가지 제도가 있다. 제안제도提案制度, 고충처리苦衷處理, 인사상담人事相談제도, 사기士氣조사, 사내보社內報, 브레인스토밍brain storing 등이 있다.

(1) 제안제도

제안제도提案制度, suggestion system란 업무나 제품, 서비스 등에 대한 개선, 능률 향상, 비용절감 등에 대한 방법이나 아이디어를 종사원 전체로부터 제안하도록 시켜 그 방법이나 아이디어, 개선안을 평가하고 실제로 이러한 제안에 따라 개선해 나가는 제도이다. 그러나 우리나라 호텔기업에서는 이 제도에 대해 아직도 회의적이다. 그 이유는 제안제도를 실시하면 경영자의 많은 시간과 노력이 요구되며 일선 감독자의 권한을 약화시킬 가능성이 있고 호텔 측에서 계획과 연구를 충분히 못하고 있다는 표시가 될 수 있어서이다.

(2) 인사상담제도

고충처리는 종사원들이 근로환경이나 근로조건에 대해 불평, 불만을 적절히 해결하도록 노력하는 것으로 노사관계의 안정을 도모하고 생산성을 향상함과 동시에 종사원에게는 개별 종사원에게까지 전달되는 구체적인 관심을 통해 소외감을 극복하고 만족한 직무수행과 소속감을 고취시켜 주는 의의를 갖는다.

인사상담제도人事相談制度, personnel counseling program란 말 그대로 혼자 힘으로써 해결할 수 없는 어려운 문제를 가지고 있는 종사원에게 상담을 통해 전문적인 조언을 하고 문제해결에 도움을 줌으로써 개인적인 인격성장을 촉진하고 아울러 직장의 사기를 앙양시키는 제도이다.

(3) 사기조사

사기조사士氣調査, moral survey는 일명 태도조사attitude survey, 혹은 의견조사opinion survey라고도 한다. 이것은 직접적으로 조직 내의 여건에 대한 종사원의 태도, 즉 호의 · 비호의의 정도를 조사하고자 하는 것이다. 따라서 이것은 경영에 대한 종사원의 만족도의 조사라고도 할 수 있다.

(4) 사내보

사내보社内報, employee newspaper는 현재 대부분의 호텔에서도 도입되고 있다. 호텔의 모든 정보를 종사원에게 제공하는 것이 목적이며 또 종사원의 의견이나 개인적인 요구 등도 다루어진다. 특히 사내보house organ, employee magazine, employee newspaper는 호텔과 종사원 간의 원만한 인간관계를 목적으로 정기적으로 호텔 측에서 발행하는 간행물로서 호텔의 경영방침 · 현재상황 · 향후전망 등을 종사원에게 예고하는 동시에, 종사원 측에서 호텔에 대한 고정 상담사항, 의견 등을 포함하여 상의하달, 하의상달을 위한 기구로서의 역할을 한다.

(5) 브레인스토밍

브레인스토밍brain storing은 참가자의 자유 연상聯想에 의해서 다양하고 많은 아이디어를 끌어내기 위한 방법이다. 이는 여러 사람으로 하여금 자유스러운 분위기 속에서 아이디어를 내게 하고 이를 종합하거나 또는 연결하여 실행이 가능한 아이디어를 얻는 방법이다. 이러한 브레인스토밍은 집단적인 착상으로 인해서 참가자들에게는 참가의욕, 경영측면에서는 경영성과에도 그에 기요할 수가 있다.

2. 동기부여

회사가 목표를 정하고 계획을 세우고 이를 효과적으로 실행해 나가려면 일을 맡은 담당자들에게 일할 마음이 생기도록 사기를 주는 일도 중요하다. 그러므로 인사담당자뿐만 아니라 일선의 모든 관리자는 자기 부서 직원의 사기앙양에 가장 많은 관심을 두어야 인적자원을 제대로 관리하고 있는 것이다.

1) 동기이론의 적용

동기動機, motivation를 불러일으키는 원인, 즉 욕구의 정체와 종류 그리고 그 충족여부에 대한 문제가 그동안 주요 관심사였다면 이제는 어떤 과정을 거쳐 동기가 유발되는가에 초점을 두게 되었다. 동기가 어떠한 과정을 거쳐서 일어나는지를 다음과 같이 설명한다.

(1) 일관성 있는 인사정책

기대이론期待理論, expectancy theory의 기초는 사람은 자기가 바라는 목표에 도달할 수 있다고 확신이 설 때 비로소 행동에 옮기는 것이다. 그러므로 가능성이 보여야 행동의 동기는 가치와 기대의 곱으로 표시할 수 있으며 둘 중 하나라도 제로에 가까우면 사기는 오르지 않는다. 즉, 사원들이 능력을 보강해서 노력을 하면 업적을 낼 수 있는 확신과 자신감을 얻도록 해야 한다는 것이다. 이를 위해서는 일관성 있는 인사정책人事政策이 중요하다. 능력이 없으면 아무리 사기 충전하여 열심히 해도 업적이 오르지 않을 것이며 그렇게 되면 자신이 바라는 욕구를 채울 수 없기 때문이다. 그리고 업적이 높은 사람에게는 보상을 해줌으로써 구성원들로부터 노력하면 보상을 받는다는 확신을 심어 주는 것이다. 업적과 보상 사이의 상관관계가 확실하면 그것을 믿고 노력을 쏟을 것이지만 약속 이행이 안 된다면 다음에 노력을 이끌어 내기가 힘들 것이다.

(2) 공정한 보상

일반적으로 사원들은 동료들보다 노력을 더 했는데 그들과 똑같은 보상을 받았다면 다음에는 노력을 덜하는 쪽으로 사기가 저하될 것이다. 각 개인은 회사 또는 타인으로부터 자신의 공헌에 대한 정당하고 공평한 대가를 받아야 한다고 생각하는데, 그 판단은 자기의 것만 아니라 동료들의 것과 비교한 것을 기초로 한다. 이때 불공정하다고 판단되면 불쾌감을 느끼고 이 불공정함을 줄이려고 노력한다는 것이다. 이러한 이론이 관리자들에게 주는 시사점은 항상 형평의 원칙에 어긋남이 없도록 공정한 배분을 위해 노력해야 하며, 무조건 많은 보상만 한다고 해서 사원들이 만족하는 것은 아니라는 사실을 인식해야 한다는 점이다. 그러나 공헌과 보상을 어떻게 객관적으로 측정하는지의 문제이다. 비교할 준거기준準據基準을 어디에 두고 공정하게 분배할 것인지의 문제도 있고 특히 노력, 휴식, 칭찬 등과 같이 금전적인 것이 아닌 경우 이를 어떻게 측정할 것인지가 사실 어려운 문제이다.

2) 동기유발방법

회사가 어떤 정책을 가지고 있는지에 따라서 종사원들의 사기 수준이 달라진다. 정책적으로 사기를 북돋아 주는 기법들이 최근에 많이 나오고 있는데 그 구체적인 방법들은 다음과 같다.

(1) 관리방식의 변화

① 자율권 위임

종사원들을 억압하고 통제하지 않으며 자율성을 부여할 때 그들은 자아실현自我實現과 존경욕구를 채우기 위해 스스로 노력할 것이다. 따라서 스스로 참여한 일에 신바람이 나고 사기가 오를 것이므로 관리스타일과 통제 규정을 개선하며 창의성을 발휘하는 직무수행 방법을 도입해야 한다.

② 인격적 개별관리

요즘의 종사원들은 나는 그저 나이기를 원한다. 서로 상이한 욕구를 지니고 있으며 성격과 태도, 경험과 기대가 모두 다르기 때문에 각자의 특성에 맞는 리더십과 인간관계가 필요하다. 거대한 조직에 어떤 분위기가 수직구조垂直構造나 조직 분위기에 의해 각자 개인의 개성화를 저해하지 않도록 세심한 배려가 필요하다.

③ 상위욕구와 충족

과거에는 종사원들의 경제적 보상을 통해 사기를 올리려고 하는 시도가 대부분이었으나 점차 종사원들에게 친교, 소속감, 존경, 자아실현의 기회를 많이 주려고 한다. 그래서 요즘은 기업이 사원들의 행복한 생활을 하도록 가족들의 심리상담도 해주고 종사원들이 행복해질 수 있는 각종 프로그램을 만들어 실천하게 하고 있다.

(2) 보상제도의 변화

① 성과급제도

사람들은 자신이 받은 보상이 남들보다 높을 때 금액의 차이보다는 자신의 능력이 남들보다 더 인정받고 있다는 느낌에 더 만족한다. 하지만 그보다 더 적게 받은 사람의 열등감은 더 심각한 문제를 야기한다. 그러므로 정확하고 올바른 시스템의 구축이 급선무인 것이다. 그렇다고 과거처럼 연공에 의한 보상을 고집한다면 종사원들의 무사안일을 조장할 수 있으며, 능력 있는 종사원들에게는 사기저하의 요인이 된다. 따라서 능력급이나 성과급은 현재 우리나라 회사원들의 가치관에 비추어 볼 때 바람직한 제도라고 할 수 있다.

② 복지 프로그램

종사원들은 욕구도 다양하고 생활패턴도 다양하다. 나이도 다르고 자녀의 수도 다르고 결혼 여부가 다르고 심지어는 혼자 사는 회사원도 과거에 비해 많이 늘어나고 있다. 이러한 현실에서 모든 사람들을 일괄적으로 만족시킬 수 있는 복지 프로그램은 불가능하다. 그러므로 연금보조, 전세보조, 유급휴가, 무료건강진단, 자녀교육비보조, 교통비지급, 체력단련비 등과 같은 여러 가지 복지 프로그램들을 원하는 각 종사원들에게 적합하게 선택적으로 적용하게 베풀어야 한다. 즉, 회사는 일정한 제도를 정해 놓고 여러 가지 메뉴 중에서 사원들이 선택할 수 있는 카페테리아 후생제도cafeteria plan 등을 도입해야 할 것이다.

③ 스톡옵션제도와 종사원 지주제

스톡옵션stock option제도가 기업의 CEO를 동기부여시키기 위한 것이라면 종사원 지주제는 일반 사원들에게 회사 주식을 임금이나 보너스 형태로 지급하는 것이다. 주식을 보유한 종사원들은 그만큼 회사의 주인이 되는 것이며 사원들이 노력하면 회사의 주식이 오를 것이고 종사원들에게는 그 만큼의 보상이 기대되기 때문에 동기부여도 발생하게 된다.

표 13-1 호텔별 성과급지급사례

<table>
<tr><th>구분</th><th>A</th><th colspan="3">B</th><th>C</th><th>D</th><th>E</th><th>F</th><th>G</th><th colspan="2">H</th><th colspan="2">I</th><th colspan="2">J</th><th colspan="2">K</th></tr>
<tr><td>지급 여부</td><td>×</td><td colspan="3">○</td><td>×</td><td>×</td><td>×</td><td>○(격려금)</td><td>×</td><td colspan="2">○</td><td colspan="2">○</td><td colspan="2">○</td><td colspan="2">○</td></tr>
<tr><td>지급 시기</td><td></td><td colspan="3">상반기 7월
하반기 익년 1월</td><td></td><td></td><td></td><td>1월</td><td></td><td colspan="2">익년 1월</td><td colspan="2">연 2회
(8월, 익년 2월)</td><td colspan="2">익년 1월</td><td colspan="2">익년 1월</td></tr>
<tr><td rowspan="8">지급 수준</td><td rowspan="8"></td><td rowspan="2">총매출
9%↑</td><td>상</td><td>정액 ₩450,000</td><td rowspan="8"></td><td rowspan="8"></td><td rowspan="8"></td><td rowspan="8">서울
30만/
울산
50만/
제주
70만</td><td rowspan="8"></td><td rowspan="3">대리급
미만
(고정)</td><td rowspan="3">50%</td><td rowspan="3">상반기
(임금협상
고려하여
결정)</td><td rowspan="3">100%</td><td rowspan="3">목표이익
85%↑</td><td rowspan="3">50%
(기본급
기준)</td><td rowspan="2">목표이익
대비 20억</td><td rowspan="2">×</td></tr>
<tr><td>하</td><td>정율 65%</td></tr>
<tr><td rowspan="2">총매출
5%↑9%↓</td><td>상</td><td>정액 ₩450,000</td><td>20억
~40억</td><td>경상이익 전액
성과급으로
지급</td></tr>
<tr><td>하</td><td>정율 65%</td><td rowspan="5">대리급
이상
(고정)</td><td rowspan="5">150%</td><td rowspan="5">하반기
(경영진
재량)</td><td rowspan="5">50%</td><td rowspan="5">목표이익
90%↑</td><td rowspan="5">150%
(기본급
기준)</td><td rowspan="3">40
~80억</td><td rowspan="3">경상이익
40억+40억
초과분의 50%
성과급 지급</td></tr>
<tr><td rowspan="2">총매출
0%↑5%↓</td><td>상</td><td>정액 ₩450,000</td></tr>
<tr><td>하</td><td>정율 65%</td></tr>
<tr><td rowspan="2">총매출</td><td>상</td><td>정액 ₩450,000</td><td rowspan="2">80억↑</td><td rowspan="2">경상이익
60억까지
성과급으로
지급</td></tr>
<tr><td>하</td><td>정율 65%</td></tr>
<tr><td>비고</td><td></td><td colspan="3">13년 상반기 30만 원,
하반기 30% 지급</td><td></td><td></td><td></td><td></td><td></td><td colspan="2">별도 PS지급
(초과영업이익
분의 1/n)</td><td colspan="2">경영진 의사 100%</td><td colspan="2"></td><td colspan="2">직급 및 인사고과에
따라 차등지급
(단, 적자시 미지급)</td></tr>
</table>

(3) 직무의 재설계

① 목표관리제

사원들이 목표도 없이 그저 일하는 것보다는 목표를 주고 그 목표를 달성하도록 한다면 훨씬 사기가 오른다. 목표는 구체적인 것일수록, 쉬운 것보다는 약간 어려운 것일수록 더욱 효과적이다. 이렇게 목표만 제대로 정해지고 당사자가 정확하게 이해하고 수락하기만 한다면 관리자가 관리하지 않아도 본인이 그 일정에 따라서 일 할 뿐만 아니라 그 목표를 제때에 완수하려고 스스로 노력하게 된다. 따라서 관리자가 그들을 관리하는 것이 아니라 목표가 그들을 관리하기 때문에 목표에 의한 관리라고 하는데 이를 목표관리management by objective: MBO라고 한다.

② 개인과 직무의 조화

사람마다 욕구와 능력이 다르고 직무마다 그 특성이 다르기 때문에 직무와 종사원간에 조화가 되어야 동기가 유발된다. 예를 들면 관리적 직무인 경우 권력욕구가 많은 사람을, 자율적 직무라면 성취욕구가 높은 종사원을 선발 배치해야 조화가 된다.

③ 참여와 피드백

직무선정과 직무수행방법의 결정에 종사원 당사자를 직접 참여시켜 본인의 존재의미를 깨닫게 할 뿐만 아니라 그 일에 대한 기대예측과 이해도를 높여서 직무수행에 효율성을 가져오고 수행결과를 알려주어 자아실현과 성취감을 맛보게 한다.

④ 목표의 설정

종사원이 자신의 역량을 발휘하여 달성할 수 있는 과업목표 수준을 스스로 정하게 하여 성취욕구가 강한 사람의 동기를 유발시킨다. 이로써 타율적으로 정해진 목표에 대한 저항도 줄이고 사원의 능력을 감안한 목표설정으로 합리적인 업무수행을 유도할 수 있다.

3. 의사소통관리

1) 의사소통의 개념

공동의 목표를 달성하기 위해서는 종사원 서로 간에 손발이 잘 맞아야 하는데 종사원들의 상호작용이 바로 의사소통을 의미한다. 종사원 간의 상호작용이 어긋나면 인사관리의 효율은 그만큼 떨어지게 된다. 그런 의미에서 의사소통은 개개인을 묶어 회사를 만드는 접착제 역할을 한다고 볼 수 있다. 이것이 잘못되면 상호작용이 불가능하게 되며 회사의 성립 자체가 불가능하게 된다. 금전적 자원이 풍부하게 확보되어 있다고 하더라도 구성원들의 유기적인 상호작용이 결여되면 모두가 무용지물이 된다. 그러므로 회사의 의사소통은 인간에게 있어서의 혈액순환과 같다고 볼 수 있다. 의사소통이란 단지 개인 간의 의사소통만이 아니라 조직 내 모든 부문 간의 정보와 물자와 감정의 교류라고 할 수 있다. 이러한 의사소통이 원활하게 되도록 하는 것이 중요한 경영활동의 하나이다.

표 13-2 호텔별 직원표창제도사례

구분	월 모범사원		분기별 모범사원		연 모범사원		분기별 모범간부		연 모범간부		기타
	인원	포상	인원	포상	인원	포상	인원	포상	인원	포상	
A	×		×		6명	최우수–현금 50만 원 우수–현금 각 10만 원	×		×		
B	×		×		×		×		×		
C	2인	상패, 2인 뷔페쿠폰, 현금 10만 원	×		2인	상패, 해외여행권 100만 원	1명	상패, 2인뷔페쿠폰, 현금 10만 원	1명	상패, 2인 뷔페쿠폰, 현금 10만 원	모범직원 해외여행 (연 30명, 동남아/체인호텔 견학)
D	×		4명	상패, 1박2일 호텔숙박권	1명	현금 50만 원 여행지원금 (숙박 $300/ 비행기 160만 원 한도)	1명	상패, 1박2일 호텔숙박권	1명	현금 100만 원 여행지원금 (숙박 $300/비행기 160만 원 한도)	
E	5명 (현장) 지원별도	상품권 10만 원 또는 2인 뷔페식사권	×		5명 (현장)	현금 100만 원	×		×		
F	3명(현장), 1명(지원), 1명(시설)	2인 호텔식사권	×		3명 (현장), 1명(지원), 1명(시설)	호텔상품권 50만 원, 배지, 해외연수	변동 (대리 이상)	호텔상품권 30만 원 (되도록 제외)	×		각 부문별 별도포상 (월판촉우수, 업셀링매출우수, 우수선행, 우수제안)
G	2명 (현장/지원 각 1명)	현금 10만 원, 4인 뷔페쿠폰	×		2명 (현장/지원 각 1명)	월 모범사원 중 선정 6박7일 유급휴가, 여행지원금 180만 원	1명	현금 15만 원, 4인뷔페쿠폰	1명	분기 모범간부 중 선정 6박7일 유급휴가, 여행지원금180만 원	부서별 우수직원 시상 (Best Beverage/ Rooms Up Seller/ 위생상/조리경연대회 상)
H	3명	백화점/ 도서상품권	3명	백화점/ 도서상품권	1명	Point제도, 1등–여행상품권 150만 원	×		×		
I	1명 (업장별)	상품권 10만 원, 식음이용권	×		8명	상품권 50만 원, 객실이용권	×		×		–팀워크상 1팀(각 30만 원) –우수위생부서 2팀(분기별, 각 50만 원) –우수영업부서 2팀(반기별, 각 200만 원) –창립기념공로상 8명(년간, 상품권 50만 원, 객실이용권)
J	2명	표창장, 2인 뷔페쿠폰	×		2명	표창장, 격려금 10만 원	1명	표창장, 2인 뷔페쿠폰	×		최우수팀/서비스업장 각 1팀 (표창장, 격려금 각 5만 원)
K	×		(사업부자체에서 임원전결로 표창 분기별 약 3명)		×		×		×		

2) 의사소통의 역할

회사가 존속하기 위해서는 그 안에서 개인 간, 계층 간, 집단 간의 의사소통이 필수적이다. 회사는 종사원 간의 상호 유기적인 협동을 통해서 목표를 달성하게 되는데 유기적인 연결은 의사소통을 통해서 가능하다. 회사의 각 부문과 기능을 연결시키는 수단이 바로 의사소통이다. 또한 회사에서 교환되는 정보는 목표달성에 필요한 상사의 지시, 보고, 노하우, 영업정보 등인데 이러한 정보들이 의사소통을 통해 서로 교환되고 공유된다. 종사원들은 이러한 정보를 받고 나서야 자기가 할 일과 방법을 감지하고 의사결정을 해서 행동에 옮기는 것이다. 그들은 또한 자신이 행동한 후의 결과가 어떤지도 의사소통을 통해서 피드백을 받게 된다. 의사소통이 기업조직에서 담당하는 기능들은 다음과 같다.

- 지시, 통제기능direction, control: 지시, 명령하달 등으로 조직이 구성원들을, 상급자가 부하들의 행동을 통제, 조정하는 것이다.
- 동기부여 기능motivation: 종사원들의 업적을 칭찬하고 목표를 설정해 주고 상담해 주면서 사원들의 사기를 진작시키는 것을 말한다.
- 감정표출기능emotional expression: 종사원들의 만족, 불만족 등의 감정을 동료 혹은 상사에게 표출하게 하는 기능을 의미한다.
- 정보소통기능information: 조직에서 효율적인 의사결정을 위해 필요한 정보를 주고받는다.

3) 의사소통 네트워크

의사소통이 회사의 각 부문 간 구성원들 간의 정보와 자료, 그리고 감정의 교류

활동이라면 이러한 것들이 교환되는 채널, 즉 조직망이 있어야 한다. 그것이 잘되어 있으면 소통이 잘되지만 잘못되어 있다면 정보가 정체되든지 의사전달이 늦어져서 그 만큼 비효율적으로 운영되게 된다.

(1) 공식, 비공식 네트워크

공식적 네트워크란 문자 그대로 눈에 보이는 공표된 연결망이다. 별도의 지시가 없는 한 이를 통해서 모든 교류활동이 진행된다. 회사에서는 주로 위계질서에 따라 보고와 지시, 자료가 오가는데 이를 공식네트워크라 한다. 그러한 네트워크는 조직도organization chart에 나타나 있다. 그러므로 이 조직도를 보면 회사의 사장이 누구이며 몇 개의 부서로 구성되어 있으며 결재와 지시전달 체계는 어떤 단계로 진행되는가를 알 수 있다. 그렇지만 실제의 의사소통은 회사의 공식 조직도대로가 아닌 비공식 루트를 통하는 경우가 더 많다. 또한 실질적이고 중요한 내용들이 공식루트가 아닌 비공식 네트워크에 의존하고 있다. 따라서 관리자들은 비공식 네트워크를 저지하고 멀리할 것이 아니라 오히려 활성화시키는 데 주력해야 한다. 그런데 사람들은 왜 공식네트워크를 택하지 않고 비공식 채널을 이용하는지에 대해서도 관심을 가져야 할 것이다.

정보의 내용이 다음과 같은 특성을 지닐 때 공식보다는 비공식 채널을 통해 전달된다고 한다.

- 종사원 자신과 직접 관련이 되고 주요한 사안일 경우
- 종사원들에게 불안감을 갖게 할 소지가 있는 사안일 때
- 명확히 결정되지 않고 아직 애매모호한 상태에 있는 사안일 때

(2) 네트워크의 종류

같은 회사라 하더라도 채널이 어떻게 만들어졌는지에 따라서 종사원들의 행동,

태도, 만족도, 분위기뿐 아니라 의사소통의 신속도, 정확도 등이 달라진다. 공식적이든 비공식적이든 각 팀이나 부서에서 구성원들 간에 사용되는 의사소통 네트워크의 유형은 서로 다르다.

수레바퀴형의 경우는 팀장이 주변 팀원들에게 지시하고 보고받는 형태이며, 사슬 형은 사장이 이사에게 이사가 부장에게 부장이 과장에게 지시하고 보고받는 형태이다. 원형은 태스크포스팀task force team의 팀원들끼리 긴밀하게 정보를 주고받는 경우이며, 전체 연결형은 친구들 모임같은 비공식 집단에서 회원들끼리 의사소통하는 형태이다.

수레바퀴형 네트워크는 잘못되면 핵심인물을 중심으로 모든 정보가 집중되어 그의 권력이 커지면서 독재를 할 수 있다. 그리고 수레바퀴형의 경우 핵심인물이 다른 사람들에게 송신하는 의사소통은 신속, 정확하지만 사슬형의 경우 한쪽 곁에서 반대쪽 사람에게 전달하려면 가면서 걸러지고 왜곡될 수 있기 때문에 의사전달의 속도나 정확도가 떨어진다.

네트워크의 유형은 종사원들의 사기와 만족수준에 미치는 영향이 크다. 집단의 성격도 역시 네트워크 유형과 관계가 깊다. 어느 유형이 가장 효율적인지는 일관성 있게 드러나지는 않지만 대개 의사소통이 한군데로 집중화된 집단이 단순한 문제들을 해결하는 데, 그리고 널리 퍼져있는 유형의 집단이 복잡한 문제를 푸는 데 더욱 효율적이라는 사실이다. 이는 모두 의사소통 네트워크 유형에 따라서 그 집단의 성과가 달라질 수 있다는 사실을 증명해 주고 있다.

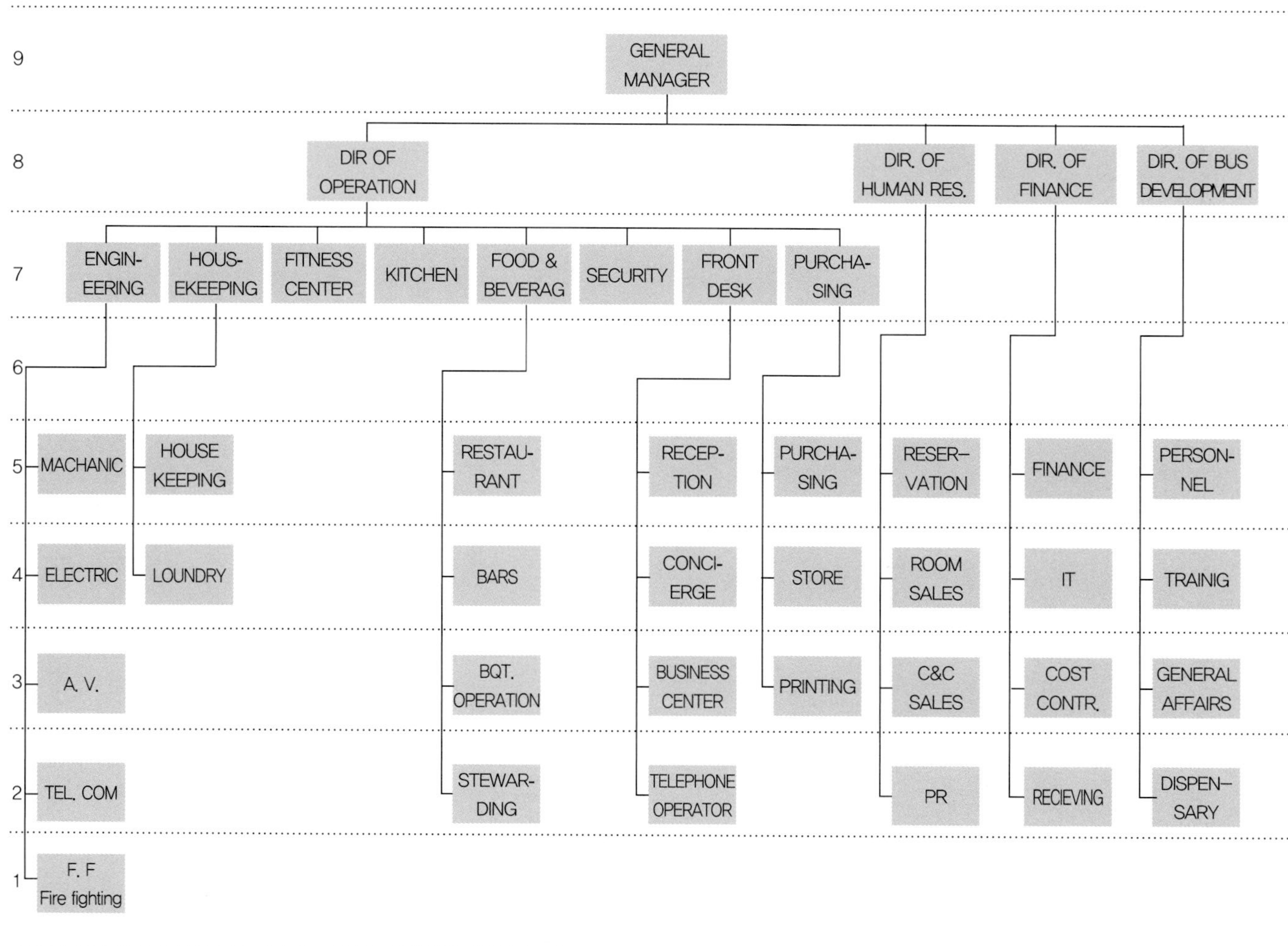

그림 13-1 ➔ ABCHotel 조직도

(3) 의사소통의 활성화 방안

인적자원관리 담당자와 최종경영자도 효율적 의사소통을 위해서 다음과 같은 사항들을 고려해야 할 것이다.

① 일반 종사원의 노력

종사원들의 상급자에 대한 신뢰도가 있어야 한다. 정보의 양이 많을 때는 우선순위를 정하여 순서대로 한다. 그리고 예의적인 일이나 중요한 일만 선택하여 보고하고, 정보를 전달할 때는 핵심적 내용만 간추려 보고한다.

② 상급자의 노력

업적 또는 장단점을 피드백해 준다. 그리고 담당자에게 그가 맡은 직무에 대해 충분하게 알게 함으로써 직무가 요구하는 바를 이해시키고 이때 상급자는 말과 행동을 일치시켜야 한다.

③ 최고 경영진의 태도

경영진이나 상급자는 말과 행동을 일치시켜야 한다. 일방적으로 지시하고 끝내지 말고 상대방의 피드백을 들으면서 대화한다. 또한 직접 대면하고 대화하는 것이 전화나 서류교환보다 좋다.

④ 회사의 노력

평상시 정보의 자유로운 소통이 있어야 하며 권위적인 분위기를 쇄신한다. 회사나 경영진은 공개적으로 행동하고 지시해야지 사원이 상급자가 아닌 동료나 소문으로 어떤 내용을 듣게 해서는 안 된다. 나쁜 소식을 자꾸 감추게 되면 더 커지게 된다. 따라서 항상 공개하고 즉시 해결하는 것이 바람직하다. 그리고 다양한 의사소통 경로를 개발하여 수시로 전달하며 복잡한 사항은 반복하여 전달한다.

4. 권한부여

1) 권한부여의 개념

임파워먼트empowerment를 단어 그대로 해석하면 '파워power를 부여하는 것'이라고 말할 수 있다. 그런데 여기에서 파워는 권한과 능력이라는 두 가지 의미를 가지고 있다. 실제로 webster 사전은 empower의 뜻을 '권한을 부여하다give authority to'와 '능력을 부여하다give ability to'의 두 가지로 설명하고 있다. 따라서 임파워먼트란 실무자들의 업무수행 능력을 제고시키고, 관리자들이 지니고 있는 권한을 실무자에게 이양하여 그들의 책임범위를 확대함으로써 종업원들이 보유하고 있는 잠재능력 및 창의력을 최대한 발휘하도록 하는 방법이라고 말할 수 있다.

경쟁 환경이 급변하는 현 상황에서는 변화를 신속하게 인지하고, 여기에 적절하게 대응하는 구성원의 능력이 기업 성공의 가장 중요한 핵심역량으로 부각되고 있다. 따라서 임파워먼트에 대한 관심도가 높아지고 있는 것이다.

2) 임파워먼트의 효과

첫째, 구성원의 보유능력을 최대한 발휘하게 하고 그들의 직무몰입을 극대화할 수 있다.

둘째, 업무 수행상의 문제점과 그 해결 방안을 가장 잘 알고 있는 실무자들이 고객들에게 적절한 대응을 하여 품질과 서비스 수준을 제고할 수 있게 된다.

셋째, 고객접점에서의 시장대응이 보다 신속하고 탄력적으로 이루어진다.

넷째, 지시, 점검, 감독, 감시, 연락, 조정 등에 필요한 노력과 비용이 줄어들기 때문에 비용cost이 절감된다.

3) 임파워먼트의 제약조건

임파워먼트empowerment의 취지와 효과가 아무리 바람직하다 할지라도 이를 실행에 옮기지 못하면 의미가 없다. 실제로 임파워먼트를 추진하고 있는 많은 기업들이 어려움을 겪고 있는데, 그 주된 이유는 다음과 같다.

(1) 관료적 문화

관료적 문화를 가진 조직은 변화나 위험을 감수하고 새로운 아이디어를 장려하기 보다는 현재의 상황을 유지하려는 경향이 강하다. 이러한 문화에 젖은 기업은 미래에 대한 명확한 비전 제시나, 실질적 변화에 필요한 지원을 제대로 하지 못한다. 또한 장기적인 성과보다는 단기적 성과에 집착하는 경향이 강하며, 보상시스템을 통해 현재 상황의 유지를 더욱 공고히 다지는 경우가 다반사이다.

따라서 이러한 문화 속에서 경영자가 아무리 임파워먼트를 외친다 할지라도 대부분의 조직구성원들은 오히려 현재의 구도 속에 안주하는 것이 더 바람직하다는 메시지를 얻게 되는 것이다.

(2) 갈등의 발생

상하 간 또는 부문 간 발생하는 갈등葛藤, conflict도 성공적인 임파워먼트의 실행을 가로막는 장애물이다. 대부분의 관리자들은 자신의 권한을 하위자에게 위임하는 것을 별로 달가워하지 않는다. 설사 위임을 하였다 할지라도 하위자가 자신의 의지에 반하는 의사결정을 하는 경우 그 종업원에게 불이익을 주는 경향이 있다. 때로는 관리자들이 임파워먼트를 자신들의 책임 회피를 위한 수단으로 사용하는 경우도 있다. 즉, 과업이 성공했을 때는 그 열매를 같이 공유하지만, 실패 시에는 그 책임을 부하에게 전가하는 것이다. 이러한 경우 상하 간의 신뢰는 깨지고 구성원들은 자신의 창의력을 발휘하고 소신 있는 의사결정을 내리기보다는 상사의 눈치를 보는 등 자기보호에 더 신경을 쓰게 된다.

(3) 구성원들의 스킬 부족

업무 부담이 너무 크거나 스킬 및 지식의 부족 등으로 조직구성원들이 주어진 일만 하기에도 시간이 부족한 경우가 있다. 이러한 작업환경 하에서 뭔가 새로운 아이디어를 생각해 내고 새로운 일을 주도적으로 추진한다는 것은 매우 힘든 일이다.

종업원들을 임파워먼트시키기 위해서는 이러한 장애요인을 제거하여야 한다. 관리자들은 구성원에 대한 통제를 최소한으로 줄이고, 구성원들을 신뢰하고 어느 정도의 위험을 감수함으로써 그들의 잠재능력이 발휘될 수 있도록 하여야 한다. 그러나 많은 사람들이 동의하는 일이지만 통제를 포기한다는 것은 결코 쉽지 않은 일이다. 관리자들은 자신들이 임파워먼트 되기를 원하지만 다른 사람이 임파워먼트 되는 것을 원하지 않는 듯한 행동을 보이는 경우가 종종 있다. 성공적 실행을 위한 환경 조성이 필요하다.

4) 임파워먼트의 효과적 실행조건

임파워먼트empowerment가 효과적으로 실행되기 위한 환경 조성을 위해서는 다음과 같은 노력이 필요하다.

(1) 명확한 비전과 원칙 제시

임파워먼트가 성공적으로 실행되기 위해서는 기업의 비전과 전략 방향이 명확하게 제시되어야 한다. 또한 구성원들에게 임파워먼트의 의미를 명확하게 이해시켜야 한다. 조직구성원들은 이러한 이해를 바탕으로 상사의 허락이나 지침을 기다리지 않고 자기 스스로 업무를 수행하며 조직성과와 개인의 능력을 향상시킬 수 있다. 동시에 구성원들이 가지고 있는 재량권의 한계가 어디까지인가를 확실하게 인식시켜야 한다. 이러한 가이드라인이 없다면 구성원들은 임파워먼트되기보다는 오히려 혼란을 느끼게 될 것이다.

리츠-칼튼ritz-carlton은 고객만족을 자사의 가장 중요한 전략 과제로 제시하고 있다. 따라서 모든 종업원들은 불만을 갖는 손님들을 만족시키기 위해 모든 노력을 기울여야 한다. 하지만 거기에 소요되는 비용이 2,500달러를 초과하지 못하도록 한계를 두고 있다. 메리엇marriott은 '안전구역safe zones'이라는 것을 제시하고 있다. 이에 근거하여 종업원들은 스스로 의사 결정을 내려야 할 상황과 그렇지 않는 상황을 명확하게 인식하고 있다.

(2) 인적 자산을 중시하는 기업문화 구축

기업은 구성원들이 회사가 자신들을 임파워먼트empowerment하기 위해 노력하고 있다는 것을 느낄 수 있도록 인적 자산을 중시하는 문화를 구축하여야 한다.

예를 들어 클로드 레비스트로스claude levi-strauss는 미션스테이트먼트mission statement에서 "우리는 우리의 구성원들이 존경받고 있으며, 정당하게 대우받고, 자신들의 의견이 존중되고 있으며, 기업의 일원이라고 느끼기를 원한다. 우리는 우리의 종업원들이 회사에 공헌하고, 새로운 것을 학습하고, 성장할 수 있는 기회를 가질 수 있기 때문에 자부심을 갖고 회사에 남아 있으려 하는 기업이 되기를 원한다."라고 명시함으로써 인적자산의 중요성을 강조하고 있다.

구성원들은 그들의 직업과 회사에 대해서 긍지를 느껴야 하며, 다른 구성원들과 문제를 해결하기 위해 함께 일하고 있다는 동료애를 느껴야 한다. 또한 구성원들은 자신들이 존중받고 있으며, 자신들의 의견이 경청되고 있다는 것을 느낄 수 있어야 한다. 이런 감정을 느낄 수 있어야 개인은 자신이 맡은 일에 주인 의식을 갖고 성과 향상을 위해 열성을 다해 노력하게 된다.

(3) 실패에 대한 격려

임파워먼트empowerment는 새로운 아이디어를 생각해 내고 과거의 관행에 얽매이지 않고 새로운 행동방식을 실험해 나가는 것을 권장한다. 따라서 이에는 위험이 수반되기 마련이다. 기업은 구성원들이 이러한 위험을 감수하고 업무를 주도적으로 추진하는 동안 발생하는 실패에 대해서는 그것을 인정하고 격려하는 문화를 가져야 한다. 만약 업무 수행 시 발생한 실수에 대해 강력한 제재가 가해진다면, 대부분의 조직구성원들은 상사의 허락을 받기 전에는 새로운 업무를 수행하려고 하지 않을 것이다.

몇 년 전 UPSuninterruptible power supply의 한 종업원이 크리스마스 시즌에 배달 물량이 밀리자 이들 물품을 적시에 고객에게 보내기 위해 보잉 737기를 주문하였다. 물론 이러한 행동은 이 종업원의 권한 영역 밖의 일이였다. 그러나 회사는 그 종업원에게 제재를 가하기보다는 그가 주도적으로 일을 처리하려고 노력한 것에 대해 높이 평가하고 격려하였다.

(4) 공정한 보상

임파워먼트empowerment된 종업원들은 그들의 책임감의 증가에 따라 보상이 이루어져야 한다. 성공에 대한 적절한 보상은 생산성을 향상시키고 조직에 대한 관심도 및 몰입도commitment를 제고시킬 수 있는 방법이다. 공정하고 적절한 보상을 통해 기업은 구성원 모두가 자신의 능력 개발을 위해 열심히 노력하고, 신바람 나게 일할 수 있는 조직풍토를 구축할 수 있다.

모든 관리자들은 조직문화의 일부로 이러한 환경이 확립될 수 있도록 해야 한다. 만약 이러한 환경이 조직의 기본으로 확립될 수 있다면 임파워먼트 실행의 성공 가능성은 매우 높을 것이다.

부록

취업규칙

제1장 총 칙

제1조 (목적)

1. 이 규칙은 유한회사 A호텔 서울(이하 회사라 한다)에 취업하고 있는 직원의 근로 조건에 관한 사항을 정함을 목적으로 한다.
2. 이 규칙에 명시되지 아니한 근로 조건에 대하여는 별도의 규정을 정할 수 있으며 그 규정의 정하는 바에 의한다.

제2조 (적용범위)

이 규칙은 회사에 재직하는 모든 정규 직원에게 적용된다. 단, 아르바이트, 실습생, 일용직, 계약직, 임시 및 촉탁직, 파트 타이머 등에 대하여는 별도의 규정을 둔다.

제3조 (정의)

이 규칙에서 직원이라 함은 제3장에서 정하는 소정의 채용 절차에 따라 채용된 자로서 제2조의 비적용 직원을 제외한 회사 구성원을 말한다.

제4조 (준수)

회사의 직원은 이 규칙을 성실히 준수하여야 하며 각자가 성실하게 이행할 의무를 가진다.

제2장 복 무

제1절 통 칙

제5조 (복무원칙)

1. 직원은 회사의 제 규정을 준수할 것은 물론 업무상 명령에 순응하여 주어진 업무를 성실히 이행하여야 한다.
2. 직원은 상호 간에 신의를 지키고 품성을 도야하여 회사의 명예를 훼손하지 말아야 하며 업무에 관한 최대의 협조를 하여야 한다.
3. 직원은 솔선수범하여 질서를 유지하며 선량한 관리자로서 회사의 재산을 보전하여야 한다.

제6조 (업무상 기밀 준수)

직원은 업무상의 일체의 기밀을 재직 중은 물론 퇴직 후라도 이를 누설하여서는 안 된다.

제7조 (금지사항)

직원은 다음의 행위를 하여서는 안 된다.

1. 개인의 영리를 목적으로 하는 영업 행위 및 회사의 허가 없이 회사 업무 이외에 다른 직무를 겸하는 것.
2. 회사와 거래처로부터 사례, 증여, 향연을 받거나 또는 금전의 차용 행위를 하는 것.
3. 대한민국 정책과 회사 정신에 위배되는 정당 사회단체에 임의로 가입하거나 회사의 승인 없이 사내에서 비공식 조직을 만드는 것.
4. 회사의 허가 없이 업무에 관한 사항에 대하여 신문, 잡지, 방송 좌담회 등에 투고하거

나 출연하며 인쇄물 등을 게재 배포하는 것.

5. 회사의 명예와 신용을 훼손하는 언동을 하거나 고객 및 동료에게 불손, 거만 또는 모욕적인 언동을 하는 것.
6. 회사의 허가 없이 자기 직무를 무단이탈하거나 특별한 사유 없이 근무 종료 후 회사 내에 잔류하는 것.
7. 폭력, 도박 또는 풍기 문제로 직장의 규율을 문란케 하는 것.
8. 회사의 허가 없이 비라, 벽보, 집회, 시위운동을 하거나 시도하려는 것.
9. 불법적인 파업, 태업 등 쟁의 행위를 하거나 이를 선동하는 것.
10. 업무상의 권한을 남용하거나 상사의 업무 지시에 정당한 사유 없이 불복하는 것.
11. 근무 및 출 · 퇴근 시간 기록, 각종 보고서, 고객 청구서, 수표 등을 위조하는 것.
12. 회사 내에서 고객과의 사교 행위나 고객에게 부당 요금 및 팁을 강요하는 것.
13. 허가 없이 회사의 식음료를 사용하거나 회사 물품을 부당 소유 및 반출하는 것.
14. 윤락 행위를 알선하거나 이와 관련하여 금품을 수수하는 것.

제8조 (변상)

직원은 고의 또는 과실로 인하여 회사 재산에 손해를 끼쳤을 때에는 이를 변상하여야 한다.

제9조 (신상 변동 보고)

1. 직원이 전거, 전적, 개명 또는 자격의 취득, 상실 등 신상에 변동 상황이 발생한 때에는 그 사유 발생일로부터 10일 이내에 서면으로 신고하여야 한다.
2. 신원 및 재정 보증인의 이력 사항 변동 및 자격 상실 등의 경우에도 지체 없이 신고하여야 한다.

제10조 (회사 보전 협력)

직원은 재해, 기타 비상사태에 대하여서는 공동 협력하여 회사 보전에 협력하여야 한다.

제11조 (물품관리)

직원은 회사의 제반 설비, 제품, 원재료, 연료 도구, 기타 일체의 물품을 소중히 취급하여야 하며 사외로의 반출은 금한다. 단, 사외로 반출하고자 하는 경우에는 소정의 절차에 의하여 회사의 허가를 얻어야 한다. 또한 불필요한 개인 물품의 사내 반입은 금한다.

제12조 (출입 및 소지품 검사)

직원의 회사 출입은 지정된 출입문을 이용하여야 하며 회사는 출 · 퇴근시 위해 방지와 질서 유지의 필요에 따라 직원의 소지품을 검사할 수 있다.

제2절 근무시간 및 휴게시간

제13조 (근무시간)

1. 직원의 근무시간은 휴게 시간을 제외하고 1일 8시간, 1주일에 40시간을 원칙으로 하되 회사가 별도로 정하는 바에 따라 일부 직원에 대하여 2주간의 총 근로 시간이 80시간 범위 내에서 1주 40시간을 초과하지 않는 2주 단위의 탄력적 근로시간제를 실시할 수 있다.
2. 사무실 근무자의 시업 시간은 오전 9시, 종업 시간은 오후 6시로 하고, 영업장 및 기타 부서 근무자의 시업과 종업 시간은 영업 사정과 업무 특성에 따라 별도로 정한다.

제14조 (휴게시간)

1. 휴게 시간은 1일 1시간 이상으로 하되 그 시각은 부서별 실정에 따라 정한다.
2. 휴게 시간은 회사의 질서와 규율을 혼란케 하지 않는 범위 내에서 자유로이 이용할 수 있다.

제3절 출근 및 결근

제15조 (출퇴근)

직원은 시업 시각 전 출근 시와 종업 시각 후 퇴근 시에 반드시 본인이 출근 카드에 각인하거나 출근부에 서명 확인하여야 한다.

제16조 (결근 및 조퇴)

1. 직원이 결근코자 할 때에는 사전에 그 사유와 예정 일수를 기재한 결근계를 제출하여 소속 부서장의 승인을 받아야 한다. 단, 질병 또는 기타 부득이한 사유로 사전에 승인을 득할 수가 없는 경우 유선으로 출근 시간 전 즉시 소속 부서장에게 보고하고 사유서를 첨부하여 24시간 내에 제출하고 승인을 받아야 한다.
2. 직원이 종업시간 이전에 퇴근하려 할 때에도 그 사유를 기재한 조퇴서를 제출, 소속 부서장의 승인을 받아야 한다.
3. 상기 1, 2호에 따라 결근 및 조퇴계를 제출하지 않거나 승인을 받지 못한 경우는 무단 결근 및 무단 조퇴로 간주한다.

제4절 휴일 및 휴가

제17조 (유급 휴일)

1. 직원의 유급휴일은 다음 각 호와 같다.
   (1) 주휴일: 회사는 1주일에 1일의 유급 휴일을 준다. 단, 주간 개근하지 아니한 자는 무급으로 한다.
   (2) 신정 (1월 1일)
   (3) 설날 (음력 12월 30 · 일, 1월 1 · 일)
   (4) 삼일절 (3월 1일)
   (5) 식목일 (4월 5일)
   (6) 석가 탄신일 (음력 4월 8일)

(7) 근로자의 날 (5월 1일)
(8) 어린이날 (5월 5일)
(9) 회사 개관 기념일 (5월 16일)
(10) 현충일 (6월 6일)
(11) 제헌절 (7월 17일)
(12) 광복절 (8월 15일)
(13) 추석 (음력 8월 14 · 15 · 16일)
(14) 개천절 (10월 3일)
(15) 성탄절 (12월 25일)
(16) 기타 정부와 회사가 정한 휴일

2. 회사는 정부가 법정 및 임시 공휴일을 변경할 경우 상기 1항의 유급 휴일을 그에 따라 조정한다.

제18조 (휴일의 대체)

회사는 업무상 사정에 따라 휴일을 다른 날로 대체할 수 있다. 단, 설날 및 추석 연휴를 다른 날로 대체할 경우 통상임금의 50%를 가산한다.

제19조 (공민권 등의 행사시간)

직원이 근무 시간 중 선거권, 기타 공민권의 행사, 공의 직무를 수행할 시간을 필요로 할 때에는 사전에 소정의 승인을 받아야 한다. 단, 회사는 그 권리의 행사 또는 공의 직무를 수행함에 지장이 없는 한 청구한 시각을 변경할 수 있다.

제20조 (민방위 및 예비군 훈련시간)

직원이 근무 시간에 민방위 및 예비군 훈련 소집에 참가하여 훈련 받은 경우에는 소요된 시간을 유급으로 한다.

제21조 (경조휴가)

회사는 다음에 해당하는 직원에 대하여 직원의 청원에 따라 유급 휴가를 허가할 수 있다.

1. 축하일

(1) 본인 결혼	6일
(2) 자녀 결혼	3일
(3) 동일 호적 내의 직계 형제자매 결혼	1일
(4) 부모 회갑	2일
(5) 조부모 회갑	1일
(6) 배우자 부모 회갑	2일
(7) 자녀 출산	1일(남자 직원에게 적용)

2. 기복일

(1) 부모 · 배우자상	5일
(2) 배우자 부모상	5일
(3) 자녀상	4일
(4) 조부모상	3일
(5) 동일 호적 내의 직계 형제자매 상	2일
(6) 부모, 배우자 대소기일	1일
(7) 조부모, 배우자 부모 대소기일	1일

제22조 (특별휴가)

직원이 화재, 천재지변, 기타 중대한 재해를 당하였거나 특별한 사유가 인정되는 경우에 회사는 그에 상당하는 기간의 유급 휴가를 허가할 수 있다. 다만, 본인이 적치된 연월차 휴가 일수가 없을 경우에 한한다.

제23조 (산전후 휴가)

회사는 임신 중인 여자 직원에 대하여는 90일의 휴가를 주되, 산후에 최소 45일이 확보되도록 한다. 단, 최초 60일은 유급으로 한다.

제24조 (생리휴가)

회사는 여자 직원에 대하여 월 1일의 유급 생리 휴가를 부여한다.

제25조 (병가)

업무 외의 상병으로 연월차 휴가 사용 후 1회 30일, 년 통산 90일 이내의 요양을 요하는 경우 회사는 국 · 공립, 대학 병원의 진단서를 근거로 유급 병가를 허가하되 누계 7일을 초과하는 일수에 대하여는 평균 임금의 50%를 지급한다.

제26조 (연월차 휴가)

1. 월간 개근한자에 대하여는 1일의 월차 휴가를 준다.
2. 1년간 개근한 자에 대하여는 10일, 9할 이상의 출근자는 8일의 연차 휴가를 허가한다.
3. 2년 이상 근속한 자에 대하여는 1년을 초과하는 근속 년수 매 1년에 대하여 전호의 휴가 일수에 1일을 가산한 연차 휴가를 허가한다. 단, 휴가 총일 수가 20일을 초과할 경우에는 그 초과 일수에 대하여 통상 임금을 지급하고 유급 휴가를 주지 아니할 수도 있다.
4. 연월차 휴가는 1년간 행사하지 아니한 때에는 소멸된다. 단, 회사의 귀책사유로 사용하지 못한 경우 그 휴가 일수에 상응하는 통상 임금을 지급할 수 있다.
5. 월차 휴가는 매월 1일부터 말일까지, 연차 휴가는 매년 1월 1일부터 12월 31일까지를 그 휴가 산정 기간으로 한다. 다만, 연차 휴가에 있어 산정 기간 중의 중도 입사 직원에 대하여는 불이익을 주지 않는 범위 내에서 그에 상응하는 연차 휴가를 부여한다.

제27조 (휴가시기의 변경)

연월차 유급 휴가를 청구한 일자가 회사 운영상 지장을 초래한다고 인정될 경우 그 시기를 변경할 수 있다.

제28조 (휴일의 통산)

연월차 휴가를 제외한 기타의 휴가 기간 중 휴일이 겹친 경우는 휴가 일수에 통산한다.

제29조 (출근명령)

회사는 재해, 비상사태 발생 등 업무상 부득이한 사유로 휴일 또는 휴가 중에라도 직원에게 출근을 명할 수 있으며, 직원은 출근하여 회사 지시에 따라 업무를 처리하여야 한다.

제30조 (휴가의 허가)

상기 제21조, 제22조, 제23조, 제24조, 제25조, 제26조의 규정에 의한 휴가는 사전에 소속 부서장을 통하여 서면으로 신청하여 승인을 얻어야 한다.

제5절 출 장

제31조 (출장)

1. 회사는 업무상 필요에 따라 사원에게 출장을 명할 수 있다.
2. 출장자는 용건을 마치고 귀사한 후 즉시 그 결과를 서면으로 소속 장에게 보고하여야 한다.

제32조 (여비지급 및 정산)

1. 출장자에게는 별도로 정하는 여비 규정에 따라 사전에 여비를 지급한다.
2. 출장자는 출장 사유가 끝나면 여비를 정산하여야 한다.
3. 여비 정산 시는 교통비 지불증 등 증빙 서류를 첨부하여야 하며 불분명한 지출이 있을 시 는 이를 출장자가 부담할 수도 있다.

제33조 (출장자의 근로시간)

출장자의 근무는 특별한 경우를 제외하고는 소정 근로 시간을 근무한 것으로 인정한다.

제3장 채 용

제34조 (채용)

1. 직원의 채용은 모든 지원자에게 공정하고 균등한 고용 기회를 부여하는 방법에 따라 실시한다.
2. 공석 중인 직위는 그 자격 요건을 구비한 자 중에서 가장 적격자를 채용한다.

제35조 (채용절차)

직원의 채용을 위하여 입사 지원 서류 전형, 면접시험, 신체검사를 실시하며 필요한 경우 필기 또는 실기 시험을 병행 실시할 수 있다.

제36조 (채용 결격 사유)

다음 각 호의 1에 해당하는 자는 직원으로 채용하지 아니한다.

1. 금치산 및 한정치산자
2. 파산자로서 복권되지 않은 자
3. 금고 이상의형을 받고 그 집행이 종료되거나 집행을 안 하기로 확정된 후 3년이 경과되지 않은 자
4. 형의 선고 유예를 받고 선고 유예 중에 있는 자
5. 법률에 의하여 공민권이 박탈 또는 정지된 자
6. 병역 의무를 기피한 자
7. 신체검사 결과 불합격으로 판정된 자
8. 전직에서 해고된 자로서 3년이 경과되지 아니한 자
9. 가족 중 남편, 처, 자녀 혹은 부모, 형제, 자매가 당 회사에 근무하고 있는 자
10. 이 규칙 제55조에 의한 정년에 도달하는 자
11. 관광 사업법에 의한 결격 사유가 있는 자

제37조 (입사 구비 서류)

직원으로 채용될 자는 다음과 같은 서류를 채용 전에 구비하여야 하며, 회사가 지정한 기간 내에 구비 서류를 제출하지 못할 경우 채용을 취소할 수 있다.

1. 입사 지원서(회사 소정 양식)	1부
2. 최종 학교 졸업(예정) 증명서	1부
3. 자격증(필요한 직종에 한함)	1부
4. 호적 등본	2부
5. 주민 등록 등본	3부
6. 병적 관계 증명서	1부
7. 신원 및 재정 보증서	1부
8. 개인 인사 기록 카드(회사 소정 양식)	1부
9. 서약서(회사 소정 양식)	1부
10. 최근 3개월 이내 촬영한 반명함판 사진	4매
11. 기타 필요한 서류	

제38조 (수습기간)

모든 직원은 3개월간의 수습 기간을 거치는 것을 원칙으로 한다.

1. 수습기간에 있는 자로서 근무 성적이 불량하거나 소질이 적합지 않다고 인정될 때에는 즉시 채용을 취소한다.
2. 수습 기간 중 품행, 적성 및 자질을 평가하여 수습 연장의 필요성이 인정될 경우는 그 기간을 1회에 한하여 3개월까지다 연장할 수 있다.
3. 수습 기간 동안의 임금은 기본급의 90%로 지급할 수 있다.
4. 수습 기간 동안 업무를 성공적으로 수행한 사원은 정규 사원으로 임명하며 수습 기간을 근속 연수에 산입한다.
5. 특수 기능 또는 일정한 경력이 인정되는 자에 대하여는 수습 기간을 면제 또는 단축할 수 있다.

제4장 인 사

제39조 (적용)

직원의 전보, 승진, 고과 등 인사에 관한 사항은 별도 정하는 인사 규정에 의한다.

제5장 임 금

제40조 (임금의 종류)

임금은 기본급과 상여금 및 제 수당 등으로 구분하며 직책과 직무에 따라 별도로 정하는 급여 규정에 의거 결정한다.

제41조 (임금의 계산 기간)

임금의 계산 기간은 당월 1일부터 말일까지로 하되 연장, 야간, 휴일 근로 수당은 전월 1일부터 전월 말일까지를 1개월분으로 하여 지급한다.

제42조 (임금의 지불일)

임금의 지불일은 매월 25일로 한다. 단, 임금 지불일이 휴일일 경우에는 그 전일에 지급한다.

제43조 (임금의 일할 계산)

채용, 승진, 승급, 전보, 휴직, 퇴직, 기타 임금 변동을 수반하는 인사 발령 사항이 있을 때의 임금 계산은 인사 발령 일자를 기준하여 일할 계산한다.

제44조 (연장 근로 수당)

소정의 근로 시간을 초과하여 근무한 시간에 대하여는 통상 임금의 50%를 가산 지급한다.

제45조 (야간 근로 수당)

하오 10시부터 오전 6시까지의 근무 시간에 대하여는 통상 임금의 50%를 가산 지급한다.

제46조 (휴일 근로 수당)

유급 휴일에 근무한 시간에 대하여는 통상 임금의 50%를 가산 지급한다.

제47조 (상여금)

회사는 별도로 정하는 상여금 지급 규정에 따라 상여금을 지급한다.

제48조 (퇴직금)

1. 직원이 1년 이상 계속 근무하고 퇴직하였을 때는 근속 년수 1년에 대하여 30일분의 평균 임금을 퇴직금으로 지급한다.
2. 퇴직금 계산은 입사일로부터 기산하고1년을 초과하는 1년 미만의 단수는 일할 계산하여 가산한다.
3. 퇴직금은 지급 사유가 발생한 날로부터 14일 이내에 지불한다. 단, 회사 사정상 당사자 간의 합의에 의하여 3개월까지 연장할 수 있다.

제6장 휴직 · 복직 · 퇴직

제1절 휴직 및 복직

제49조 (휴직사유)

직원이 다음 각 호의 1에 해당될 때에는 회사는 휴직을 명할 수 있다.

1. 병역법, 전시 근로 동원법 등에 의거 징 · 소집에 응함으로써 계속하여 업무에 종사하지 못할 경우
2. 업무에 상병으로 인한 결근이 1회 30일 혹은 통산 90일에 달한 경우
3. 형사 입건되어 정상적인 업무 수행이 불가능하다고 판단될 경우
4. 기타 회사가필요하다고 인정하는 경우

제50조 (휴직자의 신분)

직원이 휴직되었을 때에는 직원으로서의 신분은 보유하나 직무에는 종사하지 못한다.

제51조 (휴직자의 의무)

1. 휴직의 명을 받은 자는 업무에 종사하지 않더라도 회사의 제반 규칙을 준수하여야 한다.
2. 휴직의 명을 받은 자가 회사의 허가 없이 타 직무에 종사할 경우에는 퇴직으로 간주한다.

제52조 (휴직자의 급여)

휴직자의 급여는 무급으로 함을 원칙으로 하되, 제49조 2호의 경우에는 최초 3개월에 한하여 평균 임금의 50%를 지급한다.

제53조 (휴직기간 계산)

1. 제49조 1호 및 4호의 휴직 기간은 소요 기간, 2호 및 3호의 휴직 기간은 3개월 이내로 한다. 단, 휴직 기간의 연장이 부득이하다고 회사가 인정할 때에는 1회에 한하여 그 기간을 연장할 수 있다.
2. 휴직 기간의 연장은 최초의 휴직 기간 만료일로부터 3개월 이내로 한다.
3. 휴직 기간 중 10일 이내의 출근만으로는 휴직이 중단되지 아니한다.
4. 휴직 기간은 근속 기간에 산입함을 원칙으로 하되 다음 각 호의 1에 해당하는 때는 예외로 한다.
   (1) 휴직 기간 만료 후 복직하지 아니할 때
   (2) 기타의 복직의 의사가 없었음이 명백할 때

제54조 (복직)

1. 휴직자는 휴직 기간 만료 또는 휴직 사유가 해소되었을 경우 지체 없이 복직 원을 회사에 제출하여야 한다.

2. 휴직자가 휴직 기간 만료 또는 휴직 사유 해소 후 14일 이내 복직 원을 제출하지 아니하는 경우 또는 휴직 기간 경과 후에도 휴직 사유가 해소되지 아니한 경우에는 자동 퇴직으로 간주한다.
3. 업무에 상병으로 인한 휴직자의 복직은 의사의 완치 증명서를 첨부하여야 한다.

제2절 퇴 직

제55조 (정년)

1. 직원의 정년은 만 58세로 한다. 단, 업무상 회사에서 필요하다고 인정한 자에 대하여는 일정 기간 이를 연장할 수 있다.
2. 정년 퇴직일은 정년이 되는 해의 12월 31일로 한다.

제56조 (퇴직)

1. 회사는 직원이 다음 각 호의 1에 해당하는 경우에는 당연 사직으로 처리한다.
   (1) 정년에 달하였을 때
   (2) 사망하였을 때
   (3) 임원으로 선임되었을 때
   (4) 기간의 정함이 있는 고용 계약 기간이 만료되고 연장 또는 갱신 계약이 체결되지 아니한 때
   (5) 휴직 기간이 만료되거나 휴직 사유가 해소된 후 14일 이내에 복직 원을 제출하지 아니하거나 휴직 기간 경과 후에도 휴직 사유가 해소되지 아니한 때
   (6) 본인의 원이 있고 회사가 동의한 때

2. 회사는 직원이 다음 각 호의 1에 해당하는 경우 해고하거나 채용을 취소할 수 있다.
   (1) 형사상 유죄 판결이 확정되었을 때
   (2) 징계 위원회 심의에서 파면이 결의되었을 때
   (3) 징계 위원회 심의에서 의결된 권고사직에 불응할 때

(4) 금치산, 한정치산 또는 파산 선고를 받았을 때
(5) 공민권이 정지 또는 박탈되었을 때
(6) 업무상의 상병으로 요양 중에 있는 자로서 근로 기준법이 정하는 바에 따라 일시 보상을 하였을 경우
(7) 업무상의 상병으로 인하여 재해 보상을 받은 자가 그 상병 또는 장해로 인하여 업무를 담당할 수 없다고 인정될 경우
(8) 의원 사직자가 사직 절차 중 예고 의무를 불응하고 회사의 사직 수리 전까지 계속 무단결근할 때
(9) 기구 개편 또는 희귀한 직종의 업무 소멸로 인하여 전환할 보직이 없거나 영업 단축 등으로 인원 감축이 부득이할 때
(10) 기타 회사 경영상 인원 감축이 부득이할 때
(11) 신체 또는 정신상의 장애로 직무를 감당하기 곤란하다고 인정될 때
(12) 수습 기간 중에 있는 자가 수습 성적이 불량하여 부적격함이 인정될 때
(13) 본 규칙 제36조의 채용 결격 사유에 해당하는 사유가 발생 또는 발견되는 경우
(14) 기타 전 각 호에 준하는 사유가 있는 경우

제57조 (사직원 제출)

직원이 사직코자 할 경우에는 최소 30일 이전에 사직원을 제출하여 회사 업무 운영상 지장을 초래하지 않도록 하여야 한다.

제7장 표창 및 징계

제1절 표 창

제58조 (표창의 기준)

다음 각 호의 1에 해당하는 자에 대하여는 그 공적에 따라 표창할 수 있다.
1. 업무상 공적이 현저한 자

2. 재난의 미연방지 또는 비상사태 수습에 있어서 특별한 공로가 있는 자
3. 장기 근속자
4. 업무에 성실하여 타 직원의 모범이 되는 자
5. 교육 훈련 성적이 우수한 자
6. 창의적 제안으로 회사 발전이나 이익에 기여한 자
7. 기타 회사가필요하다고 인정되는 자

제59조 (표창의 종류)

표창의 종류는 별도로 정한 바에 의한다.

제2절 징 계

제60조 (징계사유)

직원이 다음 각 호의 1에 해당할 때에는 이를 징계한다.

1. 형사 소송의 원인이 되는 위법 행위를 한 자
2. 회사 취업 규칙 및 제 규정과 복무규율을 위반하거나 직무에 배치되는 행위를 한 자
3. 고의 또는 과실로 업무상의 장애 또는 분쟁을 야기 시키거나 회사 발전을 저해할 원인을 조장하여 회사의 손실을 초래한 자
4. 기타 징계 규정에 정한 사규 위반 행위 및 이에 준하는 불미한 행위를 한 자

제61조 (징계의 종류)

1. 해고(파면, 해임): 직원으로서의 신분을 박탈한다.
2. 강등: 직급 자격을 강하한다.
3. 정직: 3개월 이내로 하되 그 기간 중에는 직원으로서의 신분은 보유하나 직무에 종사하지 못하며 무급으로 한다.
4. 감봉: 1개월 이상 3개월 이내로 하고 감급 총액은 월 임금 총액의 10분의 1 이내로 한다.

5. 견책: 서면으로 훈계하고 시말서를 제출케 한다.
6. 경고: 경고장을 발부하고 개선을 촉구한다.

제62조 (업무정지)

직원이 다음 각 호의 1에 해당할 때는 징계 위원회의 징계 확정 전 1개월 범위 내에서 업무 정지를 명할 수 있으며 급여는 기본급만 지급한다.

1. 정직 이상의 중징계 대상자
2. 업무상 부정행위 또는 불상사를 야기할 우려가 있을 때
3. 기타 정상적인 업무 수행이 불가능하다고 판단될 때

제63조 (징계절차 및 양정기준)

징계 절차 및 양정 기준은 별도로 정하는 징계 규정에 의한다.

제 8 장 교육훈련

제64조 (교육훈련)

회사는 교육 훈련 계획에 따라 직원의 업무 수행상 필요한 지식, 기능의 습득 및 자질 향상을 위한 교육 훈련을 실시한다.

제9장 안전과 보건

제65조 (위험방지)

작업상 위험 또는 보건 상 유해한 장소에 대하여 위험 방지 또는 직원의 건강과 안전에 필요한 조치를 취한다.

제66조 (안전위생 준수사항)

직원은 규정의 정하는 바에 의하여 회사가 지시하는 안전 위생 수칙을 준수하여야 한다.

제67조 (안전 보건 관리 책임자 등)

회사는 직원의 안전과 보건을 위하여 산업안전보건법에 따른 제반 조치를 취한다.

제68조 (건강진단 및 신체검사)

1. 회사는 직원 채용 시 및 매년 1회 정기 건강 진단을 실시하고 필요시 전부 또는 일부에 대하여 임시 건강 진단을 실시할 수 있다. 직원은 정당한 이유 없이 이를 거부할 수 없다.
2. 식음료부 직원은 보건 증을 소지하여야 한다.
3. 회사는 건강 진단 결과를 즉시 본인에게 통보하며, 진단 결과에 따라 요보호자로 판명되었을 경우 회사는 의사의 소견에 따라 건강 유지에 필요한 적절한 조치를 취하여야 한다.
4. 회사는 전염병, 정신병 또는 근무를 계속함으로써 병세가 악화되거나 이로 인해 타인에게 피해를 끼칠 우려가 있는 직원에 대해서는 취업을 금지시킨다.

제69조 (지정 병원)

직원의 상병 치료와 의학적 평가를 위하여 지정 병원을 둔다.

제10장 재해보상

제70조 (재해보상)

직원의 업무상 부상 및 사망에 대하여는 산업재해보상보험법에 의하여 보상한다.

부 칙

1. (시행)

이 규칙은 2019년 7월1일부터 시행한다.

이 규칙은 2019년 8월 1일부터 변경 시행한다.

이 규칙은 2019년 6월 1일부터 변경 시행한다.

이 규칙은 2020년 1월 1일부터 변경 시행한다.

2. (경과규정)

이 규칙 시행 이전의 해당 사항은 이 규칙에 의하여 처리된 것으로 간주한다.

3. (기타사항)

이 규칙에 정하지 않은 사항은 관계 법령 또는 별도의 규정이 정하는 바에 따른다.

4. (한글 및 영문판)

이 규칙은 한글 및 영문판으로 작성하고 해석상의 문제는 한글판을 기준으로 한다.

징 계 규 정

제1장 총 칙

제1조 (목적)

이 규정은 모든 징계 대상 직원에 대하여 객관적인 방법에 따라 공정한 징계를 함으로써 회사의 질서를 유지하고 원상회복의 기함을 목적으로 한다.

제2조 (적용범위)

이 규정은 회사에 재직하는 모든 직원에게 적용한다.

제2장 징계 위원회

제3조 (구성)

1. 위원회 구성은 다음과 같은 직에 있는 자를 당연직으로 한다.

(1) 총지배인	위원장
(2) 해당부서장	위 원
(3) 인사부장	위 원
(4) 총지배인이 지명하는 부서장	위 원

2. 필요하다고 인정되는 경우 위원장이 지명하는 자를 임시 위원으로 위촉할 수 있다.

제4조 (회의)

1. 위원장은 필요에 따라 수시로 회의를 소집할 수 있다.
2. 동 위원회의 성립은 재적 위원 과반수의 참석과 참석 인원 과반수의 찬성으로 결정한다.

제5조 (징계절차)

1. 직원을 징계하여야 할 경우 징계 사유 발생을 인지한 날로부터 1개월 이내에 사실 조사를 포함한 소정의 징계 절차에 착수한다. 단, 부득이한 경우에는 이를 연기할 수 있다.
2. 규정 위반 또는 비위 행위가 있는 자는 이에 관한 진술서를 제출케 한다.
3. 비행 또는 비위 행위에 관한 고발 자가 있을 시에는 고발자의 고발 내용을 피징계 대상자에게 통고하고 이에 대하여 서면 또는 구두로 진술케 한다.
4. 피징계자를 징계 위원회에 출두시켜 진술토록 함으로써 소명의 기회를 주는 것을 원칙으로 하되 서면으로 대신할 수도 있다.
5. 징계 위원회에서 결의된 사항은 인사부에 통고하여 이에 대한 행정 처리를 하도록 한다.

제3장 징 계

제6조 (징계의 종류)

취업 규칙 제61조에 의한 해고, 강등, 정직, 감봉, 견책, 경고로 정한다.

제7조 (징계방법)

1. 경고는 부서장 및 인사부장 책임 하에 서면으로 행한다.
2. 견책은 인사부장 및 총지배인의 서면 확인에 의하여 행한다.
3. 감봉, 정직, 강등, 해고는 이 규정 제2장 징계 위원회 규정에 의하여 징계 위원회를 개최 처리 결정한다.

제8조 (고정)

1. 징계 위원회에서 결정된 사항에 대하여 이의가 있을 때에는 신청서를 제출하여 1회에 한하여 재심을 청구할 수 있다.
2. 재심을 위한 신청은 징계 통보일로부터 7일 이내에 한하여 유효하다.

제4장 징계 양정 기준

제9조 (양정기준)

1. 징계의 양은 별표 징계 양정 기준에 의하여 정한다.
2. 이 기준은 피징계자 또는 당해 위반 사항의 정상을 참작하여 감량 결정할 수 있다.
3. 이 기준의 위규 행위 횟수의 계산은 년 통산으로 하고 위규 사항이 동시에 2건 이상일 때에는 이를 각각의 횟수로 간주한다.
4. 이 기준에 명시되지 않은 명백한 규정 위반이나 질서 문란 행위로 인정되는 사항에 대하여는 통상 관례에 준하여 징계 위원회에서 결정한다.

제10조 (개정)

본 규정의 개정을 요할 시에는 징계 위원 과반수의 참석과 참석 인원 과반수의 찬성으로 개정할 수 있다.

부 칙

1. 시행일: 2019년 7월 1일부터 시행한다.
   2020년 1월 1일부터 변경 시행한다.

Reference

참고문헌

김정한 (2003). 기업복지, 한국의 노동 1987~2002. 한국노동연구원.

김정한, 김동헌, 오학수 (2001). 고용조정과 전직지원. 한국노동연구원.

김대권 (1999). 관광인적자원관리. 서울: 백산출판사.

김성혁 (1994). 서비스 산업론. 서울: 형설출판사.

김충호, 원융희 (1997). 호텔조직인사관리. 서울: 대왕사.

빅경규 (2002). 신 인사관리. 서울: 법문사.

신유근 (1996). 현대경영학. 서울: 다산출판사.

오정환 (2002). 호텔경영학원론. 서울: 백산출판사.

이봉석 외 (2002). 관광 사업론(제2판). 서울: 대왕사.

이순구 외 (2008). 호텔인사관리론. 서울: 대왕사

이유재 (1999). 서비스 마케팅(제2판). 서울: 학연사.

이한검 (1994). 경영학 개론. 서울: 형설출판사.

이화인 외 (2001). 호스피탈리티산업의 이해. 서울: 백산출판사.

임창희 (2012). 인적자원관리. 서울: 비앤엠북스.

정진호 (2003). 임금. 한국의 노동 1987-2002. 한국노동연구원.

최종태 (2001). 현대인사관리론. 서울: 박영사.

교육인적자원부. 교육통계연보. 각 년도.

노동부. 임금구조기본 통계조사. 각 년도.

노동부. 임금피크제의 유형과 도입사례.

Index

HUMAN RESOURCE MANAGEMENT

찾아보기

저자소개

원유석(元裕錫)

- 경기대학교 대학원 호텔경영학과 졸업(관광학박사)
- 현, 한남대학교 컨벤션호텔경영학과 교수

[경력사항]

- 재단법인 국제한식문화재단이사
- 한국관광호텔협회 등급평가심사위원
- 국가직무능력표준(NCS)개발 심의위원
- 한국서비스품질우수기업인증 품질평가위원
- 한국서비스대상심사위원(한국표준협회KSA)
- 농림수산식품기술기획평가위원
- 반얀트리호텔 운영이사(2012)
- 알펜시아리조트(IHG Group) 인사부장(2009)
- 아난티리조트호텔(GHM) 인사부장(2008)
- 그랜드힐튼호텔 인사부장(2003)
- 스위스그랜드호텔 식음료부, 객실부(1987)
- 한국콘티넨탈식품(주) 외식사업부(1985)
- 서울밀레니엄힐튼호텔 식음료부(1983)
- 서울웨스틴조선호텔 식음료부(1981)

주요 저서: 호텔객실관리실무론, 호텔경영론, 호텔컨벤션마케팅, 호텔기업의 정보시스템, 호텔연회기획관리론, 호텔사업계획, 호텔인적자원관리, 호텔식음료서비스관리론, 서비스품질경영론

이준재(李俊宰)

- 경희대학교 대학원 관광학과 졸업(호텔관광학박사)
- 현, 한남대학교 컨벤션호텔경영학과 교수

[경력사항]

- (사)한국레저학회 학술부회장
- 한국호텔외식관광학회 부회장

- (사)한국국제소믈리에협회 부회장
- 한국와인소믈리에학회 고문
- 한국관광학회, 한국관광연구학회, 한국호텔관광학회이사 등 다수
- Seoul Palace Hotel F&B 근무
- 한국관광호텔협회 등급평가심사위원
- 한국호텔리조트학회 부회장
- 건양대학교 예식산업학과 교수 등 다수

[자격사항]
- 호텔경영관리자격(CHA)
- 국제마스터소믈리에자격(ASI)
- 조주기능사자격(한국산업인력관리공단)
- 식음료관리사, 국제바텐더자격(AHLA)
- 국제파티플래너자격(KPCA)

주요 저서: 호텔경영론, 고객감동서비스매너연출, 주장관리론, 와인의 세계와 세계의 와인 외 다수

이창욱(李昶旭)

- 단국대학교 경영학 석사
- 경기대학교 대학원 호텔경영학과(관광학 박사)
- 현, 협성대학교 호텔관광유통경영학부 교수

[경력사항]
- 밀레니엄힐튼서울 인사총무담당 상무
- 백석예술대학교 관광학부 겸임교수
- 한양대학교 국제관광대학원 겸임교수
- 한국관광공사 호텔업등급결정사업 자문위원, 평가위원
- 한국호텔관광학회 부회장
- 한국조리교육학회 부회장
- 한국호텔업협회 커리어센터 등기이사

실무에 기초한 관광호텔인적자원관리론

초판발행 2020년 8월 15일 **1판 1쇄 인쇄** | 2020년 8월 20일 **1판 1쇄 발행**

지은이 원유석 이준재 이창욱
펴낸이 최용구 | **펴낸곳** 도서출판 **이프레스**
주소 (04316) 서울시 용산구 원효로 89길 19 (원효로1가)
전화 02) 537-1720(영업부), 537-1721(편집부), 537-1711(팩스)
이메일 epress01@naver.com | **홈페이지** www.epress1.com
등록 2009년 12월 10일 제16-2710호
기획마케팅 최용구 장만동 최충구 진소희 | **책임편집** 석기은 황가연

ISBN 979-11-87570-66-0 93980
정가 26,000원